사회복지개론

최우진 · 김재열 · 김명옥
이종호 · 이연숙 · 김성기
공저

형지사

머리말

우리나라 사회복지는 급속한 성장과 발전을 거듭해 오고 있으며, 우리 생활에 전부라 해도 과언이 아닐 것이다.

1950년 이후 나타나기 시작한 사회복지는 시설중심의 서비스에서, 공공부조의 토대마련, 사회보험시대의 도래 등 많은 변화과정을 거치면서 2008년에는 장기요양보험제도의 탄생을 맞이하게 되었고 2012년 현재 아동관련 다양한 수당제도의 확대가 이루어지고 있다.

우리사회의 다양한 변화, 저출산, 평균수명의 연장, 가족 기능의 변화, 가치관의 변화는 앞으로 우리사회의 다양한 복지서비스를 요구하게 될 것이고, 이러한 요구는 앞으로도 지속적으로 사회 변화를 반영하면서 제도적으로 발전할 것이다. 또한 사회복지의 관심의 고조 및 제도적 확대와, 학문적 발전이 지속적으로 이루어질 것으로 본다. 본서는 사회복지학도들에게 사회복지 전반에 대한 개괄적인 이해를 할 수 있도록 도와주며, 더 나아가 세부분야에 대한 방향을 결정하는 데 기본적 토대를 제공하고자 다음과 같이 구성하였다.

제 1 부는 사회복지의 이론적 토대 부분으로 제1장 사회복지의 이해, 제2장 사회복지의 구성요소, 제3장 사회복지의 역사, 제4장 사회복지 시설로 구분하여 정리하였다.

제 2 부는 사회복지 실천방법 부분으로 제5장 사회복지 실천, 제6장 사회복지정책, 제7장 사회복지행정에 대하여 다루었다. 제3부는 사회복지 실천분야로 제8장 사회보장, 제9장 아동복지, 제10장 노인복지, 제11장 가족복지, 제12장 장애인복지 제13장 의료 및 정신보건사회복지 제14장 자원봉사 에 대하여 다루었고, 제4부는 사회복지 과제 부분으로 제15장 사회복지의 발전 과제와 방향으로 구성하였다.

본서의 집필진은 모두 같은 학교에서 학생들을 교육하는 환경에 있어 학생들에게 도움이 되고자 하였다. 하지만 부족한 지식과 경험으로 집필하게 되어 송구하나 사회복지를 공부하는 학생들과 실천현장의 사회복지에 관심을 가지고 있는 모든 분들께 조금이나마 사회복지의 기본적 토대를 마련하는 데 도움이 되었으면 하는 바람이다.

본서가 나오기까지 집필진 이외에 많은 분들과 함께 하였다. 각별한 관심을 가지고 도움을 주신 형지사 유성열 사장님과 편집부 여러분께 감사드린다

무엇보다도 이 책으로 사회복지를 공부하는 학생들에게 작지만 의미 있는 도움이 되기를 간절히 바라면서, 앞으로 부족한 부분은 계속 보완해 나갈 것을 약속드린다.

2012년 2월

저자 일동

차 례

제2부 사회복지 실천방법

제4부 사회복지의 과제

제1부

사회복지의 이론적 토대

제 1 장

사회복지의 이해

제1절 사회복지 개념

'사회복지'의 개념을 제대로 이해하기 위해서는 사회복지의 성립 및 그 발전과정에 대한 이해가 필요하다. 그것은 사회복지가 사회구성원의 사회생활상의 변화와 관련된 사회적 적응방식을 사회적 차원에서 실시하는 조치이기 때문이다. 실제로 전통사회에서는 상부상조, 자선사업, 구빈사업 등의 용어로 표현되면서 빈곤, 사고, 천재지변, 전쟁 등으로 인한 개인 및 사회적 위험에 대처하는 소극적 수준의 사회적 개입이 이루어져 왔다.

그리고 산업사회에 들어와서는 '사회사업', '사회복지' 등의 용어로 표현되면서 산업재해, 대형의 안전사고, 질병, 환경오염, 빈부격차 노령화 등의 사회적 문제에 적극적으로 대응하면서 오늘에 이르렀기 때문에 역사적인 조망이 요구되는 것이다. 이렇게 볼 때, 사회복지는 공동체로서의 인간다운 생활에 대한 이상과 현실에 대한 고뇌가 함축되어 있는 용어라고 할 수 있다.

다시 말하면 사회복지는 추상적이면서도 실천적인 개념을 공유하게 되는 등 매우 다면적일 뿐만 아니라, 관련 분야에서 특수한 상태로 원용되거나, 재정리하여 새로운 용어로 사용하는 등으로 인하여 명료하게 정의하기에 어려운 점이 있다.

역사적으로 살펴보면 사회복지는 소수의 극빈층을 보호하기 위한 최소한의 구제활동이 공공부조로 제도화된 것이 사회복지의 초기 형태였으며, 현대사회로 이행하면서 사회복지는 전체 구성원을 대상으로 경제적 결핍에 대한 지원을 넘어 사회·심리적인 지원과 다양한 환경적 문제의 개선을 위한 제도나 프로그램까지 포함하는 보다 큰 개념으로 확대되어 왔다(조흥식 외, 2010).

'사회복지(social welfare)'의 정의는 대나 장소에 따라 다양하게 사용되고 있다. 먼저 언의적의 사회복지의 개념을 살펴보면 사회(society)라는 명사의 파생어인 '사회적(social)'이라는 형용사에 '복지(welfare)'라는 명사를 합하여 만들어진 복합명사로서 사회복지는 'social welfare'를 번역한 것이다.

영어로 'welfare'의 'well'과 'fare'의 복합명사로서 '평안히 잘 지내는 상태' '만족스러운 상태' '건강과 번영' '복락(福樂)의 의미'로 한자로는 복지(福祉)이며 복(福)은 '물질적인 풍요'를 나타내고 지(祉)는 '정신적인 안녕'으로서, 사회적이라는 'social'을 붙이면 '사회적으로 행복한 생활상태' '사회적으로 만족한 생활상태'를 뜻하며 행복(wellbeing)은 사회적으로 평안히 잘 지내는 상태로 볼 수 있다.

이는 즉 개인의 행복만이 아닌 사회구성원 모두의 안녕을 추구하기 위한 노력을 의미하는 것이다. 즉 행복이라는 의미는 물질적인 풍요만을 뜻하는 것이 아니라 정신적·지적·신체적 기능을 향상시키고 유지하는 기회를 누구나 가질 수 있는 상태를 의미하기도 한다. 그렇지만 사회적으로 편안하고 만족스러운 상태가 어떤 상태인지를 규정하는 것도 매우 복잡한 문제이다. 사회복지를 규정하고 실행해 나가기 위해서는 사회적·제도적 합의가 전제되어야 하기 때문이라 할 것이다.

사회복지는 역사적으로 살펴보면 소수의 극빈층을 보호하기 위한 최소한의 구제활동이 공공부조로 제도화된 것이 초기의 형태였으며, 산업화 사회로 변화하면서 경제적 결핍을 넘어서 보다 포괄적인 개념으로 확대되었다.

그러므로 사회복지는 산업사회로 인하여 가족이나 사회가 제 기능을 발휘하지 못하여 발생하는 사회적 병리현상인 사회문제를 복지의 상태로 전환시키기 위한 노력을 개인이 아닌 집합적 차원의 활동을 하는 것으로 사회적 욕구 충족의 기능을 수행하는 사회제도(social institution)이며 경제적(economic) 의미와 대비된다.

오늘날 사회복지를 정의함에 있어 그 정의 속에 사회복지의 목적, 가치, 주체(auspices), 객체(populations), 방법 등을 모두 포함하는 등 정의가 구체화 또는 세분화되어 가는 경향에 있다. 미국사회복지사협회(NASW)의 정의에 따르면 '사회복지는 사회유지에 필수적인 사회적·경제적·교육적·보건 의료적 욕구를 충족시키는 것을 돕는 국가의 프로그램·급여·서비스체계이다'고 했고(NASW, 1999), Loewenbberg (1974 : 44)는 사회복지를 "인간의 정서적·지적·신체적·사회적 기능을 유지하는 것을 일차적 임무로 하는 제도"라고 정의했다.

로마니쉰(Romanyshyn)은 '사회복지는 개인과 사회 전체의 복지를 증진시키려는 모든 형태의 사회적 노력을 포함하며, 사회문제의 치료와 예방, 인적 자원의 개발, 인간생활의 향상에 직접적 관련을 갖는 일체의 시책과 과정을 포함한다. 또 사회복지는 개인이나 가정에 대한 사회적 서비스 제공 외에도, 사회제도를 강화시키거나 개선시키려는 노력을 포함하는 것'이라고 말하고 있다(Romanyshyn, 1971; 3).

프리드랜더(Friedlander)는 사회복지는 국민의 복지증진과 사회질서를 유지하기 위하여 국민에게 기본적으로 생기는 사회적 욕구를 충족시키는데 필요한 다양한 혜택을 제공해 주는 법과 프로그램과 물질적 지원과 서비스의 종합적인 체계라고 정의하였다.

사회복지의 개념은 인간이 행복한 상태를 지향하는 실천과학이라고 볼 때에 시대와 나라에 따라 서로 다르게 사용되고 있어 문화에 대해 높은 의존성을 가지고 있다고 하겠다. 또 동시에 상이한 정치적 문화적 배경에 따라 사회서비스(social services), 사회복지(social welfare), 사회사업(social work) 등 서로 다른 용어를 쓰는 경향이 있다.

우리나라의 사회복지 개념의 출현은 빈곤, 질병, 고통, 사회해체와 같은 사회문제는 전 인류의 역사를 통해서 존재했으며, 이런 문제의 위협으로부터 생존 보존을 위한 대안이라 할 것이다. 모든 인간사회의 제도 즉 정치, 가족, 경제, 종교 등은 결국 인간사회의 고통을 줄이려고 존재한다 하겠다. 19세기 전에는 가족, 교회(서구의 경우), 부락, 두레, 품앗이 등 한국의 전통적인 사회제도에 의해 인간사회의 문제가 주로 취급되었다. 그 후 사회가 산업화되면서 공식적 사회복지제도(system of social services)가 필요하게 되었다.

사회복지의 개념이 오늘날 과학적, 체계적인 제도로서 쓰이게 된 것은 산업사회에서 사회문제의 해결, 예방과 관련되어 현대의 산업사회가 안고 있는 사회문제의 예방과 해결의 주도권을 정부 및 공공기관이든, 민간기관에 속하건 간에 보호를 필요로 하는 국민들에게 제공해야 하는 사회적 서비스를 조직화할 수밖에 없으므로 사회복지라는 개념이 나타났다고 보는 것이다.

제2절 사회복지와 관련개념

사회복지 개념을 이해하기 위해서는 일반적인 정의뿐만 아니라 관련 용어에 대한 이해가 필요하다. 관련용어에 대하여 살펴보면 다음과 같다.

1. 상호부조, 자선사업, 구빈사업

오늘날의 협의의 사회복지에 해당하는 사회적 활동이 중세의 전통적인 봉건사회에서도 이루어졌으며, 이러한 활동은 상호부조, 자선사업, 구빈사업 등으로 표현되었다. 이러한 사회적 활동을 사회복지 이전의 개념으로 구분하는 것은 사회적 위기의 발생원인과 그 대응논리와 관련된 것이다. 다시 말하면 사회복지 이전에는 사회적 위기의 발생원인과 책임을 개인에게 두었으나, 사회복지 이후에는 사회적 위기를 개인문제가 아니라 사회 공동의 문제로 보았으며, 따라서 그 대책도 사회가 책임을 진다는 차원에서의 접근으로 보기 때문이다.

상호부조는 베푸는 자와 받는 자의 관계가 아니라, 서로서로에게 도움을 주고받는 대등한 관계에서의 보호수단이다. 이 상호부조는 사회적 위기에 직면한 사람들을 도와주는 제도적 장치가 마련되기 이전에 사회구성원 각자가 스스로를 도울 수 있는 최선의 방어책이었다. 그 정도는 약화되었으나, 오늘날에도 부분적으로 실시되고 있는 사회적 보호수단이다.

자선사업은 인간애에 뿌리를 둔 동정심을 바탕으로 사회적 약자에게 베푸는 일종의 시혜적 활동이다. 그리고 이 자선사업은 주로 종교적 배경, 특히 기독교 정신에 바탕을 둔 소소의 개인에 의해 시도된 활동이었으며, 이렇듯 뜻있는 사람들이 모여서 점점 조직화되기 시작하였다. 자선사업이 지니는 특징은 상대방으로부터 어떠한 대가를 바라지 않는 대신에 도움을 받는 자의 정서적 상태와 입장을 고려하지 않는다는 것이다.

구빈사업은 빈곤한 자에 초점을 맞춘 것으로서 상호부조와 자선사업보다는 상당히 조직적으로 행해진 사회적 활동이며, 이 과정에는 국가가 법적인 장치를 통해 개입하였는데, 대표적인 예가 영국의 구빈법이다. 자선사업과는 달리 대중적으로 가난하게 되는 것은 개인만의 문제가 아니라는 시각이 강조되었다. 그럼에도 불구하고 오늘날의 공공부조와 차이가 있는 것은 그 목적이 사회구성원에 대한 복지권의 보장이 아니라 사회적 안정의 수단으로 강하게 접근하였다는 점이다.

2. 사회복지, 사회복지서비스, 사회사업

사회복지는 위에서 살펴본 바와 같이 사회구성원 개개인이 기존의 사회제도를 통하여 자신의 기본적인 욕구를 충족시키는데 어려움을 겪고 있거나 어려움이 예상 될 때, 그 욕구를 충족시킬 수 있도록 도움을 제공하는 조직화된 사회적 활동의 총체로서, 대부분의 산업사회에서 사회복지는 기존의 주요 사회제도들과 함께 또 하나의 사회제도로 이해되고 있다(장인협 외, 2003).

사회복지서비스는 영국의 개별서비스와 유사한 개념으로서 개인, 가족, 집단의 특수한 욕구에 따라 서비스 제공자와 수급자 간 대면 접촉을 통하여 제공되는 서비스를 말한다(조흥식 외, 2010).

우리나라 사회복지사업법 제2조는 '사회복지서비스'라 함은 "국가·지방자치 단체 및 민간부문의 도움을 필요로 하는 모든 국민에게 상담·재활·직업소개 및 지도 사회복지시설의 이용 등을 제공하여 정상적인 사회생활이 가능하도록 제도적으로 지원하는 것을 말한다."

사회복지서비스의 특징은 첫째, 사회복지서비스는 서비스의 욕구 차이에 따라 개별적으로 제공되는 서비스이다. 사회복지서비스는 개인의 적응력 회복 또는 향상을 목적으로 함으로써 욕구에 따라 유연하게 제공된다. 둘째, 대면접촉을 통한 서비스로서, 일선 사회복지사들이 수급자와 직접적인 대면접촉을 통해 제공되는 무형의 서비스이다. 셋째, 사회복지서비스는 사회복지사의 주된 활동의 장이 된다.

사회복지사들은 사회복지서비스 분야 이외에 활동하는 경우가 거의 없으며, 사회복지서비스는 사회사업의 기반인 동시에 전문화가 이루어지는 장이다. 넷째, 사회복지서비스는 비경제적 보장이다. 사회보험, 공공부조, 사회수당 등이 주로 경제적 보장에 초점을 둔 반면 사회복지서비스는 신체적, 정신적 재활 내지 기능향상 등과 같이 비경제적 보장에 초점을 둔다. 다섯째, 사회복지서비스의 재원은 대부분의 국가에서 일반 조세재원과 민간재원의 혼합으로 충당되는 혼합재원이다.

이와 같이 규정된 사회복지서비스는 우리나라 사회보장체계에서는 사회보험, 공공부조와 함께 사회보장의 주요 구성요소라고 할 수 있으며, 종래에는 공공부조와 취약계층 대상 사회복지서비스가 좁은 의미의 사회복지를 의미한다(조흥식 외, 2010).

사회사업은 전문화된 직업의 이름 또는 전문직의 실천방법이다. 따라서 사회사업이란 "개인적인 만족과 독립을 얻을 수 있도록 과학적인 지식과 인간관계 기술에 근거하여 개인이나 집단에게 도움을 주는 전문적인 방법과 기술을 말하고, 사회사업가(사회복지사란) 그러한 전문적인 방법과 기술에 근거하여 도움을 제공하는 전문가"를 말한다(장인협 외, 2003). 또한 미국사회복지사협회는 사회사업이란 "개인, 가족, 지역사회가 사회적 기능을 원활하게 수행할 수 있도록 그들의 능력을 향상시키거나 회복시킬 수 있도록 도와주는 전문적인 활동이라 정의하였다"(조흥식 외, 2010).

사회사업과 비교할 때 사회복지는 일반적으로 넓은 의미의 개념을 사용한다.

〈표 1-1〉 사회복지와 사회사업 개념 비교

구분	사회복지	사회사업
의미	이념적 측면 강조	실천적 측면 강조
목적	바람직한 사회	바람직한 인간
대상	보편적, 전체적	선별적, 개별적
방법	제도와 정책	지식과 기술
특성	사전적, 예방적, 적극적	사후적, 치료적, 소극적

출처: 김융일 외(2003)

이와 같이 사회복지와 사회사업의 개념적 차이를 비교하면 넓은 의미의 사회복지가 사회구성원의 복지를 위해 기본적 사회적 필요를 해결하기 위한 포괄적인 하나의 체계라면, 사회사업은 사회복지체계 내의 특정의 기능을 수행하는 하나의 전문적 서비스라 할 수 있다(조흥식 외, 2010).

3. 사회보장, 복지국가, 복지사회

사회보장이란 용어가 처음 사용된 것은 미국의 1935년도에 사회보장법의 제정에서 비롯된다. 이러한 사회보장이란 개념을 정의하기에는 국가마다 처한 정치적, 경제적, 사회적 환경이 다르기에 정의하기에는 어려움이 있다. 영국의 비버리지보고서에 따르면 사회보장이란 "실업, 질병, 사고, 정년퇴직에 의해 수득이 중단될 때, 그리고 출생, 사망 및 결혼과 같은 예외적인 지출이 발생할 때 소득을 보장하는 장치"라고 규정하고 있다.

우리나라 사회보장기본법 제3조에서 사회보장이란 질병, 장애, 노령, 실업, 사망 등의 사회적 위험으로부터 모든 국민을 보호하고 빈곤을 해소하며 국민 생활의 질을 향상시키기 위하여 제공되는 사회보험, 공공부조, 사회복지서비스 및 관련복지제도라 규정하고, "사회보험"이란 국민에게 발생하는 사회적 위험을 보험의 방식으로 대처함으로써 국민의 건강과 소득을 보장하는 제도, 공공부조는 국가와 지방자치단체의 책임하에 생활 유지 능력이 없거나 생활이 어려운 국민의 최저생활을 보장하고 자립을 지원하는 제도, 사회복지서비스란 국가·지방자치단체 및 민간부문의 도움이 필요한 모든 국민에게 상담, 재활, 직업의 소개 및 지도, 사회복지시설의 이용 등을 제공하여 정상적인 사회생활이 가능하도록 지원하는 제도, 관련복지제도는 보건, 주거, 교육, 고용 등의 분야에서 인간다운 생활이 보장될 수 있도록 지원하는 각종 복지제도로 정의하고 있다.

사회보장제도는 복지국가의 주요정책수단이다. 복지국가는 자국 내에 거주하는 국민들의 삶에 대해 집합적으로 책임지는 국가이다. 비버리지는 복지국가는 보편적 사회보험제도와 공공부조의 실시를 통한 포괄적인 소득보장 외에 아동수당제도와 국민보건서비스 그리고 완전고용을 제도화하여야 한다. 복지국가가 국민 모두에게 최저한의 인간다운 생활을 보장해야 할 국가의 책임에 초점을 맞춘 개념이라면 복지사회는 국가와 시민사회간의 새로운 균형을 강조한다. 일반 사회구성원들이 복지에 대한 권리에 상응하는 의무를 이해하고 받아들이며, 실천하는 것이다(장인협 외, 2003).

제3절 사회복지의 관점

앞에서 사회복지의 개념 및 유사개념에 대하여 살펴보았다. 사회복지 개념의 다양성의 근간에는 사회복지의 서로 다른 관점들이 내재하고 있다. 여기에서는 사회복지의 관점에 대하여 살펴보면 다음과 같다.

사회복지란 사회를 유지하는 데 기본적인 사회, 경제, 교육, 건강의 욕구를 사람들에게 충족시키고 지역사회와 전체 사회의 집단적인 복지 상태를 유지하기 위한 국가적 프로그램, 급여, 서비스체계를 말한다. 윌렌스키(Wilensky, 1958)는 사회복지의 관점을 잔여적 관점(residual concept)과 제도적 관점(institutional concept)으로 구분하여 설명하였다(김기태 외, 2003).

1. 잔여적 사회복지 기본 개념

잔여적 관점은 개인의 욕구는 가족이나 시장을 통해 충족되어야 한다는 가정에 기초한 사회복지개념으로서, 사회복지는 경기침체나 가족위기와 같은 한정적이고 예외적인 상황에서 작동하는 필요악이자 일종의 보완장치로서 기능하는 것이라고 본다(조흥식 외, 2010). 잔여적 개념은 가족(family system)과 시장체계(market system)에서 제 기능을 하지 못하는 사람 또는 탈락한 사람들을 일시적, 한정적, 보완적으로 보호하고, 지원하는 공공근로, 한시적 생활보호사업, 무료급식, 노숙자 보호 등의 보완적, 보충적, 한시적 복지 개념이다. 즉 공공부조대상자이나 요보호대상자를 사회적 취약계층으로 그 대상을 한정시키며 선별주의 원칙을 따른다고 볼 수 있다(최성균 외, 2008).

개인들의 욕구는 가족과 시장이라는 자연스런 제도에 의해 충족되는 것이 정상이라고 본다. 일시적으로 개인들이 욕구충족을 못하게 되는 경우도 발생하게 되는데 이 경우들에 대비해서 사회복지는 필요하다. 정형화된 사회복지적인 노력과 활동들은 일시적인 위기가 지나가면 존재할 필요가 없다는 생각이다. 잔여적 개념에서는 사회적 의존인구들은 비정상적인 집단으로 간주되기 때문에 서비스 대상 인구들에게는 사회적으로 낙인 찍혀 거래나 교류를 거부당하는 즉 스티그마 현상이 발생되기도 한다.

잔여적 복지제도의 장점은 사회적 약자들에 대하여 최소 생존권만을 보장하며, 또한 복지혜택 수혜자들에게는 사회적 스티그마를 줌으로써 수혜자가 현재 처한 상황에서 벗어나도록 유도하는 데 있다. 이로 인하여 국가의 복지부분 재정 지출이 상당부분 줄어드는 효과가 있다. 즉 잉여 여력을 여타 다른 산업이나 국가 경쟁력 강화 부분으로 돌릴 수 있다.

개인의 능력을 중시하기 때문에 능력에 따라서 얻을 수 있는 재화들이 차이가 나게 된다. 이로 인하여 개인들간의 자연스런 경쟁을 유도할 수 있고, 이는 사회적 약자를 자연스럽게 도태시키게 되며 사회구성원들의 능력 개발을 촉진시키는 동기가 된다. 이것은 곧 국가 경쟁력 강화로 이어지게 되며 단점은 인간본성에 대해 지극히 부정적인 입장을 취하고 있기 때문에 사회 구성원들간의 화합이나 이해의 관계조정이 쉽지 않다.

잔여적 복지제도의 이론적 배경이 자유방임주의·시장경제체제이므로 과잉 경쟁에 의한 노동자 계층의 근무여건 악화 및 노동 착취현상 등이 발생할 수 있으며 사회적 약자로 전락하게 되는 이유의 대부분을 개인에게 전가시켜 버림으로써, 자본가나 회사측에서 근로자들에 대한 대우 향상이나 근무조건 개선에 소홀할 수 있는 단서를 제공하게 된다. 이는 노동시장에서도 경쟁의 원리가 도입되어, 능력에 따라 연봉 및 여러 혜택이 능력이 뛰어난 소수에게 집중되게 되고, 대부분의 노동자들은 이러한 혜택의 수혜자가 되기를 고사하고, 오히려 이러한 혜택의 피해자로 전락해버리게 된다.

그러므로 구성원들간의 빈부의 격차가 심하게 벌어지게 되어 부익부 빈익빈 현상이 두드러지게 나타나게 되고 사회적 약자에 대하여 이러한 사회는 관대하지 않으며 오히려 가혹할 수 있다. 즉, 사회적 낙오자에 대하여 최소한의 생존권 보장이라는 복지혜택을 제공한다는 것은 역설적으로 제도적으로 재취업, 재교육의 기회를 보장한다거나 경쟁의 무대에 다시 올라가기 전까지의 충분한 실업수당은 제공하지 않는다는 것이다. 이로 인하여 한번 사회적 약자로 전락하게 되면 그 상태에서 벗어나는 노력이 매우 힘들다는 것을 의미하게 된다. 반대로 자본가나 중산층 이상에 대해서는 사회 통념적으로 형평성을 크게 강조하지 않음으로 인하여 부를 계속하여 축적하는 기반을 마련해 주게 된다.

또한 노동시장의 유연성이 제도적 복지모델보다 상당히 떨어져 경제상황 악화 혹은 기업에서 구조조정 시 노조나 노동단체들의 강력한 저항에 부딪치게 됨을 의미한다. 노동자들의 입장에서는 구조조정 대상자에 해당되게 된다는 것은 충분한 재취업 및 재취업을 위한 교육의 기회나 실업수당 지급 등이 미흡한 상황에서 자신들의 생활 영위 수단을 박탈당하게 된다는 것을 의미한다.

2. 제도적 사회복지 기본 개념

제도적 관점은 오늘날 사람들은 복잡하고 어려운 환경에 살고 있기 때문에 사회복지는 현대사회에서 꼭 필요한 정당한 기능으로 받아들여진다는 입장이다(조흥식 외, 2010). 이는 현대사회의 구조적인 문제로 대두된 사회적 위험에 대해 국가가 개입하여 항상적으로 사회복지제도(사회보장제도, 조세제도 등)를 마련하여 소득의 재분배기능을 수행하여 전체국민들이 최적의 삶을 영위할 수 있는 권리차원의 보편적인 복지개념이다. 현대 산업사회에서는 가족과 시장의 기능만으로 대부분 개인들의 욕구가 충족되지 못하며 이러한 상태가 오히려 정상이라는 것이다.

현대 산업사회의 개인은 전체 사회적 구조와의 밀접한 관련으로 인해 개인이나 가족의 잘잘못에 관계없이 전체사회의 흐름에 의해 강하게 영향을 받는다. 사회복지는 현대 산업사회의 복잡성이 증가함에 따라 나타나는 당연한 제도로서 인식되며 개인들의 신체적, 심리적, 사회적 욕구와 문제들이 전 영역을 다루고 있다. 이는 개인들의 사회적 및 경제적 의존성이 집합적인 책임이라는 의식을 수용하는 것이다.

개인들이 사회복지 서비스 대한 필요성을 가지는 것은 정상적이며, 따라서 스티그마의 개념도 존재하지 않는다. 시장과 가족제도를 포함한 제반 사회구조적 측면들의 근원적인 결함들을 문제의 초점으로 삼으며 이 제도들을 보충하고 대체하는 역할과 예방적 기능까지도 행정의 목표로 하게 된다. 예를 들면 사회보험제도와 같이 퇴직 및 생활의 위험을 예방하기 위한 연금제도 등이 있다. 전체 구성원을 대상으로 하고 있으므로 본편주의 원칙을 따른다고 볼 수 있다(최성균 외, 2008).

제도적 사회복지의 장점은 보편주의에 입각한 복지정책을 펼치기 때문에 구성원들이 전체적으로 삶의 질 개선이 이루어지므로 최소 생존권만의 보장이 아니라 가능한 최대한의 복지혜택을 누리게 함으로써 구성원들 개개인들이 보다 인간다운 삶을 누릴 수 있게 한다.

또한 노동시장의 유연성이 뛰어나며 구조조정 대상자 미취업자에게 충분한 실업수당 및 재취업과 교육의 기회를 국가가 제도적으로 보장하고 있기 때문에 기업에서도 자유로운 구조조정이 가능하고 노동자들 역시 제도적 보완장치가 있기 때문에 강성노조 출현 등이 유보되게 된다.

소득의 상당한 부분을 국가에서 세금으로써 징수하고, 이를 복지혜택의 개념으로서 되돌려 줌으로써 빈부의 격차를 상당부분 줄여주게 된다. 이는 사회적으로 계층간의 갈등을 예방하는 부수적 효과를 지니게 된다.

윌렌스키(Wilensky, 1958)는 사회복지의 잔여적 관점은 협의의 사회복지개념으로, 제도적 관점은 광의의 사회복지 개념으로 이해할 수 있으며, 사회복지의 개념은 근대사회에서 현대사회로 변화하면서 잔여적 관점에서 제도적 관점으로 변화하고 있다고 보고 있다.

윌렌스키(Wilensky, 1958)는 사회복지의 관점의 개념의 변화를 비교하면 다음과 같다.

〈표 1-2〉 사회복지의 개념 변화

보편적 잔여적 개념	→	제도적 개념
자선의 차원	→	시민의 권리
특수한서비스(빈민)	→	보편적 서비스(전체국민)
최저기준	→	최적의 조건
개인적 개혁(문제해결)	→	사회적 개혁(문제예방)
자발성(민간후원)	→	공공성(정부지원)
빈민구제의 차원(빈민복지)	→	복지국가, 복지사회

자료: 최성균 외, 2007, p. 26 인용

이와 같이 사회복지의 개념은 잔여적 관점에서 제도적 관점으로, 자선의 차원에서 시민의 권리로, 빈민을 위한 빈민구제 차원의서비스에서 잔체국민을 대상으로 하는 복지국가, 복지사회를 이루려는 보편적 서비스로 변화하고 있음을 나타내고 있다.

제4절 사회복지 목적과 접근방법

1. 사회복지의 목적

우리나라 헌법 제31조 제1항에 "모든 국민은 인간다운 생활을 할 권리를 갖는다"라고 규정하고 있다. 이처럼 사회복지의 일차적인 목적은 사회구성원들의 인간다운 생활을 보장하는 것이다(윤철수 외, 2009). 오늘날의 사회복지는 사회적 약자나 낙오자에 대한 보호를 기본으로 하면서도 점차 일반 국민과 지역사회를 위한 보편적 욕구와 서비스 충족으로 그 영역이 확대되고 있다. 이러한 개념 하에서 사회복지가 추구하는 목적을 살펴보면 다음과 같다(김기태 · 박병현 · 최송식, 2007).

① 인간다운 생활보장

사회복지의 목적은 무엇보다도 모든 국민의 인간다운 생활을 보장하는 것이다.

이는 곧 생존권적 기본권을 의미한다. 생존권적 기본권은 종래 자유권에만 머물러 있던 기본적인 인권을 확대하여 인간이 인간답게 살아갈 권리를 말하며, 또한 국가에 대하여 생존을 유지하는 데 필요한 최소한의 요구를 할 수 있는 권리를 법적으로 확립한 것이다. 우리나라는 국민의 생존권을 보장하기 위해 헌법 제34조 제1항에 '모든 국민은 인간다운 생활을 할 권리를 갖는다'라고 규정하고 있다.

② 빈곤의 경감

인류역사에 있어 빈곤은 항상 존재해 왔고, 사회복지의 역사는 빈곤퇴치를 위한 역사라고 할 수 있다. 과거에는 상부상조나 자선사업 등에 의해 빈곤을 억제하고자 하였으나 현대 산업사회에서는 소득의 재분배를 목적으로 하는 사회복지제도를 통해서 빈곤을 경감시키려고 노력하고 있다.

③ 사회적 평등

소득이나 부의 불평등은 계층간의 갈등과 사회불안을 야기하는 등 여러 가지 이유로 바람직하지 못하기 때문에 국가가 개입하여 사회복지제도를 통해 그것들을 더 평등하게 만들고자 한다.

④ 자립성의 증진

사회복지의 목적은 보호를 필요로 하는 상태에 있던 개인이 사회나 국가에 대한 의존 상태에서 벗어나 삶을 스스로 영위하도록 하는 데 있다. 사회복지는 다양한 제도적 보장과 함께 개인 스스로 판단하고, 결정하며, 책임지는 능력을 기를 수 있도록 개인에게 내재되어 있는 잠재적 능력을 최대한 발휘되도록 도와주는 것을 포함한다.

프리들랜더(1980)라는 학자는 사회복지의 기본적 가치관으로써 개인 존중의 원리, 자기결정의 원리, 기회균등의 원리, 사회연대의 원리를 제시하고 있으며 이 또한 사회복지의 자립적 생활추구의 가치를 잘 나타내고 있다.

⑤ 사회통합

사회통합이란 사회 구성원간 또는 인간사회 내의 여러 집단, 단체, 기관들 간에 서로 결속력을 갖도록 해주는 것을 말한다. 현대사회에서의 사회복지는 보호를 필요로 하는 개인을 사회에서 밀어내지 않고, 경제적인 자립과 신체적인 재활을 도와주고 그들과 더불어 살게 함으로써 사회통합을 이루려는 데 목적을 두고 있다.

2. 사회복지 접근 방법

사회복지의 목적을 달성하기 위한 기술적인 방법으로 정책적·전문적·통합적 접근방법으로 구분할 수 있다.

사회복지의 정책적 접근은 전국민이 대상이 되며, 사회문제와 사회복지를 역사적·사회적 존재 형태로서 사회제도의 결함으로 생긴 사회문제를 사회경제제도를 바꾸어 해결하려는 사회정책, 사회·국가 책임, 빈민 및 노동자계급의 복지와 국민을 대상으로 하는 법령적 대책 등을 들 수 있다. 또한 사회문제는 사회구조적인 문제이기 때문에 개인책임이 아닌 사회적 책임 또는 국가책임으로 보며, 사회제도의 결함으로 발생된 사회문제를 해결하는 사회적 대책인 것이다(최성균 외, 2009). 정책론적 접근으로는 사회보험, 공적부조 등의 사회복지서비스, 사회복지 관련정책 등을 포함한다.

전문적 접근은 사회복지 대상은 개인이며 사회복지는 협의의 개념에 속하는 사회사업이므로 주로 인간관계의 조정 기술로 보는 견해로 인간의 욕구를 위기 또는 문제 상황으로 규정하고 문제의 소재를 부적응이나 욕구 불만에서 일어난다고 보고 이 관점에서 문제 해결은 환경 조건 개선, 성격 개발에 주로 관심, 개인의 탈선행위 등에서 원인을 찾아 개별사회사업, 집단사회사업, 심리요법이나 사회요법 등으로 치료하는 전문사회사업이다.

통합적 접근은 1920년대 이후 개별지도방법 위주의 전문화에 대하여 1970년대 사회문제의 복잡성에 대한 인식이 치계이론을 중심으로 통합적 접근론을 대두시켰으며, 통합적 접근에 대한 대상은 개인뿐만 아니라 집단도 포함된다(최성균, 2009). 통합적 접근방법은 정책적 접근법과 전문적 접근법을 병행하는 중간적 의미이며 주로 사회 해체의 결과로 생긴 사회문제(가출, 이혼, 빈민지역 등)를 예방·치료하는 데 있다.

제5절 사회복지 가치

가치(value)는 현실세계에 대한 인간의 실천과 경험을 통해 형성되는 의식적인 관계가 축적된 결과로서 '역사적' 산물이라 할 수 있다. 가치는 인간과 대상의 관계를 통해 정착되며, 인간의 사고와 태도에 영향을 미치며 동시에 그들의 존재조건 · 욕구 · 이해관계 등을 보여주는 개념이 된다. 따라서 가치의 내용은 변화되는 의식구조를 반영하면서 시대적 · 사회적 여건에 따라 각기 다른 형태로 나타난다.

사회복지 가치는 사회복지가 궁극적으로 추구하는 바람직한 목표나 목적 또는 이상적인 방향성을 나타내는 것으로서 사회복지사들이 전문가 집단의 일원으로서 준수하여야 할 믿음체계를 의미한다고 할 수 있다(김융일 외, 2003).

우리나라 사회복지사 윤리강령의 서두에는 '사회복지이념은 사회의 안정과 번영을 위하여 정의, 평등, 자유, 민주의 가치를 바탕으로 모든 사회성원들의 인간의 존엄성을 유지하면서 자기실현을 할 수 있도록 사회 전체가 공동으로 책임을 진다는 철학을 기본으로 한다'고 되어 있다. 이는 실천론적 관점에서의 중요 가치에는 인간의 존엄성, 자기결정권, 균등한 기회, 사회적 책임 등을 고려할 수 있다(류종훈, 2006).

1) 인간의 존엄성(개별성의 원리)

사회복지가 추구하는 중요한 기본가치 중 하나이며 근원적 성격을 지니고 있다. 개인은 그 이용가치와는 상관없이 존중되어야 하며, 어떤 조건에 의해서도 인간이 지닌 존재가 무시되거나 차별받아서는 안 된다. 따라서 인간으로서의 존엄성은 사생활에 있어서의 자유와 행복추구의 존중에 대한 중요성과 연관되어 있다.

2) 인간의 자기결정권(자기결정의 원리)

인간의 자기결정권(self determination)은 각자의 자기 능력과 판단에 따라 자기의 태도와 행동을 결정할 권리를 갖는 것이다. 그 어떤 경우에도 위협이나 일방적 관계에 의한 불평등적인 상황에서 결정을 강요받을 수 없으며, 반드시 스스로의 판단과 의지에 따라 결정을 할 수 있도록 기회를 만들어 주어야 한다.

3) 인간의 균등한 기회(기회균등의 원리)

인간의 균등한 기회(equal opportunity)란 인간은 누구나 평등하고 균등한 기회가 주어져야 한다는 의미이다. 즉 경제적, 또는 정체적 측면에서는 시장논리와 경쟁에 따라 누리는 혜택이나 보상에 차이가 있지만, 사회복지란 측면에서는 차별 없이 꼭 같은 기회가 주어져야 하는 기회균등의 원리가 있어야 하는 것이다.

4) 인간의 사회적 책임(상부상조의 원리)

사람은 개인, 가족 및 사회에 대하여 공동체의 중요성을 인식하고 상부상조의 원리를 수용해야 한다. 빈곤, 질병, 노령, 산업재해 등 사회문제에 대하여 사회적 위험을 인식하고 공동의 협력과 책임을 전제로 한 사회적 연대를 통해 이를 해결하려는 연대의식을 지녀야 한다.

정책론적 관점의 가치는 사회복지정책 수립의 밑바탕을 이루는 가치로서 우리의 경우 1970년대 이후부터 중요한 부분을 차지하고 있다. 정책론적 관점의 가치는 시대적 특성에 따라 가치요소가 강조되어 왔으나, 일반적으로 자원배분을 통한 정의 실현이 중심을 이루고 있다. Gilbert와 Specht는 자원배분에 초점을 두고 평등, 공평, 적절 등을 중요 가치로 선정하였으며, 송근원 · 김태성은 정책이 추구하는 가치로 평등, 효율, 사회적 적절성, 자유 등을 고려했으며, 김경우 · 양승일 · 강복화는 자유, 평등, 민주주의, 연대의식, 공평성, 적절성, 효율성, 접근성 등을 제시하였다.

(1) 자유

정책론적 관점의 자유(freedom)는 크게 두 가지 종류로 대별된다.

우선 본연의 의미를 지닌 자유이다. 흔히 구속이나 속박으로부터 해방을 의미하는 것으로서 이는 한 개인이 상대로부터의 압박이나 억압을 받지 않은 상태에서 자신의 의사를 자유롭게 표현하는 상태를 의미한다. 직업선택, 양심의 자유, 집회 결사의 자유, 거주 이전의 자유 등이 이에 해당한다. 주로 소극적 자유라는 의미로 사용하며 정부의 개입이 최소한을 적용되기를 기대하고 있는 것이 특징이다. 반면 적극적 자유는 개인의 자아실현에 장애가 되는 사회구조나 장애요인을 제거하기 위한 목적으로 국가가 적극적으로 개입하기를 요구하는 자유이다. 스스로 인간다운 삶을 살 권리가 있으며 개인의 무지나 빈곤 질병으로부터 탈피하기 위해 적극적으로 자신이 지닌 권리를 요구할 수 있는 상태를 의미한다. 따라서 적극적 자유는 국가에 의한 자유이며 현대복지국가가 지향하는 모든 가치를 함유한 포괄적이며 사회 모든 계층을 포용하는 범위를 지니고 있다.

(2) 평등

정책론적 가치로서의 '평등'은 사회적 재분배를 통해 사회구성원들의 삶의 질을 골고루 향상시키는 데 초점을 두고 있다. '모든 사람들은 사회적 혜택을 획득할 평등한 권리와 사회적 책임을 감당할 의무를 지니고 있다'는 명제에서 출발되는 평등은 수량적 평등(numerical equality), 비례적 평등(proportional equality), 기회의 평등(equal opportunity) 등으로 나뉜다. 수량적 평등은 결과의 평등으로 불리는 것으로 모든 사람에게 그들의 욕구나 능력의 차이에는 관계없이 사회적 자원을 똑같이 분배하는 것을 말한다. 비례적 평등은 개인의 욕구, 능력, 노력, 공헌 등의 정도에 따라 사회적 자원을 상이하게 배분하는 것이며, 기회의 평등은 과정상 기회를 동일하게 부여하여 균등한 조건을 부여하는 것으로서 이 경우 결과의 불평등은 허용하는 특징을 지닌다. 체제상 사회주의적 시각에서는 수량적 평등을 중시하지만, 자본주의 사회에서는 비례적 평등이나 기회의 평등을 상대적으로 중요한 가치로 인식하고 있다(남기민, 2007; 31).

(3) 사회적 연대의식

사회적 연대의식은 사회구성원들이 상호 교류를 통해 의존하는 과정에서 사회에 대하여 가지고 있는 소속의식과 연대감을 의미한다. 일반적으로 잔여적 개념의 복지 시각에서는 구성원의 능력이나 경쟁을 용인하거나 개인의 문제로 인식하지만, 이들이 지나치게 강조되거나 핵심 가치화할 경우 사회적 불평등, 경제적 갈등과 대립, 인간소외 현상을 유발하는 계기가 되기 때문에 종종 연대감이 떨어지는 결과를 가져온다. 따라서 사회구성원들이 사회문제에 부딪치거나 또는 위험지역에 빠지는 상황을 대비하기 위해 사회적 합의를 거쳐 제도적으로 대비함으로써 사회적 안정을 유도하는 효과를 얻게 된다. 예를 들어 사회적 약자들이 처하게 되는 빈곤, 질병, 노령, 산업재해, 실업 등이 이에 해당되며 국가가 제도적 차원에서 공공부조나 사회보험을 마련하여 이들 위험에 대비하여 사회적 연대의식을 확보함으로써 사회복지의 가치를 실현하는 것이다.

(4) 생존권의 보장

인간답게 살아가는 권리를 의미한다. 1919년 독일 바이마르 헌법에 의해 생존권의 중요성과 개념이 제시된 이후 자본주의 체제에서 발생되는 각종의 사회문제, 빈부격차와 경제적 피폐에 따른 각종 개인과 가족의 문제 등에 대해서 국가는 국민이 인간답게 살 수 있도록 관련 서비스를 제공해야 한다는 것이 생존권의 핵심이다. 따라서 생존권 보장이란 빈곤, 교통사고, 질변, 재해 등으로 인하여 최저생활수준에 미달하거나 생계위협을 받는 사람들에게 생활비를 지급하여 인간다운 생활을 보장하는 의미이다(남기민, 2007: 33). 인간다운 생활의 수준이란 노동력을 재생산할 수 있고 생산적 활동이 가능한 여건을 조성해 주는 수준을 의미한다. 단순히 최저생활 수준을 벗어나는 정도가 아니라 복지가 가진 목적에 부합하는 정도, 즉 생산적 활동이 가능한 수준 정도를 의미한다. 그러나 이들 수준을 규정하는 것은 국가와 경제, 사회적 합의가 전제되어야 하고 개인적 여건에 따라 가변적이며 상대적인 특성을 지니고 있다.

(5) 효과성

효과성(effectiveness)은 욕구의 충족 또는 해결에 있어서 어느 정도 유효한가를 의미하거나 또는 의도하거나 기대한 것과 같은 소망스런 상태가 나타나는 정도를 의미한다. 욕구충족을 위해 선택된 서비스가 어느 정도 적합한가의 관점에서 판단된다. 즉 주어진 예산을 지침에 따라 필요로 하는 사람들을 위해 사용했다는 사실보다는 주어진 서비스를 받고 어느 수준 정도로 정책이 추구하는 근본적인 목적을 달성했는가 하는 측면을 고려한다.

(6) 효율성

효율성(efficiency)은 최소의 자원으로서 최대의 효과를 어떻게 거둘 것인가 하는 것에 초점을 두며, 보다 적은 비용으로 서비스를 제공하는 의미를 가지고 있는 가치가 포함된 개념이다. 외부자원에 의존비중이 높은 사회복지서비스의 공급을 위해서 효율성이 적용되어야 하는데, 특히 자원이 제한될 수밖에 없는 현실이 효율성을 중시하도록 요구하고 있다.

그러나 사회복지 특성상 상대적으로 사회적 형평성을 제고하면서도 효율성을 고려해야 하는 이면적인 특성을 지니고 있기도 하다. 예를 들어 투입의 효율인가 아니면 배분의 효율인가의 여부에 대한 고민이다. 정책적 관점에서는 가능한 적은 투입을 통해 최대의 효율을 고려하는 관점을 선호하지만 반대로 수요자 입장에서는 최적의 자원배분을 통해 개인욕구와 사회적 욕구가 동시에 해결되는 수준을 원하는 것이다. 따라서 이들 두 기준 사이에서의 효율성을 어떻게 만족시킬 것인가의 여부는 사회복지 가치 확보에 중요한 조건이 된다.

(7) 공평성

공평성(equity)이란 동일한 욕구를 가진 대상자는 동일한 혜택(service)을 받아야 한다는 개념이다. 사회복지서비스의 공급에 있어서는 공평성이 특별히 배려되어야 하는데, 이 때 공급받는 서비스에는 서비스를 받는 기회와 내용뿐 아니라 그 비용을 포함하여야 한다.

일반적으로 공평성이란 인간이 지닌 욕구, 능력, 노력 등 개인적 수준에 따라 다르게 보상 결과가 적용되어야 한다는 측면을 강조하는 공평한 불평등성을 강조하지만, 복지정책을 집행하는 과정에서 공평성이 확보하는 것이 쉬운 것은 아니다. 실제로 사회복지서비스의 공급은 필요한 서비스 또는 시책, 시설 등에서 불충분한 준비로 인하여 서비스의 수익자와 비수익자 간에 공평성을 저해하는 현상이 나타나기도 한다.

(8) 접근성

편익성(convenience) 또는 접근성(accessibility)은 사회복지욕구 중 특히 비화폐적 욕구충족의 경우에 문제가 된다. 즉 클라이언트가 복지서비스를 쉽게 이용할 수 있도록 되어야 하는데, 비화폐적 욕구충족을 위한 수단은 금전급부와는 달리 현물 또는 상담서비스로 되기 때문에 이용자가 쉽게 이용되도록 하는 것이 핵심요소이다. 어떤 종류의 욕구충족에 있어서 시설서비스가 필요로 할 때 시설(institution)이 충분한 설비·기능을 갖추고 있어도 그 설비가 이용자에게 물리적으로 떨어져 있거나 또는 그 시설의 운영관리가 지나치게 관료적이면 그 서비스는 욕구충족의 기능을 다하지 못하게 된다.

(9) 책임성

책임성(responsibility)은 사회복지정책의 목적달성에 충실하게 임했으며, 집행 과정에서 법규를 준수했는지의 여부를 검토하는 것이 핵심이다. 책임성을 제고하기 위해서는 정보가 공개될 뿐만 아니라 투명하게 집행되어야 한다. 사회복지정책을 통해 책임성이 제고되면 합목적성과 합법성을 향상시킬 수 있다. 또한 자격 있는 복지수혜자가 혜택을 받도록 함으로써 복지의존성(welfare dependency) 문제 및 복지남용(welfare abuse) 문제를 어느 정도 해결할 수 있게 된다.

이상에서 언급한 내용을 근거로 하면 사회복지의 개념은 다음과 같이 요약할 수 있다. 즉 사회복지는 인간의 욕구를 충족시키려는 사회적 노력이며, 인간의 욕구와 사회문제에 대한 사회적 서비스이다. 그리고 복지증진의 이론과 실천성을 지닌 사회성이 내포된 개념이다(최성균, 2008).

참고문헌

권연옥(1997). 『지역사회개발론』, 서울: 학문사.
권오구(1998). 『사회복지발달사』, 서울: 홍익제.
김경우 · 양승일 · 강복화(2008). 『사회복지정책론』, 서울 : 창지사.
김기태 · 박병현 · 최송식(2007). 『사회복지의 이해』, 서울 : 박영사.
김기태 · 박병현 · 최송식(2007). 『사회복지의 이해』, 서울: 박영사.
김영종(2007). 『사회복지행정』, 서울 : 학지사.
남기민(2007). 『사회복지정책론』, 서울 : 학지사.
남세진 외(2006). 『한국사회복지론』, 서울: 나남출판.
류종훈(2006). 『사회복지실천론』, 서울 : 청목출판사.
문병집(1987). 『지역사회개발론』, 서울: 법문사.
박정호(2001). 『사회복지정책론』, 서울: 학지사.
박차상(2000). 「한국사회복지행정론」, 서울: 대학출판사.
송근원 · 김태성(1996), 『사회복지정책론』, 서울: 나남.
윤철수 외(2009). 『사회복지학개론』, 학지사.
장인협 외(2003). 『사회복지학』, 서울대학교 출판부.
장인협(1986). 『사회복지학개론』, 서울대학교 출판부.
장인협 · 이정호(1993). 『사회복지행정』, 서울: 서울대학교 출판부.
조흥식 외(2010), 『사회복지학개론』, 창지사.
최성균 외(2007) 『사회복지개론』, 대왕사.
Hasenfeld, 성규탁 역(1985). 『사회복지행정조직론』, 서울: 법문사.

제2장

사회복지의 구성요소

제1절 사회복지의 주체

사회복지 주체는 사회복지를 실천하는 중심적 체계를 의미하며, 운영주체의 성격에 따라 사회복지의 형태도 달라진다. 전통적인 사회에서는 사회복지의 주체가 개인, 가족, 마을, 종교단체가 되었기 때문에 상호부조를 사회복지의 기본 형태로 간주하였으나, 현대사회에 들어오면서 사회복지의 주체가 사회와 국가로 전환되는 경향이 뚜렷하다. 따라서 오늘날 사회복지는 사적 복지활동에서 공적 복지활동으로 전환되고 있다고 보아야 할 것이다.

일반적으로 사회복지를 제공하는 주체는 공공부문과 민간부문 그리고 두 가지 부분의 혼합된 형태인 제3부문으로 구분할 수 있다.

1. 공공부문

사회복지의 주체로서의 공공부문은 중앙정부와 지방자치단체로 현대 산업사회에 있어서 사회복지서비스 제공의 가장 중요한 주체가 되고 있다. 이렇게 공공부문의 역할이 우선시되는 이유는 사회복지가 추구하는 평등, 자유, 적절성 등의 가치를 달성하기 위해 필요할 뿐만 아니라 국가가 주체가 되어 직접 사회복지서비스를 제공하는 것이 시장에서의 비효율성을 줄일 수 있기 때문이다. 공공부문에서 제공하는 사회복지서비스는 형평성의 확보가 쉽고, 책임성이 확보될 여지가 많다는 것과, 사회복지서비스에 대한 접근을 권리로서 가능하게 할 수 있다는 것, 그리고 사회복지서비스의 범위가 넓고 크며 예방적 서비스를 다룰 수 있다는 점을 장점으로 꼽을 수 있다. 그리고 공공부문의 서비스에는 광범위하고 다양한 시민참여가 가능하다. 운영방식은 정부나 지방자치단체가 사회복지시설이나 기관을 설립하여 직접 운영하는 방식이며, 운영재원은 국가 또는 지방자치단체의 조세로 충당된다. 우리나라의 경우는 국민연금제도, 국민건강보험제도, 장기요양보험제도, 고용보험제도, 산업재해보상보험제도와 같은 공적 사회보험부문과 국민기초생활보장제도와 같은 공적부조부분 등이 여기에 해당된다. 그 서비스의 대상은 일정한 자격요건이 되면 누구나 차별 없이 서비스를 받을 자격이 주어지나 수급자격의 요건은 법률적으로 엄격히 규정되어 있다.

2. 민간부문

민간부문은 사회복지서비스를 제공하는 실천주체가 민간인이며, 그 재원도 민간에서 충당되는 기업이나 사회단체 및 개인이 공익재단을 설립하여 사회복지사업을 위한 시설 및 기관을 운영하는 것을 말한다. 민간부문이 사회복지서비스를 제공할 경우 자율적이고, 융통성이 있고, 프로그램이 혁신적이고, 시민의 자원봉사정신을 함양하고, 시민을 대변하여 변화를 주도하고, 공급자간의 경쟁을 유도하여 서비스의 질을 향상시킬 수 있으며, 수급자의 다양한 선택권을 보장할 수 있다는 장점이 있다. 그러나 서비스제공의 형평성 문제와 재정상의 곤란에 직면하여 새로운 서비스를 개발하기보다는 정부에서 재정을 지원받을 수 있는 사업에 치중할 수 있다는 단점도 있다. 민간부분은 재원을 지역사회내의 개인, 가족, 사회단체 및 기업, 그리고 민간의 자발적 기부금 등에 의존하고 있으며, 재원을 전적으로 민간재원으로 충당하는 경우도 있지만, 부분적으로 정부의 재정지원을 받는 경우도 많다.

3. 제3부문

사회복지서비스 실천주체의 제3부문은 사회복지서비스가 혼합으로 이루어지고 있는 형태로서 국가나 지방자치단체가 사회복지시설이나 기관을 설립하고 운영은 민간이나 사회복지법인에 위탁하여 운영하도록 하는 제도나, 반대로 기업이나 개인이 사회복지시설이나 기관을 설립하여 국가나 지방자치단체에 그 운영권을 기부하는 방식이 있다.

제2절 사회복지의 대상

사회복지의 대상은 일반적으로 사회복지서비스의 대상자인 클라이언트를 말한다. 즉 사회복지의 욕구를 가지고 있는 사람 또는 문제가 있거나 문제를 일으킬 조건을 가지고 있는 사람을 의미하는 것이다. 그러나 욕구와 문제가 존재한다고 해서 모두가 사회복지의 대상이 될 수는 없다. 일반적으로 사회복지급여나 서비스는 시장에서 쌍방의 교환이 아닌 국가로부터 일방적인 이전의 형태로 제공되기 때문에 수요보다 공급이 적은 경향이 있으며, 국가의 사회적 자원 또한 한정되어 있기 때문이다.

사회복지의 대상은 역사적으로 많은 변화를 가져왔다. 사회복지가 한정적 개념으로 받아들여졌던 초기단계에 있어서의 사회복지는 빈곤한 개인과 사회적 장애를 지닌 아주 특수한 상황에 처한 개별적 약자만을 대상으로 하여 매우 제한적이며 선별적 서비스가 제공되었다. 즉 선별주의를 적용하여 대상자에 대한 욕구조사, 연령, 성별, 장애정도, 부양의무자의 유무, 자산조사 등을 실시하였으며 결과적으로 대상자와 비대상자로 구분하여 대상자선정과정에서 복지수혜자들의 낙인은 피할 수 없었다. 그러나 현대사회에 들어와서 사회복지가 광의적 개념으로 받아들여지면서 그 대상역시 제한적 요보호자만이 아니라 국민전체로 확산되고 있다. 사회복지 변천과정을 살펴보면 사회복지대상자에 있어서도 개인중심의 서비스에서 국민전체의 서비스로 확대되고 변화해 가는 모습을 볼 수 있다. 이는 급격한 사회변동에 의해 모든 사람이 자신의 의지와 상관없이 사회복지의 대상이 될 가능성이 있기 때문이다. 즉 산업사회에 살고 있는 현대인은 누구나, 빈곤, 질병, 각종 재해나 사고, 실업 등의 사회문제나 노동문제로 인한 사회생활의 여러 가지 장애나 부조리 및 부적응현상 등의 생활문제가 제기될 수 있기 때문이다. 따라서 사회복지 대상자는 일반적으로 선별주의에서 보편주의로 변화되고 있다고 보아야 할 것이다.

사회복지의 주요대상인 사회적 욕구와 사회문제를 살펴보면 첫째, 사회적 욕구는 인간이 사회생활을 유지하는데 있어 생리적·심리적으로 부족한 상태를 보충하고 과잉상태를 배제하려는 과정을 말하며 사회적 욕구 중에서도 욕구의 기준으로 가장 많이 사용되는 것은 육체적·생물학적인 생존에 필요한 최소한의 수준이다. 이것은 절대적 욕구의 개념으로 사회복지가 발달하지 못한 대부분의 국가에서 육체적 생존에 필요한 최소한의 수준을 욕구의 기준으로 사용하고 있다. 하지만 사회복지가 발달한 국가에서의 욕구의 기준은 사회의 관습, 규범, 사회적 기준 등 다른 사람과 비교를 통해서 결정되는 상대적 욕구개념을 많이 사용하고 있다. 그러므로 사회복지가 발달한 국가에서 사회적 욕구로서 인정되는 욕구는 매우 광범위한 반면 사회복지가 발달하지 못한 국가에서의 사회적 욕구에 대한 사회의 요구는 상대적으로 제한적이다. 둘째, 사회문제는 사회변동에 따른 사회·경제·문화의 구조적 모순에 의해 발생하는 것으로서 사회가 그 개선이 필요하다고 결정하는 모든 상황은 사회문제가 된다. 즉 사회문제는 개인 또는 사회에 피해를 주는 유해조건으로서 사회적 조건이 사회구성원들의 가치와 양립할 수 없거나 모순되는 경우로서 사회가 개선을 원하고 있고 개선을 위하여 집단적·사회적 행동이 요청되는 것이다. 사회문제는 빈곤, 소득분배, 노동문제, 교육 불평등 등과 같은 사회구조적 문제, 가족해체, 빈민지역, 인구문제, 환경문제와 같은 사회 해체적 문제, 범죄, 비행, 자살, 알코올중독, 마약중독 등과 같은 탈선적문제로 크게 나누어 볼 수 있다.

제3절 사회복지급여의 형태

사회복지서비스 대상자에게 제공되는 물질적·비물질적 자원을 급여라고 하는데 사회복지급여에는 현금급여, 현물급여, 증서, 기회, 권력 등 다양한 형태가 있으며, 어느 것이 더 바람직한 급여체계라고 단정짓기는 어렵다. 그 이유는 다양한 급여형태는 서로 다른 장점과 단점을 가지고 있기 때문이다.

1. 현금(cash)급여

현금급여는 급여수급자가 자신에게 필요한 재화나 서비스를 직접 시장에서 구매하도록 화폐형태로 지급하는 급여로 사용하기도 편리하고 관리비용도 적게 들며 행정적인 처리도 간편하다. 대부분의 재화나 서비스를 시장구조 속에서 자유롭게 구매할 수 있는 현대 자본주의 사회에서는 현금 급여는 급여수급자가 가장 선호하는 급여형태인 동시에 시장 기제를 통해 소비가 이루어짐으로써 시장에 대한 왜곡이 발생하지 않는다는 점에서 지지를 받고 있으며, 개개인의 자유의지를 존중하고 스스로의 삶을 관리할 수 있는 존엄성을 인정하면서, 동시에 수급자에게 소비자로서의 자기결정권을 증진시킨다는 장점이 있다. 하지만 현금급여를 지급함으로써 원래의 정책이 목표했던 급여수급자의 욕구충족에 필요한 재화구입에 사용되지 않고 불필요한 소비지출에 사용될 수 있는 가능성도 지니고 있으며, 또 수급자의 욕구충족을 위해 사용되었는지에 대한 확인도 어렵다는 단점이 있다.

2. 현물(goods)급여

현물급여는 현금 대신 수급자에게 필요한 물품 또는 서비스를 직접 급여로 제공하는 형태를 말한다. 현물급여는 급여를 대량으로 저렴하게 제공할 수 있으며, 필요한 대상자에게 집중적으로 급여를 제공할 수 있고, 불필요한 대상자는 현물급여를 적게 신청하게 되어 효율적이다. 또 수급자들이 용도 이외의 다른 부분에 사용할 수 없기 때문에 정책목표에 맞게 소비가 이루어져 정책의 목표효율성을 높일 수 있다는 장점이 있다. 그리고 일반적으로 납세자들이 낸 세금이 어떤 용도로 사용되고, 어떤 목표를 이루었는지 구체적 목표를 비교적 명확히 이룰 수 있기 때문에 납세자들은 현금급여보다 현물급여를 선호하는 경향이 있으며, 정치적인 측면에서도 정부의 관료들이 권력을 행사할 수 있어 선호하며, 정치적으로 채택될 가능성은 높다. 그러나 현물급여는 획일화된 급여제공으로 서비스 대상자의 자유의지나 개인의 선택을 존중하지 않는 것으로 비인간적인 급여체계라는 지적이 있고, 수급여부가 노출되어 수급자는 낙인을 피할 수 없으며, 개인의 존엄성을 해칠 수 있다. 또 정치적 거래에 의해서 필요이상의 현물이 제공될 경우 자원의 낭비가 발생할 수 있으며, 현물의 보관·유통과정에 추가적인 비용이 발생하여 관리비용에 대한 부담도 크다는 단점도 있다.

우리나라에서 공공부조 수급자에게 쌀을 직접 나누어주는 것이나 재해 발생 시 필요한 생필품을 나누어 주는 것과 같이 필요한 물품을 지급하는 경우도 있고, 의료서비스·교육서비스와 같이 필요한 서비스를 비용을 지불하지 않고 이용하도록 하는 경우도 있다.

3. 증서(voucher)

증서는 수급자가 정해진 용도 내에서 원하는 재화나 서비스를 자유롭게 선택할 수 있는 일종의 이용권으로서, 현금급여와 현물급여의 중간성격을 갖고 있는 사회복지급여 형태다. 증서는 적어도 이론적으로는 현금급여와 현물급여의 장점을 살리면서 단점을 줄일 수 있다. 증서는 현금급여의 장점인 소비자 선택의 자유를 비록 제한적이지만 살릴 수 있으면서 현금급여의 단점인 무제한 선택의 자유에서 발생하는 비합리적 선택의 문제를 어느 정도 줄일 수 있다.

또 증서는 재화나 서비스 공급자들 사이의 경쟁을 유발시켜 재화나 서비스의 질을 높일 수 있고, 현물급여의 장점인 정책의 목표효율성을 살리고 납세자들의 정치적 지지를 획득하는데 용이하며, 현물급여보다 비록 제한적이기는 하지만 수급자의 효용을 증가시킬 수 있다. 즉 음식물 증서의 경우 음식물이라는 넓은 범위에서 선택의 폭이 넓어지기 때문에 자신들의 효용을 높이는 음식물을 선택할 수 있다.

예를 들자면, 쌀이라는 현물을 급여할 경우 쌀을 싫어하는 수급자에게는 효용이 낮으나, 음식물 증서를 제공하면 쌀 대신에 수급자가 선호하는 다른 음식물을 구입할 수 있기 때문이다. 그리고 증서는 외형상 거의 현금과 같기 때문에 현물급여에 비하여 관리·운영하는 데 비용이 적게 든다.

지금까지 살펴본 바와 같이 증서는 적어도 이론적으로는 현금급여와 현물급여의 이상적인 속성을 지니고 있지만 대부분의 복지국가에서 증서는 주요한 급여형태로 사용되지 않고 있다. 그 이유는 역설적이지만 증서의 '중간적 성격' 때문이다. 일반적으로 어떤 정책이 채택되고 유지되기 위해서는 강한 정치적 지지 세력이 있어야 한다. 그런데 증서는 그것의 중간적 성격 때문에 확고한 지지 세력이 존재하기 어렵다는 점이다.

4. 기회(opportunity)

기회는 현물급여나 현금급여처럼 어떠한 상품가치가 있는 것이 아닌 무형의 급여형태로 매우 포괄적인 개념으로 추상적 의미가 강하며, 어떤 집단이 기회의 불평등으로 인해 개개인이 원하는 목적을 성취하지 못하거나 처음부터 동기부여가 되지 못해 접근하지 못했던 부분에 접근을 가능하게 만드는 것이다.

즉, 빈곤계층의 자녀들이 등록금 부담으로 인해 고등교육의 기회를 얻지 못함으로써 직업선택에 있어서도 불이익을 당하는 것이 대표적인 예라 할 수 있다. 기회는 대부분의 경우 고용과 교육에서의 기회를 중요시 하며, 기회의 형태로 제공하는 정책의 궁극적인 목표는 사회적으로 취약한 위치에 있는 집단이나 불평등한 처우를 받는 집단에게 유리한 기회를 주어 보다 나은 생활을 유지할 수 있도록 하려는데 있다.

주요한 대상으로는 여성, 장애인, 노인, 외국인근로자 등 사회적으로 차별받고 있다는 사회적 인식이 형성되어 있는 집단이 선택되어진다. 이러한 집단에 대해서는 교육과 고용에 있어서 이 집단에 속하지 않는 사람들에 비해 유리한 조건이 부여된다. 예를 들면 우리나라에서는 농어촌지역의 학생이나, 빈곤층의 자녀, 장애인에게 특례입학을 허가하는 것이 있으며, 기업의 장애인 의무고용, 여성에 대한 일정한 고용할당 등을 들 수 있으나, 대부분의 기업이나 정부기관에서는 이러한 정책을 따르지 않아 유명무실한 경우가 많다. 이러한 정책들은 부정적인 의미의 차별과 구별해서 긍정적 차별 또는 적극적 차별 시정조치라고도 부른다.

5. 권력(power)

모든 급여의 형태들은 정책결정자들이 일방적으로 결정하여 수급자에게 지급하는 것이었지만, 권력은 수급자들로 하여금 정책결정과정에 참여시켜 수급자들의 입장을 반영하게 하는 것이다. 즉, 권력은 수급자에게 정책결정에 있어 권력을 부여하여 그들에게 유리하게 결정될 수 있도록 하는 것으로 권력은 현금이나 증서처럼 쓰일 수 없지만 현물이나 기회보다는 훨씬 더 많은 선택의 여지를 제공할 수도 있다.

제4절 사회복지의 전달체계

사회복지의 전달체계란 사회복지서비스 공급자 사이 또는 서비스공급자와 수급자 사이에 존재하는 조직체계이며 모든 공·사의 복지기관과 이들 기관의 서비스 이동통로서 복지정책을 집행하는 모든 과정을 말한다. 즉 전달체계는 어떻게 서비스를 제공할 것인가에 대한 문제로서 서비스 수급자에게 선택된 서비스를 어떤 방법으로 효과적으로 제공할 것인가에 대한 서비스 전달방법에 대한 조직적 장치를 말한다. 사회복지정책을 통해 제공되는 재화나 서비스는 그 종류나 영역에 따라 다양하며 수급자에게 전달하는 방법 역시 다양하다. 전달체계는 서비스가 신속하고 정확하게 수급자에게 전달되어 그들의 욕구를 효과적으로 충족시키는 것은 전달체계가 어떻게 확립되어 있느냐에 달려 있기 때문에 서비스를 전달하는 주체와 전달망은 정책의 성공여부에 많은 영향을 미친다.

사회복지서비스 수급자나 그 가족들은 동시에 복수의 사회복지기관들로부터 서비스를 받아야 될 때가 있다. 이러한 경우의 수급자에게 효과적이고 효율적인 서비스를 제공하기 위해서는 관련 복지기관들이 서비스의 내용과 절차 등에서 서로 유기적인 관계를 유지해야 할 필요가 있다. 사회복지서비스 전달체계가 그 기능을 충분히 발휘하기 위해서는 전달체계의 하위체계 혹은 단위를 구성하는 복지기관들이 적절한 기능을 수행해야 한다. 전달체계가 제 기능을 수행하지 못했을 때 자원의 낭비나 서비스의 중복과 누락, 그리고 클라이언트의 치료와 재활에도 역기능을 초래할 수 있기 때문이다.

1. 사회복지서비스 전달체계의 종류

1) 공공전달체계

공공전달체계는 사회복지서비스를 관장하는 정부 또는 지방자치단체가 주체가 되어 서비스를 전달하는 것으로 대부분의 국가에서는 사회보험과 공공부조는 중앙정부에서, 그리고 사회복지서비스 등은 지방자치단체에서 분담하여 제공하고 있고, 사회복지서비스 일부분은 민간차원에서도 활발하게 진행하고 있다.

(1) 중앙정부

오늘날 대부분의 복지국가들은 제공되는 재화나 서비스 대부분을 중앙정부가 중심이 되어 급여자격과 급여수준, 재원 그리고 세부적 전달체계 등을 결정하여 실시하게 된다. 우리나라의 경우 중앙정부 기관은 보건복지부가 대표적이며, 지방정부들도 가정복지국 또는 사회복지과를 설치해 운영하고 있다.

중앙정부에서는 의료, 교육서비스와 같이 그 속성상 공공재적인 성격이 강한 서비스나 재화 공급에 유리하며, 사회보험과 같이 규모의 경제가 발생하는 부분에서의 역할이 크다. 그리고 평등과 소득의 재분배와 같은 사회적 적절성 실현에 있어서도 중앙정부가 강력한 권한을 가지고 있고, 사회복지에 대한 다양한 욕구를 체계화하여 프로그램을 통합,

조정할 수 있으며 이러한 정책들을 지속적이고 안정적으로 유지하는데 유리하다. 그러나 일반적으로 공급량이나 형태에 관해 수급자의 선택이 반영되기 어렵기 때문에 자원의 비효율적 배분이 이루어질 수 있으며, 독점적 공급에 따른 재화의 가격과 서비스 질에 있어 수급자에게 불리할 수 있고, 변화하는 수급자의 욕구에 융통성 있게 대응하지 못한다는 점을 단점으로 꼽을 수 있다.

(2) 지방정부

공공부분에 해당하는 지방정부는 많은 부분의 사회복지 재화나 서비스제공에 관여하지만 완전하게 지방정부 단독으로 제공되는 경우는 흔하지 않다. 지방정부는 지역주민들의 욕구를 신속하고 효율적으로 해결할 수 있으며, 지방정부 간의 경쟁을 유발시켜 재화의 가격과 서비스질의 향상을 가져올 수 있다. 또 수급자들이 정책결정에 직접 참여할 기회가 많아져 수급자의 입장이 반영될 가능성이 높아진다. 그러나 지역간 불평등을 야기하여 사회통합을 저해하는 요인이 될 수 있고, 중앙정부에 비해서 규모의 경제 실현이 불리하다.

(3) 중앙정부와 지방정부의 혼합체계

중앙정부와 지방정부는 많은 경우 프로그램을 협력하여 운영하지만 중앙정부는 주로 재정이나 운영상의 규제를 통하여 지방정부의 프로그램에 영향력을 행사하게 되는데 그 방법에 따라 지방정부의 권한과 자율성이 달라진다. 중앙정부와 지방정부의 혼합체계는 상호협력 및 규제방법에 있어 재정적 규제, 대상자의 자격이나 급여의 형태와 액수 및 세부적 전달방법 등에 대해 규제하는 프로그램 규제, 수급자의 욕구에 따라 지방정부에 대한 재정지원을 차등화하는 수급자 수와 욕구에 따른 규제방법, 마지막으로 프로그램 운영에서 일정한 절차를 요구하여 규제하는 절차적 규제가 있다.

2) 민간전달체계

민간전달체계는 거의 대부분 사회복지 서비스에 집중되어 있으며, 오늘날 복지국가들이 제공하는 사회복지 재화나 서비스는 순수하게 민간전달체계에 의해 운영되는 경우는 그다지 많지 않다. 왜냐하면 순수 민간부문에 맡길 경우 자본주의의 취약점인 시장원리의 단점과 평등추구의 어려움 때문에 국가적 개입이 필연적이기 때문이다.

(1) 민영화

민영화란 국가가 공적인 목표로 운영하는 사회복지서비스를 자본시장에 개방하여 민간기관에게 이양하는 것과 일정한 계약 하에 민간기관 및 비영리단체에 그 역할을 위탁하여 운영하도록 하는 것이다.

(2) 종교단체

사회복지 민영화와 함께 종교단체의 사회복지 역할이 크게 부각되고 있다. 종교단체는 사회복지 서비스의 오랜 역사를 가지고 있으며, 정부의 입장에서도 종교단체가 가장 신뢰할만하고, 종교단체가 보유한 재정과 인력에 상당부분 의존할 수 있기 때문이다. 종교단체는 서비스 대상자의 선택에 종교적 제한을 두지 않으며, 아동보호, 가족상담, 입양, 노숙자들을 위한 음식과 거처의 제공 등 다양한 서비스를 제공하고 있다.

3) 정부와 민간부문 혼합체계

민간부문은 공공부문에 비해 효율성, 경쟁성, 선택의 자유, 접근성, 욕구에 신속한 대응, 융통성 등에서 장점을 가지고 있다. 그러나 공공부문에 비해 재정이 취약하여 지속성, 안정성 등이 부족하며, 프로그램을 전국적으로 실시할 수 없어서 평등의 달성이라는 측면에서 약점을 가지고 있다. 따라서 정부와 민간부문을 적절히 역할을 분담하는 것이 바람직하며 완전히 순수한 의미의 민간부분은 없다고 할 수 있을 정도로 정부와 민간부문이 혼합 형태가 일반화되어 있다.

2. 사회복지서비스 전달체계의 원칙

사회복지서비스 전달체계는 사회복지 급여를 복지수급자에게 효과적으로 전달하는 것을 목적으로 한다. 사회복지서비스가 효과적이고 효율적으로 전달되기 위해서는 다음과 같은 조직적인 원칙을 제시하고 있다.

1) 전문성의 원칙

사회복지서비스의 대부분은 헌신적 자세, 경험, 교양과 상식만 있으면 누구나 할 수 있는 것으로 잘못 인식되어 왔다. 하지만 사회복지서비스의 효율성과 효과성을 위해 사회복지서비스제공 업무는 그 특성에 따라 반드시 전문가가 담당해야 한다. 여기서 전문가란 자격이 객관적으로 인정된 사람으로 자신의 전문적인 업무에 대한 권위와 자율적 결정권 및 책임성을 지닌 사람으로 대체로 사회복지사가 중심적인 전문가 역할을 수행한다.

2) 적절성의 원칙

사회복지서비스의 수준이 클라이언트의 욕구나 기대수준에 어느 정도 부합되도록 적절성의 확보되어야 한다. 즉 양적인 측면과 질적인 측면 그리고 서비스를 제공하는 기간이 클라이언트의 욕구충족과 서비스의 목표 달성에 적절하게 제공되어야 한다. 하지만 적절성의 원칙은 사회복지 재정적 형편을 고려해 볼 때, 제대로 시행하기 어려운 경우가 많고, 그 적절성의 수준이 어느 정도인지에 대해서도 가름하기 어려운 점이 있다.

3) 포괄성의 원칙

복잡하고 다양한 욕구 또는 문제를 안고 있는 클라이언트에게 효과적으로 사회복지서비스를 제공하기 위해서는 다양한 형태의 급여나 재화가 제공되도록 포괄성을 확보해야 한다. 클라이언트의 욕구는 다양할 뿐만 아니라 한 가지 문제나 욕구결핍은 다른 여러 가지의 문제와도 유기적인 관련을 가지고 연관되어 있는 것이 일반적이기 때문에 특정한 문제는 다른 문제에 영향을 주거나, 파급되어 각각의 문제는 여러 요소가 결합된 복합적 양상을 나타낸다. 클라이언트의 다양한 욕구 또는 문제를 효과적으로 해결하기 위해서는 다양한 서비스를 포괄적으로 제공해야 한다. 포괄적인 서비스는 한 사람의 전문가가 여러 문제를 다루거나, 혹은 각기 다른 전문가가 협력해서 포괄적인 서비스가 이루어지도록 해야 한다.

4) 지속성의 원칙

사회복지가 추구하는 자활 및 재활목표를 달성하기 위한 전문적 과정은 오랜 기간을 요구하는 경우가 많으며, 따라서 한 개인의 문제나 욕구를 해결하는 과정에서 필요한 서비스의 종류와 질이 달라져야 하는 경우가 발생하는데 한 개인이 필요로 하는 다른 종류의 서비스와 질적으로 다른 서비스를 지역사회 내에서 지속적으로 받을 수 있도록 상호 연계되어야 한다는 것을 의미한다.

5) 통합성의 원칙

대부분의 클라이언트는 단편적인 문제나 욕구를 가지고 있는 것이 아니라 매우 복잡하고 다양한 문제나 욕구를 가지고 있다. 따라서 상호 복합적인 문제를 해결하기 위해서는 클라이언트가 최소한의 시간과 노력을 할애하여 가장 편리한 방법으로 다양한 사회복지급여를 이용할 수 있도록 필요한 서비스 프로그램들은 상호 연관되어야 한다는 것이다. 통합적인 서비스가 이루어지도록 하기 위해서 필요한 것은 시설이나 조직의 한 행정책임자 아래 서비스가 제공되어야 하며, 서비스제공의 지리적 근접성과 서비스시설 및 조직 간에 상호연계성이 제대로 갖추어져 있어야 한다.

6) 평등성의 원칙

사회복지서비스는 기본적으로 개인의 성별, 연령, 소득, 지역, 종교, 인종, 지위 등에 관계없이 평등하게 제공되어야 한다. 즉 국가는 사회복지서비스를 자신의 욕구와 문제해결을 원하는 대상자에게는 차별 없이 서비스를 제공해야 한다는 것이다.

7) 책임성의 원칙

책임성이란 사회복지서비스의 제공과 관련된 모든 절차를 규정에 따라 수행해야 할 책임이 제공자에게 있다는 것이다. 즉 사회복지조직은 복지국가가 시민의 권리로 인정한 사회복지서비스를 전달하도록 위임받은 조직이므로 급여의 적절성이나 전달절차, 운영의 효율성 등의 부분에서 참여하는 주체들의 책임성이 반드시 확보되어야 한다는 것이다. 책임성의 주요 내용은 클라이언트의 욕구가 적절한가, 클라이언트의 욕구에 적절히 대응하고 있는가, 서비스 전달체계의 전달과정이 적합한가, 서비스가 효과적이고 효율적인가, 서비스 전달과정에서 클라이언트의 의견 수렴장치는 적합한지 등에 관한 것이다.

8) 접근성의 원칙

접근성은 사회복지서비스를 필요로 하는 사람이면 누구나 서비스에 쉽게 접근하여 이용할 수 있도록 전달체계를 클라이언트 중심으로 구축해야 함을 가리킨다. 접근성에 영향을 미치는 요인으로서는 무엇보다 제도가 복잡하면 수급대상자의 접근성을 떨어뜨린다. 또한 서비스에 관한 정보의 결여, 서비스 장소의 지리적인 위치, 서비스 이용 시 사회적 낙인 여부, 서비스인력의 태도 등 서비스를 이용하는데 있어 제한을 두지 않아야 접근성이 높아지며, 복지조직 간에 유기적인 연계를 통하여 클라이언트가 좀더 용이하게 서비스를 제공받거나 이용할 수 있도록 하여야 한다.

제 5 절 사회복지의 재원

사회복지재원은 사회복지정책을 수행하는데 필요한 비용을 의미하는 것으로서 사회복지정책의 도입과 확대 그리고 축소의 논의에서 늘 문제가 되는 것이 바로 재원이다. 재원이 불충분할 경우 원활한 사회복지정책을 집행하는데 어려움이 발생되며, 그 정책이 추구하는 목표달성은 어렵게 된다. 따라서 사회복지재원의 확보는 사회복지정책을 계획하고, 실행하는데 있어 기본적 전제 조건이 된다. 사회복지의 재원은 크게 공공재원과 민간재원으로 구분된다.

1. 공공재원

공공재원은 일반예산, 사회보험료, 그리고 조세지출이 있으며, 일반예산은 정부 및 지방자치단체의 조세수입으로 구성된다. 일반예산에 의한 사회복지 급여는 다른 재원에 비해서 누진적이라는 점 때문에 소득재분배 효과가 크다는 장점이 있다. 조세의 누진적이라 함은 경제적 능력이 클수록, 소득이 높을수록 조세부담률이 높아지는 것을 의미하며, 반대로 역진적 조세는 경제적 능력이 클수록 오히려 조세부담률이 낮아지는 조세를 의미한다. 그리고 일반예산은 모든 국민의 조세로 이루어졌기 때문에 이것을 재원으로 하는 급여대상을 전 국민으로 넓힐 수 있어 급여의 보편성을 확보하는데 유리하며, 민간재원에 비해 안정성과 지속성의 측면에서도 장점을 가지고 있다. 그러나 사회보험료에 비해 조세저항이 크다는 단점이 있다.

사회보험은 모든 국민을 대상으로 보편적인 사회적 위험에 대비하는 사회보장제도로서 보험의 원리를 적용한다. 사회보험의 재원은 가입자가 정기적으로 일정한 기간에 일정한 금액을 기여하는 사회보험료로 충당된다. 사회보험료는 국민연금, 건강보험, 고용보험, 산재보험, 노인장기요양보험의 보험료 충당을 위해 사용자나 피고용자에게 강제로 부과하여 조세와 같은 기능을 한다. 사회보험료는 급여에 대한 권리가 보장되며, 자조의 이념에 입각함으로써 자선에 대한 거부감을 축소시키며, 지출용도가 정해져 있으므로 보험료 부과에 대한 거부감이 비교적 적은 편이다.

조세지출은 특정한 목적을 위하여 세금을 거둬 지출하는 대신 납부해야 할 세금을 감면 또는 공제하거나 면제시키는 것을 말하며, 이는 실질적 조세 수입의 감소를 통해 특정의 목적을 달성하기 때문에 공공부문 재원으로 분류한다.

2. 민간재원

민간재원은 사용자 부담금, 자발적 기여, 기업복지, 가족 간 이전으로 구분된다.

민간재원으로서 사용자 부담금은 공공부문이든 민간부문이든 사회복지서비스를 이용할 때 비용의 일부를 사용자가 부담하는 것을 말한다. 이는 서비스의 남용과 도덕적 해이를 방지할 수 있고, 수치심을 줄이고 자존감을 높일 수 있다는 장점이 있다. 그러나 저소득층의 경우 경제적 부담으로 작용하여 서비스 이용을 억제하는 단점이 있다.

자발적 기여는 개인, 기업, 재단 등이 사회복지사업을 위하여 제공한 자발적 기부금을 말한다. 이러한 기여는 개인이 직접 선택한 종교단체, 사회복지기관을 통하여 이루어지거나 공동모금기구를 통하여 이루어진다. 이는 시장실패나 정부실패를 보완하며, 다원화된 사회에서 특정지역이나 집단의 특수한 욕구를 해결할 수 있다는 장점이 있다. 그러나 국가 전체적인 통합적 정책발전에 장애가 되며, 재원의 불안정성과 지속적이고 체계적인 정책 수립이 곤란하다는 문제를 가진다. 또한 기부는 기부능력과 기부의사가 있을 경우에 한정해야 하는데, 그렇지 않을 경우에는 강요 또는 비자발적 기부가 될 수 있다는 문제도 있다.

자발적 기여에도 기부금에 대한 조세감면 혜택을 주기 때문에 완전히 순수 민간부문은 아니라는 주장도 제기된다. 기업복지는 기업의 사용자들이 근로자의 복지 증진을 위하여 임의로 제공하는 임금 외의 사회복지적인 급여를 말한다. 끝으로 가족 간 이전이 있는데 공식적인 사회복지 제도에서 사용되는 재원과는 달리 가족이나 친지, 이웃 등에 의해서 해결되는 것을 말하는데 이러한 복지 해결 부문을 비공식적 부문이라고 한다. 예를 들어 우리나라의 경우 노인들의 복지는 공식적인 사회복지 제도로 해결되기도 하지만 상당히 많은 부분이 자식이나 형제와 같은 가족들의 지원을 통해 이루어지고 있다.

참고문헌

강영실(2009), 『사회복지정책의 이해』, 신정.
강용규 외(2007), 『사회복지정책론』, 청목출판사.
강용규 외(2011), 『사회복지개론』, 공동체.
김융일 외(2003), 『사회복지학개론』, 동인.
김정기 외(2010), 『사회복지개론』, 청목출판사.
김태성(2005), 『사회복지정책입문』, 청목출판사.
김형식 외(2002), 『사회복지행정론』, 동인.
남기민(2007), 『사회복지정책론』, 학지사.
남일재 외(2011), 『사회복지개론』, 공동체.
류종훈(2006), 『사회복지실천론』, 청목출판사.
신원식 외(2011), 『사회복지개론』, 공동체.
양옥경 외(2006), 『사회복지실천론』, 나남출판.
엄명용 외(2009), 『사회복지실천의 이해』, 학지사.
원석조(2011), 『사회복지정책론』, 공동체.
정민숙 외(2011), 『사회복지개론』, 공동체.
조추용 외(2008), 『사회복지개론』, 창지사.
조흥식 외(2010), 『사회복지학개론』, 창지사.
최성균 외(2007) 『사회복지개론』, 대왕사.
홍봉수 외(2011), 『사회복지정책론』, 공동체.

제 3 장

사회복지의 역사

이 장에서는 사회복지의 역사적 발달과정에 대하여 살펴보고자 한다. 사회복지는 어떤 과정을 통해서 발달해 왔는가? 이 질문에 해답은 그렇게 쉽지 않다. 왜냐하면 사회복지는 여러 가지 요인들의 영향을 받으면서 발달해 왔을 뿐만 아니라 국가마다 발달해 온 과정이 상이하기 때문이다. 이러한 사회복지 역사를 연구하는 것은 현재와 미래의 사회복지를 위한 유용한 교훈을 과거의 역사적 경험으로부터 얻는다는 실천적 목적과 사회복지 발달에 관한 각 국가의 현상을 분석하여 일반적인 법칙을 찾아내고 미래의 사회복지를 예측한다는 이론적 목적이 있다(장인협 외, 2003; 43).

제1절 영국의 사회복지 역사

영국의 사회복지역사는 세계에서 가장 먼저 16세기에 산업화를 경험하고 빈민법을 제정하였으며 제2차 세계대전을 치르면서 국민의 사회적 통합을 위한 청사진인 베버리지 보고서를 근거로 사회복지제도를 만들어 복지국가 유지 발전에 크게 기여하였다.

1. 구빈제도의 발달

1) 구빈법 이전시대

중세 영국에서 빈민구제는 교회의 활동이 중심이 되었다. 대부분 교회가 자선을 제공하였지만 길드 차원의 구제활동도 있었다.

14세기 이전까지는 왕이나 의회는 교회나 길드차원에서 행하여지는 자선에 대하여 관심을 두지 않았다. 14세기에 접어들자 생계를 유지할 수 있는 신체 건강한 빈민과 혼자서 생계를 유지할 수 없는 빈민에 대한 구분이 시작되었고 일련의 법들이 나타났다.

① 1349년 노동자법은 14세기 이전까지는 왕이나 의회는 교회나 길드 차원에서 행해지는 자선에 대해서는 관심을 두지 않았다. 14세기 접어들자 혼자서 생계를 유지할 수 있는 신체 건강한 빈민과 혼자서 생계를 유지할 수 없는 빈민(맹인, 장애인, 노인, 병자, 아동, 임산부 등)에 대한 구분이 시작 되었다. 1349년 노동자법은 떠돌아다니는 부랑자들을 억압적으로 통제하는 내용이 주요골자로 영국에서 빈곤문제를 다루는 행정적 시도의 기원이라고 할 수 있다.

② 1388년 법은 빈민들의 주거 이동을 억제하고 구걸하는 것을 통제하려는 면을 보여주고 있다. 이 법의 제정 목적은 임금을 고정시키고 임금인상을 가져오는 노동력의 이동을 금지하는 것이다. 다른 한편으로는 '일할 수 없는' 걸인들은 이 법이 공포되는 시점에 그들이 살고 있는 도시나 동네에 살 수 있다는 것을 인정한 첫 번째 법이기도 하다. 이 법이 공포된 이후 사람들은 욕구가 있으며 어떤 사람들은 자선금품을 받지 않고는 생계를 유지하기 어렵다는 것을 법적으로 인정했다는 점에서 큰 의미를 부여할 수 있다.

③ 1531년과 1536년 법 영국에서 정부가 나서서 빈민구제를 시작한 것은 1531년이었다. 1531년 법은 일을 할 수 없는 빈민들은 정부가 책

임지고 구제해야 한다는 것을 명시한 최초의 법이다. 이 법은 합법적으로 구걸할 수 있는 자의 자격요건으로 가난한 노인과 일할 수 있는 걸인으로 명시하고 있다.

1536년 정부가 주도하는 보다 포괄적인 빈민구제를 규정한 법이 만들어졌다. 1536년 의회에 제출된 법안에는 비자발적 실업자에 대한 대책으로 공공사업 조항이 포함되어 있었다. 1536년 법의 이러한 규정에는 빈민들이 비자발적 실업에 봉착할 수 있음을 인정하면서 빈민의 공공취업을 제도화하였다. 또한 노동능력이 있는 빈민들을 투옥하거나 요보호 아동은 위탁가정에서 보호하는 등의 후일 엘리자베스 구빈법의 핵심내용이 되는 것들이 많이 포함되어 있다.

④ 1572년 법은 조세입법의 시초가 되었다고 할 수 있다. 1572년 엘리자베스 여왕은 빈민구제를 위해 일반조세를 징수할 수 있는 법에 서명했다. 이 법은 생계를 유지할 수 없는 사람들에게 원조를 제공할 책임을 지고 있다는 것을 인정하는 것이다.

⑤ 1576년 법은 공공고용의 제도화를 통한 근로 프로그램의 시초가 되었다.

1576년 엘리자베스 여왕 18년에 부랑인에게 근로 프로그램을 시행하여 강제노동을 시키는 조치가 취해졌다. 이 법에 의하면 노동이 가능한 빈민은 작업장에 보내어 일을 강제로 시키고, 노동이 가능하지 않은 빈민은 자선원에 입소시켜 보호하며, 나태한 빈민은 교정원에 입소시켜 처벌하였다. 현대 사회복지에서 빈곤구제를 위해 사용되는 자활프로그램의 특징이 이미 나타나 있음을 알 수 있다(박병현, 2010 ; 48-60).

2) 구빈법시대 : 1601~1947

엘리자베스 구빈법 이전까지의 구빈(救貧)제도는 교회기관을 비롯하여 장원(莊園),[1] 길드 등에서 담당하였으나, 16세기 엔클로저(enclosure)

운동[2] 및 경제상황의 악화로 부랑자의 증가, 수도원의 해산 등으로 구빈세를 징수하여 교구(敎區)가 구빈사업을 하는 최초의 사회복지제도인 엘리자베스 구빈법이 시행된다.

엘리자베스 여왕 43년인 1601년에 제정된 엘리자베스 구빈법(The Elizabethan Poor Law of 1601)은 이전의 구빈대책을 집대성한 빈민에 대한 법령을 체계화한 것이라 할 수 있다.

그러나 교구단위에 빈곤자를 보호를 보호하는 책임을 부여하여 사회복지의 실현이라고 볼 수 있으나, 엘리자베스 구빈법은 빈민을 구제하는 사회복지의 기본적 이념을 구현하기 위한 법이라기보다는 빈곤자를 통제하여 사회질서를 회복하려는 목적을 담고 있기에 오늘날의 사회복지에서 추구하는 의미와 부합된다고 볼 수 없다.

1601년 엘리자베스 구빈법의 핵심은 적절한 구제가 필요한 집단을 노동능력의 유무에 따라 노동능력이 있는 빈민, 노동능력이 없는 빈민, 돌보아 줄 수 없는 요보호아동 등 세 범주로 나누고 각기 차별적인 처우를 실시한 특징을 가지고 있으며 그 내용은 다음과 같다.

① 노동 가능 빈민(the able-bodied poor)

이들은 교정원(the house of correction) 또는 작업장(workhouse)에서 강제 노동을 시켰다. 또한 노동을 거절했을 때에는 형벌에 처하였다.

---

1) 농업기술의 발달로 잉여 농산물이 축적되고, 사람들이 잉여 농산물을 매매하면서 화폐가 생기기 시작하였다. 그 화폐로 인해 도시와 상공업이 발달하고 화폐 사용이 증가하면서 농도들이 부역 대신 현물이나 화폐를 영주에게 납부하여 농노신분에서 해방을 도모하고, 영주들이 화폐를 얻기 위해 돈을 받고 농도들에게 자유를 주었다. 또 흑사병의 유행으로 유럽인구가 감소하면서 노동력 부족 현상이 일어나고, 농민의 지위가 향상하여 자영 농민이 성장하고, 장원제 해체가 가속되었다

2) 토지경영의 현대화 현상으로 미개간지, 공유지 등 공동이용이 가능한 토지에 담이나 울타리 등의 경계선을 쳐서 타인의 이용을 막고 사유지로 하는 일. 엔클로저에 의해서 중소농들은 몰락의 길을 걸어 농업노동자가 되었고, 또는 농촌을 떠나 공업노동자가 되기도 하였다. 그리하여 영국에서는 지주, 농업자본가, 농업노동자의 세 계급에서 이른바 삼분할제(三分割制)가 18세기 후반 이후 점차 모습을 나타내어 19세기 중엽에 확립되었다.

② 노동 불능 빈민(the impotent poor)

병자, 노인, 장애인, 어린 자녀가 있는 여성들이었으며 이들은 구빈원이라는 시설에 수용되며 그곳에서 제한된 도움을 받게 하였다.

③ 요 부양 아동(dependent children)

이 범주에 속하는 계층은 고아, 기아 또는 양쪽 부모들이 모두 도피해 버린 가정의 아동들이거나 또는 부모가 있더라도 너무 가난해서 실제로 그들을 양육할 수 없는 가정의 아동들이다. 이들은 보호하기를 원하는 가정에 위탁되거나, 도제수습의 기회를 제공하거나 고아원에 수용되었다.

엘리자베스 구빈법은 구빈의 책임이 교회가 아닌 정부(지방정부)에 최초로 주어졌다는 점에서 큰 의의가 있다. 구빈법은 계속적으로 늘어나는 구빈비용의 지출을 억제하기 위하여 여러 차례 법 개정이 이루어졌으며 그 대표적인 일련의 법은 다음과 같다.

① 정주법(the Settlement Act of 1662)

다른 지역에 거주하는 빈민들이 부유한 교구로 이주해 옴으로써 새로운 빈민과 구빈 비용이 증가하고 고용이 감소한다는 이유로 빈민의 자유로운 거주이동을 금지하는 것을 법령으로 제정하게 되었다. 그러나 이 법령은 주거선택의 자유와 정의에 대한 뚜렷한 침해라는 비판을 받기도 하였다. 정주법은 빈민들의 거주이동을 막아 자본가가 노동자들을 구하는데 어려움을 겪게 되었을 뿐만 아니라 사람들이 원하는 일처를 찾지 못하도록 방해하였다.

② 작업장법(Workhouse Test Act of 1772)

빈민에게 보다 적극적으로 노동을 강요하기 위해 출현한 제도적 장치가 작업장 법이다. 빈민이 노동하는 것이 국부의 증대에 기여한다고 하는 인식이 확산되면서 전국적으로 작업장 설치의 계기가 되는 입법조치이다(조흥식 외, 2010 : 88). 이 법은 노동이 가능한 빈민들에게 일자리를 제공하고 국가적으로 부를 증가시키고자 제정되었으나 게으르고 나태한 빈민들의 기술수준이 낮아 오히려 생산성이 저하되자 비용만 낭비하게 되는 문제가 발생하였다.

③ 길버트 법(Gilbert Act)

공동작업장에서 빈민을 학대하고 노동력을 착취하는 부작용을 개선하기 위한 목적으로 1782년 제정된 법이다. 이 길버트 법은 노동은 가능하나 자활능력이 없는 빈민을 무조건 작업장에 수용하지 않고 빈민이 자신이 거주하는 인근의 적당한 직장에서 취업하도록 알선해 주고 도움을 받을 수 있도록 하는 원외구조(outdoor relief)가 실시된 것에 의의가 있다.

④ 스핀햄랜드 법(Speenhamland Act of 1795)

이 법은 저임금 노동자를 보호해 주는 이른바 임금보조제도로서 최저생활보장제도라고 할 수 있을 것이다. 즉 노인, 허약자, 그리고 장애인들을 위한 원외구호로 광범위하게 활용되었고 합리적인 구호제도로 오늘날의 가족수당이나 최저생활보장의 기반을 이루는 법으로 볼 수 있다. 이 제도는 빈민에게 취득하는 임금과 상관없이 노동을 강요했고 일자리를 구할 수 없는 사람들만이 구호의 대상으로 했던 엘리자베스 구빈법 이래의 구빈제도의 시행방향과 역행하는 측면이 있다.

⑥ 개정 구빈법(Poor Law Reform of 1834)

1832년 신흥 중산층을 대표하는 자유당이 정권을 잡으면서 구빈제도의 문제점을 파악하고 개선책을 마련하기 위해 발족된 왕립위원회의 조사를 토대로 하여 1834년 개정 구빈법이 제정되었으며 개정된 보고서는 다음의 6가지 사항을 건의하게 되었다.

첫째, 스핀햄랜드 법의 철폐

둘째, 노동이 가능한 사람은 작업장에 배치

셋째, 병자나 노인, 아동이 있는 과부 등에게만 원외구제를 실시

넷째, 구빈 연합 교구로 통합하여 구빈 행정을 전개하자는 건의

다섯째, 수혜자의 자격요건은 정상적으로 근로를 하여 생활을 하는 근로자의 수입보다 높지 않아야 한다는 열등처우의 원칙을 제시

여섯째, 구빈에 있어 중앙통제위원회를 설립하자는 제안을 했다.

개정구빈법은 구빈의 열등처우의 원칙, 작업장제의 원칙 적극적 통일의 원칙 등 3대원칙을 제시하였다.

첫째, 열등처우의 원칙은 구빈 수혜자의 보호 수준이 독립 노동자의 최저생활수준보다 열등해야 한다는 것으로 오늘날까지도 대개의 공공부조제도가 내재화하고 있는 원칙이라 할 수 있다. 둘째, 작업장제의 원칙은 노동능력이 있는 빈민에 대하여 원외구제를 폐지하고, 빈민법에 의한 구제를 원하는 사람은 노동능력이 있는 모든 사람은 누구나 작업장에 수용되도록 하는 것이다. 셋째, 전국적통일 원칙은 빈민들은 전국 어디서나 동등한 조건 아래 처우를 받아야 한다는 것으로 개정구빈법은 왕립위원회가 제시한 정책제안들을 모두 법제화했다.

개정구빈법은 빈민이 가난하게 된 것은 전적으로 빈민 개인의 책임이라는 것으로 간주하였다.

2. 민간사회복지활동의 발달

영국은 18세기 후반부처 19세기 전반에 걸쳐 세계 최초로 산업화를 경험하였다. 산업혁명은 인구의 대량이동과 임금노동을 기초로 하는 경제사회관계의 변화를 가져오고, 빈민과 부랑인의 증가를 가져왔다. 한편 개인주의적이고 공리주의적인 가치가 사회를 지배하게 되는데, 특히 자유방임주의의 사고방식과 기독교의 근로와 절약의 교훈으로 인하여 빈곤은 개인의 나태한 성격이나 무능력의 결과이며, 자조의 실패는 개인적 책임이 되었다. 이러한 빈곤관은 1834년 구빈법의 개정과 산업자본가와 중산층을 중심으로 하는 민간 자선활동, 19세기 후반의 페이비언들의 사회개역운동으로 나타났다.

19세기 후반에 접어들자 개정구빈법에 대한 비판이 거세지면서 빈민에 대한 다양한 활동이 나타나기 시작했다. 19세기 영국의 빈민구호에 사회적 철학과 실천에 영향을 준 대표적인 활동으로서 자선조직협회, 인보사업 운동, 그리고 사회조사를 들 수 있다.

① 자선조직협회

개정구빈법의 빈민에 대한 비인도주의적 측면과는 달리 빈민들을 돕기 위해 양식 있는 시민들이 기부금을 내는 경우가 많아지고 빈민들을 돕기 위한 자선단체들이 생겨나기 시작했다. 민간자선활동이 활발해졌으나 중복수혜와 남용의 문제가 대두됨으로 자선기관들이 서로 협력하고 정보의 교환이 필요하다는 인식에 싹트기 시작하였다.

이러한 문제를 해결하기 위해 1869년 '구걸방지 및 자선조직을 위한 협회'가 설립되고, 곧 그 이름을 '자선조직협회'(charity organization society)로 전환하게 되었다.

자선조직협회의 목적은 첫째, 자선기간 간의 협력을 통하여, 둘째, 적절한 조사와 모든 사례들에게 알맞은 조치를 보장함으로써, 그리고 셋째, 구걸을 방지함으로써 빈민의 생활조건을 개선하는 것이라 할 수 있다. 이에 따라 다수의 난립된 자선기관들 간의 통합과 조정을 통하여 자선의 중복제공이 개선되었으며, 빈곤한 사람들의 상황을 가능한 한 깊게 조사하여 원조가 필요한 사람들에게 충분한 원조가 제공되어 자립을 도왔다. 자선조직협회는 빈곤의 원인을 개인의 성격결함에서 찾았으며 개인의 성격을 변화시키지 않는다면 문제의 해결이 없다고 생각했다. 자선조직협회는 '구제받은 자격이 있는 빈민'과 '구제받을 자격이 없는 빈민'을 엄격히 구분하였다(박병현, 2010 ; 89).

자선조직협회는 빈곤가정을 등록케 하고 빈민의 상황을 조사하기 위하여 개별 가정방문과 면접을 실시하였는데 활동의 주안점은 자원봉사자인 우애방문가들을 활용하여 빈민들의 생활방식을 변화시킬 수 있도록 인격적 감화를 주는데 있었다. 이러한 자선조직협회의 활동은 경직적인 태도에도 불구하고 자선조직협회는 가족문제를 다루는 상당한 수준의 기법을 발전시켰고 이는 사회사업 발전의 기초를 형성했다. 이후 미국으로 건너가 전문사회사업의 개별사회사업 실천방법으로 발전하게 된다(장인협 외, 2001: 51-52).

② 인보사업 운동

자선조직협회가 사회경제적인 기회와 조건이 빈곤문제에 미치는 영향을 거의 무시하고 빈곤의 원인을 개인적인 성격결함에서만 찾으려 한다는 비판이 제기되는 가운데 도움이 필요한 사람과 함께 거주하면서 문제를 해결한다는 목적의 인보관 운동이 등장했다. 인보관 운동은 성공회 소속의 바네트 목사가 주도했다. 세계 최초의 인보관인 토인비 홀의 목적은 첫째, 빈민들을 위한 교육과 문화개발, 둘째, 인보관 거주자들과 학생들에게 빈민들의 생활조건과 사회개혁의 필요성에 관한 정보 제공, 셋째, 사회문제, 건강문제, 사회입법에 대한 관심을 불러일으켰다는 것이다.

인보관 운동은 토인비 홀이 세워진 이후 19세기 말에는 30여 개가 세워졌으며 1911년에는 46개에 이르렀다. 자선조직협회가 민간사회복지 발달의 시초가 되었다면 인보관 운동은 사회운동적인 측면이 강했다(박병현, 2010 : 95).

④ 사회조사: 빈곤의 재발견

1880년대의 찰스 부스(Charles Booth)의 런던 빈민굴 조사와 라운트리(Rowntree)에 의한 영국 요크(York) 시 조사를 대표적으로 들 수 있다.

부수는 1886년 런던 동부지역 시민들의 삶과 노동에 대해 과학적인 방법을 사용한 사회조사로 런던지역 주민들의 삶에 대한 사실들이 알려지는 계기가 되었고, 당시 빈곤문제에 대한 사람들의 태도를 변화시키고 사람들로 하여금 빈곤문제를 해결하기 위해서 무언가 새로운 조치들이 필요하다는 인식을 불러일으킨 것은 부스가 발견한 빈곤에 관한 사실이었다.

부스가 빈곤조사 결과를 책으로 발표한 이후 라운트리는 1902년 요크시의 빈곤상태에 대한 조사연구를 발표하였다. 라운트리의 조사연구는 조사방법론적인 면에서 볼 때 부스의 것보다 더 우수하였다고 평가받는데 조사의 결과는 부스의 것과 비슷하였다. 라운트리는 노동자들의 영양욕구에 근거한 빈곤선을 설정하여 빈곤을 자신이 수입으로 최저생활 욕구충족이 불가능한 수준을 '1차적 빈곤'으로 적은 수입이지만 낭비하지 않으면 빈곤선 이상의 생활을 영위해 나갈 수 있는 수준을 '2차적 빈곤'으로 나누었다. 조사결과는 빈곤이 영국에 광범위하게 퍼져 있다는 사실을 파악하였다.

부스와 라운트리의 사회조사에 의해서 빈곤은 개인적 속성에 의해서 결정되는 것이 아니고, 사회적 · 구조적 결함에 의해서 발생하는 것이라는 점이 입증되었다(박병현, 2010 ; 100).

한편 이와 같은 사회조사결과는 사회개혁을 위한 효과적인 대책의 필요성을 명확히 하고 보다 나은 사회복지정책이나 계획을 실시하기 위해서 과학적이고 합리적인 사회조사가 먼저 실시되어야 함을 보여주고 있다.

3. 사회보장제도의 성립

20세기에 들어와 영국은 자본주의 경제는 더욱 발전하였으나, 노사간의 갈등문제가 나타나고 이에 대한 국가정책적 개입의 필요성이 증대하였다. 이에 1905년 빈민법체제와 개혁을 위한 왕립위원회가 설치되고 1909년 빈민개혁을 위한 왕립위원회가 다수파보고서와 소수파보고서를 발표하였다.

다수파들은 빈곤의 원인과 책임을 개인적 특성과 연관시키면서 만성적 빈곤상태에 놓여 있는 빈민들은 성격상 결함을 지니고 있다는 자유주의적 사상을 그대로 유지하는 상태에서 구빈법의 개선을 주장하였다.

영국의 사회정책은 '요람에서 무덤까지'라는 복지국가의 성립을 가져왔고, 웹(Webb) 등의 권고와 노력은 실질적으로 전국민을 궁핍으로부터 해방하였다. 1942년의 베버리지 계획과 1945년에서 1948년까지의 사회보장제도의 전면적 실시에 따라 최저생계비의 보장이 더욱 현실화되어 갔다(중앙사회복지연구회, 1991; 236 재인용).

또한 베버리지 보고서에 의하면 사회보장이란 실업, 질병 및 재해로 인한 소득의 중단, 또는 노령, 은퇴, 결혼 및 사망 등의 예외적 지출의 경우에 대비할 수 있는 일정 소득의 보장을 의미하고 있다. 이와 같이 베버리지 보고서에서는 사회문제를 5대 사회악, 즉 결핍(want), 질병(disease), 나태(idleness), 무지(ignorance), 불결(squalid)로 규정하고 사회보험의 성공을 위한 전제로서 완전고용, 포괄적 보건서비스 및 가족수당의 필요성을 강조하였다.

베버리지 보고서 이후 1944년 사회보장청이 설치되고 그 중요 법제도로 1945년 '가족수당법'(Family Allowance Act), 1946년 '국민보험법'(National Insurance Act)과 '산업재해법'(Industrial Injuries Act) 및 '국민보건서비스법'(National Health Services Act) 등 보고서의 권고사항들이 입법화되었다.

따라서 영국 국민들은 '요람에서 무덤까지'라는 복지국가의 체계를 갖추게 되었으며 각종 사회적 위협으로부터 최소한의 보장을 받을 수 있는 복지국가를 이루게 되었다.

4. 복지국가 위기와 대처

영국에서는 복지국가체제가 수립된 이후, 세계적 경제호황 속에서 안정적 경제성장이 이루어져 복지국가에 대한 국민적 합의가 유지되었으며, 정치적으로는 보수당과 노동당의 양당 정치하에서 경쟁적으로 사회복지를 확대시켜 사회민주주의의 중도이념에 기초한 복지국가는 지속적으로 발전하였다. 그러나 1970년대 이후 세계 석유파동과 경제침체로 영국 복지국가는 시련을 맞이하였다. 1970년대 후반 이후 경제위기 속에서 복지국가 위기론이 등장하였고, 우파는 효율성의 실패를, 좌파는 평등의 실패를 근거로 복지국가체제를 신랄하게 공격하였다(장인협, 2001; 56).

이러한 상황에서 1979년 집권한 대처정권은 영국의 사회복지역사에 있어서 하나의 전환점을 이루고 있으며, 영국의 정치를 신보주의 방향으로 전환시키는 계기가 되었다. 대처 보수당 정부는 복지 서비스에 대한 국가의 공급책임을 제한하는 것을 정책 목표로 삼았으며, 즉 복지의 민간공급을 장려하고, 국가의 복지개입 범위를 최소화하며, 자원은 선별적으로 활용하되 복지급여는 자산조사를 통해 실시한다고 하였다. 그리고 사회보험의 범위는 가능한 좁힌다는 원칙과 더불어 정부의 재정규모를 축소한다는 방침을 세웠다.

이러한 점에서 신보주의 정책은 ① 전 국민의 복지에 대한 국가의 책임이라는 원칙을 자조와 개인 책임의 원칙에서 진행시켰으며, ② 베버리지의 보편주의 원칙을 부정하는 선별주의적 원칙으로 선회하였고, ③ 전 국민의 최소한의 생활유지라는 원칙이 열등처우하는 원칙으로 대체되었다. 특히 복지재정 지출을 감소하기 위한 민영화정책이 실시되었다(김영모, 2000; 108-109).

영국은 보수당의 18년간에 걸친 복지국가 개혁이 1997년에는 블레어의 노동당이 집권함으로써 새로운 국면을 맞이하게 되었으나, 노동당은 전통적 사회민주주의 노선을 대폭 수정하여 이른바 '제3의길'이라는 새로운 정책노선을 추구하고 있다. 이러한 정책이 신자유주의와 사회민주주의의 이념적 한계를 극복하고 새로운 복지이념으로 정립될 수 있을지는 앞으로 지켜봐야 할 것이다.

제2절 미국의 사회복지 역사

미국의 빈민정책은 영국 구빈법의 영향을 많이 받았으며 특히 초기 식민지에는 엘리자베스 구빈법을 그대로 적용하였다.

1. 식민지 시대의 구빈원

미국의 초기 식민지시대에는 영국의 관습, 법령 및 제도를 모방하였으며 미국으로 이민 온 최초의 사람은 대부분 영국의 청교도들이고 또 미국의 빈민들은 대부분 영국 구빈원 출신들이었다. 청교도들은 나태를 죄악으로 생각하고 불행과 범죄의 원천으로 간주하였으므로 초기에 미국은 빈곤이 개인적인 나태와 게으름에서 비롯되었다고 보았으며 빈민과 부랑자들을 범죄자로 취급하고 고문을 하거나 감옥에 가두는 등 비인도적인 빈곤정책을 시행해 왔다.

미국은 식민지시대에는 엘리자베스 구빈법이 빈민구제를 위한 기본이 되었으며, 읍마다 빈민을 위한 의식주의 문제를 해결하기 위한 대책을 마련하였다. 빈민구제는 주로 현물을 제공하거나 최저 경매자에게 맡기는 형식이었다(김영모, 1991; 65).

1776년에서 1865년의 미국은 혁명의 시기로 불리며, 미국이 자주독립국가로 출발하여 남북전쟁을 통한 노예 해방과 양당정치제도에 의한 근대 민주정치를 실현하고 산업을 발전시켜 미국의 국제적 지위가 높아진 시기이다. 또한 영국의 식민지인 북부와 중부의 도시에 빈곤자가 증가함에 따라 공공구빈원에 의한 원내구호(in-door relief)가 시행되었으며, 보스턴, 뉴욕, 필라델피아 등에 구빈원이 설치되었고, 1735년에 설립된 뉴욕 시립구빈원은 나태한 방랑자에 대한 징계측면과 근로시설로서의 작업장적 측면을 함께 지는 혼합형 작업장으로 주목을 받았다.

2. 남북전쟁 이후: 민간복지활동

남북전쟁 이후 미국 자본주의는 전면적으로 개화되어 급속한 경제적 성장, 정치적 통일 및 외국과의 평화적 관계를 누리게 되었고, 동시에 간헐적으로 찾아오는 경기침체와 공황도 경험하게 되었다.

또한 자본주의의 근원적 문제인 노동조합의 결성, 최저임금의 요구, 도시빈곤문제 등에 대처해야 했다. 그러나 19세기 후반 미국은 사회진화론의 영향을 받아 사회적 성공과 실패는 개인의 능력과 특성에 의존한다는 것이었다. 따라서 누군가 빈곤하다면 그 빈곤의 책임은 개인에게 있고, 구빈은 종교기관이나 민간기관의 자선활동에 의존하여야 했다.

이는 자유방임주의를 바탕으로 도시의 슬럼지역을 중심으로 인보사업이 발전하기 시작했고, 민간자선단체들이 자선활동을 적극적으로 하게 되었는데 이런 움직임은 민간 자선단체들간의 상호교류와 조정의 필요성으로 자선조직협회가 생겨나고 발전하게 되었다. 자선조식협회는 개별지도사업, 지역사회조직 등 사회사업방법론으로 지속적 영향을 미치게 되었다(표갑수, 2002 ; 115).

1877년 미국 최초의 자선조직협회가 버팔로에 설립되었고 자선업무에 관한 우선권을 공적 관리로부터 이양받을 정도로 자선조직운동의 출현을 가져왔다. 미국의 자선조직협회들은 자선단체들 간의 연락, 조정, 빈민 및 빈곤가정의 등록, 모금활동 뿐만 아니라 자원봉사자들의 우애방문을 통하여 빈민의 생활에 대한 태도를 변화시키려 하였으며, '시혜가 아니라 친구를', '고기를 주는 것이 아니라 고기 잡는 방법을 가르치는 데' 치중하였다.

한편 19세기 말 무렵 민간 사회복지 분야에서는 자선조직협회운동과 더불어 사회개혁의 가장 대표적인 운동인 인보관 운동이 시작되었다. 런던의 토인비홀을 방문하고 돌아온 잔 애덤스(J. Adams)는 시카고에 헐 하우스(Hull House)를 설립하였고, 탁아소 운영, 지역사회 조직의 개발, 부인 클럽활동 및 아동 클럽활동 등으로 다양한 문화배경을 가진 빈곤지역 주민들이 이러한 활동에 참여할 수 있는 활동 내용으로 이루어졌다. 또한 이러한 활동을 통해 문화적인 다원성을 인식하고 정체감을 가질 수 있도록 도왔다.

20세기 사회복지 분야에서 매우 중요한 계기는 1909년 시작된 이른바 백악관회의(The White House Conferences)이다. 이 회의는 사회봉사 및 사회정책의 지방적 노력 대신 전국적 정책의 필요성을 인정하고 단편적 주입법이 아동복지 분야에서 나타나게 한 것이다. 1909년 백악관회의는 전국아동노동위원회, 전국소비자연맹 그리고 켈로그(Kellogg), 데빈(Devine)과 같은 사회사업가들의 제안에 따라 루즈벨트(Roosevelt) 대통령이 전국적 수준에서 아동복지의 지도적 인사들을 피부양 아동보호에 관한 백악관회의에 초대하였다.

이 회의는 아동은 가난의 이유로 가족과 떨어져서는 안 되고, 떨어져야 하는 정상아동은 아동시설보다도 오히려 양연 가정에 입양되어야 한다는 선언을 채택하였다. 만약 특수한 이유로 아동이 고아원이나 다른 아동시설에 들어간다면 이것은 큰 기숙사 대신 소규모의 가옥제도(cottage)의 보호를 받아야 하며 아동기관은 그 사업을 할 수 있는 자격이 있어야 하고 주 정부에 의하여 감독을 받아야 한다는 것이다.

이 회의의 중요성은 첫째, 주가 미망인과 버림받은 부녀자로 하여금 아동보호를 할 수 있게 모성연금법을 제정하고, 둘째, 연방정부가 연방아동기관을 설립해야 한다는 것이다(김영모, 2000; 115-116 재인용).

1912년 의회에 의하여 아동국이 설립되고 1969년 이래 아동국은 보건, 교육 및 복지성의 아동개발국으로 바뀌게 되었다. 전국적인 민간조직의 설립으로는 1920년에 미국아동복지연맹이 조직되고, 1930년 제3차 백악관회의에서 '아동헌장'이 발표되었다. 1940년 백악관회의는 유럽의 전쟁기에, 1950년 백악관회의는 한국 전쟁기에 개최되었다. 1960년 제6차 백악관회의는 세계 속의 아동 및 청소년의 연구가 주제가 되었고, 1970년 백악관회의는 청소년회의가 분리되었다. 이와 같이 매 10년마다 개최되는 이 회의는 사회복지 분야에 많은 영향을 주고 있다.

또한 이 시기의 미국에서는 전문사회복지사업이 발달하기 시작하였으며, 무엇보다도 미국 사회복지의 역사를 근원적으로 바꾸어 놓은 역사적 사건은 1929년 증권시장의 붕괴로부터 시작된 대공황이었다.

3. 경제공황과 뉴딜정책

제1차 세계대전 이후 전반적인 경제 불황이 지속되면서 마침내 1929년 미국은 경제대공황을 맞이하게 된다. 미국의 경제 대공황은 산업사회에서 국가가 시민의 경제생활과 복지에 개입하지 않으면 안 되는 필요성을 인식하는 전환점이 되었으며, 다시 말해서 경제공황은 미국이 국가책임에 의한 사회복지제도를 출발시키는 계기가 되었다.

미국의 경제적 절망시기였던 1933년에 대통령에 당선된 루즈벨트는 부흥구제 및 개혁을 골자로 하는 뉴딜(New Deal)정책을 경제위기 극복의 수단으로 시행하였다. 뉴딜정책은 국민 경제제도에 있어서 새로운 신뢰와 균형을 재건할 수 있도록 하였다.

1935년 3월 정부는 다시 사업촉진국을 설치하여 홉킨스(Hopkins)의 지도로 공공취로사업을 전개하여 실업자들에게 적당한 일자리를 제공하였다. 대표적인 사업으로는 무직청소년을 위한 취업사업과 경제보장위원회를 통해서 세계 최초로 법으로 제정된 '사회보장법'(Social Security Act)이 제정되었다.

사회보장법은 사회보험, 공공부조, 보건 및 복지서비스 등 세 가지 프로그램으로 구성되어 있는데 첫째, 사회보험(Social Insurance)으로 연방 노령보험체계와 연방과 주가 함께 하는 실업보상제이다. 둘째, 공공부조(Public Assis tance)로서 노령부조, 요보호 맹인부조, 요보호 아동부조 등을 포함하는 3개 집단을 위한 연방의 지원을 받는 제도이며, 셋째, 보건 및 복지 서비스 프로그램으로서 모자보건 서비스, 절름발이 아동을 위한 서비스, 아동복지 서비스, 직업재활 및 공중보건 서비스 등이 제정되었다. 이것은 1943년 직업재활법과 1944년 공중보건서비스법의 기반이 되었으며, 이와 같이 뉴딜정책은 공황기 미국경제를 부흥시키게 되었고 사회개혁 프로그램을 실시하는 계기가 되었다.

한편 1964년 존슨 대통령은 '경제활동기회법'을 마련하여 빈곤과의 전쟁(War on Poverty)이라는 것을 실시하였고, 이 빈곤전쟁은 국민총생산의 1%를 투자하여 직장조성(60%), 지역사회행동(33%), 자원봉사활동, 새로운 기회의 제공 등 5가지 기회를 마련하기 위한 대책이었다. 1965년 사회보장법의 개정은 노령 및 유족보험과 실업보상을 받는 사람을 증가시켰으며, 노령건강보험사업의 조성과 폐질수당의 급여가 7%까지 증가되었다.

미국의 사회보장제도의 특징을 살펴보면 다음과 같다.

첫째, 연방정부가 직접 관리 운영하는 노령유족폐질보험(OASDI)

둘째, 각주가 운영하는 실업보상제도에 대한 연방보조금제도

셋째, 각주가 운영하는 각종의 공적 부조 및 복지사업에 대한 연방보조금제도를 특징으로 하고 있다.

이상에서 경제 대공황과 뉴딜정책은 사회사업가 및 사회사업 전문직에 커다란 영향을 미친 것을 알 수 있다. 무엇보다 공공 사회복지 서비스 분야, 특히 여성에게 많은 직장이 새롭게 생겨났고 사회사업가의 수가 10년간에 약 두 배로 증가하였으며, 사회사업교육기관이 급격히 팽창하였다. 어떤 의미에서 사회사업은 경제공황과 뉴딜정책으로 인하여 미국인의 삶 속에서 전례 없이 중요한 위치를 차지하게 되었다(이영철 외, 2002: 60).

4. 신연방주의와 복지개혁

미국의 1950년대와 1960년대는 세계경제의 호황 속에서 지속적 경제성장이 이루어져 '풍요한 사회'를 이룩하였다. 케네디(Kennedy)대통령 이후 존슨(Johnson)대통령은 '위대한 사회'를 건설하기 위하여 소위 '빈곤정책'을 강구하였고, 1970년대 닉슨(Nixon)대통령이 이를 폐지하였다. 그 대신 빈민을 위한 보충보장소득(Supplemental Security Income) 프로그램의 도입과 노인사회 서비스 프로그램을 개발하는 법령이 제정되었다.

이 당시의 사회복지정책의 특징은 첫째, 베트남전쟁이나 세계 석유파동으로 인한 경제침체로 실업과 빈곤대책을 강구하기 위한 많은 정책들이 나왔으며, 둘째, 흑인의 민권운동, 반전운동, 학생운동, 복지권시위 등 시민의 권익옹호 운동이 대두되어 사회복지도 사회개혁과 권익옹호 프로그램에 관심을 갖고 이를 발전시켜 나갔다. 셋째, 연방정부는 사회복지에 관한 많은 법령을 새로 재정하거나 개정하였고 관대한 복지정책을 펴나갔다는 점을 사회복지 정책의 특징이라 할 수 있다.

1980년대에는 1960년대의 자유주의적 사상이 보수적인 정치사상에 의하여 더욱 변화되었다. 이러한 사상은 정부의 복지비용을 최소화하며, 연방정부는 복지정책과 프로그램에 있어서 그 역할을 최소화한다. 또한 절실한 욕구 결핍자만이 복지 부조를 받아야 하며, 복지 부조는 가능한한 장기간보다는 단기간 제공되어야 한다는 것이다.

그리하여 레이건 대통령은 최소정부를 지향하면서 사회보장의 주요한 재원인 소득세와 법인세 등을 감소시켰으며, 그 결과 그것의 급여혜택을 받는 중산층 이하, 특히 빈민들의 복지를 저하시켰다. 실제로 레이건 대통령 시절의 복지비는 카터 대통령 시절에 비하여 그 절대액은 감소하지 않았지만 전임 대통령의 요구액에 비하여 적었던 것이다. 이와 같이 연방정부의 복지기능을 축소화시키면서 기업인의 이익을 증대시킨 정책을 신연방주의(New Federalism)라고 한다.

한편 미국에서 가장 중요한 공적 부조인 가족부조(AFDC)가 폐지되고 가족지원법(Family Support Act)이 제정되었으며, 또 이것이 부적절하여 1997년 가족부조(AFDC)는 없어지고 요보호가족에 대한 일시부조로 대치되었다. 미국의 가족지원 프로그램 기본원리는 의존성에서 자기충족성을 강화하려는 복지보다 노동연계복지를 추구하였으며, 이는 철저한 신자유주의 복지정책이라 할 수 있다.

제3절 한국의 사회복지 역사

우리나라의 사회복지 발달은 그 역사가 오래되지 않아 체계화시키는 것이 쉬운 것은 아니나 단일민족으로서 강한 공동체의 의식을 가진 우리 고유의 민족성에 기인한다고 볼 수 있다.

1. 전통사회의 구빈제도

우리나라에서의 사회복지적 사상의 근원은 고대, 삼국시대, 고려시대, 조선시대에 이르는 약 2000년간의 왕가의 인정(仁政)에 의한 민생구휼에서 찾아볼 수 있으며, 민간차원에서 행해진 두레, 품앗이, 향약, 계 등의 상부상조활동도 사회복지의 전사(前史)호서 의의를 지니는 활동이라 할 수 있다(표갑수, 2002; 122).

우리나라는 구황제도가 가장 오래된 사회복지제도이며, 구빈제도는 국가정책으로 실시하였지만 부락 단위의 자치제도도 매우 발달하였다. 최근까지도 매우 발달한 구빈제도와 자조적인 계조직은 수재민을 구호하기 위한 제도였으며, 자조사업으로서 혈연, 지연의 조직적 노력은 매우 발달하였다.

구빈정책은 삼국시대에서부터 성행하였으며, 농민을 그 대상으로 하였기 때문에 농민에 대한 구제, 즉 구황(救荒)제도가 사회정책의 중심이 되었다. 우리나라의 구빈정책은 통일신라시대 이전의 씨족 또는 부족공동체의 상부상조제도가 강력히 존재하고 있었으며, 이러한 구빈사업의 중심은 해마다 발생하는 많은 수재(水災)와 한재(旱災) 등으로 생긴 재민구호사업이다. 그 밖에도 이창(里倉), 의창(義倉), 상평창(常平倉), 교제창(交濟倉), 제민창(濟民倉) 등 부족사회의 지역공동체마다 창을 두어, 구제뿐만 아니라 군량을 확보하는 전통을 비롯하여 이것은 고려와 조선시대의 구빈정책의 기본이 되었고, 또한 변형형태가 존재하였다.

이 시대의 궁민(窮民), 재민(災民)을 구제하기 위한 기관으로 제위보(濟危寶), 구제도감(救濟都監), 동서대비원(東西大悲院), 혜민국(惠民局) 등이 있다.

제위보는 최초로 설치된 구제기관으로서 빈민구제사업과 이재민 구제사업의 최일선 기관이며, 일정한 재화를 원금으로 설정하여 그것을 대부 활용하여 거기에서 생기는 이익으로 기관을 운용하고 구제사업도 실시한 것이다. 또한 구제도감은 중앙에 설치된 규율행정을 총괄, 관장하는 기관으로서 뒤에 진제도감(賑濟都監)으로 명칭이 변경되었고, 곡물을 비롯한 각종 생활필수품을 구비하여 굶주리는 궁민들을 구제하고 병약자를 보호하고자 하였다.

동서대비원과 혜민국은 의료구제기관으로서 궁민에게 약품과 의복을 제공하고 병약자를 치료해 주었으며, 특히 훈련을 받는 승려를 대부분 두어 자선사업을 수행하도록 하였다.

고려시대 구제활동의 특징은 불교도의 구제활동으로 유아, 기아, 빈민아를 사원에서 수용, 양육하여 승려나 사역승으로 양성하는 일이 성행하였고, 이외에도 행려자시식소(行旅者施食所)를 설치 운영하였는데 이것은 우리나라의 최초의 민간봉사활동으로 나타났다.

고려시대의 구빈사업은 주로 불교의 자비사상의 배경이었으나 조선시대는 유교의 자혜사상을 바탕으로 제도 및 내용면에서 고려시대보다 더욱 활발하게 진행되었다.

조선시대의 구제제도는 관가에서 곡물을 비축하여 춘궁기에 백성들에게 대부하였다가 다음 해에 환납하게 하는 제도로서 환곡(還穀)이 있었으며 이 제도는 원칙적으로 나눠주는 곡물과 남겨 두는 곡물을 구분하였는데, 비축하는 부분은 수해, 재난 등에 대비하기 위한 것이고 나눠주는 곡물은 주로 궁민의 생활을 구휼하기 위한 것이다. 또한 비황

(備荒)을 위한 제도로서 의창, 상평창이 있으며, 이 외의 제도로서 자휼전칙(字恤典則)이라고 부르는 유기 및 부랑걸식 아동보호법령이 공포되어 수용 보호 사업이 시작되었다. 그리고 혜빈국은 서민과 궁민에게 질병을 치료해 주고 건강을 보살펴 주는 기구이며, 기도소는 70세 이상의 노인들을 입사시켜 노후를 즐겁고 보람되게 보내도록 하였다.

이상과 같은 국가기관의 구휼사업 외에 조선시대에는 계, 두레, 향약 등의 민간조직의 활동들을 찾아볼 수 있다. 계(契)의 조직과 활동인데 계는 성원간의 경제적 이익을 도모하기 위해 조직된 군포계(軍布契), 공장계(貢匠契), 공인계(貢人契) 등이 있고, 경제적 이해관계 외에 특정한 비경제적 협력을 달성하기 위해 조직된 혼상계(婚喪契), 화수계(花樹契) 등이 있다. 계는 성원간의 상호부조 활동으로서 서구의 길드(guild) 공동체가 성원의 전 생활을 서로 보호하는 종적 상호보조의 기능인데 반해 조선시대의 계는 생활의 특정분야에 한정된 상호부족적 조직이라고 할 수 있다. 또한 두레는 농민공동체의 조직으로서 농촌사회의 상호협력, 상호친목의 협동체로서 발달하였으며, 향약(鄕約)은 주민의 교화의 목적을 달성하기 위해 자치적으로 정한 규약인데, 향약의 4대 실천덕목은 인보사업과 공통점을 가지고 있다.

근대적 사회복지사업이 시작된 조선 말기에 동학혁명과 갑오개혁에 나타난 인도주의적 개화사상과 천주교와 기독교를 중심으로 한 자선사상 및 실학사상의 영향으로 서구의 복지사상과 시설이 발달하게 되었다.

한편 일제시대의 사회정책은 온정주의 구빈행정의 특징을 강하게 지니고 있으며, 민생문제를 해결하기 위한 근대적인 사회사업으로는 볼 수 없다. 우리나라에서 사회복지와 관련하여 사회사업(social work)이라는 새로운 용어가 1921년 처음 공식적으로 등장하게 되었으며, 이 때부터 관계자간에 '사회사업연구회'가 조직되었다. 이렇게 등장한 근대적 사회사업은 1944년 3월 1일 '조선구호령'이 공포, 실시됨으로써 본격화되었으며, 그 주된 내용은 65세 이상의 노약자, 13세 이하의 유아, 임산부, 불구, 폐질, 질병 기타 정신 또는 신체의 장애에 의하여 노동할 수 없는 경우 생활부조, 의료부조를 하는 것이었다.

2. 광복 후 미군정과 외원사업

1945년 광복 후 약 3년간에 걸쳐 미군정이 실시되었으며, 1950년 6·25전쟁으로 인해 우리나라는 큰 혼란기에 빠져 국민의 절대다수가 빈곤에 처하게 되고 경제적으로 매우 어려운 상황으로 전쟁고아 등을 위한 재민 구호사업을 실시하였다. 1957년 보호시설이 622개, 이 중에서 육아원이 423개로 가장 많고 그 다음으로 모자원 64개와 영아원이 32개이며 나머지는 신체장애인시설 28개와 탁아소 7개 시설이 있다. 이러한 시설에 약 5만 명이 수용·보호되어 있었다. 당시에는 국가 예산이 없어서 요보호자에 대한 대책이 거의 없었다(김영모, 2000; 152-153).

1963년 말에는 외국 민간원조단체에 관한 법률이 제정되어 외원에 의한 보건, 교육, 생활보호, 재해보호, 그리고 지역사회 개발 등의 사회복지사업이 행하여졌으며, 이러한 복지사업은 1970년을 고비로 주도적 역할을 해오던 것을 점차 감소·철수하기 시작하였다. 1981년 외원단체는 모두 81개이고(미국 46개, 나머지는 독일, 이탈리아, 영국, 스위스가 4~7개, 나머지 1~2개), 이들이 행하는 주요 사업은 구호사업(20개), 보건 및 구호사업(20개), 보건사업(11개), 교육사업(8개), 보건 및 교육사업(6개), 구호 및 지역 개발(5개), 교육 및 문화사업(3개), 지역 개발(2개)이다. 이러한 사업 중 시설아동과 미망인 자녀를 도와준 것은 구호 및 보건사업이다.

외원단체는 기독교(41개)와 천주교(26개)의 배경으로 자선적 성격이 매우 강하며 기독교 문화를 전파시키는 데 기여를 하였다. 외원기관 중 비교적 큰 사업은 기독교 아동복리회(CCF), 양친회(FPP), 기독교 세계봉사회(KSCW) 등으로 시설보호와 거택 보호 사업을 실시하면서 고아와 미망인 및 그 자녀를 간접적으로 지원한 단체들이다. 한편 컴페숀(Compassion), 선명회(World Vision), 스웨덴 아동구호재단, 가톨릭 구제회, 캐나다 유니태리안 봉사회, 케어(CARE) 등의 외원단체들은 본국에서 후원자를 모집하여 한국에 있는 대상아동과 결연관계를 맺어 지원사업을 하였다. 이러한 점들을 보았을 때 외원단체는 우리나라의 사회사업에 커다란 영향력을 가져다 준 것이라 볼 수 있다.

이 시기에 우리나라는 경제성장과 더불어 외원단체가 점차 철수되면서 사회복지사업 분야는 정부의 사회복지 예산이 충족되지 못한 상태에서 커다란 위험에 직면하게 되었으나, 이를 사회복지사업의 자주화를 촉진시키는 계기가 되고 시설 보호 사업은 정부의 최저지원으로 그대로 지속되고 외원 아동 결연사업은 1970년 이후 국내 결연사업으로 전환되었다. 또한 1947년데 우리나라 최초로 이화여대에 기독교사회사업학과가 설치되었고 그 후 중앙신학교(현 강남대학교), 서울대, 중앙대 등에 사회사업학과가 설치되었다.

3. 제3공화국 이후와 사회복지

제3공화국 시기는 경제적으로는 수출주도형 공업화정책이 추진되면서 경제개발계획이 국가정책의 핵심으로 대두되었으며, 사회복지분야에 대한 개발도 점차 확대되면서 한국의 현행 복지체계가 수립되기 시작하였다.

1960년대 사회보험과 공공부조, 사회복지서비스의 제도적 기반을 구축하기 시작하였으나, 각종 입법의 취지대로 건강하고 문화적인 수준의 보호에는 이르지 못했으며 사회복지정책은 자활지도 위주로 이루어졌고 시설 보호 사업은 외국의 민간원조기관의 후원 아래 유지되고 있었다.

1970년대 1월에 사회복지사업법이 제정되었고 1973년 국민복지연금법과 사립학교교원연금법 제정, 그리고 1976년 의료보험법의 개정, 1981년의 노인복지법과 심신장애자복지법 제정, 1989년 모자복지법이 제정되었다.

1990년대 사회복지사업은 1988년 전 국민 연금시대의 개막을 가장 큰 특징으로 볼 수 있으며, 의료보험이 국민건강보험제도로 개정되고 생활보호법이 폐지되면서 수혜의 권리성을 강조하는 국민기초생활보장제도의 도입 또한 특징이라 할 수 있다. 1990년 장애인 고용 문제의 심각성을 인식한 장애인고용촉진 등에 관한 법률 제정, 1991년 영유아보육법의 제정, 재가복지 봉사센터 설치, 1992년 고령자 고용촉진법 제정, 사회복지관 설치 및 규정의 개정, 1992년의 사회복지사업법이 개정되었다.

1997년 외환위기(IMF)로 인하여 한국 경제는 위기에 처해졌으며, 김대중 정부는 '생산적 복지'를 제안하였으며 이것은 공정한 시장질서 확립을 통한 분배, 국가에 의한 재분배적 복지, 자활을 위한 사회적 투자 등을 말하며(대통령비서실 삶의 질 향상기획단, 1999 재인용), 이는 특히 사회복지를 통해 사회적 약자를 포함한 모든 국민의 사회적 시민권 추구, 사회적 투자전략으로서 복지인프라 확충 등은 기존 복지국가의 주요한 사회정책 내용을 담고 있다(김상균 외, 2001; 205-207). 또한 1998년 사회복지공동모금제도의 도입은 이 시기의 사회복지의 주요 업적이라 할 수 있다.

한편 노무현 정부는 사회복지 공급주체로서 국가의 역할을 강조하고 복지의 주요 대상을 사회적 취약계층에 한정시킨 것이 아니라 전 국민으로 설정하고 있다는 것이 특징이며, 복지정책의 결정, 분배 전달에 있어 참여를 통해 국가복지의 단점이었던 권위성이나 경직성, 관료주의 등을 개선하려는 전 국민의 복지증진을 위한 보편주의적 의지를 가지고 있었다(전장근, 2007; 49).

앞으로 우리나라는 사회복지의 최대 목표인 모든 국민의 삶의 질 향상을 위해 정부는 사회복지 정책을 최우선으로 실시해야 하며, 모든 국민이 최저 생활을 할 수 있도록 사회복지사회를 만들어가는 데 더욱 더 힘을 기울여야 할 것이다.

참고문헌

김상균 외(2004). 『사회복지개론』, 서울: 나남출판.
김영모 외(1991). 『청소년정책연구』, 서울: 한국복지정책연구소 출판부.
김영모(2000). 『사회복지학』, 서울: 고헌출판.
박병현(2010) 『사회복지의 역사』, 공동체.
이영철 외(2002). 『사회복지학』, 경기: 양서원.
장인협 외(2001). 『사회복지학』, 서울: 서울대학교 출판부.
전장근(2007). 『사회복지개론』, 서울: 한국학술정보.
중앙사회복지연구회(1991). 『사회사업의 기본문제』, 서울: 이론과 실천.
표갑수(2002). 『사회복지개론』, 서울: 나남출판.

제4장

사회복지시설

제 1 절 사회복지시설

1. 사회복지시설 개념

사회복지시설이란 사회복지사업법 제2조 제3항에서 '사회복지사업을 행할 목적으로 설치된 시설'로 규정하고 있으며 사회복지시설은 사회문제가 있거나 그러한 가능성이 있는 사람들에게 생활 및 이용 등의 방식으로 일정한 사회복지서비스를 제공하는 기관이라고 정의할 수 있다. 사회복지시설의 유형은 운영주체, 이용자의 부담여부와 정도, 시설규모, 사회복지서비스법의 규정, 시설서비스의 기능 및 서비스제공 대상자 등에 따라 매우 다양하게 분류할 수 있다.

서비스 제공방식에 따라 생활시설과 이용시설로 구분되며 생활시설의 경우 보통의 가정과 같이 모든 의·식·주를 시설 내에서 생활하며 제공받는 방식으로 운영되는 시설을 의미하고, 이용시설은 대상자가 필요로 하고 관심 있는 서비스를 선택하여 이용할 수 있는 방식으로 운영되며 최근에는 사회복지시설과 가정의 중간 형태로 10인 이하의 성원으로 구성된 소규모의 집단이 거주하는 집의 형태로 운영하는 공동생활가정이 있다.

사회복지시설의 수준은 생활시설의 경우 이용자에 대하여 서비스최저기준을 보장하는 수준을 지향하고 있으며 이용자가 가정적인 분위기에서 생활할 수 있도록 하기 위해 각종 필요한 기자재 및 다양한 프로그램 개발을 시도하고 있으며 서비스대상자도 확대되어 국민기초생활보장 수급자를 중심으로 한 저소득계층에서 서비스를 받고자 희망하는 일반국민들 대상으로 점차 확대되고 있다. 이용시설의 경우 지역사회의 센터로서의 기능과 역할이 강조되고 특정보호계층보다는 일반지역주민을 대상으로 하는 보편적 복지의 수준으로 지향하고 있다.

보통 많은 사람들이 사회복지시설과 사회복지기관을 생활시설과 이용시설로 구분하여 사용하는 경우가 많으나 법적으로는 사회복지시설로 통용되어 사용하는 것이 정확한 표현이다.

2. 사회복지시설의 분류

1) 법적기준에 따른 분류

사회복지시설은 관련법적 근거에 따라 다양한 유형으로 운영되며 그 구분은 〈표 4-1〉의 내용과 같다.

〈표 4-1〉 사회복지시설의 종류

관련법	시설종류	시설종류		
		생활시설	이용시설	기타
사회복지 사업법	종합사회복지관 부랑인. 노숙인 시설 결핵.한센시설	-부랑인시설 -결핵. 한센시설	-종합사회복지관 -노숙인쉼터 -상담보호센터	-노인일자리 전담기관
노인복지법	노인복지시설	-노인주거복지시설 -노인의료복지시설	-재가노인복지시설 -노인여가복지시설 -노인보호전문기관	
아동복지법	아동복지시설	-아동양육시설	-아동상담소	-아동보호전문

		-아동일시보호시설 -아동보호치료시설 -아동직업훈련시설 -자립지원시설 -아동단기보호시설 -공동생활가정	-아동전용시설 -아동복지관 -지역아동센터	기관 -가정위탁지원센터
장애인복지법	장애인복지시설	-장애인생활시설 -장애인유료복지시설	-장애인지역사회재활시설 -장애인직업재활시설	-장애인생산품판매시설 -중증장애인자립생활지원센터
정신보건법	정신보건시설	-정신요양시설 -사회복귀시설 중 생활(주거)시설	-사회복귀시설 중 이용시설	-정신보건센터 -정신의료기관
국민기초 생활보장법	지역자활센터		-지역자활센터	
농어촌주민의 보건복지증진을 위한 특별법	복합 노인복지시설	- 농어촌지역에 한해 노인복지시설 중 "노인보호전문기관"을 제외한 2종류이상의 노인복지시설을 동일 또는 인접 건물에 설치가능		
한부모가족 지원법	한부모자 복지시설	-모(부)자보호시설 -모(부)자자립시설 -미혼모시설 -일시보호시설	-여성복지관 -한부모가족복지상담소	-미혼모(자)공동생활가정 -모(부)자공동생활가정
영유아보육법	보육시설		-보육시설	-보육정보센터
성매매방지및 피해자보호 등에관한법률	성매매피해 지원시설	-일반지원시설 -청소년지원시설 -외국인여성지원시설	-자활지원센터	-성매매피해상담소 -성매매중앙지원센터
성폭력범죄의 처벌및피해자 보호등에관한 법률	성폭력피해 보호시설	-성폭력피해자보호시설	-성폭력피해상담소	
가정폭력방지 및피해자보호 등에관한법률	가정폭력 보호시설	-가정폭력피해자보호시설	-가정폭력상담소	
입양촉진 및 절차에 관한 특례법	입양기관		-입양기관은 입양촉진 및 절차에 관한 특례법 제10조에 의거한 사회복지법인	
사회복지공동모금회법	사회복지 공동모금회		-사회복지공동모금회는 사회복지공동모금회법 제4조에 의거한 사회복지법인	

*출처: 보건복지부 복지정책과 자료(2010)

2) 그 외 시설의 분류

법에 따른 기준 외에서 시설의 설립 및 운영주체에 따라서 공립과 사립으로 구분되고, 공립의 경우 국가에서 직접 운영하는 경우는 공립공영, 민간위탁의 경우 공립민영에 해당되며, 사립의 경우도 운영주체에 따라서는 사립공영, 사립민영으로 구분할 수 있다.

시설 이용방법에 따라서는 생활시설, 이용시설 중간시설(half way house)로 구분되며, 이용자에 대한 요금의 수납여부에 따라 유료시설, 무료시설로 구분할 수 있다.

제2절 사회복지사업법에서 규정하고 있는 사회복지시설

1. 사회복지관

1) 사회복지관 정의

사회복지관이란 지역사회를 기반으로 일정한 시설과 전문 인력을 갖추고 지역주민의 참여와 협력을 통하여 지역사회 복지문제를 예방하고 해결하기 위하여 종합적인 복지서비스를 제공하는 시설을 말한다. 사회복지관은 사회복지서비스 욕구를 가지고 있는 모든 지역사회 주민을 대상으로 보호서비스, 재가복지서비스, 자립능력 배양을 위한 교육, 훈련 등 그들이 필요로 하는 복지서비스를 제공하고, 가족기능 강화 및 주민상호간 연대감 조성을 통한 각종 지역사회문제를 예방·치료하는 종합적인 복지서비스 전달기구로서 지역사회 주민의 복지증진을 위한 중심적 역할을 수행하고 있다.

이러한 사회복지관은 1983년부터 설치·운영하기 시작하였으며 2009년 5월 말 기준 전국적으로 414개소가 설치되어 있다(보건복지부, 2009).

2) 사회복지관 사업내용

사회복지관은 규모에 따라 종합사회복지관 가형, 나형, 사회복지관으로 분류되어 운영하고 있다. 기본적인 사업의 내용은 규모에 따라 조금씩 상이할 수 있으나 일반적인 사업내용은 다음 〈표 4-2〉와 같다.

〈표 4-2〉 사회복지관 사업내용

분야	단위사업	우선대상프로그램
가족복지사업	- 가족관계증진 - 가족기능보완 - 가정문제 해결・치료 - 부양가족 지원	- 개인 및 가정문제 등 상담 - 방과후 아동보호 프로그램
지역사회보호사업	- 급식서비스 - 보건의료서비스 - 경제적 지원 - 일상생활 지원 - 정서 서비스 - 일시보호서비스	- 급식서비스 (식사/밑반찬 배달, 무료급식 등) - 주간・단기보호소 운영
지역사회조직사업	- 주민조직화 및 교육 - 복지네트워크 구축 - 자원봉사자 양성 및 후원자 개발・ 조직	- 주민조직체 형성 및 운영 - 복지네트워크 구축
교육・문화사업	- 아동・청소년 기능교육 - 성인기능교실 - 노인여가문화 - 문화복지	- 노인 여가・문화 프로그램 - 아동・청소년 사회교육 프로그램
자활사업	- 직업기능훈련 - 취업알선 - 직업능력개발 - 자활공동체 육성	- 취업・부업 안내 및 알선 - 취업・부업 기능 훈련 및 공동작업장 운영

*출처: 대구광역시 사회복지협의회 홈페이지

2. 부랑인 및 노숙인 복지시설

일정한 주거나 생업수단 없이 거리에서 배회하거나 생활하는 18세 이상의 부랑인의 보호 및 자활지원을 목적으로 하는 시설을 말한다. 부랑인들이 정상적인 사회생활로 복귀할 수 있도록 적합한 자립지원을 위한 자활교육, 신체적 심리적 재활치료서비스 제공 및 실직 노숙인들에게 숙식서비스 등을 수행하고 있다.

시설로는 부랑인을 입소시켜 숙식제공, 재활 및 자활프로그램 운영 등의 서비스를 제공하는 부랑인복지시설과 노숙인을 입소시켜 숙소를 제공하고 재활 및 자활프로그램을 운영하는 등의 서비스를 제공하는 노숙인 쉼터가 있으며, 부랑인과 노숙인 등을 상담하고 이들을 부랑인복지시설이나 노숙인쉼터 등의 사회복지시설에 인계하거나 이들에게 일시적으로 생활편의를 제공하고 보호하는 시설로서 상담보호센터가 운영되고 있다.

제3절 노인복지법에 의한 노인복지시설

노인복지법에 따라 노인의 질환을 사전예방 또는 조기발견하고 질환상태에 따른 적절한 치료·요양으로 심신의 건강을 유지하고 노후의 생활안정을 위하여 필요한 조치를 강구함으로써 노인의 보건복지증진에 기여함을 목적으로 하는 시설을 말한다.

1. 노인주거복지시설

노인주거복지시설은 건강한 노인을 대상으로 하는 생활시설로서 양로시설, 노인공동생활가정, 노인복지주택으로 구분된다. 양로시설은 노인을 입소시켜 급식과 그 밖의 일상생활에 필요한 편의를 제공함을 목적으로 하는 시설을 말하며, 노인공동생활가정은 노인들에게 가정과 같은 주거여건과 급식, 그 밖에 일상생활에 필요한 편의를 제공함을 목적으로 하는 시설이다. 노인복지주택은 노인에게 주거시설을 분양 또는 임대하여 주거의 편의 · 생활지도 · 상담 및 안전관리 등 일상생활에 필요한 편의를 제공함을 목적으로 하는 시설이다.

2. 노인의료복지시설

노인의료복지시설은 신체적 · 정신적으로 불편한 노인을 대상으로 하는 생활시설로 주거복지시설과 차이가 있다. 노인의료복지시설은 노인요양시설, 노인요양공동생활가정, 노인전문병원으로 구분된다. 노인요양시설은 치매 · 중풍 등 노인성 질환 등으로 심신에 상당한 장애가 발생하여 도움을 필요로 하는 노인을 입소시켜 급식 · 요양과 그 밖에 일상생활에 필요한 편의를 제공함을 목적으로 하는 시설이다. 노인요양공동생활가정은 치매 · 중풍 등 노인성질환 등으로 상당한 장애가 발생하여 도움을 필요로 하는 노인에게 가정과 같은 주거여건과 급식 · 요양 그 밖에 일상생활에 필요한 편의를 제공함을 목적으로 하는 시설이다. 노인전문병원은 주로 노인을 대상으로 의료를 행하는 시설을 말한다.

3. 노인여가복지시설

노인여가복지시설은 이용시설로서 노인복지관, 경로당, 노인교실, 노인휴양소가 여기에 해당된다. 노인복지관은 노인의 교양 · 취미생활 및 사회참여활동 등에 대한 각종 정보와 서비스를 제공하고, 건강증진 및 질병예방과 소득보장 · 재가복지, 그 밖에 노인의 복지증진에 필요한 서비스를 제공함을 목적으로 하는 시설이다. 경로당은 지역노인들이 자율적으로 친목도모 · 취미활동 · 공동작업장 운영 및 각종 정보교환과 기타 여가활동을 할 수 있도록 하는 장소를 제공함을 목적으로 하는 시설이며, 노인교실은 노인들에 대하여 사회활동 참여욕구를 충족시키기 위하여 건전한 취미생활 · 노인건강유지 · 소득보장 기타 일상생활과 관련한 학습프로그램을 제공함을 목적으로 하는 시설이다. 노인휴양소의 경우 노인들에 대하여 심신의 휴양과 관련한 위생시설·여가시설 기타 편의시설을 단기간 제공함을 목적으로 하는 시설을 말한다.

4. 재가노인복지시설

재가노인복지시설로는 가정에서 일상생활을 영위하고 있는 재가노인들에게 서비스를 제공하는 시설로서 방문요양서비스, 주야간보호서비스, 방문목욕서비스 등이 있다. 방문요양서비스는 신체적·정신적 어려움을 겪고 있는 노인에게 필요한 각종편의를 제공하여 지역사회 안에서 건전하고 안정된 노후를 영위하도록 하는 서비스를 제공하는 것이고, 주야간보호시설은 부득이한 사유로 가족의 보호를 받을 수 없는 심신이 허약한 노인과 장애노인을 주간 또는 야간 동안 보호시설에 입소시켜 필요한 각종편의를 제공하여 이들의 생활안정과 심신기능의 유지·향상을 도모하고 그 가족의 신체적·정신적 부담을 덜어주기 위한 서비스이다. 방문목욕서비스는 이동식차량, 이동식욕조 및 세면도구 등 장비를 이용하여 목욕을 제공한 경우를 말하며 요양보호사가 노인의 집을 방문하여 가정에 있는 세면장에서 목욕이 이루어진 경우는 방문요양의 서비스에 포함된다.

5. 노인보호전문기관

노인보호전문기관은 지원시설로서 국가 및 지방자치단체가 노인대학에 관한 업무를 담당하기 위해 설치한 시설 또는 노인보호전문기관으로 지정된 노인복지시설을 말한다. 노인보호전문기관의 역할은 다음과 같다.

- 노인대학의 예방 및 방지를 위한홍보
- 학대받은 노인의 발견·상담·보호와 의료기관에의 치료의뢰 및 노인복지시설에의 입소 의뢰

- 노인학대행위자 노인학대행위자로 신고된 자 및 그 가정 또는 업무・고용등의 관계로
사실상 노인을 보호・감독하는 기관이나 시설 등에 대한 조사
- 노인학대행위자에 대한 상담 및 교육
- 그 밖에 학대받은 노인의 보호를 위하여 필요한 사항

제 4 절 아동복지법에 의한 아동복지시설

아동복지법에 따라 18세미만의 자를 아동이라 말하며 아동복지시설이란 18세 미만의 요보호아동을 대상으로 이들의 생활, 치료 및 재활 등의 서비스를 제공하는 생활의 장이라 할 수 있다. 아동복지시설의 분류와 내용은 〈표 4-3〉과 같다.

〈표 4-3〉 아동복지시설의 종류

시설종류	시설목적
아동양육시설	보호를 필요로 하는 아동을 입소시켜 보호 양육하는 것을 목적으로 하는 시설
아동일시보호시설	보호를 필요로 하는 아동을 일시보호하고 아동에 대한 향후의 양육대책수립 및 보호조치를 행하는 것을 목적으로 하는 시설
아동보호치료시설	불량행위를 하거나 불량행위를 할 우려가 있는 아동으로서 보호자가 없거나 친권자나 후견인이 입소를 신청한 아동 또는 가정법원 지방법원소년부지원에서 보호위탁 된 아동을 입소시켜 그들을 선도하여 건전한 사회인으로 육성하는 것을 목적으로 하는 시설
아동직업훈련시설	아동복지시설에 입소되어 있는 만 15세 이상의 아동과 생활이 어려운 가정의 아동에 대하여 자활에 필요한 지식과 기능을 습득시키는 것을 목적으로 하는 시설
자립지원시설	아동복지시설에서 퇴소한 자에게 취업준비기간 또는 취업 후 일정기간 보호함으로써 자립을 지원하는 것을 목적으로 하는 시설
아동단기보호시설	일반가정에 아동을 보호하기 곤란한 일시적 사정이 있는 경

	우 아동을 단기간 보호하여 가정의 복지에 필요한 지원조치를 하는 것을 목적으로 하는 시설
아동상담소	아동과 그 가족의 문제에 관한 상담 치료 예방 및 연구 등을 목적으로 하는 시설
아동전용시설	어린이공원, 어린이놀이터, 아동회관, 체육, 연극, 영화, 과학실험전시실, 아동휴게숙박시설, 야영장 등 아동에게 건전한 놀이·오락 기타 각종 편의를 제공하여 심신의 건강유지와 복지증진에 필요한 서비스를 제공하는 것을 목적으로 하는 시설
아동복지관	지역사회 아동의 건전육성을 위하여 심신의 건강유지와 복지증진에 필요한 서비스를 제공하는 것을 목적으로 하는 시설
공동생활가정	보호를 필요로 하는 아동에게 가정과 같은 주거 여건과 보호를 제공하는 것을 목적으로 하는 시설
지역아동센터	지역사회 아동의 보호, 교육, 건전한 놀이와 오락의 제공, 보호자와 지역사회의 연계 등 아동의 건전육성을 위하여 종합적인 아동복지서비스를 제공하는 시설

*출처: 보건복지부(2010)

제5절 장애인복지법에 의한 장애인복지시설

1. 장애인복지시설 현황

장애인복지법의 의해 장애인의 인간다운 삶과 권리보장을 위해 장애인의 의료·직업재활·생활환경개선등을 제공하여 장애인의 생활안정에 기여하는 등 장애인의 복지와 사회활동 참여증진을 통한 사회통합을 목적으로 하는 시설을 말한다. 2011년 3월 개정된 장애인복지법에 따라 시설의 유형이 기존의 생활시설에서 거주시설로 바뀌었고, 여기에는 기존의 이용시설이었던 공동생활가정과 단기보호서비스가 거주시설에 포함되는 분류체계이다. 시설분류에 따른 현황은 1990년대 이후 시설은 거주시설 중에서는 공동생활가정, 지역사회재활시설, 직업재활시설을 중심으로 꾸준히 증가하는 추세로서 시설유형에 따라 확대되는 속도에 차이가 있다. 1990년대 재가복지사업의 등장으로 기존 생활시설보다는 지역사회를 기반으로 하는 재가대상자들에게 서비스를 제공해 줄 소규모 거주시설인 공동생활가정은 2003년 100개소에서 2010년 589개소로 약 5배 이상 확대되었고, 지역사회재활시설 중 주간보호와 심부름센터 등 각종 소규모 이용시설들이 4~5배 양적증가를 보였으며 직업재활시설의 경우에도 222개소에서 200개소가 더 증가한 422개소의 증가를 나타내고 있다. 장애인복지관의 경우 다른 소규모 시설에 비해 양적확대가 눈에 띄지는 않지만 그 규모로 보았을 때 10년 사이 100여개가 증가하였다. 거주시설의 경우는 2005년에서 2010년 5년 사이에 176개가 증가한 것으로 나타났다. 구체적 내용은 〈표 4-4〉와 같다.

〈표 4-4〉 장애인복지시설 현황 단위 : 개소

구분	거주시설			지역사회재활시설					직업재활시설	의료재활시설
	생활시설	단기보호	공동생활가정	장애인복지관	주간보호	체육시설	심부름센터	기타(수화통역센터, 점자도서관, 출판시설)		
2003	225	25	100	106	90	15	45	45	222	14
2005	276	61	331	130	259	22	124	108	244	14
2010	452	103	589	191	443	27	154	201	422	18

*출처: 보건복지부(2010)

2. 장애인복지시설 종류

1) 장애인거주시설

장애인복지법 제58조에 따르면 장애인거주시설이란 "장애인거주시설이 거주공간을 활용하여 일반가정에서 생활하기 어려운 장애인에게 일정 기간 동안 거주·요양·지원 등의 서비스를 제공하는 동시에 지역사회생활을 지원하는 시설"을 의미한다. 장애인 거주시설은 〈표 4-5〉와 같이 크게 다섯 가지로 구분할 수 있다.

〈표 4-5〉 장애인거주시설 유형

유 형	정 의
장애유형별 거주시설	장애유형이 같거나 또는 유사한 장애를 가진 사람들을 입소 또는 통원하게 하여 그들의 장애유형에 적합한 의료·교육·직업·심리·사회 등 재활서비스와 주거서비스를 제공하는 시설 예)지체장애인 생활시설, 지적장애인 생활시설, 청각장애인 생활시설, 시각장애인 생활시설 등
중증장애인 요양시설	장애의 정도가 심하여 항상 도움이 필요한 사람을 입소하게 하여 상담·치료 또는 요양서비스를 제공하는 시설. 예)○○중증요양시설
장애영유아 거주시설	6세미만의 장애영유아를 입소 또는 통원하게 하여 보호함과 동시에 그 재활에 필요한 의료·교육·심리·사회 등 재활서비스를 제공하는 시설.
단기보호시설	장애인을 일정기간 보호하여 장애인에게 필요한 재활서비스를 제공하는 시설
공동생활가정	스스로 사회에 적응하기 곤란한 장애인들이 장애인복지 전문인력에 의한 지도와 보호를 받으며 공동으로 생활하는 지역사회 내의 소규모 주거시설. 예)○○의집, ○○공동생활가정 등

*출처: 장애인복지법(2011)

2) 지역사회재활시설

지역사회재활시설이란 장애인복지법 제58조에 따르면 "장애인을 전문적으로 상담·치료·훈련하거나 장애인의 여가활동과 사회참여 활동 등에 편의를 제공하는 장애인복지관, 체육시설, 수련시설 등의 시설"을 의미한다. 장애인 지역재활시설은 〈표 4-6〉과 같이 7가지 유형으로 분류할 수 있다.

〈표 4-6〉 지역재활시설 유형

유형	정의
장애인복지관	장애인에 대한 각종 상담 및 사회심리·교육·직업·의료재활 등 장애인의 지역사회생활에 필요한 종합적인 재활서비스를 제공하고 장애에 대한 사회적 인식 개선사업을 수행하는 시설로 장애인종합복지관과 장애유형별 복지관 존재. 예) ○○장애인종합복지관, ○○시각장애인복지관
장애인 주간보호시설	장애인을 주간에 일시보호 하여 장애인에게 필요한 재활서비스를 제공하는 시설.
장애인 체육시설	장애인의 체력증진 또는 신체기능회복 활동을 지원하고 이와 관련된 편의를 제공하는 시설. 예) ○○시 장애인 체육훈련원, 재활체육관 등
장애인 수련시설	장애인의 문화·취미·오락활동 등을 통한 심신수련을 조장·지원하고 이와 관련된 편의를 제공하는 시설
장애인 심부름센터	이동에 상당한 제약이 있는 장애인에게 차량 운행을 통한 직장 출퇴근 및 외출보조나 기타 이동서비스를 제공하는 시설
수화통역센터	의사소통에 지장이 있는 청각·언어장애인에게 수화통역 및 상담서비스를 제공하는 시설
점자도서관	시각장애인에게 점자간행물 및 녹음서를 열람하게 하는 시설

*출처: 장애인복지사업안내(2011). 재구성.

3) 장애인직업재활시설

장애인이 자신의 능력과 적성에 맞는 직업생활을 통하여 인간다운 생활을 할 수 있도록 장애인직업재활과 관련된 제반 서비스 즉, 보호고용, 직업상담, 직업능력평가, 직업적응훈련, 직업훈련, 작업활동, 취업알선, 취업 후 지도, 장애인생산품 판매 및 판로 확대 등을 제공하고 취업기회를 제공하는 장애인 직업재활시설의 설치·운영에 필요한 사항을 정하여 직업을 통한 장애인의 자활·자립을 도모하는데 있다. 장애인직업재활시설은 기존의 네 가지 유형에서 두 가지로 통합되어 운영되고 있으며 그 외의 시설로 장애인생산품판매시설이 있다. 각 시설의 종류와 정의는 다음과 같다.

(1) 장애인보호작업장

직업능력이 낮은 장애인에게 직업적응능력 및 직무기능 향상훈련 등

직업재활훈련 프로그램을 제공하고, 보호가 가능한 조건에서 근로의 기회를 제공하며, 이에 상응하는 노동의 대가로 임금을 지급하며, 장애인근로사업장이나 그 밖의 경쟁적인 고용시장으로 옮겨갈 수 있도록 돕는 역할을 하는 시설

(2) 장애인근로사업장

직업능력은 있으나 이동 및 접근성이나 사회적 제약 등으로 취업이 어려운 장애인에게 근로의 기회를 제공하고, 최저임금 이상의 임금을 지급하며, 경쟁적인 고용시장으로 옮겨갈 수 있도록 돕는 역할을 하는 시설

(3) 장애인생산품판매시설

장애인생산품의 판매활동 및 유통을 대행하고, 장애인생산품에 관한 상담, 홍보, 판로개척 및 정보제공 등을 실시하는 시설

4) 장애인유료복지시설

장애인거주시설로서 장애인에게 필요한 치료, 상담, 훈련등 편의를 제공하고 이에 소요되는 일체의 비용을 입소한 자로부터 수납하여 운영하는 시설

제6절 정신보건법에 의한 정신보건시설

정신보건법에 따라 정신질환의 예방과 정신장애인의 욕구에 기초한 다양한 재활과 복지 서비스를 제공하여 정신장애인의 능력과 기능수준 향상을 통해 사회복귀를 돕고 국민의 정신 건강증진을 목적으로 하는 시설이다. 정신보건 시설은 정신의료시설, 정신요양시설, 정신질환자 사회복귀시설로 분류되나, 이 중 정신의료시설은 의료법에 의해 설치된

시설이므로 사회복지시설로 간주하기는 어려우며, 주로 정신질환자 진료를 위한 병원과 의원 및 병원급 이상의 의료기관에 설치된 정신과 등이 해당된다. 정신보건 시설의 종류는 〈표 4-7〉과 같다.

〈표 4-7〉 정신보건시설의 종류

시설유형	정 의	적용법규
정신의료시설	의료법에 의한 의료기관중 주로 정신질환자의 진료를 행할 목적으로 설치된 병원(정신병원)과 의원 및 병원급 이상의 의료기관에 설치된 정신과	의료법 정신보건법
정신요양시설	정신의료기관에서 의뢰된 정신질환자와 만성정신질환자를 입소시켜 요양과 사회복귀촉진을 위한 훈련을 행하는 시설	사회복지사업법 정신보건법 정신요양시설의 설치기준 및 운영 등에 관한 규칙
정신질환자 사회복귀시설	▶ 생활시설 정신질환자가 필요한 기간동안 생활하면서 재활에 필요한 상담·훈련등의 서비스를 받아 사회복귀를 준비하거나 장애로 인하여 장기간 생활하는 시설 ▶ 지역사회재활시설 정신질환자복지관, 의료재활시설, 체육시설, 수련시설, 공동생활가정 등 정신질환자에게 전문적인 상담·훈련등을 제공하거나 여가활동 및 사회참여활동 등에 필요한 편의를 제공하는 시설 ▶ 직업재활시설 일반고용이 어려운 정신질환자가 특별히 준비된 작업환경에서 직업훈련을 받거나 직업생활을 영위할 수 있도록 하는 시설	사회복지사업법 정신보건법 정신요양시설의 설치기준 및 운영 등에 관한 규칙
정신보건센터	지역사회에서 정신질환의 예방과 정신질환자의 발견·상담·진료·사회복귀훈련·사례관리 및 연계 등을 실시하는 기관	정신보건법
알코올 상담센터	지역사회에서 알코올 중독의 예방과 알코올중독자의 발견, 상담, 사회복귀훈련, 사례관리 및 연계 등을 실시하는 기관	정신보건법

*출처: 보건복지부(2010)

제7절 지역자활센터

국민기초생활보장법에 의해 근로능력이 있는 저소득층이 스스로의 힘으로 일어설 수 있도록 안정된 일자리 제공 및 자활능력 향상을 지원하기 위한 보건복지부 지정 사업기관으로, 조건부 수급자와 차상위 등 저소득 주민을 대상으로 자립, 자활에 필요한 사업단 운영, 기술훈련 등의 자활지원서비스를 제공하고 자활공동체를 구성하여 소득증대와 고용창출 등을 수행하는 기관이다.

지역자활센터는 2007년 7월 자활후견기관에서 지역자활센터로 명칭이 변경되어 2010년 기준 전국에 242개소가 운영되고 있다(한국지역자활센터협회, 2010).

지역자활센터의 주요사업으로는 자활의욕 고취를 위한 교육을 개발·운영, 주거현물급여 집수리사업, 자활근로 매출관리, 광역자활사업, 자활공동체지원사업, 디딤돌사업(사회적응프로그램), 창업지원사업, 자활소득공제(자활장려금)사업, 희망리본프로젝트 성과관리형 자활시범사업, 기타 자활을 위한 각종 사업 등을 실시하고 있다.

제8절 한부모가족지원시설

한부모가족지원법에 따라 한부모가족이 건강하고 문화적인 생활을 영위할 수 있도록 함으로써 한부모 가족의 생활 안정과 복지증진을 목적으로 하는 시설로서 그 종류와 정의는 다음 〈표 4-8〉과 같다.

〈표 4-8〉 한부모가족지원시설 종류

유형	정 의
모(부)자보호시설	생활이 어려운 모(부)자가족을 일시적으로 또는 일정기간 보호하여 생계를 지원하고 퇴소 후 자립기반을 조성하도록 지원하는 것을 목적으로 하는 시설
모(부)자자립시설	자립이 어려운 가정에게 일정기간 주택편의만 제공하는 시설
미혼모자시설	미혼 여성의 임신・출산 시 안전 분만 및 심신의 건강 회복과 출산 후 아동의 양육 지원을 위하여 일정기간 보호하는 것을 목적으로 하는 시설
미혼모자 공동생활가정	출산 후의 미혼모와 해당 아동으로 구성된 미혼모자가족이 일정기간 공동으로 가정을 이루어 아동을 양육하고 보호할 수 있도록 지원하는 것을 목적으로 하는 시설
부자공동생활가정	독립적인 가정생활이 어려운 부자가족이 일정 기간 공동으로 가정을 이루어 생활하면서 자립을 준비할 수 있도록 지원하는 것을 목적으로 하는 시설
일시보호시설	배우자(사실혼 관계에 있는 자를 포함한다)가 있으나 물리적・정신적인 학대로 인해 아동의 건전한 양육, 모의 건강에 지장을 초래할 우려가 있을 경우 일시적, 일정기간 모자를 보호하는 시설
여성복지관	모자 가정이나 이혼여성에게 각종 상담을 실시하고, 생활지도, 생업지도, 탁아 및 직업보도를 행하는 것을 목적으로 하는 시설
한부모 가족복지상담소	한부모가족에 대한 조사, 지도, 시설 입소등에 관한 상담 업무를 수행할 것을 목적으로 하는 시설

*출처: 보건복지부(2010)

제9절 보육시설

영유아보육법에 따라 6세미만의 취학전 아동을 대상으로 건강하고 안전하게 보호・양육하고 영유아의 발달 특성에 맞는 교육을 제공하는 사회복지 서비스를 제공하며 아울러 보호자의 경제적·사회적 활동이 원활하게 이루어지도록 함으로써 가정복지 증진에 이바지함을 목적으로 하는 시설로서 그 종류와 정의는 다음 〈표 4-9〉와 같다.

〈표 4-9〉 보육시설 종류

유형	정 의
국공립보육시설	국가나 지방자치단체가 설치·운영하는 보육시설
법인보육시설	사회복지사업법에 따른 사회복지법인이 설치·운영하는 보육시설
직장보육시설	사업주가 사업장의 근로자를 위하여 설치·운영하는 보육시설 국가나 지방자치단체의 장이 소속공무원을 위하여 설치·운영하는 시설을 포함한다.
가정보육시설	개인이 가정이나 그에 준하는 곳에 설치·운영하는 보육시설
부모협동보육시설	보호자들이 조합을 결성하여 설치·운영하는 보육시설

*출처: 보건복지부(2010)

제 10 절 성매매피해지원시설 및 성폭력피해보호시설

성매매피해지원시설은 성매매방지및피해자보호등에관한법률에 의해 성매매를 방지하고 성매매피해자 및 성을 파는 행위를 한 자의 보호와 자립의 지원을 목적으로 하는 시설을 의미하고, 성폭력피해보호시설은 성폭력범죄의처벌및피해자보호등에관한법률에 의해 성폭력범죄를 예방하고 그 피해자를 보호하며 성폭력범죄의 처벌 및 그 절차에 관한 특례를 규정함으로써 국민의 인권신장과 건강한 사회질서의 확립을 목적으로 하는 시설을 의미한다. 각각의 시설종류와 정의는 다음 〈표 4-10〉과 같다.

〈표 4-10〉 성매매피해지원시설 및 성폭력피해보호시설 종류

유 형		정 의
성매매피해 지원시설	일반지원시설	성매매피해자등을 대상으로 1년 이내의 범위에서 숙식을 제공하고 자립을 지원하는 시설
	청소년지원시설	청소년인 성매매피해자등을 대상으로 1년 이내의 범위에서 숙식을 제공하고 취학·교육 등을 통하여 자립을 지원하는 시설
	외국인여성지원시설	외국인여성인 성매매피해자등을 대상으로 3월 이내의 범위에서 숙식을 제공하고, 귀국을 지원하는 시설
	자활지원센터	성매매피해자등을 대상으로 자활에 필요한 지원을 제공하는 이용시설
성폭력피해 보호시설	성폭력피해 상담소	성폭력피해사례접수 및 상담, 피해자의 욕구에 따른 서비스 지원 및 연계활동, 성폭력범죄의 예방 및 방지를 위한 홍보 등을 수행하는 기관
	성폭력피해보호시설	성폭력피해자를 일시보호하여 신체적·정신적 안정회복과 사회복귀를 돕는 일을 수행하는 기관

*출처: 보건복지부(2010)

참고문헌

길귀숙 외 공저(2010). 『사회복지실천론』, 양서원.
대구광역시사회복지협의회 http://www.twin.or.kr
양희택 외(2011). 『장애인복지실천론』, 양서원.
장애인복지사업안내, 보건복지부, 2010.
(사)한국지역자활센터협회, 2010.

제2부

사회복지 실천방법

제 5 장

사회복지실천

제 1 절 사회복지실천의 개념

1. 사회복지실천의 정의

사회복지실천이란 영어로는 'social work practice'[1]라고 번역되며 사회복지실천은 사람의 삶의 질 향상을 위해 개인, 소집단, 가족 또는 지역사회의 문제 및 요구에 권한 부여적(empowering) 문제해결 접근방법(problem-solving method)으로 개입하는 종합적(generic) 전문 활동(professional activity)이다(양옥경 외, 2005 ; 27).

그러나 사회복지실천을 누구나 이해하기 쉽고 구체적이고 간결하게 정의를 내리는 것은 쉽지 않다. 왜냐하면 사회복지실천의 기능, 사회복지실천의 과정에 대해 분명한 정의를 내리지 못하고 있으며 실천방법

1) 'social work practice'란 우리말로 번역하면 사회사업실천이라고 할 수 있으나 최근 우리나라에서 '사회사업'을 '사회복지'의 개념으로 사용하고 있어 이 책에서도 '사회사업실천'을 '사회복지실천'이라는 용어로 사용한다. 우리나라에서 사회사업(social work)을 사회복지로 바꾸어 사용하게 된 것은 1976년 한국사회사업대학협의회의 워크숍에서 공식적으로 논의한 후 사회사업학과를 사회복지학과로 명칭을 변경하게 되면서부터 보편화된 것으로 볼 수 있다.

과 장면들이 다양하여 모든 내용을 포괄하여 정의 내리기가 쉽지 않기 때문이다(Morales & Sheafor, 1980 ; 17).

우리나라에서 사회복지실천은 1998년 사회복지사업법 시행령 및 시행규칙 개정 당시 한국사회복지사협회가 사회복지사업법의 개정과 더불어 2003년부터 사회복지사 자격취득 국가시험제도를 도입하게 되어 기존의 개별사회사업(개별지도)과 집단사회사업(집단지도)이 없어지고 사회복지실천론과 사회복지실천기술론으로 변경한 2000년부터 사회복지실천이라는 말을 공식적으로 사용하게 된다(전재일 외, 2004 ; 17).

사회복지실천에 대한 개념은 사회복지가 발달하던 초기에는 개인이나 개인의 성격변화에 초점을 둔 정의가 대부분이었다. Richmond는 사회복지실천을 "개인 대 개인 및 인간과 사회환경 간에 적응하는 능력을 갖도록 성격을 발달시키는 과정(Those processes which develop personality through adjustments consciously effected, individual by individual, between men and their social environment)"으로 보았다(Richmond, 1922 ; 98). 그러나 1949년 Bower(1949 ; 317)가 사회복지실천의 정의를 클라이언트와 환경 사이에 조화를 이루도록 지역사회 내의 자원과 클라이언트 개인의 능력을 최대한 동원하는 지식과 기술로 정의하면서 개인이나 개인의 성격을 벗어나 지역사회의 자원을 강조하는 정의로 변화되었다.

사회복지실천에 대한 포괄적 정의가 내려지게 된 것은 1950년대 후반부터 사회복지방법에서 사회복지사가 수행하는 공통적 역할과 요소가 있다는 점에 착안하여 사회복지통합방법[2]이 나오게 되면서부터이다.

Boehem(1958)은 사회복지실천으로서 사회복지를 기존의 개인중심 정의에서 보다 포괄적으로 다음과 같이 정의하였다.

---

2) 사회복지실천의 통합적 방법이란 사회복지사가 개인, 집단, 지역사회에서 제기되는 사회문제에 활용할 수 있는 공통된 하나의 원리나 개념을 제공하는 '방법의 통합화'를 의미한다. 즉, 통합적 방법이란 전통적 방법의 전부 또는 일부를 조합해서 교육함으로써 한 명의 사회복지사가 복수의 방법을 통합적으로 사용하여 클라이언트에게 개입할 수 있도록 하고자 하는 것이다.

"사회복지는 개인이 단독으로 또는 집단 내에서 그의 사회적 기능을 강화시켜 주기 위한 하나의 모색이다. 사회적 기능의 강화는 인간과 환경과의 상호작용으로 이루어지는 상호관계에 중점을 두는 활동으로서 개인의 능력을 회복시켜 주는 활동, 개인과 사회자원을 보충시켜 주는 일, 개인의 역기능을 예방하는 기능이다."

Boehem에 따르면 사회복지를 일련의 계획된 변화활동을 통해 개인, 집단, 지역사회의 사회적 기능을 향상시키는 도구적 전문직으로 보고 전문적 지식과 기술을 강조하면서 인간과 환경 사이의 상호작용을 구성하고 있는 사회적 관계형성에 초점을 두고 손상된 능력의 재활, 개인적 또는 사회적 자원의 제공, 사회적 역기능의 예방을 포함한다.

그러나 사회복지실천에 관한 공식적인 최초의 작업적 정의는 1958년 미국의 사회복지사협회에 의해 내려졌다. 미국의 사회복지사협회는 가치, 목적, 사회적 승인, 지식, 방법론의 집합적 영역에서 사회복지실천의 작업적 정의를 내릴 수 있다고 하였다(NASW, 1958 : 344 ; 양옥경 외, 2005 : 28).

1958년 미국의 사회복지사협회는 사회복지실천의 개념을 다음과 같이 세 가지에 목적을 둠으로써 1930년대 사회복지의 제3의 방법으로 수용되었던 지역사회조직사업이 사회복지실천개념에 분명한 위치를 차지하게 되었다(NASW, 1958 : 5-6).

첫째, 개인과 집단이 환경 간에 불균형상태가 일어났을 때 문제를 정확히 발견하여 그 정도를 경감시키거나 해결할 수 있도록 도와주는 일이다.

둘째, 개인 또는 집단과 환경 간의 상호작용 과정에서 발생할 수 있는 잠재적 문제를 확인함으로써 양자 간에 불균형상태가 발생하는 것을 사전에 예방한다.

셋째, 개인과 집단과 지역사회 내의 잠재력을 찾아내고 확인하며 이를 강화시켜 준다.

앞의 정의에서 살펴본 Boehem과 미국사회복지사협회(NASW)의 정의는 사회복지실천의 통합적 방법을 활성화시키는 중요한 계기가 되었다고 볼 수 있다.

Pincus와 Minahan은 사회복지실천을 사람과 자원체계 간의 연결(linkage)과 상호관계(interaction)라고 정의하였으며, 미국의 사회복지사협회(NASW)는 1973년에 사회복지실천은 "개인, 집단, 지역사회가 사회적 기능(social function)을 향상시킬 수 있는 자신들의 능력을 회복하거나 증진시키고, 그들의 목표달성을 위한 사회적 조건을 창조할 수 있도록 도와주는 전문적 활동(Social work is the professional activity of helping individuals, groups, or communities to enhance or restore their capacity for social functioning and to create societal conditions favorable to their goals)"(NASW, 1974 ; 4-5)이라고 정의하여 개인, 집단, 지역사회의 사회기능향상 및 회복을 돕는 역할을 강조하면서 최초로 사회복지실천이 전문직이라는 것을 강조하였다.

1977년과 1981년 2차례에 걸쳐 미국 사회복지사협회는 사회복지실천의 정의, 목적, 승인, 지식, 가치, 특성화에 대해 공식적 입장을 표명하는 글을 발표하면서 사회복지실천의 정의를 재정립하고자 하였다. 즉, "사회복지실천은 인간의 삶의 질 향상을 위해 사람과 사회적 조직체가 사람들의 심리사회적 기능(Psychosocial functioning)이 향상되도록 행동을 변화시키는 전문적 활동으로 무장된 체계"라고 정의를 내렸다(Alexander, 1977 ; 413).

개인과 사회환경과의 상호작용에 초점을 두면서 삶의 질 향상을 목적으로 하고 있는 1977년의 NASW 정의는 이전의 정의에 비해 상당히 발전된 것으로 사회복지의 사회통제(social control), 사회개혁(social reform)의 기능이 보완된 것이라 할 수 있다(양옥경 외, 2005 ; 29).

1980년대 이후부터 협회는 사회복지실천의 목적을 명료화하기 시작하였다. 1994년의 정의는 사회복지실천을 "인간복지(human well-being)의 향상, 빈곤과 억압의 경감, 그리고 최상의 삶의 질 향상을 위해 업무를 수행하는 전문직"(Dolgoff et al., 1997 ; 318)이라고 하여 삶의 질 향상과 전문성을 강조하고 있다.

양옥경 등(2005 ; 30)은 사회복지실천을 사람의 삶의 질 향상을 위해 개인, 소집단, 가족, 또는 지역사회의 문제 및 욕구에 권한부여적(empowering) 문제해결 접근방법(problem-solving method)으로 개입하는 종합적(generic) 전문활동(professional activity)이라고 정의하였다.

사회복지실천의 개념을 종합해 보면 사회복지실천은 인간의 삶의 질 향상을 위해 개인, 집단, 가족, 지역사회를 대상으로 사회복지사가 그들의 사회적 기능(social function)을 원활히 수행해 나갈 수 있도록 클라이언트의 강점을 살려 그들의 욕구나 문제를 스스로 해결해 나갈 수 있도록 도와주는 종합적이고 체계적인 전문적 활동으로 볼 수 있다.

2. 사회복지실천의 목적

사회복지실천의 목적을 정의하고자 하는 노력이 구체화되기 시작한 것은 1929년 미국에서 열린 밀포드(Milford) 회의였고, 가장 최근의 노력은 1979년에 NASW의 주관 하에 시카고에서 열린 개념적 틀 정립을 위한 사회복지 전문인 전국회의였다. 이 회의에서 사회복지실천의 목적을 "모든 사람들의 삶의 질 향상을 위해 개인과 사회 간 서로 유익한 상호작용을 촉진 또는 회복시키는 것"으로 정의했다.

여기에 내포된 요소들을 살펴보면 첫째, 모든 사람의 삶의 질을 향상시키는 것에 사회복지실천의 목적을 두고 있으며, 둘째, 사회구성원과 사회체계 사이의 유익한 상호작용을 회복 또는 촉진시키기 위해 노력하는 것으로 볼 수 있다(엄명용 외, 2006 ; 40-42).

사회복지실천의 목적은 "삶의 질(quality of life) 향상"이다(Alexander, 1977 ; 412). 사회복지실천의 궁극적 목적은 사회변화와 상관없이 그 사회의 사람들 모두가 동의하는 내용을 포함하고 있어야 한다. 그러나 세부목적이나 목표는 그 사회와 그 시대의 가치나 요구, 기대 등을 반영하기 때문에 사회변화에 따라 달라질 수 있다. 미국의 사회복지사협회가

1958년 최초로 발표한 공식적인 사회복지실천의 목적은 인간과 환경 사이의 균형에 초점을 맞추어 개인, 집단, 지역사회를 대상으로 하고 있고 돕는 역할이 강조되어 있는데, 그 내용을 요약하면 다음과 같다.

첫째, 개인이나 집단과 환경 사이의 불균형에서 발생하는 문제를 발견하고, 해결 또는 축소하도록 돕는다.

둘째, 개인이나 집단과 환경 사이의 불균형을 예방하기 위해 잠재영역을 밝혀낸다.

셋째, 치료 및 예방의 목적을 위해 개인, 집단, 지역사회에서 최대한의 잠재성을 찾아내며 강화한다.

그러나 여기서 열거한 목적은 가입대상이 불분명하고 궁극적 목적 없이 세부목표만 나열된 것으로 보이기 때문에 보완책으로 이 협회는 1977년과 1981년 학술지 특집호를 내면서 "모든 개개인의 삶의 질을 향상시키기 위해 개인과 사회 간의 상호 유익한 관계를 증진시키거나 복귀"시키는 것에 사회복지실천의 목적을 두었다(양옥경 외, 2005 ; 31).

미국의 사회복지교육협의회는 1992년, 1994년 2회에 걸쳐 사회복지실천의 목적을 다음의 4개 항목으로 정리하였다(CSWE, 1994 ; 97).

① 개인, 가족, 집단, 조직 그리고 지역사회가 목적을 달성하고 고통을 완화시키며 자원을 활용할 수 있도록 도움으로써 이들의 사회기능을 촉진(promotion), 회복(restoration), 유지(maintenance), 향상(enhancement)시키는 것이다.

② 인간의 기본욕구를 충족시키고 인간이 갖고 있는 잠재력 및 가능성 개발을 돕기 위해 필요한 사회정책, 서비스, 자원, 프로그램을 계획(planning), 공식화(formulate), 시행(implementation)하는 것이다.

③ 곤궁에 처한 집단에게 힘을 실어 주고(empower), 사회적・경제적 정의를 실현하기 위해 조직, 행정적 옹호와 사회정치적 운동을 통해 정책, 서비스, 자원, 프로그램을 추구하는 것이다.

④ 이러한 목적과 관련된 모든 전문적 지식과 기술을 개발하고 활용하는 것이다.

위의 정의는 매우 포괄적이지만 1958년 미국 사회복지사협회가 목적을 정리한 것에 비하면 더 구체적이면서 자원 활용과 권한부여(empowerment) 등 다양한 분야를 포함하고자 한 노력이 보인다.

최근의 미국 『사회복지대사전(encyclopedia)』에서도 사회복지실천의 목적으로 위의 내용을 인용하고 있으며 미국 사회복지사협회를 비롯한 많은 학자들이 이 목적을 가장 많이 인용하고 있다(Dolgoff et al., 1997 ; 318).

3. 사회복지실천의 목표

사회복지실천의 목적을 달성하기 위해서는 구체적 목표를 설정해야 한다. Hepworth와 Larsen은 사회복지실천의 목표를 다음과 같이 설명하였다(Hepworth & Larsen, 1986 ; 13 ; 전재일 외, 2004 ; 33).

첫째, 클라이언트가 자기 자신의 대처능력을 향상시킬 수 있도록 원조한다.

① 클라이언트의 문제를 새로운 관점에서 볼 수 있도록 원조한다.

② 여러 가지 각도에서의 개선방법을 생각한다.

③ 자기 자신이 처한 상황을 인식하고 자기 자신의 대처능력을 높일 수 있도록 원조한다.

④ 자기 지각의 촉진, 문제해결방법, 대인관계구성의 방법, 기술 등을 가르친다.

둘째, 자원에 대한 정보제공, 자원에의 연결 등을 통해 클라이언트가 사회자원을 얻을 수 있도록 원조한다.

셋째, 주변에 있는 사람과의 교류를 촉진한다.

NASW(1982)의 사회복지실천의 구체적 주요 목표는 다음과 같다(전재일 외, 2004 ; 34).

1) 인간의 능력향상

환경 속의 인간(person in environment)의 개념을 사용하면 사회복지실천의 초점은 '인간'에 있으며, 사회복지사가 초기에 가능케 하는 자(enabler)로 서비스하는 것이다. 가능케 하는 자의 역할을 사회복지사가 상담, 교사, 도움을 주는 자, 행동변화가로서의 활동을 수행하는 것이다.

2) 인간과 체계와의 연결

환경 속의 인간의 개념을 사용하면 사회복지실천은 사람과 그들이 상호작용하는 체계 사이의 관계에 초점을 두고, 사회복지사는 중개자로서 먼저 서비스한다.

3) 자원과 서비스 체계의 운영과 효과성 증진

환경 속의 인간의 개념을 사용하면 사회복지실천의 초점은 체계와 인간 간의 상호작용에 있다. 여기서 사회복지사는 대변자, 프로그램 개발자, 지도감독자(supervisor), 조정자(coordinator), 전문가(consultant)의 역할을 수행하게 된다.

4) 사회정책의 개발과 개선

이 목표의 초점은 법이나 사회정책의 개발 및 개선에 있다. 여기서 사회복지사는 계획가, 정책개발자로 새로운 법령과 정책, 비효과적이거나 부적당한 법령과 정책의 개혁안을 제시한다. 1979(NASW)년 미국의 시카고 회의에서 제시된 목표는 다음과 같다(엄명용 외, 2006 : 44-45).

첫째, 개인으로 하여금 자신의 역량을 확대하고 자신의 문제해결능력 및 대처능력을 증진할 수 있도록 도움을 제공한다.

둘째, 각종 자원을 확보할 수 있도록 도움을 제공한다.

셋째, 사람들의 욕구에 반응하는 조직이 될 수 있도록 감시한다.

넷째, 개인과 개인 주변환경에 속한 사람 사이의 상호작용을 촉진한다.

다섯째, 조직과 조직, 기관과 기관 사이의 상호작용에 영향력을 행사한다.

여섯째, 사회 환경의 정책에 영향력을 행사한다.

제 2 절 사회복지실천의 대상

사회복지실천의 대상을 개인, 집단, 가족, 지역사회로 나누어 엄명용 등(2006 ; 28-33)이 정리한 내용을 중심으로 살펴보면 다음과 같다.

1. 개 인

사회복지실천대상으로 개인은 종전의 개별실천(case work)의 대상을 의미한다. 개별실천은 직접실천 중에서도 개인과의 일 대 일을 기반으로 하는 실천방법으로 가장 오래된 사회사업실천방법이며 일 대 일로 도움을 주는 것은 전통적으로 케이스워크로 불렸다.

개별실천은 개인적 또는 사회적 문제에 직면해 있는 개인을 일 대 일로 만나 문제해결을 원조하는 활동으로 클라이언트로 하여금 주변환경에 적응하도록 도움을 제공하거나 개인에 영향을 미치는 사회경제적 결핍상태를 완화시켜 주기 위한 활동이다.

우리나라에서는 시・군・구・읍・면・동사무소에 사회복지전담공무원, 각종 사회복지관의 사회복지사, 종합병원의 의료사회복지사, 정신병원・정신보건센터의 정신보건사회복지사, 학교의 사회복지사, 보육시설(보육원), 양로원 등 각종 사회복지단체 및 시설에서 근무하는 사회복지사들이 클라이언트에게 직접 서비스를 제공하는 형태이다.

개별실천의 활동은 국민기초생활보장업무, 저소득층 자활보호대상의 자활과 관련된 업무, 재가복지업무, 독거노인과 상담, 실직자를 위한 구직활동, 직업훈련을 원조하는 활동, 미혼모 상담, 입양상담, 아동을 위한 가정사업과 관련한 조사 및 상담, 학대피해아동을 보호하고 가정에 개입하는 활동, 환자의 의료비 문제 및 퇴원 후 생활에 대한 상담, 학교부적응 학생에 대한 상담, 정신보건센터에서 정신장애인과의 상담 등을 들 수 있다.

개별실천은 사회복지사가 직접 클라이언트를 만나 상대하는 개인을 의미하는 것이며 사회복지사가 개인만을 상대해서 개인의 문제를 해결하기 위해 원조하는 것을 의미하지는 않는다. 개별실천에서 클라이언트의 문제해결을 위해 필요하다고 판단될 경우 사회복지사는 클라이언트를 둘러싸고 있는 문제에 직·간접적으로 영향을 미치고 있는 주변세계에 개입하여 그들의 변화를 시도한다.

2. 가 족

가족수준실천은 가족구성원 간의 관계나 가족구성원 중 한 사람의 행동·정서·심리상의 문제에 개입하여 문제를 해결 또는 경감시키기 위한 노력이다. 개인을 단위로 하는 것보다 가족을 단위로 개입하는 것이 효과적이라고 판단될 때, 클라이언트의 문제해결을 위해서 가족 모두의 협조와 노력이 요구된다고 판단될 때 가족수준실천을 택하게 된다.

가족실천 모델들은 일반체계이론의 영향을 받아 가족을 하나의 역동적 체계로 간주하여 가족구성원 개인이 나타내는 문제의 원인을 개인적 요인에서 찾는 것이 아니라 가족구성원 간의 상호작용패턴, 관계양상에서 찾고자 한다. 문제해결도 개인적 변화에 초점을 두기보다는 가족구성원 간의 상호작용하는 방식의 변화에 초점을 둔다. 가족구성원 중 한 사람의 행동이나 의사소통이 가족 전체에 영향을 미쳐 기능적 또는 역기능적 가족이 될 수 있고, 가족 중 환자로 지적된 사람은 병리적 문제를 짊어지고 있으므로 속죄양(scape goat)이 될 수 있다.

가족치료는 제2차 세계대전 이후 전쟁으로 인한 개인의 심리적·정서적 문제가 가족해체, 청소년비행 등의 가족문제로 제기되면서 가족의 구조변화를 통해 개인의 행동과 태도에 변화를 주려는 관심이 모아지면서 시작되었다. 초기의 관심은 주로 정신분열환자나 그 가족에 대한 것이었으나 일반가족으로 확대되었다.

가족수준의 실천은 주로 부부갈등, 부모-자녀 간의 문제, 아동문제, 다세대 간의 갈등 등을 중재 또는 해결하기 위해 개입하게 된다. 대표적인 가족실천 모델은 정신역동 모델, 대상관계 모델, 구조적 모델, 전략적 모델, 경험적 모델, 행동주의 모델, 해결 중심적 단기치료 모델 등이 있다.

3. 집 단

집단실천(group work)은 유사한 목표를 갖고 있는 개별 구성원을 하나의 집단으로 묶어 그 집단을 대상으로 사회복지사가 집단이라는 환경과 집단 내의 역동성을 활용해 집단구성원의 개별목표와 집단공동의 목표를 성취하기 위해 노력하는 실천방법이다. 집단실천 모델은 집단의 목표, 성격에 따라 사회적 목표 모델과 치료 모델 두 가지로 나누어질 수 있다.

사회적 목표 모델은 집단 활동을 통해 사회구성원으로서의 참여의식, 역할인식, 책임인식 등을 고취함으로써 개인의 성숙과 민주시민의 역량개발에 초점을 두고 있다. 사회적 목표 모델은 토론, 합의, 집단과제의 개발 및 실행 등을 통해 집단의 목적을 달성하고자 한다. 이 모델의 대표적 활동에는 보이스카우트, 걸스카우트, 청소년캠프 등과 같은 대규모 집단 활동이 포함될 수 있으며, 공예교실, 음악교실, 자조집단 등과 같은 소규모 집단 활동도 사회적 목표 모델에 해당될 수 있다. 소규모 집단은 개인의 사회화 촉진, 문제대처방법의 교환, 비행예방, 잘못된 행동이나 가치 등의 인식을 고정하기 위해 실시된다.

치료 모델은 흔히 집단치료(group therapy)라고 불리는 것으로 집단구성원 간의 상호작용과정이나 집단 내의 역동성을 활용해 집단구성원이 갖고 있는 문제들이 해결 또는 경감될 수 있도록 하는 활동을 말한다.

집단치료(group therapy)의 참가자들은 대개 정서적 문제, 행동상의 문제, 대인관계상의 어려움을 호소하는 사람들이다. 이들은 대개 비슷한 문제들을 갖고 집단에 참여하며 집단 내에서 집단구성원 간 상호작용을 통해 상대방에게 도움을 제공하기도 하고 상대방으로부터 도움을 받기도 하면서 문제를 해결하게 된다. 집단치료에 참가한 자들은 문제를 갖고 참여한 자신이 비슷한 문제를 가진 다른 참여자들의 문제해결에 도움을 제공했다는 자긍심이 고조되면서 자신의 문제해결에 도움을 받게 된다. 이런 면에서 볼 때 집단치료는 개인의 부적응행동을 변화시키는 데 개별 치료보다 더 효과적일 수 있다.

집단치료는 동일한 또는 비슷한 문제를 가지고 있는 여러 명의 클라이언트를 한꺼번에 치료할 수 있다는 점에서 경제적이며 효율적이다. 그리고 클라이언트를 병리자로 보지 않기 때문에 단기에 치료할 수 있는 장점이 있으며 비슷한 문제를 가진 사람들의 모임이기 때문에 동료애, 소속감, 동질감 등을 가질 수 있고, 집단 내에서 쉽게 마음을 열고 자기노출을 하기 때문에 집단구성원의 잠재력 개발이 용이한 장점을 갖고 있다.

집단치료는 주로 심한 우울증 환자, 정신질환자, 약물 복용자, 약물중독자, 음주문제를 갖고 있는 사람, 알코올중독자, 성폭력피해자, 이혼 후 충격 상태에 있는 사람들을 대상으로 실시될 수 있다.

사회복지사는 집단역동에 대한 전문적 지식을 활용해서 집단 내의 상호작용을 촉진하고 그 과정에 개입하여 집단구성원의 변화를 유도하게 된다.

4. 지역사회

지역사회수준의 실천은 지역사회를 실천의 단위로 하여 지역사회수준에 개입하여 지역주민에게 필요한 서비스를 제공하고 지역사회의 조건을 개선하고자 하는 것이다. 실천단위인 지역사회는 학자들마다 다양하게 정의되고 있으나 크게 둘로 나누면 하나는 지리적 조건에 의해 형성된 지역사회를 의미하고, 다른 하나는 공통된 이해와 관심으로 형성된 교회, 조합, 시민단체 등의 이익집단을 의미한다.

지역사회수준의 실천은 지역에 속한 주민이 자신들의 사회적 기능향상을 위해 필요한 의식개혁, 환경개선, 지역사회조직화 등을 자발적, 주체적, 협력적으로 해 나갈 수 있도록 사회복지사가 안내자, 조력자, 조정자, 운동가, 전문가 등의 역할을 수행하는 것을 말한다. 이러한 활동을 수행하기 위해서 사회복지사는 지역주민의 성향을 파악하고 지역사회의 문제, 욕구를 파악하여 지역주민의 욕구충족에 필요한 자원들을 확인, 발굴하여야 한다. 지역사회수준의 실천에서 사회복지사에게 요구되는 중요한 역할은 지역주민 스스로가 상호협동 노력에 의해 지역사회의 문제를 해결할 수 있도록 돕는 것이다.

현재 우리나라에서는 지역사회수준의 실천을 위해서 각 지역사회에 위치해 있는 종합사회복지관이 지역사회보호활동과 지역사회조직활동을 혼합하여 실천하고 있다고 볼 수 있다. 지역사회보호활동은 지역사회 내에 존재하는 후원자를 발굴, 동원하여 지역사회요보호 대상자들을 보호하는 활동이다. 지역사회자원과 빈곤한 가정을 정기적으로 연결하여 줌으로써 요보호 지역주민의 경제적 어려움을 경감시켜 주고 심리적 안정을 도모하기 위한 것이다. 지역사회조직활동은 잠재된 지역사회의 자원을 찾아내고 서로 연결함으로써 지역복지발전을 위한 토대를 마련하고 지역주민 자신들의 조직화를 통하여 궁극적으로 지역사회의 복지향상을 도모하는 사회복지사의 활동이다.

지역사회조직을 위해 사회복지사는 지역사회와 공동사업을 추진하기도 하고 지역주민이 서로 모여 조직화될 수 있는 장소 및 기회를 제공하기도 한다. 지역사회 내에서 바자회를 열어 지역사회에 존재하는 다양한 자원은 동원, 배분하는 과정에서 지역주민의 유대감을 조성하고 공동체 의식을 강화시키는 활동이 여기에 해당한다.

제 3 절 사회복지실천과정

1. 초기과정 - 접수

접수(intake)란 문제를 가진 사람이 사회복지기관을 찾아왔을 때 사회복지사가 그의 문제와 욕구를 확인하여 그것이 기관의 정책과 서비스에 부합되는지 여부를 판단하는 과정이다. 접수를 통해 그 기관에서 적합한 서비스를 줄 수 있다고 판단될 때, 사회복지사를 찾아온 사람은 클라이언트가 되어 그 다음 실천과정인 자료수집, 사정의 단계를 거쳐 적절한 서비스를 받게 된다(양옥경 외, 2005 : 169 ; 김융일 외, 1995 : 179).

접수는 원조과정의 최초 단계이며 기관의 서비스 수급여부를 결정하는 중요한 과정이므로 기관에 따라서는 경험과 지식이 풍부한 접수담당 사회복지사(intake worker)를 따로 두기도 한다. 이 단계의 주된 목표는 잠재적 클라이언트의 욕구가 기관의 목적과 서비스 내용에 적합한지 아닌지를 판단하여 접수여부를 결정하고 접수된 사례의 개입과정에 클라이언트가 최대한 참여하도록 유도하는 것이다. 그런데 이 두 가지 활동은 상호 긴밀히 연관되어 있다(엄명용 외, 2006 : 259).

접수과정은 다음과 같은 구체적 활동과 결정을 수반한다(김융일 외, 1995 : 179).

첫째, 가장 중요한 것은 클라이언트의 문제와 욕구를 분명하게 확인하는 것이다.

둘째, 클라이언트와 사회복지사는 원조의 목적을 분명히 하고 원조과정에서 기대하는 바가 무엇인지를 명확히 한다.

셋째, 클라이언트의 욕구가 기관의 자원과 정책에 부합되는지의 여부를 판단하는 것이다.

이 세 가지 활동에 기초하여 클라이언트에 대한 서비스를 접수해서 종결시키든지, 아니면 다른 기관으로 의뢰하든지를 결정하게 된다.

1) 접수 시의 과제

접수 시 사회복지사의 과제를 Hepworth와 Larsen(1986 ; 26)은 라포르 형성, 문제 확인으로 보았고, 김융일 등(1995 ; 181-190)은 문제 확인, 의뢰, 관계형성, 개입활동계약의 성립, 클라이언트의 동기화, 클라이언트의 저항감과 양가감정해소 등을 들었다. 여기서는 접수 시의 과제를 여러 학자들이 공통적으로 강조하는 문제 확인, 의뢰, 관계형성으로 나누어 살펴본다.

(1) 문제확인

가장 기초적인 개입기술은 클라이언트의 문제가 무엇인지 문제를 확인하는 것이다. 문제 확인은 우선 클라이언트가 지적하는 문제와 이와 관련해 그가 드러내는 감정에서부터 시작한다. 문제 확인은 현재 클라이언트가 문제로 호소하는 것에서 출발하게 되는데 사회복지사는 그 문제의 성격이 어떤 것인지, 그리고 그 문제가 클라이언트에게 얼마나 중요한 것인지, 무엇 때문에 이런 문제가 발생했는지 그 원인에 대한 탐색을 하게 된다. 클라이언트가 호소하는 문제 때문에 기관을 찾아온 이유가 될 수 있지만 때로는 실제 문제가 처음 찾아온 이유와 다를 수도 있다. 또한 같은 문제에 주어진 의미가 클라이언트마다 다를 수도 있다. 그러므로 사회복지사는 클라이언트의 실제 문제가 무엇인지 정확하게 판단해야 한다.

(2) 의뢰

의뢰(referral)는 클라이언트의 문제와 욕구를 기관에서 해결할 수 없을 경우 혹은 문제해결에 더 적합한 기관이 있을 경우 다른 기관으로 클라이언트를 보내는 것이다. 이때 사회복지사는 클라이언트에게 의뢰하는 기관의 서비스에 대한 정보를 제공하고 그 기관과 접촉할 수 있도록 도와주어야 한다. 그러므로 적절한 의뢰를 하기 위해서는 사회복지사가 자신의 기관뿐만 아니라 다른 기관의 강점과 약점, 정책과 자원, 접촉 가능한 담당자, 그리고 지역사회 내의 여러 자원에 대해서도 자세히 파악하고 있어야 한다.

또한 의뢰 시에는 반드시 클라이언트의 동의가 필요하므로 다른 기관에서 제공되는 서비스와 기관에 대해 클라이언트와 충분히 토론해야 되고 클라이언트가 거부감을 느끼지 않도록 정서적으로 지지해 주어야 하며 적절한 정보를 제공하여야 한다. 그리고 사후 의뢰된 기관에서 클라이언트가 서비스를 적절히 받고 있는지 반드시 확인해야 한다(양옥경 외, 2005 ; 173).

(3) 관계형성

관계형성은 기관을 찾는 클라이언트들이 일반적으로 보이는 두려움과 양가감정을 해소하기 위해 사회복지사와 상호 긍정적 친화관계, 즉 라포르를 형성하는 것이다. 라포르를 통해 클라이언트는 사회복지사가 자신을 이해하고 자신의 복지에 진심으로 관심을 가지고 있다고 느끼는 것이다(Hepworth & Larsen, 1997 ; 26). 이런 라포르가 형성됨으로써 클라이언트와 사회복지사는 원조관계에 필요한 효과적 의사소통을 할 수 있다. 따라서 사회복지사는 클라이언트를 따뜻하게 이해하고 진정으로 도우려는 의지가 있어야 하며 진실해야 한다. 이러한 관계를 통해 클라이언트는 좀더 자신의 문제를 드러내고 앞으로의 개입과정에 참여하고자 하는 동기를 가지게 된다(양옥경 외, 2005 ; 172).

2. 사정과정

1) 자료수집

자료 수집은 클라이언트의 문제를 이해하고, 분석하며, 문제를 해결하기 위하여 필요한 자료를 모으는 것을 말한다. 자료수집 및 사정이란 클라이언트의 문제에 개입하기 위하여 그 상황에 대한 사실을 수집하고 관찰하여 그 기초에 의해 클라이언트를 이해하는 과정이기 때문에 문제해결을 위해서는 필수 불가결한 과정이다.

자료수집과 사정은 원조과정 전체를 통해 계속되는 활동이지만 특히 이 과정에서 가장 집중적으로 이루어진다. 이렇게 수집된 자료를 바탕으로 사정(assessment)이 이루어지기 때문에 자료수집이 사정보다 먼저 이루어져야 할 것으로 보이지만 실제로 자료수집과 사정은 거의 동시에 이루어지므로 자료수집과 사정을 동시 발생적 활동으로 본다. 자료수집이란 말 그대로 정보(사실적 자료)를 모으는 것이기 때문에 사회복지는 자료를 수집하면서 문제를 분석하고 분석하는 과정에서 정보가 더 필요하면 필요한 정보를 더 수집해야 한다.

자료수집의 정보원은 다양하지만 가장 많이 의존하는 출처는 다음과 같다(Zastrow, 1995 ; 78 : Hepworth & Larsen, 1990 ; 196-198 : 이인정 외, 1998 ; 175-177 : 김융일 외, 1995 ; 221).

① **문제, 기분, 의견, 생각, 사건 등에 관한 클라이언트의 이야기** : 여기에는 클라이언트의 문제, 그가 느끼는 기분이나 감정, 클라이언트의 생각, 문제를 해결하기 위한 노력, 문제의 역사, 문제의 원인, 문제에 대한 클라이언트의 의견 등이 모두 포함된다. 그러나 클라이언트의 진술은 주관적 경향이 있기 때문에 본인의 편견이나 감정에 의한 왜곡이 있는지 주의해야 한다.

② **클라이언트가 작성한 가정환경서와 같은 서류** : 보통 첫 면접 이전

에 기관의 간단한 초기 면접 시에 클라이언트가 직접 이름, 성별, 나이, 직업, 주소나 전화번호, 문제, 가족구성원 등을 작성하기도 하는데 이것도 클라이언트를 이해하는 중요한 정보원이 될 수 있다.

초기 면접지

- 클라이언트의 기본정보 : 이름, 성별, 나이, 결혼관계, 주소, 전화번호, 직업 등
- 가족관계 : 동거 중인 가족을 중심으로 가족원의 이름, 나이, 직업, 교육정도, 종교 등
- 주요 문제 : 클라이언트가 사회복지사에게 도움을 청하게 된 문제가 무엇이며 언제부터 어떤 과정으로 지속되었는지에 대한 내용
- 기관에 오게 된 동기
- 의뢰이유 : 타 기관 또는 가족으로부터 의뢰된 경우, 의뢰한 이유
- 이전의 사회복지서비스 경험 : 과거에 어떤 사회복지관에 어떤 서비스를 받았는지에 대한 내용

③ **부부, 가족구성원 간의 상호작용에 의한 사회복지사의 관찰** : 클라이언트와 그의 삶에 중요한 사람들, 즉 부부나 가족구성원 간의 상호작용을 사회복지사가 관찰함으로써 많은 정보를 얻을 수 있다. 가족뿐만 아니라 필요한 경우에는 친구나 동료 간의 상호작용도 중요한 정보원이 될 수 있다.

④ **심리검사결과** : 심리검사의 결과는 심리학자에 의해 실시되는 다양한 성격검사, 지능검사 등으로부터 얻은 결과의 정보이다. 심리검사가 필요하다고 생각될 경우에는 심리학자에게 의뢰하여 얻을 수 있는데 성격과 지능 등에 관한 정보로서 MMPI, MBTI, 사회성숙도, 자아존중감, 결혼만족도, 가족관계친밀도 등이 있다.

⑤ **클라이언트의 비언어적 행동에 관한 사회복지사의 관찰** : 클라이언트의 언어적 표현뿐만 아니라 비언어적 행동, 즉 몸짓, 얼굴표정, 어조, 눈빛, 손과 팔 등의 몸동작, 옷차림과 외모 등은 경우에 따라 클라이언트의 감정과 사고를 더 정확하게 판단할 수 있기 때문에 사회복지사는

세밀하게 관찰하고 클라이언트의 비언어적 행동까지도 읽을 수 있는 능력을 갖추어야 한다.

⑥ **친척, 친구, 선생님 등 관련된 사람들에게서 수집되는 정보** : 클라이언트의 친척이나 가족, 이웃, 친구, 직장동료나 상사, 학교 선생님 등으로부터 얻게 되는 정보가 귀중한 정보원이 될 수 있다. 이러한 정보를 얻을 때에는 클라이언트의 동의를 얻어야 한다. 때로는 정보를 얻는 과정에서 상반되는 정보를 얻을 수 있으므로 사회복지사는 얻어진 정보들이 일관성이 있는지에 대해 주목할 필요가 있다.

⑦ **클라이언트에 대한 사회복지사의 개인적 경험** : 클라이언트와 사회복지사가 상호작용하는 패턴을 보면 클라이언트가 다른 사람들과 어떻게 상호작용하는지 상호작용의 유형을 짐작할 수 있게 해 줄 뿐만 아니라 문제행동을 이해하는 데 실마리를 제공한다. 사회복지사는 클라이언트와 상호작용하는 과정에서 자신이 느끼는 감정이 다른 사람에게도 비슷할 것이라는 생각을 하게 되고 사회복지사의 이러한 감정이 결국은 문제행동에 대한 중요한 정보를 제공할 수 있다는 것이다.

2) 사정

자료수집이 끝나면 수집된 자료에 기초하여 사정(assessment)을 하게 된다. 사정은 문제가 무엇인지, 어떤 원인 때문인지 그리고 그 문제를 해결하거나 줄이기 위해 무엇이 변화되어야 하는지에 대해 답하는 사회복지실천과정의 핵심적 단계이다. 과거 전통적 사회사업에서는 '진단(diagnosis)'이라고도 했으나 진단이라는 용어는 의료 모델에서 나온 것으로 개인이나 가족, 집단에게 질병이나 역기능적 문제가 있는 것으로 보고 주로 '무엇이 잘못 되었는가'에 초점을 두는 것이다. 그러나 사회복지실천과정에서는 '무엇이 잘못 되었는가'에만 초점을 두는 것이 아니라 그들의 자원, 동기, 장점, 능력들을 모두 보기 때문에 '진단'보다는 '사정'이라는 용어를 더 많이 사용하고 이에 많은 학자와 실무자들이 동의하고 있다(양옥경 외, 2005 ; 178-179).

사회복지사가 사정과정에서 찾으려는 것은 다음과 같은 질문에 대한 해답이다(엄명용 외, 2006 ; 269-270).

- 클라이언트는 어떤 사람인가?
- 클라이언트는 자기문제를 무엇이라고 생각하는가?
- 문제는 얼마나 오래 지속되어 왔는가?
- 클라이언트는 그간 문제해결을 위해 어떤 노력들을 해 왔으며 효과가 있었는가?
- 어떤 사람들이 관련되어 있으며 어떤 집단이나 사람들이 영향을 받는가?
- 클라이언트에게 영향을 줄 수 있는 주요한 타자들은 누구인가?
- 클라이언트는 문제를 해결하고자 동기화되어 있는가?
- 클라이언트의 강점(strength)과 약점은 무엇인가?

3) 사정내용

(1) 클라이언트의 자원에 대한 사정

클라이언트의 자원에 대한 사정은 그의 문제해결능력, 필요한 자원과 한계, 성격 등의 측면에서 이루어지며 특히 강조되는 것은 클라이언트가 보유하고 있는 자원에 대한 사정이다. 클라이언트의 자원에 대해서는 다음과 같이 분류하고 있다(Kirst-Ashman & Hull, 1993 ; 156-158 : 김융일 외, 1995 ; 227-228).

- 교육정도와 취업 경험 : 클라이언트의 문제가 실업이거나 경제적 문제인 경우에는 특히 이 부분에 대한 사정이 중요하다. 취업에 필요한 교육배경, 기술, 경력 등에 대한 사정이 주요 내용이다.
- 문제해결능력과 의사결정 능력 : 클라이언트가 과거에 어려운 문제를 해결해 본 경험, 현재의 문제와 유사한 문제해결에 동원되었던 방법, 이 방법의 재적용의 가능성 타진 등에 대한 사정은 현재의 문제를 해결하는 데 더 중요한 단서를 제공한다.
- 개인적 자질과 성격 : 클라이언트의 대인관계, 긍정적 자질과 성격,

신체적 측면, 지적 능력, 상담에 임하는 태도, 약속시간 지키기 등은 매우 중요한 정보가 된다. 클라이언트의 자원이라고 할 때 이 부분이 차지하는 비중이 가장 크다.

- 물리적 · 재정적 자원 소유 : 주택, 자동차, 저축 등에 대한 조사는 클라이언트의 문제해결에 긴요한 자원으로서 반드시 평가되어야 한다.
- 문제해결에 대한 동기와 의지 : 문제 해결에 대한 클라이언트의 의지와 동기, 변화에 대한 긍정적이며 적극적인 자세 등은 원조과정에 의미가 큰 자원이다.

(2) 환경적 측면에 대한 사정

클라이언트의 문제에 영향을 미치는 환경에 대한 사정은 주요한 사정과정 중의 하나로서 개인에 대한 환경의 적절함과 부적합, 긍정적 측면과 취약함 등이 사정의 내용이 된다. 이러한 환경에는 부부관계와 가족은 물론 친구, 친척, 이웃 등을 포함하는 사회자원체계들이 이에 속하고 그 외 탁아, 건강서비스, 취업구조, 행정조직 등도 포함된다(김융일 외, 1995 ; 228).

(3) 클라이언트의 정서, 심리상태에 대한 사정

클라이언트의 심리상태는 지능, 동기화, 대처행동의 유형, 자기개념, 불안이나 우울의 정도, 일반적 인성의 통합 등을 표준화된 심리검사를 통해 파악할 수 있다. 예를 들어, MMPI(The Minnesota Multiphasic Personality Inventory)는 가장 많이 사용되는 객관적 성격검사라 할 수 있는데, '예, 아니요, 모르겠다'로 응답하는 567개의 자기기술적 문장으로 구성되어 있다. 이 외에도 아동과 성인의 지능검사, 인지적 지체검사 등이 사용된다.

그러나 이러한 검사를 사회복지사가 다 완벽하게 알아야 하는 것은 아니다. 심리상태에 대한 검사가 필요하다는 사실을 인지한다면 심리학자에게 의뢰할 수 있기 때문이다. 클라이언트의 정신장애와 관련해서도 마찬가지다. 사회복지사가 정신장애가 있는 클라이언트를 만나게 되면 그를 정신과적 치료에 신속히 의뢰하는 것이 가장 중요하다. 그러기 위해서는 정신질환의 증상을 인식할 수 있어야 하는데, Daiches(1983, Sheafor et al., 1997 재인용)는 정신적 상태를 사정하는 데 고려해야 할 범주로 일반적 외모와 태도, 행동, 시간과 공간의 지향, 기억, 감각, 지적 기능수행, 기분과 정서, 지각의 왜곡, 사고내용, 통찰, 판단의 11가지를 지적하고 있다.

(4) 클라이언트의 역할수행의 문제에 대한 사정

역할수행과 관련되어 파생하는 문제는 자신이 수행하는 역할과 외부에서 기대하는 역할 간의 심각한 괴리로 인해 발생하며 역할상의 문제는 역할이론(role theory)을 적용하여 평가할 수 있다.

(5) 자아방어기제에 대한 사정

클라이언트에 대한 사정에서 그가 사용하는 자아방어기제(self defense mechanism)를 분석해 보는 것은 원조과정에서의 갈등상황과 개입전략에 대해 클라이언트가 보이게 될 반응을 예견할 수 있는 좋은 평가방법이다. 방어기제란 정신분석이론에 근거를 둔 것으로서 현실적으로 다룰 수 없는 불안이나 죄의식으로부터 자신을 보호하기 위해 고안된 무의식적 전략이다(장인협 감역 · 김인숙 외 공역, 1992 ; 105). 자아방어기제의 사용은 개인의 현실인식능력과 대인관계능력을 손상시키고 현실적 문제해결에 장애가 되므로 높은 수준의 자아방어와 현실왜곡은 문제가 있는 성격이다(김융일 외, 1995 ; 236).

클라이언트의 방어기제를 평가하고 이에 대한 반응을 할 때 사회복지사가 지켜야 할 지침은 다음과 같다(김융일 외, 1995 ; 238).

첫째, 방어기제의 다양한 용어는 문제의 행동을 간결하게 기술하고자 사용하는 것이지 그것 자체가 클라이언트의 행동을 설명해 주는 것은 아니다. 그러므로 사회복지사는 클라이언트의 욕구불만, 개인적 고통 등을 방어기제에 의존할 수밖에 없었던 행동의 이면을 이해해야 한다.

둘째, 방어기제도 학습되는 것이어서 클라이언트는 과거에 의존했던 기제에 자주 의존하는 경향이 있다. 따라서 사회복지사는 클라이언트가 과거에 사용했던 방어기제의 평가를 통해 그가 사용할 방어기제를 예측해 볼 수 있다.

셋째, 두려움과 불안이 크면 사람들은 더욱 강하게 방어기제에 의존하는 경향이 있다. 그러므로 클라이언트의 견고한 방어기제를 해결할 수 있는 유일한 방법은 사회복지사가 클라이언트와 감정이입적 · 온정적 · 신뢰적 관계를 수립하여 안도감과 편안함을 느끼게 하는 것이다.

(6) 가족에 대한 사정

가족은 개인의 심리 정서적 안녕에 큰 영향을 미치기 때문에 가족의 여러 측면을 평가해야 한다(김융일 외, 1995 ; 245).

첫째, 가족의 의사소통, 즉 가족구성원 사이에 이루어지는 감정과 생각의 상호 교환에 대해 평가한다.

둘째, 가족구조에 대한 평가로 가족구성원 간의 경계, 하위체계를 포함한 체계로서 가족의 기능, 구성원의 행동을 규제하는 가족규범, 구성원의 역할, 가족 내 권력의 균형, 가족내력이 현재의 가족에 미치는 영향 등이다.

셋째, 출산, 죽음, 결혼 등에 가족주기에 따른 전환이 어떻게 적응했는지에 대한 평가이다.

넷째, 가족불화, 부모-자녀 간의 관계 문제, 구성원 개인의 문제 등 가족갈등의 주요 문제를 평가한다.

4) 사정에 유용한 도구

(1) 가계도

가계도(genogram)는 2~3세대에 걸친 가족관계를 도표로 제시함으로써 현재 제시된 문제의 근원을 찾는 것으로 항상 사회복지사와 클라이언트가 함께 작성해야 한다(Zastrow, 1995 ; 227). 가계도는 각 가족구성원이 한 세대에서 다음 세대까지 생물학적, 법적 그리고 정서적으로 어떻게 관련되어 있는지를 도표로 묘사하는 것(김유순·이영분 역, 1992 ; 129)으로 가족 스스로가 세대 간 반복되는 관계유형을 찾고 그것에 대한 통찰력을 갖도록 하는 데 매우 유용한 도구이다(양옥경 외, 2005 ; 190). 즉, 가계도란 3세대 이상에 걸쳐 가족구조를 도식화하여 구성원에 대한 정보를 기록하고 그들 간의 관계를 기술한 것으로서 가족을 평가하는 과정에서 가장 먼저 이루어지는 작업이다(김유순·이영분 역, 1992 ; 129).

3. 계획과정

1) 목표설정

목표는 목적을 세분화한 것으로 단기적이며 구체적이라는 점에서 목적과 구별된다. 사회복지실천과정에서 목적은 클라이언트의 '복지'나 '삶의 질 향상'이라고 할 수 있고, 이러한 목적은 단기적 개입목표들이 달성됨으로써 이루어질 수 있다. 목표는 앞 절의 사정과정에서 문제와 욕구를 정의하고 문제에 영향을 미치는 요인을 분석한 것을 근거로 설정되는 것이다.

사회복지실천과정에서 목표설정이 중요한 이유는 사회복지사와 클라이언트에게 개입과정의 방향을 명확하게 제시하여 방황 없이 진행할 수 있도록 도와주고 개입이 끝난 후에도 그 결과를 효과적으로 평가해 줄 수 있기 때문이다.

목표는 '문제가 해결된 상태' 또는 '개입을 통해서 일어나기를 바라는 변화'를 의미한다. 바람직하다고 생각하는 변화에 대해 무엇을 목표로 한 것인가에 대해서는 사회복지사와 클라이언트가 함께 합의해야 한다. 만약 두 사람의 관점이 일치되지 않으면 합의될 때까지 기다려야 한다(Compton & Galaway, 1994 ; 398 : 양옥경 외, 2005 ; 196).

Hepworth와 Larsen은 목표의 선정지침으로 몇 가지를 제안하였는데, 그 내용을 살펴보면 다음과 같다(엄명용 외, 2006 ; 283). 첫째, 목표는 클라이언트가 희망하는 결과와 관련이 있어야 동기부여가 가능하다. 둘째, 목표는 명시적이며 측정 가능한 형태여야 하고 달성 가능한 것이어서 클라이언트가 성취감을 느낄 수 있어야 한다. 셋째, 사회복지사의 지식과 기술에 상응해야 하고 사회복지사의 가치나 권리를 크게 위배하지 않아야 한다. 넷째, 성장을 강조하는 긍정적 형태로 기술되어야 하고, 다섯째, 기관의 기능과 일치해야 한다.

이는 또 SMART형식으로 축약되어 설명되기도 한다. 즉, ① 구체성(specific), ② 측정가능성(measurable), ③ 성취가능성(achievable), ④ 현실성(realistic), ⑤ 시기적절성(timely)의 다섯 가지가 고려되어야 한다는 것이다.

Hepworth와 Larsen의 지침을 양옥경 등은 다음과 같이 기술하고 있다(Hepworth & Larsen, 1986 ; 302-307 : 양옥경 외, 2005 ; 197-199).

① 목표는 반드시 클라이언트가 바라는 바와 연결되어야 한다.
② 목표는 명백하게 측정 가능한 형태로 진술되어야 한다.
③ 목표는 달성 가능해야 한다.
④ 목표는 사회복지사의 지식과 기술에 상응하는 것이어야 한다.
⑤ 목표는 성장을 강조하는 긍정적 형태여야 한다.
⑥ 목표가 사회복지사의 중요한 권리나 가치에 맞지 않는다면 동의하지 않아야 한다.
⑦ 목표는 반드시 기관의 기능과 일치해야 한다.

2) 계약

목표가 설정되면 서로의 의무와 과업, 구체적 실천활동을 상호 약속하는 계약단계로 들어간다. 계약을 중시하는 것은 개입활동의 성공여부는 클라이언트가 자기가 해야 할 일과 역할을 분명하게 인식하고 적극적 참여가 요구된다는 사실을 인정하는 데 달려 있다고 해도 과언이 아니기 때문이다. 계약은 동시에 클라이언트로 하여금 문제해결과정에서 자신이 수동적 존재가 아니라 중심적 역할을 하며 사회복지사와 동등한 인격으로 대우받는다는 사실을 일깨워 줄 수 있다. 결국 사회복지 실천은 사회복지사와 클라이언트 사이의 일종의 계약관계인 것이다.

계약은 사회복지사와 클라이언트가 이해한 내용의 본질을 간결히 재검토하는 것으로서 대개 계약당사자 및 관련된 주요 인물의 역할, 문제 리스트와 목표의 우선순위, 최종목표, 사회복지사와 클라이언트의 과업과 책임, 개입방법과 개입의 몇 가지 구조적 요인(장소, 기간) 및 평가방법으로 구성된다(엄명용 외, 2006 ; 284). 계약서에 포함할 내용을 정리하면 〈표 5-1〉과 같다.

〈표 5-1〉 계약서에 포함될 내용

포함 사항	구체적 내용
1. 구조적 요인	· 사례번호, 참석자 · 날짜, 시간 · 장소
2. 문제	· 클라이언트가 규정한 문제 · 사회복지사가 규정한 문제 · 개입활동을 위한 합의된 문제 개요 · 최종목표
3. 최종목표	· 명확하고도 구체적으로, 목표달성정도가 측정될 수 있도록 기술
4. 계획	· 접근방법 · 클라이언트의 과제 · 사회복지사의 과제 · 세션 내의 과제 · 평가계획(목표와 과정에 대한 평가)
5. 비용	· 합의된 목표를 달성하기 위하여 사용될 비용
6. 서명날인	· 사회복지사 서명날인 · 클라이언트 서명날인

4. 변화과정

1) 개입목표와 과업

(1) 개입목표

개입은 문제해결을 위해 목표를 달성하려는 전문적 활동이다. Hamilton(1951)은 클라이언트의 기능을 회복시키고 개선시키는 것이 개입의 목표라고 하였다. 이 단계의 목표는 다음과 같다(엄명용 외, 2006 ; 286).

첫째, 문제해결을 위한 구체적 변화전략의 수립

둘째, 개입, 원조, 교육, 동기유발, 자원연결, 행동변화 등을 통한 변화의 창출

셋째, 지속적 점검(monitoring)을 통한 변화정도의 유지와 평가

사회복지사가 개입을 수행하는 특정한 상황에서 반드시 염두에 두어야 할 원칙은 다음과 같다(Johnson, 1982 ; 엄명용 외, 2006 ; 287).

첫째, 경제성의 원칙 : 선택 된 활동은 사회복지사와 클라이언트의 시간과 비용을 최소화할 수 있는 것이어야 한다. 클라이언트가 스스로 할 수 있는 일은 사회복지사가 관여하지 말아야 하며 도움이 필요한 일에는 요구되는 도움만을 제공하고, 클라이언트가 혼자서 할 수 없는 일만 사회복지사가 한다.

둘째, 클라이언트의 자기결정의 원칙 : 개입의 전 과정을 통해 가능하면 클라이언트가 스스로 의사결정을 하도록 해야 한다.

셋째, 개별화의 원칙 : 도움을 필요로 하는 특정 클라이언트체계의 특성과 욕구에 맞도록 개입활동을 조정해야 하는데, 클라이언트의 능력과 상황에 맞는 접근이 필요하다.

넷째, 발달적합의 원칙 : 개입의 전체방향은 클라이언트체계의 발달적 단계에 적합한 것이어야 한다.

다섯째, 상호 의존성의 원칙 : 사회복지사 활동의 일부는 클라이언트의 활동에 달려 있다. 클라이언트의 활동과 클라이언트의 변화능력을 고려한 후 개입이 출발되어야 한다. 사회복지사와 클라이언트의 활동은 서로에게 의존하고 있으므로 양측의 활동은 상호 보완적이어야 한다.

여섯째, 서비스 목표에 초점의 원칙 : 사회복지사와 클라이언트의 모든 활동은 어떤 식으로든 두 사람의 합의한 계획의 목표에 부합되어야 한다.

(2) 사회복지사의 과업

수행과정에서 사회복지사의 역할은 매우 다양하다. Compton과 Galaway(1984)는 사회복지사가 개입을 할 때의 개입역할을 중개자(broker), 조력자(helper), 교사(teacher), 중개자(mediator) 및 옹호자(advocate)의 다섯 가지로 분류하였다(엄명용 외, 2006 ; 287 : Compton & Galaway, 1984 ; 427-436 : 김융일 외, 1995 ; 261-262).

- 중개자(broker) : 중개자란 클라이언트와 서비스나 자원을 연결해 주는 역할로서 사회복지사는 지역사회의 기관과 자원에 대한 충분한 정보와 지식을 가지고 있어야 한다.
- 조력자(helper) : 조력자의 역할은 클라이언트가 자기 스스로 문제를 해결할 수 있는 능력을 기르고 필요한 자원을 찾아낼 수 있도록 돕는 것을 의미한다.
- 교사(teacher) : 교사의 역할은 클라이언트에게 새로운 정보나 지식, 그리고 기술을 배울 수 있도록 도와주고 직접 가르치기도 하는 역할이다.
- 중재자(mediator) : 중재자의 역할은 양자 간의 논쟁이나 갈등을 일으키고 있는 클라이언트에게 개입하며 타협 또는 외부체계를 조정하여 상호 만족스러운 합의에 도달하도록 하는 것이다.
- 옹호자(advocate) : 옹호자의 역할은 클라이언트를 대신해서 클라이언트의 이익을 대변해 주는 역할로서 논쟁, 타협, 투쟁 등을 통해 클라이언트의 이익과 권리를 보호하려는 것이다.

2) 개입기술

(1) 직접적 개입

직접적 개입은 클라이언트의 심리적·내적 측면의 욕구나 문제 등에 초점을 두며, 중재를 통하여 클라이언트가 생활에서 필요한 대처능력을 향상시키는 데 목적이 있다. 문제되는 상황이 어떤 것이든 긍정적이고 효과적인 방법으로 대응할 수 있도록 클라이언트의 감정, 주관적 사실, 사고와 행동방식에 초점을 두어 장애가 되는 태도와 행동, 그리고 인간관계의 왜곡을 수정하려고 하는 것이다(전재일 외, 2004 : 316).

(2) 간접적 개입

간접적 개입이란 사회복지사가 목표달성을 위하여 사회복지사와 상호작용할 계획에 합의하지 않은 체계에서 변화를 일으키는 행동에 개입하는 것이다. 간접적 개입은 표적체계에서 변화를 일으키기 위하여 취해지는 사회복지사의 활동이다. 사회복지사는 목표달성에 필요하다고 믿을 때만이 이러한 행동을 수행한다.

클라이언트의 변화를 위해 사회복지사가 행하는 환경에 대한 개입활동은 첫째, 서비스 조정에 관련된 활동, 둘째, 프로그램 계획과 개발을 위한 활동, 셋째, 환경조작(environment manipulation), 넷째, 옹호(advocacy)활동으로 나눌 수 있다(엄명용 외, 2006 : 299).

3) 점검

변화과정에서 해야 할 또 다른 활동은 개입활동의 전개과정이 설정된 목표에 비추어 볼 때 올바른 것인지 여부를 점검(monitoring)하는 것이다. 개입의 초기단계에서 맺은 계약은 문제의 우선순위와 목표, 그리고 사회복지사와 클라이언트의 개입활동의 구체적 내용을 포함하고 있다. 그러나 이러한 계약의 내용은 개입활동이 진전되는 과정에서 클라이언트 자신이나 주변 환경의 변화에 따라 달라질 수 있는데, 이러한 변화를 감지하고 적절히 대처하기 위해서는 진전과정에 대한 끊임없는 점검과 지속적 평가가 요구된다(엄명용 외, 2006 ; 302). 점검을 하는 목적에 대해 Hepworth와 Larsen(1990)은 다음과 같이 기술하고 있다.

첫째, 점검은 개입전략의 효과성을 평가하기 위한 것으로, 만약 개입결과 예상한 효과가 나타나지 않는다면 사회복지사는 그 원인을 찾아내어 제거하거나 대안을 강구해야 한다.

둘째, 점검은 개입전략의 효율성을 평가하기 위한 것으로 목표를 달성하려는 클라이언트의 노력을 평가하여 개입활동의 초점을 지속시켜야 한다.

셋째, 점검은 개입의 진전과정에 있을 수 있는 장애요인을 발견하여 대처하기 위한 것으로 점검을 통해 클라이언트의 반응을 평가하여 진전이 부진할 때 클라이언트가 보이는 부정적 태도와 정서에 즉각적으로 대처해야 한다.

넷째, 점검을 통해 개입의 효과를 지속적으로 평가하여 원조과정에 대한 클라이언트의 동기와 자신감을 고양시킨다.

결론적으로 점검은 이미 수립된 개입계획이 차질 없이 수행되도록 하는 것인 동시에 변화나 문제가 생기면 이를 클라이언트의 최선의 이익이라는 원칙하에 계획을 수정할 수 있는 융통성을 발휘하기 위한 것이라고 할 수 있다(엄명용 외, 2006 ; 302-303).

5. 종결과정

1) 종결

종결은 사회복지사의 개입활동을 계획에 따라 마무리하는 것이다. 일반적으로 종결은 계획된 개입기간이 종료되었거나 목적이 달성되었을 때 일어난다. 따라서 종결은 사회복지사의 개입결과를 정리하고 영향력을 거두는 과정으로 이제부터 클라이언트는 스스로 문제에 대처하게 되었다는 예고이기도 하다. 때문에 클라이언트는 불안과 긴장을 느낄 수도 있고 사회복지사의 관계를 종결하는 것에 대한 혼합된 감정을 경험하게 된다. 따라서 개입을 성공적으로 마무리하려면 클라이언트가 긍정적 성과를 얻게 한 다음, 돕는 관계가 원활하고 만족스럽게 끝나도록 해야 하는데 여기에는 상당한 기술과 신중한 계획이 필요하다(엄명용 외, 2006 ; 304).

(1) 시기상조의 클라이언트의 일방적 종결

시기상조의 클라이언트의 일방적 종결은 클라이언트가 약속시간에 나타나지 않거나 여러 가지 피상적 이유를 제시하면서 문제를 더 이상 논의하지 않으려 할 때 종결하게 되는 것을 말한다. 시기상조의 일방적 종결은 종종 클라이언트의 해소되지 않은 저항감의 표현일 때가 있기 때문에 이런 경우에는 종결 전에 저항감을 반드시 해소하는 것이 필요하다. 어떤 클라이언트는 그들의 종결결정을 다른 요인들의 탓으로 돌려 더 이상 원조를 필요로 하지 않는다는 등의 이유로 종결을 요구한다. 그러나 사회복지사는 그들의 문제가 시기상조의 종결 이후에 오히려 악화될 수도 있다는 것을 인식해야 한다.

(2) 시간적 제약에 의해 일정기간만 제공되는 계획적 종결

시간적 제약에 의해 정해진 기간만 제공되는 계획된 종결에는 학기 중에만 서비스를 제공하는 학교 프로그램, 입원기간에만 제공되는 병원 서비스, 실습기간에만 사례를 다루는 실습생의 경우가 포함된다. 이러한 종결은 미리 알려진 것이므로 클라이언트 입장에서는 갑작스럽게 종결을 맞는 것보다 충격이 적고 그에 대한 대비를 할 수 있어 종결에 따른 감정을 해소할 충분한 시간을 갖게 된다. 종결일을 미리 아는 것은 이별에 대한 감정을 해결할 수 있는 충분한 시간을 줄 수 있지만 기관기능에 관련된 시간제약으로 결정되는 종결은 클라이언트의 문제가 정해진 시기에 적절하게 해결되지 않을 수도 있다. 학기나 훈련기간이 끝나서 종결해야 하는 또 다른 어려움은 그와 같은 종결이 사회복지사가 의도적으로 부과하는 시간제한만큼 긍정적 성과기대를 주지 못할 수도 있다는 것이다.

(3) 시간제한이 있는 계획적 종결

시간제한적 방식에 의한 계획적 종결은 초기부터 사회복지사와 클라이언트가 개입의 시간을 미리 제한하고 시작하는 것이다. 시간제한은 미리 정해지기 때문에 종결과정에 강력한 영향을 준다. 처음부터 종결시간을 안다는 것은 정서적 집착과 의존성의 정도를 제한함으로써 종결에 따르는 클라이언트의 상실감을 줄여 준다. 시간제한이 있는 유형에서는 일반적으로 이별에 대한 정서적 반응이 시간제한이 없는 종결의 유형에서보다 훨씬 덜 강렬한 경향이 있지만 여기서도 애착형성과 상실경험이 있기 때문에 사회복지사는 종결에 대한 반응에 민감해야 한다.

(4) 시간제한이 없는 계획적 종결

시간제한이 없는 방식에 의한 계획적 종결에서는 언제 종결할 것인지를 결정하는 것이 중요하다. 일반적으로 사회복지사와의 만남을 통해 클라이언트가 이득체감의 시점에 도달했을 때, 즉 세션으로부터 얻는 이득이 점차로 줄어드는 때에 종결하는 것이 적절하다.

클라이언트가 일이 꽤 오랫동안 잘되어 가고 있으며, 중단하는 것에 대해 생각해 왔다고 말한다면 사회복지사는 클라이언트가 가까운 장래에 종결을 할 준비가 되어 있다는 사실을 인정하고 이를 반영할 수 있다. 클라이언트가 이 사실을 확인한다면 함께 종결계획을 짜기 시작하고 제안하는 것이 적절하다.

(5) 사회복지사의 이동에 의해 재촉된 종결

사회복지사의 이동에 의한 종결은 클라이언트와 사회복지사 모두에게 어렵다. 왜냐하면 많은 클라이언트들이 계속해서 원조를 요구하기 때문이다. 과거에 부모나 중요한 사람들로부터 거부되거나 버려진 클라이언트는 특히 상처를 받기 쉽고 자존심에 손상을 입는 경험을 할 수 있다. 사회복지사가 떠남으로 인해 서비스가 종결될 경우에는 시간이 허락하는 한도 내에서 클라이언트로 하여금 그들의 정서를 극복해 내도록 원조하고, 다른 사회복지사에게 의뢰하는 것을 수용할 수 있도록 준비시킨다.

2) 평가

평가란 개입의 효과성과 효율성을 측정하는 것이다. 효과성은 목표달성여부를 말하고, 효율성은 투입된 비용(시간, 노력, 금전적 비용)과 산출된 성과 간의 비율을 말하는 것이다(김융일 외, 1995 ; 281). 평가란 무엇이 클라이언트에게 도움이 되었고, 어떤 것들이 달리 진행되었어야 했는지를 말해 준다. 사회복지실천에서 클라이언트와 사회복지사 및 기관에 최대한의 정보를 제공할 수 있는 한 가지 방법은 개입계획을 세울 때 평가계획을 미리 고려하는 것이다.

평가는 평가의 내용에 따라 여러 가지 유형으로 나눌 수 있다. 하나는 총괄평가(summative evaluation)이고, 다른 하나는 형성평가(formative evaluation)이다. 총괄평가가 개입의 결과, 즉 전반적 효과성 및 효율성에 대한 것이라면 형성평가는 개입의 과정을 보는 것이다. 사회복지실천에서는 총괄평가도 중요하지만 형성평가도 중요하다. 왜냐하면 사회복지실천은 목적달성만이 중요한 것이 아니라 목적을 달성하기 위해 취한 방법이 얼마나 적합한 것인지도 중요하기 때문이다(엄명용 외, 2006 ; 313).

제 4 절 사회복지실천의 방법

1. 개인수준의 실천

1) 개별사회사업의 정의

개인수준의 실천은 '개별사회사업(case work)'이라 하며, 사회복지사와 클라이언트의 일대일의 관계로 전개되는 실천과정이다. 개별사회사업에서 '사례(case)'는 각 개인이 가진 개별적이고 특수한 문제를 지칭하는 말이고, 클라이언트(client)는 문제를 가지고 있어서 전문적 도움을 필요로 하고 있는 사람을 말한다. 사회복지사가 대상으로 하는 문제는 사회문제와 관련된 관계에서 클라이언트가 갖고 있는 구체적·현실적 생활상의 기능장애이므로 개별사회사업은 "사회 환경과의 조정을 필요로 하는 클라이언트의 문제를 사회적 측면에서 다루고 이것을 각 클라이언트의 조건이나 사정에 따라 개별적으로 다루어 그 적응에 도움을 주는 일련의 과정"이라고 할 수 있다(전재일 외, 2004 ; 228).

개별사회사업에 대한 학자들의 정의를 살펴보면 우선 Richmond(1922 ; 98)는 "개별사회사업이란 개별적, 의식적으로 개인과 그의 사회 환경 간의 조정을 통하여 그 사람의 인격(personality)을 발달시키는 과정"이라고 하였다. Richmond는 사회복지사가 클라이언트에게 사용하는 방법이 누가 보아도 과학적으로 증명될 수 있는 전문적 기술을 포함한 실천방법이 되길 원하였기 때문에 직접적 실천경험과 인접과학의 지원을 받으면서 개별사회사업이 발전되어 왔다. 『사회진단』(Richmond, 1917)에서는 개별사회사업 실제에 관한 지식을 체계화하고 클라이언트가 갖고 있는 문제에 대한 조사와 조직적 접근을 시도하여 개별사회사업을 명확히 하고자 하였다. Richmond(1917)의 정의를 통하여 개별사회사업의 기본적 조건을 다음의 네 가지로 정리해 볼 수 있다(전재일 외, 2004 : 229).

① 개인과 그가 속한 사회 환경 간의 조정이다.

② 개별적으로 행해지는 조정이다.

③ 개별사회사업과정은 결과를 전망하여 행해지는 의식적 조정이다.

④ 개별사회사업의 궁극적 목표는 인격(personality)의 발달이다.

Bower의 정의를 보면 "개별사회사업이란 클라이언트와 그가 속한 환경의 전체 또는 일부분에서 보다 나은 적응을 해 나가도록 개인이 가진 능력과 지역사회의 자원을 적절히 동원하기 위하여 인간관계학의 지식과 대인관계의 기술을 활용하는 예술"이라고 하였다(Bowers, 1949 : 전재일 외, 2004 : 230).

Perlman의 정의를 보면 "개별사회사업이란 개인이 사회인으로서의 기능을 수행함에 수반되는 여러 가지 문제를 보다 효과적으로 해결하기 위해 복지관(human welfare agency)에서 활용하는 과정"으로 정의하고 있다(Perlman, 1957). Perlman은 진단주의 학파의 입장과 기능주의 학파의 견해를 모두 받아들여(진단주의에서 중시하던 심리학이나 Freud의 정신분석이론 중심의 정신의학, 성격발달과 Rank의 이론을 바탕으로 한 기능주의의 창조적 자아와 개인의 능력을 인정하여 개인적 성장을 돕는) 개별사회사업은 치료과정이 아니고 기관(agency)의 기능에 따른 사회복지사와 클라이언트의 역할관계를 통해 전개되는 문제해결과정이라는 입장을 취하고 있다(전재일 외, 2004 : 231).

앞의 학자들의 정의를 종합해 보면 개별사회사업은 다음과 같은 일반적 특징을 가진다고 볼 수 있다(전재일 외, 2004 : 232).

① 개별사회사업의 대상은 문제를 가진 개인이다.

② 개별사회사업의 주체는 문제에 대한 과학적 지식과 전문적 기술을 가진 전문가이다.

③ 그 방법은 대상에 따라 달라지는 개별적(case by case)인 것이다.

④ 개별사회사업은 성격의 성장, 발달과 환경에의 적응을 다루는 의

식적 노력이다.

⑤ 개별사회사업은 사회복지사와 클라이언트 간의 인간관계를 중요시하는 협동적 활동이다.

⑥ 개별사회사업은 과정(process)이며 예술이다.

⑦ 예방보다는 치료적 입장에서 문제해결 및 재조정을 중요시한다.

⑧ 개인과 그의 사회 환경과의 상호작용을 중요시하는 개인의 내면강화와 환경조정을 한다.

⑨ 클라이언트의 주체성을 인정한 측면적 도움이다.

⑩ 기관의 기능을 중시한다.

2) 개별사회사업의 목적

개별사회사업은 일 대 일 관계를 기반으로 개인적이고 사회적인 문제들을 해결할 수 있도록 돕는 데 그 목적이 있다. 개별사회사업에는 개인이 사회에 적응할 수 있도록 돕는 것과 개인의 특수한 욕구에 따라 사회적 서비스를 받을 수 있도록 돕는 것이 모두 포함된다(Zastrow, 1989 ; 399-410 : 양옥경 외, 2005 ; 207). 여러 학자들의 정의에 따라 목적을 분석하면 "개인의 사회관계에 있어서 보다 나은 적응과 개인의 성격발달", "개인에게 있어서 중요한 변화, 즉 현실적 한계와 가능한 자원을 고려하고 개인과 개인의 상황에 있는 역량을 이용하는 변화"를 들고 있다. 요약하면 개별사회사업의 목적으로서 일반적 경향은 사회적 관계의 적응이라는 관점에서, 또 개인과 환경 전체 간의 적응이라는 관점에서 성격의 발달이라고 인식되어 왔으나, 이것은 개별사회사업활동의 범위 내에서 완전히 달성되지 못하는 부수적 목적으로서 인정되는 것이다.

개별사회사업 고유의 본질적 목적은 대개 부수적 목적, 즉 "개인과 그의 환경 전체의 전부 또는 일부와의 보다 나은 또는 좋은 조화로운 적응"에 대해 바람직한 개인의 능력이나 지역사회의 자원을 활용할 수 있게 하는 것이다(전재일 외, 2004 ; 233-235).

3) 개별사회사업의 구성요소

개별사회사업의 구성요소를 통해서 그 개념을 명백히 하려고 시도한 대표적인 학자는 Perlman이다. Perlman에 의하면 개별사회사업은 복잡성, 역동성 및 발전성을 가진 현상이고 또 "개별사회사업은 그것이 생명원으로 하고 있는 다양한 지식, 주입하고 있는 윤리적 위탁, 실천을 가능케 하는 기술 등에 의해 복잡하게 된다. 그리고 개별사회사업은 경험하고, 실천하고 또 검토하는 하나의 생활사건이다. 그러므로 개별사회사업을 하나의 정의로 설명한다는 것은 거의 불가능한 일이다"라고 전제하고 있다. Perlman은 이처럼 복잡한 개별사회사업 실제의 내용과 특성을 명확히 하기 위해 "개별사회사업은 문제(Problem)를 가진 사람(Person)이 일정 장소(Place)에 오는데, 이곳에서는 전문적 대리인이 주어진 과정(Process)을 통해 그를 돕는다(A person with a problem comes to a place where certain representaties help him by a given process)"고 하면서 기본적 구성요소로서 4P(Person, Problem, Place, Process)를 들어 개별사회사업을 고찰하는 단서를 제시하였다(전재일 외, 2004 ; 236). Perlman이 말한 구성요소는 다음과 같다(전재일 외, 2004 ; 237-239).

(1) 사람

여기서의 사람(Person)은 일상생활의 사회적 측면이나 정서적 측면에 있어서 도움을 요하는 개인을 가리키며, 이 같은 사람을 개별사회사업에 있어서는 클라이언트라 부른다. 진단학파의 이론을 적용하여 클라이언트와 그 가족을 분석하였고 '상황 속의 인간'의 중요성을 강조하여 개인에 관한 것뿐만 아니라 사회상황과 인간의 상호 교류 전체를 파악한다.

클라이언트라는 말은 물론 어떤 도움을 필요로 하는 사람이기는 하나 보다 정확하게 개별사회사업관계가 형성되어 어떤 도움의 단계에 들어간 대상자이다. 이러한 사람은 도움을 신청한 신청자(applicant)이다. 그러나 도움을 받기 위해 찾아오는 사람을 포함하여 클라이언트라고 하는 것이 일반적이다. 인간은 누구나 지금은 도움을 필요로 하지 않지만 언제 다른 사람의 도움을 필요로 하게 될지는 모른다. 이러한 면에서 모든 사람은 클라이언트가 된다. 이것은 현재 도움을 필요로 하고 있거나, 도움을 받고 있는 사람, 즉 실제적 클라이언트(actual client)와 현재는 별 문제가 없어 도움이 필요 없거나, 문제가 있어도 여러 가지 이유에서 도움을 요청하지 않는 사람, 즉 잠재적 클라이언트(potential client)로 나눌 수 있다(Pincus & Minahan, 1973 ; 57).

(2) 문제

개별사회사업의 대상인 클라이언트의 문제(Problem)는 Richmond에 의하면 "사회 환경과의 사이에 있어서 조정을 필요로 하는 적응이상의 상태"이다. 그리고 Hamilton에 따르면 문제란 그 개인의 바람직한 생활에 지장을 주거나 방해가 되는 충족되지 못한 욕구불만(경제적 · 의료적 · 오락적)이나 그 개인이 사회적 역할을 수행함에 있어서 비효율적이거나 방해가 되는 긴장(심리적 · 사회적 · 신체적) 같은 것들이다. 즉, 문제란 어떤 욕구, 장애, 욕구불만, 부적응 등에서 또는 이러한 모든 것들이 얽혀서 일어난다고 볼 수 있다.

(3) 장소

여기서 장소(Place)란 문제를 가진 개인이 도움을 받기 위해 찾아오는 사회시설 또는 기타 여러 종류의 사회복지기관을 말한다. 이 기관의 기본적 성격은 물질적 원조, 환경의 조성, 상담 및 심리적 도움을 주는 사회복지의 기능을 수행하는 장소이다.

(4) 과정

과정(Process)이란 사회복지사와 클라이언트 간에 전문직업적 대인관계를 매개로 하여 도와주는 문제해결과정이다. 이 과정에서 대인관계는 문제해결에 유익하도록 전문적으로 확립된 관계이며, 사회복지사의 지식과 기술에 의해 의식적으로 조작되는 대인관계이다. 그러므로 개별 사회사업에서의 과정이란 원조를 전문적으로 필요로 하는 사람인 클라이언트와 사회복지사 간에 진전되는 업무로 의미심장한 인간관계 중에서 진행되는 일련의 문제해결을 말한다.

4) 개인수준의 개입

개별사회사업에서 사회복지사와 클라이언트의 일대일의 관계를 기반으로 하여 개인의 욕구와 문제해결을 도우려는 개인수준의 개입에서는 면담과 상담기술이 필수이다(양옥경 외, 2005 ; 208-216). 개인수준에서 개입을 통해 이와 같은 변화를 일으키려면 Zastrow가 지적한 치료적 면담기술이 필요하다. 치료적 면담의 목적은 클라이언트가 변화하도록 돕거나, 사회적 환경이 보다 클라이언트의 필요에 맞도록 변화를 돕는 것이다.

2. 집단수준의 실천

1) 집단사회사업의 정의

집단사회사업의 정의, 목적, 실천방법 및 기술에 대해 분명한 정의를 내리기는 어렵다(Alissi, 1980 ; 5-35). Vinter, Rose, Sarri 등은 소집단에서 개인적 변화의 기술에 초점을 두어 사람들의 소집단을 지도하는 것이라고 보고, 어떤 학자들은 전문가가 클라이언트의 개인적 욕구를 충족하도록 돕고, 기관 혹은 단체가 그 자체의 목표를 달성하도록 돕는 전문가 치료집단 및 과제집단과의 실천을 의미하는 것으로 보기도 하지만 광의의 정의는 초보적 실천가가 집단사회사업의 범위를 이해할 수 있도록 정의하고 있다.

"집단사회사업은 사회 정서적 욕구를 충족시키고, 과제를 수행하는데 목적을 둔 인간의 소집단들과의 목표 지향적 활동이다. 이러한 활동은 집단의 각 구성원과 서비스 전달체계 내에서 전체로서의 집단에 지향되어 있다."

이 정의는 계획적이고 질서정연한 전문가의 활동이 인간과의 전문적 실천의 맥락에서 수행되는 목표 지향적 활동으로 집단사회사업을 설명하였다. 목표 지향적 활동은 여러 가지 목적을 가진다. 예를 들면, 집단사회사업전문가들은 구성원을 재활시키고, 교육하고, 사회화와 성장을 돕는 것을 목적으로 할 수 있다. 전문가는 또한 구성원이 집단발전을 위한 책임감을 증가시킬 수 있도록 구성원의 지도력 개발을 도울 수 있다. 동시에 전문가는 집단이 사회적 환경을 변화시킬 수 있도록 해야 한다. Siporin, Pincus와 Minahan, Klein 등은 실천적 견해로서 상황 속의 인간을 강조하였다(전재일 외, 2004 ; 258-260).

2) 집단사회사업의 목적

Klein(1972)은 집단사회사업의 일부분이고 그들의 대인관계에 있어서 그리고 그들의 환경과의 참 만남에 있어서 개인을 돕는 사회복지사의 역사적 임무에 적합한 여덟 가지의 특별한 목표를 제시하고 있다 (Klein, 1972 : 전재일 외, 2004 ; 261-263).

① **재활** : 재활(rehabilitation)의 과정은 사람이나 일이 이전의 능력 또는 수준으로 회복하는 것을 의미한다. 사람의 재활은 감정적 또는 정신적 어려움이나 행동에 관한 것이라 할 수 있다. 그것은 또한 어떤 태도나 가치를 변화시키는 수단에 관한 것이라 할 수 있다.

② **교육훈련** : 교육훈련(habilitation)의 과정은 치료(treatment)보다는 오히려 성장과 발달을 의미한다. 어려움을 가진 어떤 개인이 어렸을 때 행동하는 법을 배운 적이 결코 없었기 때문에 '재활'이라는 용어가 의미하는 것으로는 회복될 수는 없다고 보고 교육훈련이 성장과 발달을 가져온다고 본다.

③ **교정** : 교정(correction)의 과정은 사회법(social law) 혹은 사회적 관습에 대해 어려움을 가지고 있는 사람들과 범법자나 폭력자를 돕는 것을 의미한다.

④ **사회화** : 사회화(socialization)의 과정은 사람들이 사회적으로 기대되는 것을 행하는 방법 그리고 다른 사람들과 같이 살아가는 방법을 돕는 것을 의미한다.

⑤ **예방** : 예방(prevention)의 과정은 어려움이 일어나기 전에 그 어려운 문제를 미리 처리하고 사람들이 필요로 하는 환경적 영양물을 제공하는 것을 의미한다.

⑥ **사회행동** : 사회행동(social action)을 격려하는 과정은 사람들이 대처하고 적응하는 것 이외에 그들의 환경을 변화시키는 것을 배우도록 돕는 것을 포함한다. 집단에서 적극적 관계를 통해 개인은 이끌고, 따르고, 결정을 내리는 데 참여하고, 그들 자신에 대해 책임을 지고 더 큰 지역사회에 대해 책임을 지는 것을 배우게 된다.

⑦ **문제해결** : 문제해결(problem solving)의 과정은 사람들이 과업을 달성하고, 결정하고 사회문제를 해결하도록 집단을 이용하는 데 도움을 주는 것을 의미한다.

⑧ **사회적 가치** : 사회적 가치(social value)의 발달을 조장하는 과정은 개인이 생활과 관련된 실천 가능한 사회적 가치를 발달시키는 것을 돕는 것과 관계가 있다. 집단은 동시에 이들 목적 모두 혹은 이들 중 어느 하나를 위해 이용될 수 있다.

3) 집단수준의 개입

사회복지실천에서의 집단개입의 역사는 1844년 George Williams가 런던 YMCA(Young Men's Christian Association)에서 다양한 레크리에이션과 사회화 집단을 활용하여 젊은이에게 기독교 정신을 심어 주고자 한 데서 그 기원을 찾을 수 있다. 이러한 YMCA와 YWCA 등의 집단활동은 산업화, 도시화가 이루어지면서 점차 도시빈민지역의 젊은이를 중심으로 사회환경을 조직하고 개선하고자 하는 목적을 가지게 되었다. 또한 초기 집단개입실천의 장으로 인보관(settlement house)을 들 수 있는데, 여기서는 집단의 힘을 활용하여 도시빈민과 이민 온 사람들을 교육, 계몽하고 이웃으로 만들어 종교적 · 문화적 정체감을 가질 수 있도록 돕고 정서적 지지와 원조를 제공하였다(Zastrow, 1987 ; 4).

이처럼 초기 집단개입은 지역사회조직의 개념과 연결되어 발전해 오다가 1923년 집단사회사업(group work)이 웨스턴리저브(Western Reserve) 사회사업대학원의 교과목으로 채택되면서 하나의 사회복지방법론으로 자리 잡게 된다. 1960년대 이후에는 사회변화뿐 아니라 개인의 치료와 변화를 목적으로 정신병동, 병원, 아동복지기관, 교도소, 학교 등에서 소집단활동이 활성화되면서 사회복지실천의 주요 개입방법으로 성장하게 되었다(정진영 · 황성철 외 역, 1998 ; 52 : 양옥경 외, 2005 ; 230).

3. 가족수준의 실천

1) 가족수준실천의 기본가정

가족과의 실천은 종종 가족지원사업(family support work)이나 가족상담(family counseling)의 두 가지 범주로 분류된다. '가족중심의 실천'과 '가족에 대한 실천'이라는 용어는 환경 속의 인간이라는 관점과 더 큰 사회체계의 다단계적 관점을 기반으로 한다.

가족에 대한 전문적 지식과 사회복지실천기반에 관한 기본가정은 다음과 같다(전재일 외, 2004 ; 241).

첫째, 가족에 대한 직접실천은 다양한 이론과 개입방법을 이해하고 적용해야 한다. 이론적인 틀에는 체계적 · 행동적(생물 · 심리 · 사회적), 그리고 스트레스 대처 관점 등이 포함된다.

둘째, 가족중심의 실천은 상황 속의 인간과 환경 속의 인간을 강조한다.

셋째, 가족의 욕구나 결손뿐만 아니라 강점도 파악하여 가족에 대한 실천이 이루어져야 한다.

넷째, 경험상의 지식으로 실천방법을 지속적으로 개발하여야 한다.

다섯째, 지식의 개발은 명제적 지식과 과정상의 지식, 모두를 포함한다.

2) 거시적 가족실천

거시적 가족실천은 국가정책이나 법률·행정 등을 통해 가족의 역기능을 돕는 것으로 볼 수 있다. 가족의 안녕에 중요한 영향을 미치는 정책영역들이 있다(Kamerman, 1995). 각 정책이슈는 가족과 개인을 포함하는 클라이언트에게 직접적 영향을 미치는 것으로 이를 6가지로 구분하여 설명하면 다음과 같다(전재일 외, 2004 ; 243-245).

① **고용** : 얼마나 많은 가족구성원이 수입이 있는 일을 할 수 있는지는 정책에 의해 규정된다. 국가정책은 어떤 종류의 직업을 어디에 둘 것인지를 결정한다.

② **현물·현금급여** : 얼마나 많은 수입이 선정된 사람들에게 제공되고 제공되지 않는 것은 정책적인 일이다. 얼마나 많은 돈이 자원이 없는 가족에게 지급되는가는 지방에 따라 다를 수 있다. 이러한 돈은 가족의 삶의 질에 직접적으로 영향을 미친다. 이와 같이 어떤 지역에서는 보다 나은 수준의 공공부조나 급여가 제공되어 다른 지역보다 나은 삶의 질을 가족에게 허용한다.

③ **건강보호** : 정책은 건강보험이나 의료보호와 같은 공적으로 재정이 충당되는 건강보호에 적격성이 있는지 없는지를 결정한다. 적격성이 있는 사람들일지라도 이러한 프로그램이 충분히 지급되지 못하거나 전혀 어떤 건강욕구를 충족시키지 못할 수도 있다.

④ **주택제공** : 특히 여성과 아동만이 있는 가족을 포함하여 무주택가족이 점점 더 많아지고 있다. 주택공급은 핵가족화와 인구이동으로 수요가 증가되고 있으나 이에 부응하지 못하고 있는 실정이다.

⑤ **주간보호** : 직장 여성의 자녀, 노인 및 장애인의 증가로 주간보호의 문제는 점차 사회적 이슈로 제기되고 있다. 주간보호는 비용이 많이 들고 질이 아주 다양하다. 부모나 보호자가 일할 수 있도록 정부가 주간보호를 위한 자원을 제공하는 정책을 수립해야 한다.

⑥ **아동의 지지 유지** : 자녀의 양육비를 지원받지 못한다면, 그때 어

떤 일이 일어나겠는가? 기존 정책은 아버지의 봉급의 일부를 압류할 수 있는가? 즉, 법적으로 그가 급여를 받기 전에 봉급을 공제하여 그의 가족에게 보내는가? 정책은 이것이 자동적으로 이루어지거나 어머니를 위해 대변하는 법률상담을 받아야 하는 것은 규정할 것인가? 등의 영향을 미친다.

3) 미시적 가족실천

미시적 가족실천으로서 가족치료는 가족에 초점을 두는 치료방법을 통칭하는 용어이다. 즉, 가족체계의 역기능적 상호작용 패턴과 관계구조를 변화시킴으로써 문제해결과 스트레스 대처를 돕고, 건강하고 기능적인 개인과 가족이 되도록 돕는 접근방법이 가족치료이다(송정아·최규련, 1997 ; 3). 가족치료에는 서로 다른 이론적 배경을 가진 다양한 모델들이 포함되지만 여기서는 몇 가지 모델의 특성을 간략히 살펴보고자 한다(전재일 외, 2004 ; 246-253).

(1) 정신분석적 가족치료

정신분석적 가족치료의 목표는 과거의 무의식적 이미지에 대한 통찰을 통한 인격변화와 가족구성원의 무의식적 구속으로부터의 자유, 현실에서 보다 건강하고 온전한 개인과 가족의 성장에 있다. 정신분석적 가족치료에서는 가족구성원의 증상 감소와 더불어 갈등해결을 도와주며, 방어기제를 분석하고, 억압된 욕구나 충동을 노출하기보다는 방어기제를 지지하고, 의사소통을 명백히 하는 데 초점을 둔다. 특히 정신분석적 가족치료 모델에서는 사정을 강조한다. 치료자는 누가 치료에 참여해야 하는지를 결정해야 한다. 오늘날 정신분석적 가족치료는 가능한 한 모든 가족구성원을 치료에 참여하게 하지만, 일반적으로 핵가족이나 부부를 중심으로 한 치료이다.

(2) Minuchin의 구조적 가족치료

구조적 가족치료는 가족을 재구조화(restructuring)함으로써 가족이 적절한 기능을 수행할 수 있도록 돕는 방법이다. Minuchin은 가족 내에서 발생되는 견고하고 반복적인 상호작용 패턴을 가족의 구조라 하며 그 패턴을 재조직하거나 새로운 구조와 상호작용 형태로 대체시키는 작업이 가족을 재구조화하는 가족치료라고 하였다(Minuchin, 1974 ; 51 : 양옥경 외, 2005 ; 250).

1970년대 Minuchin에 의하여 개발된 구조적 가족치료는 가장 영향력 있는 가족치료 모델 중의 하나이다. 이 모델에서는 가족을 하나의 기본적 구조로 보고, 가족 안에서 일어나는 복잡한 상호작용은 때때로 예측할 수 없는 방향으로 문제를 야기한다고 본다. 또한 가족 내에는 가족구성원의 상호작용 패턴과 지속적이고, 반복적인 가족행동의 패턴이 있으며, 세대관심 등으로 구분되는 다양한 하위체계가 있다(Nichols & Schwartz, 1995).

따라서 구조적 가족치료는 가족구조(family structure)의 중요성을 강조하고 있고, 하위체계 간의 명확한 경계를 확립하는 활동에 주로 관여하고 있다.

(3) Satir의 경험적 가족치료

경험주의적 가족치료는 1960년대 인본주의 심리학의 영향을 많이 받았으며, 개인과 가족의 정서적 경험과 지금-여기(here and now)의 경험을 강조하고 있다(송정아 · 최규련, 1997 ; 129).

경험적 가족치료는 가족 내 의사소통의 명확화를 강조한다. Satir는 문제가 있는 가정의 의사소통은 모호하며 간접적이라고 지적하면서 이러한 의사소통은 가족구성원의 낮은 자존감(self-esteem)에서 기인된다고 하였다. 즉, 자신의 자존감을 확장하고 결핍된 욕구를 채워 줄 것이라는 기대를 가지고 배우자를 만나지만 결혼을 통해 그 환상이 깨지면서 불화가 발생한다. 나름대로 그 차이를 직접적으로 직면하지 않고 상대방을 자신이 원하는 방식으로 조정하기 위해 의사소통은 점점 모호해지고 간접적이 되며, 때로는 제삼자인 자녀를 사이에 두고 대화하는 방식을 취하기도 한다(Zastrow, 198 ; 237).

경험적 가족치료의 목적은 무엇보다 성장(growth)이다. 그러므로 성장을 위한 증상완화와 사회적 적응, 내면적 경험과 외면적 행동이 일치에 의한 개인의 통합력 증진, 의존성 탈피, 경험확대 등을 통한 가족과 그 구성원의 창의력 증진과 문제해결능력 증진이 주목표이다.

Satir는 가족 내의 의사소통유형을 주로 언어적 표현과 비언어적 표현이 서로 일치하는 경우와 불일치하는 경우로 나누었다. 일치하는 경우는 건강한 의사소통, 불일치하는 경우는 역기능적 의사소통이라 하고 역기능적 의사소통유형을 회유형, 비난형, 계산형, 혼란형으로 나누었다.

(4) Bowen의 다세대 가족치료

Bowen의 가족치료는 여러 가족치료접근 중에서 인간의 행동과 인간 문제에 대해 가장 포괄적인 관점을 가지고 있다. 이 모델은 정신분석에서 출발하여 가족생활로 구체화되었으며, 하나의 독립된 가족치료 모델로 발전하였다(Nichols & Schwartz, 1995 ; 362 : 전재일 외, 2004 ; 250-251). 그리고 이 모델의 주요한 전제는 개인이 성숙하고 건강한 성격으로 분화하기 위해서는 먼저 개인의 가족에 대한 미해결된 정서적 애착이 긍정적으로 해결되어야 한다는 것이다. 이 모델의 이론적 기반은 정신역동적 접근법과 체계적 관점을 연결시킨 것으로 볼 수 있다. 치료의 초점은 개인이나 부부단위이지만 주로 다세대의 가족체계에 두고 있다.

Bowen 이론에서 가족 내 문제의 핵심은 가족구성원의 불안과 정서적 융합에 있다. 그러므로 치료목표는 가족구성원의 불안을 감소시키고 자아분화수준을 높이는 것이다. 가족체계가 변화하려면 폐쇄된 가족유대를 개방하고 삼각관계에서 벗어나야 한다. 문제는 사람이 아니라 체계 안에 원래부터 있는 것으로 보고 개인의 변화는 다른 사람과의 관계성 변화를 통하여 이루어진다고 본다. Bowen의 다세대 가족치료 모델은 체계역동 방향으로 증상을 이해하고 클라이언트로 하여금 자기발전을 향해 평생 노력하도록 격려하며, 실제로 가족과 접촉을 하면서 그들의 사고기능을 변화시켜 줌으로써 그들의 자아분화를 높이는 데 목적이 있다.

(5) Haley의 전략적 가족치료

전략적 가족치료는 원래 Haley가 Milton Erickson의 관점과 개입 방법을 "전략적 치료(strategic therapy)"라고 명명한 데서 비롯되며 (Haley, 1973), Erickson의 전략적 접근을 사용하여 제시된 문제를 해결하는 특성을 갖는 치료 모델을 통칭하는 말이다. Haley는 최면요법을 실시하는 Milton Erickson으로부터 직접적 치료전략과 기법의 영향을 많이 받았다. Haley의 치료기법을 '전략적'이라 표현한 이유는 인간의 행동이 왜 일어났는지에는 관심이 없으며 단지 행동의 변화에만 관심을 가지기 때문이다. 즉, 문제행동을 변화시키기 위한 다양한 전략에 그 초점이 있다(김유숙, 1998 ; 174 : 양옥경 외, 2005 ; 256).

전략적 치료자들은 클라이언트 통찰을 통한 성찰이나 이해의 변화보다는 행동의 변화를 일으키는 데 관심이 더 많다. 그들은 이론보다는 치료기법에 대해 주로 기술한다. 그들은 특정한 행동의 연쇄과정을 관찰하고 변화시키는 것에 관심을 갖는다. 모든 전략적 치료 모델에서 치료의 목표는 현재에 제시된 문제를 해결하는 것이다. 대부분 전략적 가족치료는 주 1회 간격으로 총 10~15회의 치료를 실시한다. 그러나 목표달성방법, 변화의 지속정도, 치료자의 책임 등에 대해서는 각 접근마다 다른 입장이다.

(6) 해결중심 가족치료

해결중심 가족치료는 1970년대 초에 Steve de Shazer와 In-soo Kim Berg와 동료들이 발전시킨 방법으로 전략적 가족치료이론에 뿌리를 두고 있다. 이 치료 모델은 1982년부터 Steve de Shazer와 In-soo Kim Berg를 중심으로 밀워키의 단기가족치료센터에서 발전된 것으로 클라이언트가 긍정적으로 생각하도록 함으로써 문제를 축소시켜 나가는 모형이다(송성자, 1997 ; 160-180).

이 치료 모델은 인간의 강점과 무한한 잠재력에 초점을 두고 자신에 대한 예언을 실현하도록 돕고, 일반적으로 치료횟수를 15회 이내로 제한하며, 치료간격은 1주에서 6주의 간격을 둔다. 그리고 작은 문제의 해결에 대한 변화와 성공적 경험을 하기 시작하면 점차로 보다 큰 문제해결책을 더 쉽고 빠르게 발견할 수 있다는 가정에 기초해서, 작은 변화가 시작되면 사람들은 낙관적이고 문제해결에 대해 자신감을 느끼며, 이러한 변화는 가족구성원 간에 역동적으로 나타난다고 본다(Berg & Miller, 1992). 변화에 관한 이런 과정과 철학을 기초로 이 치료 모델은 낙관적 현실을 창조하고, 작은 변화에서 시작해서 큰 변화를 가져오도록 하는 여러 질문기법과 과제를 주는 패턴들을 개발하였다. 이 모델은 문제의 원인을 가족이나 개인 내부에서 찾기보다는 자신의 삶을 개선하도록 그 사람의 능력을 강화시키는 데 중점을 둔다.

해결중심 가족치료는 다른 치료 모델과 달리 치료기간이 짧으면서도 치료자들이 일련의 질문기법과 과제부여기법들을 활용하여 클라이언트를 강화하는 데 효과가 크고, 전체 가족이 참여하지 않아도 적용할 수 있는 장점이 있다(전재일 외, 2004 ; 253).

4) 가족수준의 개입

제2차 세계대전 이후 전쟁으로 인한 개인의 심리적·정서적 문제가 가족의 해체, 청소년 비행 등의 가족문제를 제기하면서, 가족의 구조변화를 통해 개인의 행동과 태도에 변화를 주려는 가족치료에 관심이 모아지기 시작했다. 초기의 관심은 주로 정신분열병 환자와 그 가족에 대한 것이었으나 일반가족으로 확대되었다. 1950년대에는 주로 정신분열병 환자 가족에 대한 연구에 기반을 두어 학파 간 구분이 뚜렷하였고, 1960년대에는 전체 가족에게 개입하기 위한 새로운 개입전략과 기술을 발전시켰고, 1970년대에는 치료기법이 발달하여 행동주의 접근법과 같은 혁신적 치료기법이 소개되었으며 1980년대에 이르러서는 가족치료가 하나의 전문직으로서 정체감을 갖게 되었다(송성자, 1997 ; 135-136 : 양옥경 외, 2005 ; 245-246).

기능적 가족은 가족구성원 간의 분명한 경계와 자율성이 있고 서로 염려하고 깊이 신뢰하는 분위기가 형성된다. 또한 의사소통이 공감적이고 개방적이며 가족의 규칙은 가족발달에 맞고 유연성이 있다. 그러나 역기능적 가족은 폐쇄적이고 가족의 규칙에 융통성이 없고 위협적이며 서로에게 집착하는 정도가 심하거나, 지나치게 무관심하여 적절한 가족의 기능을 수행하지 못하게 된다. Goldenberg와 Goldenberg는 가족의 역기능의 종류를 다음과 같이 보았다(Goldenberg & Goldenberg, 1985 ; 58-85 : 양옥경 외, 2005 ; 247-249).

① **이중구속 메시지와 위장** : 이중구속(double-bind)은 한 사람이 다른 사람에게 메시지를 보낼 때 적어도 두 가지 또는 그 이상의 상반된 메시지나 요구를 동시에 보냄으로 인해 메시지를 받는 사람은 어떻게 반응하든지 간에 실패하게 되는 것을 의미한다. 예를 들면, 오랜만에 만나는 아이가 뛰어와 안길 때 어머니는 밀치면서 "다 큰 아이가 어린아이처럼 행동한다"고 나무란다. 시무룩해 있는 아이에게 다시 어머니는 "오랜만에 만났는데 너는 반갑지도 않느냐?"며 서운해 하는 것으로, 아이는 어떻게 반응하든 어머니의 욕구를 만족시킬 수 없게 되는 것이다.

위장(mystification)은 자기행동을 통해 분명 상대방으로 하여금 어떤 생각을 품게 했으면서도 그 생각을 말로 표현하면 자신의 행동을 부인하는 것을 의미한다. 예를 들어, 퇴근하여 돌아온 남편이 엉망인 집안을 보고 화가 나, 문을 쾅 닫고 신경질적 반응을 보이자, 부인이 "집안이 엉망이어서 화가 났느냐?"라고 물었다. 이때 남편이 "내가 언제 화를 냈느냐?" 하는 것이 위장인데 이는 가급적이면 갈등을 피해 현상을 유지하겠다는 의미이다.

② **대칭적 · 보완적 관계** : 대칭적(symmetrical) 관계는 한 사람의 행동이 상대방의 행동에 영향을 주고 다시 또 그 행동에 영향을 받아 서로 계속 상승 작용하는 것을 의미한다. 즉, 한쪽이 비난하면 다른 쪽은 더 심하게 비난하고 이를 받아 다시 더 심하게 비난하여 결국 걷잡을 수 없이 관계가 악화되는 의사소통방식이다. 이러한 상호작용은 세력경

쟁에서 서로 우세한 입장에 서려고 하기 때문에 일어난다. 보완적(complementary) 관계는 대칭적 관계와 같은 극한 대립은 없지만 불평등과 차이가 극대화되어 한 사람은 매우 지배적이고 또 한 사람은 매우 복종적인 관계를 맺는 것이다.

③ **밀착, 유리된 가족** : 밀착(enmeshment)된 가족은 가족구성원 간의 상호작용이 너무 지나쳐 과잉염려가 있는 가족으로 가족 중 한 사람의 일이 다른 사람에게 미치는 영향이 지나치게 크다. 예를 들어, 아이의 성적이 떨어졌다고 어머니가 죽고 싶다고 이야기하는 것으로, 지나친 일체감 때문에 자율성이 보장되지 않아 가족구성원들이 정신 신체적(psycho-somatic) 증상을 보일 수 있다. 유리(disengagement)된 가족은 지나치게 자주적이어서 가족에 대한 충성심이 많이 부족한 것을 의미한다. 꼭 필요한 경우에서조차도 가족으로서의 보호기능을 수행하지 못하게 된다. 대체로 이러한 가족구성원은 밖에서도 다른 사람과 관계를 잘 맺지 못해 소외된 감정을 경험하게 된다.

④ **속죄양** : 가족 중 환자로 지적된 사람(Identified Patient, IP)으로 가족의 균형을 유지하기 위해 병리적 문제를 짊어지고 있으므로 속죄양(scape goat)으로 표현된다. 보통 가족구성원 모두가 한 개인이 속죄양이 되는 과정에 참여하게 되는데, 가족구성원은 가족의 역기능을 그 개인의 문제로 전가시켜 균형을 유지하려 하고 그 사람 역시 자신을 희생하여 가족의 조화로운 관계를 유지하려고 한다. 흔히 가족 모두가 "이 사람만 아니면 우리 가족에게는 아무런 문제가 없다"고 하는 바로 그 사람이 속죄양이 되는 것이다.

⑤ **가정폭력** : 가정은 공격성을 표현하는 데 있어 비교적 규제와 통제가 적고 다른 집단에 비해 밀접한 상호작용을 하고 있어 서로에 대한 기대가 높고 이러한 기대가 만족되지 않을 때 그러한 좌절이 쉽게 폭력으로 나오는 경향이 있다.

⑥ **알코올 및 물질 남용** : 가족 구성원 중 한 사람이 알코올 및 물질 남용을 하게 되면 역기능적 가족이 된다. 물질남용을 하는 사람은 환자

로 지적되고 그는 속죄양의 역할을 하면서 가족의 항상성과 체계유지의 기능을 수행한다. 일반적으로 물질남용을 보이는 가족의 경우, 지나치게 과잉보호하며 허용적인 어머니와 유리되고 나약하며 때로는 알코올 문제를 가지는 아버지가 전형적이다. 취한 상태에서 물질남용하는 사람은 공격성을 표현하고 가족 내에서 금지된 행동을 하게 된다.

⑦ **지속적 가족신화** : "싸우지 않는 가족은 행복한 가정이다", "화합하는 가족은 모두 의견이 같아야 한다", "부부는 서로 말을 하지 않아도 통 한다", "우리 가정은 남자가 더 우월하다" 등과 같은 잘못된 가족신화는 무비판적으로 가족구성원에게 받아들여져서 그 신화에 따라 서로에게 기대를 하게 된다. 이러한 신화에 짓눌려 가족구성원은 유사상호작용을 하게 되어 겉으로는 서로 잘 이해하고 긍정적으로 상호작용하는 것 같지만, 실제로는 상당한 거리감을 두고 있다. 그러나 서로의 의견이 다르면 관계가 파괴된다는 잘못된 가족신화 때문에 개인적 정체감을 희생해 가면서까지 형식적 동의와 충성을 보이는 것이다.

4. 지역사회수준의 실천

1) 지역사회수준실천의 정의

Anderson과 Carter는 지역사회를 장소와 비장소의 개념으로 나누어 정의하였다. 즉, 지역사회를 장소(as place)로 이해하는 경우에는 "주거와 생계를 위해 제한된 영역상의 공간을 공유하며 이러한 공간 속의 공유과정에서 생겨나는 특징적인 사회적 행동양식을 마련함으로써 공통의 욕구를 충족시키기 위한 기능을 수행하는 곳"으로 정의된다. 반면에 지역사회를 비장소로 이해하는 경우에는 "주요한 사회적 기능(재화와 서비스 생산·분배·소비, 사회화, 사회통제, 사회참여, 상호부조 등)을 수행하는 사회적 단위체와 체계의 결합"으로 정의한다. 여기에는 장소와 상관없이 다른 구성원과 나누고 있는 연대의식이나 정체감을 중심으로 형성되기도 한다(양옥경 외, 2005 ; 263).

Weick과 Saleebey(1995)는 지역사회를 수동적이기 보다 능동적인 개념으로 정의하여 가족이 가족구성원의 보호막으로서의 기능을 하는 대신 지역사회는 그 구성원을 지탱하고 보호하며, 활력을 주는 풍부한 자원이 된다고 보았다(전재일 외, 2004 ; 267 재인용).

사회복지실천에서의 지역사회복지를 포괄적으로 정의하면 전문 혹은 비전문인력이 지역사회수준에 개입하여 지역사회에 존재하는 각종 제도에 영향을 주고, 지역사회의 문제를 예방하고 해결하고자 하는 일체의 사회적 노력을 의미한다. 따라서 지역사회복지는 개인복지나 가족복지보다 넓은 차원의 개념이며 아동복지, 청소년복지, 노인복지라는 대상층 중심의 복지활동보다 지역성이 뚜렷하다는 점에서 그 차이를 발견할 수 있다(최일섭 · 류진석, 1997 ; 35 : 양옥경 외, 2005 ; 263).

지역사회수준실천의 주요 목적은 각 구성원의 복지를 증진시키기 위해 가능한 한 최고의 환경을 제공하는 것이다. 지역사회수준실천은 클라이언트가 그 변화노력의 초점이 개인이나 가족, 혹은 치료집단보다 더 큰 지역사회 내에서의 사회복지활동을 묘사하는 용어이다. 지역사회수준실천과 개인 · 가족 · 집단과의 사회복지실천 사이에는 유사점들이 있으며, 의사소통과 관계형성기술, 집단들과의 활동 시 필요한 기술, 문제해결의 기술은 서로 적용이 가능하다(전재일 외, 2004 ; 267 재인용).

2) 지역사회수준실천의 과정

지역사회복지는 개별사회사업이나 집단사회사업처럼 ① 문제파악, ② 계획수립, ③ 계획실행, ④ 평가의 과정으로 전개된다. 여기서는 전재일 등(2004 ; 268-275)이 정리한 내용을 중심으로 살펴본다.

(1) 문제파악

지역사회복지의 전개에 있어서는 지역사회를 역사적, 문화적, 사회적으로 고유의 요소를 가진 존재로서 이해하고, 문제를 개별화하여 파악하는 일이 전제된다. 이를 위해서는 지역구조와 특성 – 인구동태, 자치회 등의 주민조직, 사회자원, 산업구조 – 외에 지역의 역사와 주민의식에 관한 기존자료, 조사보고서 등을 수집하고 지역사회의 전체상을 명확하게 해야 한다.

다음은 주민의 욕구를 통해 지역사회의 문제를 발견해야 하는데 이때 물론 기존의 자료도 참고해야 되지만 조사를 실시해야 할 경우도 있다. 뿐만 아니라 대상이나 문제를 한정해서 지역답사를 하거나 주민간담회를 통해서 욕구를 파악하고 이를 문제해결을 위한 동기부여로 연결시키는 것도 중요하다. 문제가 발견되면 그 해결을 위해서 모든 조건을 검토하는 지역진단의 단계가 된다.

지역진단에서는 ① 주민의 문제의식 정도, ② 문제의 발생원인, ③ 욕구와 사회자원의 관계가 중요한 사항이 된다. ①과 같이 문제에 대한 주민의 관심이나 해결에의 요구도를 파악하는 것은 문제를 다루는 순서를 확정하는 판단자료가 되며, ②의 추구는 예방 및 해결책을 생각하는 요건이 되고, ③은 주민욕구에 대한 사회자원의 유무나 그 활용상황의 파악으로 문제해결의 전망을 생각하는 데 없어서는 안 될 작업이 된다. 이러한 지역진단을 통해 문제해결의 우선순위나 절차를 확정하고 다음의 '계획수립', '계획실시'의 과정과 연결해서 지역활동의 통합화를 도모할 수 있다.

(2) 계획수립

지역사회복지실천에 있어서 계획은 사업계획, 조직계획, 재정계획, 세 가지로 수립된다. 사업계획은 문제해결의 우선순위를 확정한 후 달성할 목표를 설정하는 것이다. 구체적으로 단기 및 중장기적 목표의 설정과 그 달성을 위한 시책, 사회자원의 동원필요성 검토 등의 계획이 포함될 수 있다. 조직계획에서는 문제해결을 위한 조직 만들기를 생각한다. 조직계획은 지역의 지도층 등을 핵으로 조직화하고, 이 조직활동이 지역 전체로 확충해 가는 과정을 목표로 하는 것이 일반적이다. 재정은 공공기관의 예산보다는 유연한 성격을 갖고 있다. 재정계획은 공동모금 등의 기존의 민간재원 활용과 함께 자체적으로 재원을 확보하기 위한 지역사회 바자회 등을 열어 주민참여를 촉진할 수도 있다.

홍보활동은 계획수립에서 실시에 이르기까지 과정을 보조하는 것이다. 그 목적은 지역사회의 문제 상황과 지역사회복지실천의 필요성을 많은 주민에게 알려서 정보의 공유화를 도모하고, 문제해결을 위한 참여에 동기를 부여하는 일이다. 광고에는 컴퓨터 등의 다양한 정보매체의 이용이 가능하고 커뮤니케이션을 도모할 수 있는 주민간담회나 연수회와 같은 참여방식도 좋다.

(3) 계획실행

계획실행의 과정에 있어서는 주민의 복지에 대한 이해와 주체적 활동을 촉진하는 '지역조직화', 사회자원개발 및 공사의 관계기관, 시설, 단체 등의 연락조정을 도모하는 '복지조직화'의 전개가 중시된다. 또한 주민 스스로의 노력이나 사회자원의 동원으로는 문제해결이 되지 않을 경우 사회행동을 도모하는 주민집회가 있다.

지역조직화란 주민이 주체적으로 문제해결을 도모할 수 있도록 지역사회에서 활동하는 측면원조의 과정이다. 이 과정에는 고령자나 장애인 및 그 가족 등의 대상자를 조직화하는 것이 가장 중요하고, 그 다음은 지역사회에서의 활동을 위한 기반조직을 구성하는 일이고, 세 번째는 대상자의 문제해결이나 욕구에 대응하는 자원봉사활동의 촉진을 도모하는 일이다.

복지조직화는 사회자원의 동원 및 개발이 가장 중요하다. 지역에 있어서 사회자원이란 시설·서비스·상담기능·각종의 수당이나 융자제도 등의 제도적 자원, 또한 대상자 조직이나 자원봉사집단 등의 지역조직자원이나 가족·이웃관계 등의 비공식자원까지도 포함된다. 그 다음은 사회자원을 효율적으로 활용해서 욕구를 충족시키기 위해 관계기관, 단체 간의 연락조정을 도모하고 시스템을 구축하는 일이다.

사회자원의 개발 등에서 주민 간의 이해대립이 클 경우 지역조직화, 복지조직화도 곤란한 경우가 있다. 이때 대립에 의해 불이익을 받을 특정의 주민을 위해 주민집회를 할 수 있다. 주민집회는 주민 각자의 주체성과 자유의지를 존중하고, 각자의 욕구와 사고를 충분하게 반영한 자유로운 토의에 의해서 결론을 얻는 것을 목표로 해야 한다.

(4) 평가

앞의 과정을 거쳐 최종단계인 평가가 이루어진다. 평가는 과제의 목표달성도, 지역진단이나 계획실시의 타당도, 과정목표 등을 평가하게 된다. 과제목표(task goal)는 사회자원의 개발, 정비 등의 구체적 과제의 달성도이다. 재정효과의 정도, 또는 주민의 욕구를 어느 정도 충족하였는지를 양적 및 질적으로 평가하는 기준이다. 또한 어떤 기관·단체가 어느 정도 공헌했는가의 평가도 행해진다. 과정목표(process goal)는 '계획수립'에서 '계획실시'까지의 과정에 있어서 주민의 주체형성의 정도, 관계한 기관·조직의 활동을 긍정적으로 평가하는 것이다. 구체적으로 열거하면, ① 활동에 대한 주민의 관심도나 참가도 및 연대감의 정도, ② 기관·조직 간의 연계나 협력체제의 수준, ③ 지역사회 문제해결능력 향상의 정도 등이 평가의 주요 내용이 된다.

3) 지역사회수준의 개입

지역사회수준에서의 개입방법은 사회적 지지체계의 개발, 서비스 조절, 프로그램 개발, 클라이언트 집단을 위한 옹호활동 등으로 나눈 양옥경 등(2005 : 264-273)이 정리한 내용을 중심으로 살펴본다.

(1) 사회적 지지체계의 개발

Hepwroth와 Larsen(1986 : 548-552)은 사회적 지지체계를 개발하는 방법을 다음과 같이 소개했다.

- **자연적 지지체계의 활성화** : 자연적 지지체계의 활성화는 클라이언트의 자연적 지지체계를 의도적으로 개입하여 활성화하는 것이다. 즉, 사회복지사가 기존의 체계들이 클라이언트의 욕구에 맞게 적절히 기능하도록 돕는 것이다. 예를 들면, 사교육비에 대한 부담을 가지고 있는 학부모들을 돕기 위해 학부모 각자가 잘할 수 있는 과목을 한 과목씩 맡아서 그 지역 아이들을 위해 가르칠 수 있도록 개입할 수 있다.

• **공식적 지지체계의 활용** : 공식적 지지체계의 활용은 클라이언트의 욕구에 환경이 반응할 수 있도록 기존의 다양한 사회복지기관 및 프로그램을 활용하는 것이다. 예를 들면, 지역 내 주민의 레크리에이션, 교육, 사교를 위해 YWCA, YMCA, 주민자치센터, 여성회관 등을 활용하거나 재난 시 음식과 의료서비스를 제공하기 위해 적십자사를 활용할 수 있다. 그 외 병원, 보건소, 요양시설, 상담센터 등을 활용할 수 있다.

• **자원봉사자의 활용** : 자원봉사자의 활용은 클라이언트의 욕구를 만족시키기 위해 사회복지사가 활용하는 지지체계의 한 형태이다. 자원봉사자란 자신의 친족이 아닌 사람들을 위하여 자발적으로 무보수로 서비스하는 사람으로서 비공식적으로 이웃을 돕는 것보다 어떤 공식조직을 통해서 서비스하는 사람이라고 정의할 수 있다(Darvil & Munday, 1984 ; 3 : 양옥경 외, 2005 ; 226). 예를 들면, 독거노인을 위한 말벗서비스, 거동이 불편한 노인을 위한 밑반찬서비스, 또한 장애인을 위한 교통편의 제공, 시설아동에게 정서적 지지서비스를 할 수 있다.

(2) 서비스 조정

여러 가지 문제를 가진 클라이언트에게 복합적 서비스가 주어질 때 조정(coordination)이 필요하다. 마치 관현악단을 지휘하는 것처럼 (Ballew & Mink, 1996 ; 242) 공동의 목적을 달성하기 위해 흩어져 있는 서비스들이 적절한 시기에 적절한 방법으로 클라이언트를 도울 수 있도록 조정하는 것을 의미한다. Johnson은 조정의 형태를 다음과 같이 세 가지로 보았다(Johnson, 1989 ; 355-356 : 양옥경 외, 2005 ; 267-268).

• **서비스 연결** : 복합서비스를 제공하는 기관의 여러 전문가들이 특정한 클라이언트에게 관심을 갖고 서로 연결하는 것이다. 예를 들면, 종합복지관에서 의료 담당자, 재활 프로그램 담당자, 상담가 등이 서로 연결하여 서비스가 중복되지 않고 효과적으로 도울 수 있도록 연결하는 것이다.

• **의뢰** : 의뢰는 다른 기관이나 전문가에 대한 정보를 제공하고 서비스를 받을 수 있도록 연결해 주는 것이고, 조정은 그러한 의뢰를 넘어

서 의뢰한 서비스가 제대로 전달되고 있는지 그리고 그 결과가 어떤지를 평가하는 것까지를 모두 포함한다. 의뢰체계를 통해서 서로 다른 기관의 전문가들과 연결되어 서비스를 제공하는 형태를 조정이라 한다.

• **사례관리** : 조정의 마지막 형태는 사례관리(case management)이다. 이것은 클라이언트의 문제와 욕구를 평가하여 필요로 하는 서비스를 찾고 그런 서비스를 연결해 주는 책임을 사회복지사가 맡는 것을 말한다.

(3) 프로그램 개발

클라이언트의 욕구와 문제해결을 위한 서비스가 지역사회 내에 없을 때에는 프로그램 및 자원을 개발해야 한다. 이창호와 최일섭은 프로그램을 개발하는 단계를 학생비행의 문제를 예로 들어 다음과 같이 설명하였다(이창호 · 최일섭, 1993 ; 108-111 ; 양옥경 외, 2005 ; 268-271).

• **문제확인** : 문제의 규모와 심각도를 조사한다. 즉, 학생비행의 문제가 규모와 내용 면에서 생각 이상으로 심각하며 그 원인이 상당수 그들을 돌보아 줄 학교 또는 사회적 메커니즘이 없기 때문이고 특히 저소득층 청소년의 경우에는 경제적 문제 때문임을 파악하는 것이다.

• **욕구파악** : 부모, 교사 등 여러 관계집단을 대상으로 문제해결의 욕구를 파악한 결과 문제학생의 치료를 통한 재범률의 방지가 시급하고 이어 예방에 대한 욕구가 가장 많음을 파악한다.

• **목적 및 하위목적의 설정과 우선순위 결정** : 학생비행방지 프로그램의 목적을 그들의 사회적 재활, 또는 사회통합으로 하고 그 하위목적으로 문제학생의 치료, 우범학생의 예방, 저소득층 학생의 경제적 지원을 설정한 후 하위목적 간의 우선순위를 정한다.

• **성취목표의 구체화** : 각 하위목적달성을 위한 대안의 선택에 앞서 그 하위목적의 달성 여부를 측정할 수 있는 목표들을 구체화한다. 즉, 비행학생의 재범률 10% 감소, 우범단체 탈퇴율 20% 증가, 100명에게 학비지급 등을 목표로 정했다.

• **제공 서비스** : 각 목표별로 이를 달성할 수 있는 여러 대안들을 가지고 비용효과분석을 시작한다. 각 서비스의 비용과 효과를 예측한다.

• **대안선택** : 각 대안별로 총비용(예산)을 계산하여 각 대안이 가져올 사회적 편익, 혹은 효과를 계산한 뒤 하위목적별로 비용효과분석, 비용편익분석을 실시, 최소의 비용으로 최대의 효과를 낼 수 있는 대안을 선택한다.

• **세부 프로그램 설계** : 각 선택된 대안들의 구체적 설계작업으로 예를 들어 학교사회복지사를 채용할 경우 채용시기, 배치, 그들의 전문역할, 지위, 조직을 정하고, 각 프로그램 역시 실시일정, 내용 등을 정한다.

• **예산** : 앞에 구성된 사업계획을 모두 취합하여 프로그램의 우선순위에 따라 예산이 배분된다.

• **집행** : 세부계획과 예산이 확보된 프로그램을 적당한 조직체계 속에서 일정기간 집행한다.

• **평가** : 각 하위 프로그램들이 각각의 하위목적을 달성하였는지, 각각의 하위목적들이 모여 전체목적을 달성하였는지를 평가한다.

• **피드백** : 문제의 정의, 욕구, 목표선정, 대안선택 등의 전 과정에서 다시 피드백되어 사업의 확대, 조정을 결정한다.

(4) 클라이언트 집단을 위한 옹호활동

사회복지사는 부적절한 또는 불평등한 사회적·법률적·제도적 기능 및 사회복지기관의 기능으로 인해 욕구를 충족할 수 없는 클라이언트 개인이나 집단을 위해서 옹호(advocacy)활동을 하게 된다. 옹호에는 개인에 대한 옹호와 집단에 대한 옹호가 있다. 개인에 대한 옹호는 특정 개인에게 서비스와 혜택이 제공되도록 노력하거나 클라이언트의 존엄성을 인정하도록 영향을 미치는 것이고, 집단옹호는 특정 불이익집단을 위해 제도적·법률적 체계를 변화시키도록 노력하는 것이다. 주로 옹호활동을 하게 되는 상황은 다음과 같다(Hepworth & Larsen, 1986 ; 570 : 양옥경 외, 2005 ; 271-272).

• 사회복지기관이나 직원이 수급자격이 있는 클라이언트에게 서비스나 혜택을 제공하지 않을 때
• 비인간적 방법으로 서비스가 전달될 때

- 인종, 종교, 신념 때문에 클라이언트가 차별을 받을 때
- 서비스와 급여 사이의 틈(gap)으로 인한 어려움이 생기거나 역기능이 발생할 때
- 정부나 기관의 정책이 자원과 급여를 필요로 하는 사람들에게 부정적 영향을 미칠 때
- 클라이언트가 스스로에게 유리하도록 행동하지 못할 때
- 유용한 자원이 없어 많은 사람들의 공통된 욕구가 해결되지 못할 때
- 위기상황으로 인해 클라이언트가 서비스와 급여에 대한 절박한 욕구를 가지고 있을 때
- 클라이언트가 시민의 혹은 법적 권리를 거부당했을 때
- 조직의 절차와 시설이나 제도가 클라이언트에게 부정적 영향을 미칠 때

참고문헌

김유숙(1998), 『가족치료 : 이론과 실제』, 학지사.

김유순 · 이영분 역 『가족분석가계도』, 홍익제.

김융일 외 공저(1995), 『사회사업실천론』, 나남출판사.

송성자(1997), "한국문화와 가족치료: 해결중심 가족치료 적용", 『한국사회복지학』.

송정아 · 최규련(1997), 『가족치료의 이론과 기법』, 하우.

양옥경 외 공저(2005), 『사회복지실천론』, 나남출판사.

엄명용 외 공저(2006), 『사회복지실천의 이해』, 학지사.

이인정 · 최해경 공저((1998), 『인간행동과 사회환경』, 나남출판사.

이종복 · 전남련 공저(2006), 『사회복지실천론』, 학현사.

이창호 · 최일섭 공저(1993), 『사회계획론』, 나남출판사.

장인협 감역 김인숙외 공저

전재일 외 공저(2004), 『사회복지실천론』, 형설출판사.

최일섭 · 류진석(1999), 『지역사회복지론』, 서울대학교출판부.

Alexander, C.(1997), "Social Work Practice : A university conception", *Social Work, Sep.*

Boehem, W. W.(1958), The nature of social work, *Social Work.*

Bowers,S.(1949). *The Nature and Definition of Social Casework.* New York : Family Service Association of America.

CSWE(1994), *Handbook of Accreditation Standards and Procedures,* Alexandria, va : Author.

Dogoff, R., D. Feildstein & L. Skolnix(1997), *Understand Social Welfare,* NY : Longman.

Goldenberg, I. & H Goldenberg(1985). *Family therapy : An overview*, CA : Brooks/cole.

Hepworth, D. H. & J. A. Larsen(1997), *Direct Social Work Practice : Theory and Skills Pacific Grove* : Brooks/Cole.

Klein, A.(1972), *Effective group work,* New York, : Association Press.

Morales, A. & B. A. Sheafor(1980), *Social Work*, Boston: Allyn and bacon.

NASW(1958), Working Defintion of Social work practice, "reprinted in donald Brieland, "Historical overview," *Social work*, sep.

NASW(1974), CSocial Casework : Generic and Specific"(A Report of the Milford Conference of 1929), reprinted in *National Association of social Workers Classics Series, Washington* D. C. : NASW.

Pincus, A. & A. Minahan(1973), *Social work practice : Model and method.* Ltasca, IL: Peacock Publishers.

Richmond, M. E.(1922), *What is Social Casework?*, New York : Russell sage Faundation.

Zastrow, C.(1989), *The Practice of Social Work*, Chicago : The Dorsey Press.

제 6 장

사회복지정책

제 1 절 사회복지정책의 개념

1. 사회복지의 개념

사회복지에 대한 정의는 다양하다. 사실, '사회복지'와 '정책'이라는 용어들 중에서, '정책'보다는 '사회복지'가 더 복잡하다. 사회복지는 좁게 정의될 수도 있고, 넓게 정의될 수도 있다. 즉, 사회복지를 좁은 의미를 지니는 것으로 볼 수도 있고, 사회복지를 넓은 의미를 지니는 것으로 볼 수도 있다(Dolgoff & Feldstein, 2000; 김태성, 2003).

사회복지를 아주 넓은 의미로 볼 경우, 사회복지는 사회구성원들의 안녕(well-being)이나 효용(utility)의 상태를 가리킨다. 그러나 사회에서 발생하는 모든 일들은 사회구성원들의 안녕이나 효용에 영향을 미친다고 볼 수 있다.

사회복지를 넓게 정의하는 관점에서는 비영리 영역에만 주목하지 않는다. 이런 관점에서 주목하는 영역에는 민간(비영리)프로그램, 영리프로그램, 정부 프로그램이 수행하는 활동이 포함된다. 이런 활동의 경우, 사회복지사, 의사, 간호사, 법률가, 교육자, 종교인, 기타와 같은 아주 다양한 전문 인력을 활용하지만 사회복지를 너무 넓게 정의할 경우에는, 사회복지에 대한 윤곽을 잡기가 어렵다. 그러므로 사회복지를 좀 더 좁은 의미를 가지는 식으로 정의할 필요가 있다. 사회복지를 좁은 의미로 볼 경우, 사회복지는 사람들이 기본 욕구를 해결한 상태라고 볼 수 있다.

2. 사회복지정책의 개념

사회복지정책에 관해서는 단순하거나 분명하거나 동일한 정의가 존재하지 않는다. 당연히, 사회복지정책에 대한 정의는 국가마다 크게 차이가 나고, 또한 학자마다 크게 차이가 난다(Abramovitz, 2004 : 김태성, 2003).

우선, 사회복지를 넓은 의미로 볼 경우에는, 사회복지정책을 정의하는 것은 의미가 없다고 볼 수 있다. 왜냐하면 사회의 모든 정책은 사회복지정책이 된다고 볼 수 있기 때문이다. 따라서 사회복지정책을 정의하고자 할 경우에는 사회복지를 좁은 의미로 보는 것이 현실적으로 더 유용하다. 사회복지를 사람들이 기본 욕구를 해결한 상태라고 볼 경우, 사회복지정책은 사람들의 기본욕구를 해결하는 정책이라고 볼 수 있다. 즉, 사회복지정책은 사회가 기본적인 사회적 욕구에 대해 반응하거나 반응하지 않는 방식을 가리킨다고 볼 수 있다.

한편, 위에서 '정책'의 개념에 관해 논의한 바를 사회복지정책의 개념을 설정하는데 반영할 필요가 있다. 이렇게 할 경우, 사회복지정책은 개인 · 가족 · 지역사회가 사회적으로 적절한 수준의 복리를 누릴 수 있게 하기 위해 정부가 실시하는 행동에 대한 원칙 · 활동 · 틀을 가리킨다고 볼 수 있다.

그리고 위에서 정책과 프로그램과 법을 개념적으로 구분하는 것에 관해서 논의한 바 있다. 이와 관련해 볼 경우, 사회복지정책은 사람들이 기본적인 인간 욕구를 다루기 위해서 매일 사용하는 사회복지 프로그램들이라고 볼 수 있다. 이 경우에 사회복지 프로그램은 급여와 서비스를 말한다(Abra-movitz, 2004).

3. 사회정책과 사회복지정책

1) 사회정책의 개념

사회복지정책이라는 용어 못지않게 자주 사용되고 있는 용어가 사회정책(social policy)이다. 사회정책에 관해 정의한 것을 일부 살펴보면 다음과 같다.

첫째, 마샬(Marshall)은 사회정책이론을 가다듬은 사람이다. 마샬에 따르면, 사회정책은 서비스와 소득을 제공함으로써 사람들의 복지에 직접적으로 영향을 미치는 정부 행동을 말한다(Tice & Perkins, 2002).

둘째, 디어(Dear, 1995)에 따르면, 사회정책을 사람들의 사회적 복리에 영향을 미치는 원칙과 절차와 행동과정을 말한다.

요약해 보면, 사회정책은 사회구성원의 복지에 영향을 미치는 원칙이나 정부행동과 같은 것을 가리킨다. 그리고 사회정책은 공적 영역과 민간 영역 모두에서 이루어 질 수 있지만, 정부가 하기로 결정하거나 하지 않기로 결정한 것들이 사회정책의 주요한 요소를 이룬다. 사회정책과 관련된 원칙과 절차와 행동과정은 법령과 기관 규정에 들어가 있다(Dolgoff & Feldstein, 2000 : Dear, 1995). 구체적으로 볼 경우, 사회정책은 다음의 두 가지 모두를 의미한다고 볼 수 있다(Dolgoff & Feldstein, 2000).

첫째, 행동할 과정을 선정하고 정의하고 추진하는 사회적인 의사결정과정을 의미한다. 이것은 정책결정(policy making)의 측면을 말한다.

둘째, 이런 과정을 거친 후에 나타난 산물이나 결과를 의미한다. 이것은 결과적으로 나타난 정책(resulting policy)의 측면을 말한다.

2) 사회정책과 사회복지정책

사회복지정책은 사회정책의 하위 영역이거나 사회정책의 한 부분이다. 따라서 사회복지정책은 사회정책의 한 유형이다(Abramovitz, 2004).

유럽에서는 '사회복지정책'이라는 용어를 거의 사용하지 않고 있다. 그 대신에 유럽에 있는 국가에서는 '사회정책'이라는 용어를 사용하는 경향이 있다. 이 경우에, 사회정책은 아주 넓은 의리를 가지는 '복지국가정책'의 핵심적인 요소가 된다.

그리고 미국에서는 사회복지정책이라는 용어를 사용하고 있다. 그러나 미국의 사회복지정책은 대인 사회 서비스(personal social service)와 관련된 정책으로 제한되는 경우가 많다. 즉, 미국의 사회복지정책은 아동복지정책, 장애인복지정책, 노인복지정책 등으로 제한되는 경향이 있다.

또한 유럽에서 공공부조라고 부르는 것을 미국에서는 '복지'라고 부르는 경향이 있다. 따라서 미국에서 '복지정책'은 공공부조정책을 가리키는 식으로 사용되는 경우가 많다(Abel-Smith, 2008 : 김태성, 2003).

3) 사회복지정책의 영역

사회복지정책의 영역에는 여러 가지가 있다. 그러나 사회복지를 좁게 보느냐 또는 넓게 보느냐에 따라서, 어느 영역이 사회복지정책의 영역에 속하는지 여부가 달라질 수 있다. 사회복지의 의미를 어느 정도 넓게 보느냐에 따라서, 사회복지정책의 영역을 다음과 같이 구분할 수 있다(김태성, 2003).

우선, 사회복지정책의 기본적인 영역으로 소득보장 영역, 의료 영역, 주택 영역, 교육 영역, 대인 사회서비스 영역을 꼽을 수 있다. 실제로, 많은 사람들은 사회복지정책을 위와 같은 다섯 가지 영역으로 제한하는 경우가 많다.

이에 비해서 사회복지정책의 영역을 넓게 보는 입장에서는, 경제정책의 영역에 속한다고 볼 수 있는 조세정책과 노동시장정책을 사회복지정책의 영역에 포함시키는 경향이 있다. 왜냐하면 조세정책과 노동시장 정책은 소득보장정책의 기능을 하기 때문이다. 예를 들어 고든(Gordon, 1988)은 사회복지정책에서 노동시장정책을 중요하게 취급하고 있다. 그리고 티트머스(Titmuss, 1976)는 복지를 국가복지, 재정복지, 직업복지로 나눈 바 있는데, 이 경우에 재정복지는 조세정책과 관련된다.

그리고 사회복지정책을 더 넓게 보는 입장에서는, 사회복지정책을 사회정책과 동일시하는 경향이 있다. 이런 입장을 취하는 사람들은 기본욕구의 개념에 환경 영역, 교통 영역, 문화 영역 등도 포함시키는 경우가 많다.

4) 사회복지정책과 사회사업실천

언뜻 보기에 사회복지정책과 사회사업실천은 서로 관련되지 않은 독자적인 분야인 것처럼 보인다. 그리고 사회사업실천가들 중에는, 사회사업실천은 사회복지정책과 크게 관련이 없다고 인식하는 사람이 많다. 사회복지정책과 사회사업실천 사이의 차이점을 정리하면 다음과 같다.

	사회사업실천론(미시적개입)	사회복지정책론(거시적개입)
클라이언트	개인, 가족, 소집단	이웃, 근린, 공식적 조직, 지역사회, 전체사회
목표	사회기능의 향상: 개인, 가족, 소집단을 위한 사회문제의 경감	조직, 지역사회, 전체사회의 변화
기초가 되는 지식	개인변화이론: 발달심리학, 인간발달이론	대규모 체계변화이론:사회학, 경제학, 정치학, 산업관계학
공통으로 필요한 지식	소집단 사회학, 커뮤니케이션 이론	
변화 전략	직접적인 상담, 위기개입, 개별 클라이언트를 위한 옹호	지역사회조직, 사회행동, 로비활동, 조정, 지역사회분석

출처: Whittaker(1974), 박병현(2007), p. 43을 재인용

하지만 사회복지정책과 사회사업실천은 서로 밀접하게 관련되어 있다. 사회복지정책을 공부하는 것은 사회서비스 분야에서 활동하는 사람

들에게 중요하다. 길버트와 테렐(Gilbert & Terrell, 2005)은 사회복지정책을 공부하는 것이 사회서비스 분야에서 활동하는 사람들에게 중요한 이유를 다음과 같이 제시하고 있다. 첫째, 사회복지정책은 사회복지전문가들이 사용하는 실천 방법에 영향을 미치기 때문이다. 둘째, 사회복지정책은 사회복지전문가들이 서비스를 제공하는 클라이언트 체계를 결정하기 때문이다.

그리고 사회복지정책은 사회사업실천의 토대가 된다. 왜냐하면 사회복지정책은 사회 프로그램을 정의하고, 이런 프로그램에 필요한 재정을 충당하고, 이런 프로그램을 실시하는 것이기 때문이다. 다음과 같은 세 가지 측면에서 이런 점을 찾아볼 수 있다(Tice 외, 2002).

첫째, 사회복지정책은 사회사업실천의 프로그램을 개발하고 실행하는 것과 관련된 규정과 규제를 제시한다.

둘째, 사회복지정책은 사회사업실천과 관련된 서비스에 필요한 재정을 확보하는 방식을 결정한다. 여기에는 지방정부와 중앙정부 사이의 관계가 포함된다.

셋째, 사회복지정책은 사회복지사가 고용될 기회를 결정한다.

제 2 절 사회복지정책의 가치

1. 사회복지정책이 추구하는 가치

사회복지정책의 근간에는 일관된 가치가 이어지고 있다. 일반적으로 값 · 값어치를 뜻하는 말이 가치다. 철학적으로는 어떤 대상에 대한 인간 주체와의 관계에 있어서 그것이 가지는 의의(意義) 또는 인간의 정신적 노력의 목표로 간주되는 객관적 당위(當爲)를 뜻한다. 경제학적으로는 인간의 욕망을 충족시키는 재화의 중요 정도를 가리킨다.

사회복지정책에 있어서 가치는 사회복지정책이 갖는 목표와도 일치한다. 정책의 목표가 이중적이거나 애매모호할 경우 정책의 집행과 결과는 본연의 역할을 상길하기 마련이다. 따라서 정책의 목표를 명확히 밝히는 것은 매우 중요한 작업이 아닐 수 없다. 가치는 사회복지정책의 형태나 모형을 결정짓는 단초가 된다.

틸톤(Tilton)과 퍼니스(Furniss)는 사회복지정책이 추구하는 가치로 자유, 평등, 민주주의, 사회적 연대, 생존권의 보장, 경제적 효율 등을 제시했다. 길버트(Gilbert)와 스펙트(Specht)는 평등과 공평, 적절성을 사회복지의 기초가 되는 가치로 꼽았다. 다음은 사회복지정책이 추구하는 제 가치들이다.

1) 자유(Freedom)

18세기 이래 인류를 움직여온 사회가치가 곧 자유다. 엄격한 신분제로 인해 암흑의 시대라고 불렸던 중세의 억압 속에서 일반 국민들의 피와 땀을 토대로 성취한 고귀한 산물이기도 하다.

자유는 소극적 자유(negative freedom)와 적극적 자유(positive freedom)로 분류할 수 있다. 다른 사람의 간섭이나 의지로부터의 자유(free from)를 소극적 자유로 정의할 수 있는데 언론의 자유, 정부의 간섭을 받지 않고 모임을 갖거나 노동조합에 가입할 수 있는 집회 및 결사의 자유, 직업을 선택할 수 있는 자유 등이 이에 해당한다. 소극적인 자유는 결과보다는 기회의 측면을 강조하고 있다.

반면 적극적인 자유는 능력의 측면을 강조한다(송근원 · 김태성, 1999). 사회적 약자들에게 능력을 증진시켜 선택의 폭을 넓히고 스스로 자신의 삶을 설계하고 실행해 나가도록 만들어가는 과정과 결과를 모두 아우른다.

2) 평등(Equality)

평등은 일반적으로 수량적 평등(numerical equality), 비례적 평등(proportional equality), 기회의 평등(equal opportunity)으로 분류할 수 있다. 수량적 평등은 결과의 평등(equality of result)으로도 불리며 세 가지 중 가장 적극적인 평등 상태를 의미한다. 사회적인 자원을 개인의 욕구나 능력과 무관하게 똑같이 나누는 것이다. 현실적으로 결과의 평등이 완전하게 이루어진 역사적 예는 없다. 그러나 대다수 사회복지정책들은 능역이 부족한 사회적 약자들에게 자원을 할당해 소득격차를 줄이고 삶의 질을 향상시키는 것을 목적으로 한다.

비례적 평등은 공평(equity)함이다. 개인의 노력이나 기여정도, 능력에 부합하는 사회적 자원의 배분을 의미한다. 수량적 평등에는 미치지 못하나 기회의 평등보다는 평등의 정도가 상대적으로 적극적이다. 자본주의사회에서 실질적인 평등의 개념으로 널리 사용되는 개념이 된다.

가장 소극적인 평등 상태는 기회의 평등(equal opportunity)이다. 과정상의 기회를 똑 같이 부여하되, 결과에 대해서는 고려치 않는다. 기회가 평등하게 주어졌다면 결과의 불평등은 문제 삼지 않는다는 것이다. 기회의 평등은 정책적으로 추구하는 것이 비교적 용이하고, 현실적이다. 또한 적극적으로 결과의 평등을 추구하기 위해 야기될 수 있는 경제의 왜곡현상이 발생할 개연성이 적은 것도 장점이다. 그렇지만 이상적인 기회의 평등은 발생가능한 모든 방법들을 고려해야 한다는 전제를 안고 있다.

3) 효율(Efficiency)

최소자원을 투입해 최대의 결과를 얻는 것이 효율이다. 사회복지정책에서의 효율은 적은 비용으로 사회구성원들이 비중을 두는 가치나 목표를 최대한 달성하는 것이다. 그러나 사회구성원들의 가치와 목표는 서로 상이하다. 합의된 가치가 없고 가치들 간의 비교가 불가능하다면 어떤 정책이 효율적인 가를 결정하는 것은 매우 어려운 일이다.

투입된 자원과 달성된 결과들을 계량화하는 것도 난제다. 삶의 질을 향상시키고 인간다운 생활 영위를 목표로 하는 사회복지의 상태를 수량화하기란, 그것도 사회구성원들의 공감을 얻어낸다는 것은 지난한 일이다. 정책의 실행으로 얻어지는 결과에 대한 정확한 예측도 불가능하다.

4) 적절성(Adequacy)

사회복지정책이 대상자들의 욕구를 얼마나 충족시켰는가의 여부를 판단하는 기준이다.

공적부조나 지급되고 있는 각종 수당들이 수급자들의 인간다운 생활을 보장하고 있는가를 측정한다.

기초생활보장법은 국민의 최저생활을 보장하고 자활을 그 목적으로 한다. 문제는 국민기초생활보장법상의 소득인정액과 각종 급여가 최저생활을 영위하고 나아가 스스로의 힘으로 살아가기에 충분한 급여가 되는가의 여부다. 국민기초생활보장법에는 생계급여, 주거급여, 의료급여, 교육급여, 해산급여, 장제급여, 자활급여 등이 명시되어 있다. 이때 핵심논란은 지급되는 급여의 수준이다. 최저생활수준에서조차 턱없이 모자란 수준으로 단지 생색내기에 그치고 있다는 지적으로 적절성을 상실했다는 분석들이 잇따르고 있다.

5) 민주주의

국민 다수의 의사가 정치를 결정하는 것을 이상으로 삼는 사상, 또는 그것을 보장하는 정체제도, 정치운영방식이 곧 민주주의다.

민주주의의 원형은 고대 그리스 도시국가의 정치에서 찾아볼 수 있는데, 자유민에 의한 정치참가의 방식이 광범하게 인정되었다. 그러나 민주주의적 사상 · 제도가 정치세계에서 결정적으로 중요한 위치를 차지하게 된 것은 역시 시민계급이 전제적 절대군주정치를 타도하고 근대국가를 형성한 17~18세기 시민혁명 이후의 일이라 하겠다. 이 시기에 국민주권주의, 기본적 인권존중, 법의 지배, 민주적 정치제도 확립 등 민주주의적 사상 및 제도의 원형이 형성되었다. 이러한 민주주의 삭 방식을 체계화한 것이 홉스 · 로크 · 루소 등이며 영국 · 미국 · 프랑스 등의 각종 헌법과 선언에 반영되었다.

19세기 중엽 이후 민주주의의 과제는 드디어 경제적 불평등의 시정, 사회적 약자의 구제라는 방향으로 중점이 옮겨갔으며, 공공복지를 위해서는 개인의 자유를 어느 정도 제한하여도 불가피하다는 사고방식으로 전환되었다. 신분과 지위에 관계없이 1인 1표의 주권을 행사하는 투표권의 확보는 참여 민주주의와 복지국가의 위상정립과 역할증대에 중대한 역할을 담당했다.

6) 사회적 연대

소속한 사회에 대해 개개인이 가지는 소속의식과 연대감으로 정의할 수 있다. 자유주의사상과 자본주의가 개인의 소외와 배제, 그리고 상대적 박탈감을 야기 시키면서 사회적 연대감이 약해지고 있다. 상대에 대한 배려와 서로를 기꺼이 돕고자 하는 의식은 끈끈한 연대감을 준다. 현대사회의 익명성과 바쁜 일상은 인간소외를 부추기기 마련이고, 사회적 약자에게는 고독과 소외의 상태를 강요한다. 때로는 사회지도층의 호화판 생활이나 부적절한 처신과 축재로 인해 사회적 연대를 깨는 사례도 종종 발생한다. 빈곤이나 질병, 산업재해, 노령이라는 상황에 대해 국가가 나서 직 · 간접의 사회복지 개입을 시도하는 것도 바로 사회적 연대를 위해서다.

7) 사회정의

사회정의는 사회복지정책이 추구하는 중요한 가치다. 그러나 사회정의가 무엇인가라는 질문에 명확한 대답을 하기란 쉽지 않다. 처한 위치와 상황, 그리고 시대에 따라 사회정의를 다르게 규정할 수 있기 때문이다.

이런 어려움 때문에 사회정의를 설명하기 위해 많은 사람들은 종종 정의가 아닌 '비정의'를 먼저 설명하면서 정의에 대한 개념을 정리하기도 한다.

가장 넓게 회자되고 인용되는 것은 존라울(John Rawls)의 정의론으로, 인간은 그 속성상 타인보다 많은 것을 소유하고 싶은 욕구를 갖고 있다고 주장했다. 이런 욕구는 유한한 자원의 속성과 맞물리면서 필연적으로 갈등을 야기 시키며, 갈등해결을 위해서는 누구나 인정할 수 있는 기준, 곧 사회정의가 필요하다는 것이다.

8) 생존권보장

우리나라 헌법 34조는 "모든 국민은 인간다운 생활을 할 권리를 갖는다"라고 규정되어 있는데 이는 생존권의 보장을 밝힌 것이다. 생존권은 인간답게 살아갈 권리를 규정한 것으로, 기본적 인권 중 하나다.

생존권을 최저생활을 영위하는데 필요한 급여를 제공하는 것으로 생각하기 쉬우나 이는 잘못된 개념이다. 육체적으로나 정서적 혹은 정신적으로 쾌적하고 충만한 상태를 유지하는데 필요한 모든 급여와 서비스를 총칭한다. 사회의 가치와 소득, 구성원들의 연대의식에 따라 그 수준은 각기 달라지는 것이 보통이다.

제 3 절 사회복지정책의 과정분석

사회복지정책을 분석하는 사람들은 사회복지정책의 영역을 몇 가지 서로 관련된 방식으로 접근하는 경향이 있다. 사회복지정책 분석에 대한 주요한 접근방식은 세 가지 P의 관점에서 설명될 수 있다. 세 가지 P는 과정(process), 산출(product), 성과(performance)를 말한다.

따라서 사회복지정책의 분석을 과정분석, 산출(내용)분석, 성과(평가)분석으로 구분할 수 있다. 과정분석에서는 정책을 어떻게 계획하는

가에 주목하고 또한 사회의 정치집단, 정부, 이익집단 사이의 관계와 상호작용이 정책형성에 미치는 영향을 이해하는 데 주목한다. 그리고 성과분석(평가분석)에서는 정책을 선택한 계획적인 결과에 대해 서술하고 평가하는 것에 주목한다(Gilbert & Terrell, 2005 : 박정호, 2000).

1. 정책의제 형성

정책은 문제를 해결하려는 의지에서부터 비롯된다. 사회문제, 또 사회복지와 관련된 문제들을 해결하려는 노력의 결과물이 곧 정책이 된다. 정책은 '문제'를 '문제'로 보는 시각에서 비롯되는 데, 그대로 방치할 수 없고 개선되어야 한다는 인식이 들어야 한다. 또 이를 개선하려는 주도세력이 필요하다.

문제는 사함에 따라 상이하게 인식된다. 어떤 사람은 그것을 문제로 인식하지만 다른 사람은 그것을 일상의 일로 여길 수 있다. 사회문제는 "사회를 구성하는 대다수의 사람들이 그것을 해결해야 할 문제라고 인식할 때" 성립한다는 것이다. 이런 점에서 본다면 사회문제는 '사회적으로 만들어지는 것'으로 정의할 수 있겠다.

사회문제는 또한 사람들의 충족되지 못하는 욕구에서 비롯되기도 한다. 그렇지만 그 욕구가 충족된다하더라도 새로운 욕구가 생겨나기 때문에 사회문제는 항상 존재하게 된다.

1) 문제의 이슈화

사회문제나 사회복지적 개입이 필요한 사안과 요구가 정책과정에 오르기 위해서는 정치적 논점으로 부각시킬 필요가 있다. 이렇게 정치적 논점으로 부각된 문제나 요구를 이슈라고 한다. 이슈는 공공의 관심을 끌어야 하며, 공공정책상의 논점으로 부각되어야 한다. 그렇지 못할 경우 이슈라고 부르기 어렵다.

사회복지문제는 특히 사회적 약자들의 목소리가 대부분이기 때문에 공공의 관심을 지속시켜 나가면서 정책형성의 과정으로 끌어나가는 것은 결코 쉬운 일이 아니다.

2) 아젠다 형성

사회복지와 관련된 여러 문제들이 이슈화되고, 일반국민들의 관심을 불러일으키게 되면 정책을 결정할 수 있는 권위 있는 사람들에 의해 논의가 시작된다. 이런 과정이 곧 아젠다 형성과정이 된다.

아젠다는 문제나 이슈로 구성되며, 공공의 관심을 불러일으킨다. 아젠다는 공적인 논의의 대상으로 부각되어야 한다. 아젠다는 공공정책의 개발을 위해 모아놓은 문제나 이슈의 집합체로 구성된 목록이다.

2. 정책대안의 형성

사회복지문제를 해결할 수 있는 대안들을 연구하고 논의하며, 어떤 정책들이 사장 바람직한 것인가를 비교 · 분석하는 과정을 말한다.

1) 정책대안 형성과정의 의미

주어진 목표를 달성하기 위해 어떤 문제에 대해 가능한 해결방안들을 찾아보고 개발하는 과정이다. 넓은 의미로는 문제를 포괄하고 있는 상황을 파악해 목표를 세우고, 이를 달성할 수 있는 수단을 개발하며, 타 안들과 비교 · 분석하는 과정을 의미한다.

2) 정책대안의 성격

① **비정치성** : 사회복지정책의 대안형성을 사회복지전문가나 사회복지를 연구하는 학자, 관료들에 의해 이루어지는 것이 보통이다. 이 과정은 비교적 이해관계자들과의 상호작용 없이 이루어지고 있다. 비교적 정치색이 없이 합리적으로 이루어진다고 할 수 있겠다.

② **기술적 과정** : 정책대안을 개발하고 비교 · 분석하는 과정에는 여

러 가지 분석기법들이 동원된다. 철학과 윤리학 등은 물론 응용과학에서 이르기까지 제반 분석기법이 이용되기도 한다. 정책대안의 형성과정은 종합 과학적 성격을 지닌다(황선영 외, 2010).

3. 사회복지정책의 형성과정

1) 문제와 상황파악

사회복지문제를 이해하는 관점은 다양하다. 어떤 사람과 집단은 문제로 인식할 수 있지만. 다른 잡단은 전혀 문제로 인시가지 않을 수 있다. 문제로 인식한다 해도 사람에 따라, 혹은 문화권에 따라 문제에 대한 정의와 해결책을 찾는 과정이 상이하다.

문제해결을 위해서는 몇 가지 고려되어야 할 요인들이 있다(황선영 외, 2010).

첫째, 문제나 욕구의 원인을 파악하는 것이 필요하다. 사회문제가 발생하게 된 원인이 개인에게 있는 것인지. 사회구조(환경적인 측면)에서 비롯된 것인지에 대한 면밀한 분석이 필요하다.

둘째, 문제가 미칠 영향력의 범위를 추정하는 일이다. 영향을 받는 사람의 범위와 심각도도 고려대상이 된다.

셋째, 얼마나 많은 사람들이 이 문제를 해결해야 할 과제로 인식하고 있느냐의 여부를 고려하여야 한다.

넷째, 문제를 해결할 능력이 과연 있는가이다. 마지막으로 문제의 성격도 규정되어야 한다. 해결되어야 할 문제가 어느 정도 사회적 중요성을 갖는가. 얻던 정치적 성향을 띄는가에 대한 판단도 요구된다.

2) 정책목표설정

목표설정 과정은 미래지향적인 활동이며, 만들어진 정책목표를 구체화하는 과정도 포함된다. 목표를 구체화하기 위해 상위목표는 하위목표와 연결되는데, 하위목표들은 가능한 한 구체화, 계량화할 필요가 있다.

목표설정 시 고려되어야 할 사안들은 다음과 같다.

첫째, 정책문제의 특성이 있다.

둘째, 문제해결 목표의 종류와 성격이 있다. 이것은 장단기, 거시 혹은 미시, 전국적 혹은 지역적, 복수 혹은 단일 등을 말한다.

셋째, 클라이언트와 지역사회와의 관계와 환경이 있다.

넷째, 타 목표와의 연계성이 있다.

다섯째, 정책목표가 기초한 가치가 있다.

3) 대안탐색

정책의 대안을 마련하기 위해서는 문제의 본질과 이를 둘러싸고 있는 상황, 미래에 대한 정보수집한 후 전문가들의 종합적인 검토가 뒤따라야 한다.

정책대안을 찾는 손쉬운 방법이자 가장 많이 사용되는 방법은 과거의 정책을 살펴보는 것이다. 과거나 현재의 정책집행 결과를 면밀하게 분석해 앞으로의 정책과정에서 야기 될 시행착오를 줄일 수 있는 장점이 있다. 그러나 급변하는 환경 속에서는 별다른 효과를 얻지 못할 수 있다. 과거의 경험이나 현재의 상태를 담보해서는 불확실한 미래의 문제를 해결하기 어렵기 때문이다.

두 번째 방법은 해외로 눈을 돌려 외국의 사례를 찾아보는 방법이 있다. 주의해야 할 것은 외국의 사회・문화・정치・경제적 환경 차이를 충분히 감안해야 한다는 점이다. 문화적 차이와 해당국가의 특성을 무시한 채 정책을 도입한다면 예상치 못한 결과에 직면하게 된다.

세 번째 방법은 사회복지학, 심리학, 정치학, 사회학 등의 지식과 이론으로부터 정책대안을 만들어 내는 것이다.

네 번째는 주관적 판단에 따라 해결방안을 찾는 직관적 방법이 있다. 앞선 예가 없거나 관련 지식이 없을 경우 만들어 내는 방법이다.

4) 대안의 비교분석

합리적이며, 효율적이고, 부작용이 적은 대안을 찾아가는 과정이다. 현실에 있어 제시된 수많은 대안을 분석하는 것은 어렵다. 비용에 드는 막대한 비용, 시간상의 제약, 명확한 비교우위를 기록하는 기술상의 문제 등이 부각되었다. 이런 문제를 해결하기 위해 예비분석(거친 분석)을 통해 본격적으로 검토할 대안을 찾는 선정 작업(screen)이 이루어진다. 대안의 분석기준은 실현가능성에 있다. 대안들은 정치적, 기술적 실현가능성을 충족시켜야 한다. 또 능률과 효과, 그리고 사회적 형평에 부합되어야 한다(황선영 외, 2010).

5) 대안형성의 애로점

① **예측능력** : 과거의 경험과 현재 상황을 기초로 미래를 정확히 예측하는 것은 매우 중요한데, 정확하지 못한 정보와 자료부족, 판단 미스 등으로 인하여 좋은 정책대안을 개발하지 못하는 경우도 있다.

② **계량화** : 사회복지정책은 욕구를 해결해 가는 과정이다. 따라서 욕구충족의 정도와 만족도를 수치화한다는 것은 결코 쉬운 일이 아니다. 본질적으로 수치화할 구 없는 부분도 많다. 사회복지목표와 측정에 필요한 지표와 척도를 개발하는 것은 과제가 아닐 수 없다.

③ **비용과 시간** : 자원과 시간은 항상 유한하다. 시간이 촉박할 경우 충분한 검토 없이 정책이 수립되는 경우가 있다. 그런가 하면 제대로 만들어진 정책이 자원의 부족으로 제대로 실행되지 못하는 경우가 발생한다.

4. 사회복지정책의 결정

1) 정책결정의 의미

권위 있는 정책결정자가 문제의 해결을 위해 여러 가지 대안들 가운데서 하나를 선택하는 행위나 과정을 말한다. 여러 가지 대안이나 이미 결정된 사항이라도 집행의 우선순위를 정하는 것도 정책결정의 과정이라 할 수 있다(황선영 외, 2010).

2) 정책결정모형

① **합리모형**(Rational Model) : 인간이 이성과 합리성에 기초해 정책을 결정한다고 보는 이론이다. 정책결정을 내리고 관련된 인간들이 모두 이성적이고 합리적이라는 가정에서 출발한다. 따라서 문제에 대한 명확한 이해가 이루어지며, 또한 가장 효과적인 해결책이 마련될 수 있다고 가정한다. 각 대안들이 초래할 결과를 모든 정보를 통해 분석하고 비교하는 작업도 포함된다.

② **만족모형**(Satisfaction Model) : 마치(March)와 사이먼(Simon) 등에 의해 제창되었다. 합리모형이 '인간의 전능성'을 가정했던 것에서 탈피, 제한된 합리성에 기초한 이론이다. 대안 모두를 검토하지는 않으며, 가능한 한 다수의 대안들을 검토하다가 어느 정도 만족스러운 결과를 얻을 수 있는 안을 채택한다. 현시적으로 만족할만한 대안을 찾는 데는 유용한 모델이다.

③ **점증모형**(Incrementalist Model) : 린드블럼(Lindblom)과 윌다프스키(Wildavsky) 등이 주장하는 정책모형이다.

정책결정과정은 과거의 정책을 기초로 점증적 차이가 있는 정책대안을 검토하고 과거의 정책을 수정한 정책결정이 이루어진다는 주장이다. 여론의 반응을 보고 다시 정책을 세우는 등 과거와는 다른 정책이 만들어지는 과정이 반복된다고 보았다. 이런 특성 때문에 '지속적이고 제한적인 비교에 입각한 모형'으로도 불린다.

④ **혼합모형**(Mixed scanning Model) : 에찌오니(Etzioni)가 주장한 혼합모형은 합리모형과 점증모형의 절충형이다. 인간을 전능한 존재로 인식한데서 나오는 단점과 점증모형의 보수성을 보완하기 위한 제3의 모델이다.

혼합모형에서는 종합적 합리성(comprehensive rationality)이 강조된다. 기본적인 결정에는 합리성이 작용하지만 세부적인 결정에서는 점증적인 결정이 이루어진다는 것이 주 내용이다.

⑤ **최적모형(Optimal Model)** : 드로어(Dror)가 주장한 최적모형은 투입에 비해 산출을 많이 내는 것을 최선의 정책으로 본다. 가장 효과적인 정책결정을 위해서는 합리적인 요소와 함께 초합리적 요소의 필요성을 인정하였다. 초합리성이란 직관, 판단, 통찰력 등 인간의 의식 저변에 깔린 요소를 의미한다. 그러나 보다 중요한 것은 경제적 합리성이다. 합리성에 입각해 정책을 결정하되 초합리성도 충분히 활용항다는 모형이다.

⑥ **쓰레기통모형(Garbage Can Model)** : 코헨(Cohen), 마치(March), 올슨(Olsen)등이 주장한 이론이다. 여러 쓰레기들이 쓰레기통에 하나로 모이듯 정책을 결정짓는 몇 가지 흐름이 한 기간에 흘러들어, 우연히 의사결정이 이루어진다고 보았다. 합리성이나 타협 등은 무시된다. 킹돈(Kingdon)은 정치의 흐름, 문제의 흐름, 대안의 흐름이라는 세 가지 흐름이 모여 하나의 정책이 결정된다고 설명하였다. 정치의 흐름은 정치인과 이익집단에 의해 만들어지며, 문제의 흐름은 언론과 클라이언트가 제기해 이루어지게 된다. 이러한 정치의 흐름과 문제의 흐름이 곧 아제다 짜임과정이 된다. 관료와 연구자들에 의해 만들어지는 정책의 흐름은 대안을 구체화하는 과정이다. 이 세 흐름이 우연한 기회에 만나 정책이 결정된다는 이론이다.

⑦ **공공선택모형(Public Choice Model)** : 뷰케넌(Buchanan)이 주장한 이론이다. 공공선택모형은 개인 모두는 상이한 선호를 갖고 있으며, 모든 정책대안의 우선순위를 정할 수 있는 능력을 가지며, 자기선호에 비추어 가장 큰 이익을 가져다 줄 수 있는 전략을 선택할 수 있다는 가정에서 만들어졌다.

공공선택모형은 또한 공공의 이익을 목표로 한다. 또한 하나의 정책이 시행되면 사회의 여러 부분에 영향을 미치게 되므로 파급효과를 강조한다.

5. 정책집행

1) 정책집행의 의의

결정된 정책을 구체화시켜 나가는 것이 곧 정책집행과정이다. 정책목표를 실행에 옮기는 과정에는 해결하려는 사회문제와 관련된 이해집단들이 관여하게 된다. 정책집행과정은 많은 참여자들 사이의 상호작용과정이며, 이들과의 협상과 타협을 통해 당초의 목표를 왜곡시키기도 하고, 때론 집행을 지연시키기도 한다.

사회복지정책의 성격을 관리 기술적 · 정치적으로 살펴볼 수 있는데, 어떤 측면을 강조하느냐에 따라 집행의 의미가 달라진다. 우선, 사회복지정책집행을 목표달성을 위한 기술적 과정으로 이해하는 것이다. 정책이 결정되기까지는 가치가 내제되는 정치적 과정이지만, 정책의 집행시에는 가치가 배제된다. 정책의 집행은 정치적 중립과정이자 과학적 합리성에 입각해 이루어진다고 보는 것이다.

한편, 정책집행을 정치적 과정으로 인식한다는 것은 정책집행이 완벽한 중립상태에서 이루어지지는 않는다는 의미다. 결정과정과 마찬가지로 여러 관계자들의 참여와 상호작용이 이루어지는 만큼 정치적 색채를 완전 배제하기 어렵다는 주장이기도 하다(황선영 외, 2010).

제 4 절 사회복지정책의 산출분석

1. 연구의 분석틀

사회복지정책의 분석방법에는 여러 가지가 있을 수 있지만, N. Gilbert

와 H. Specht의 사회복지정책의 분석모형인 3Ps, 즉, 산출분석(product), 과정분석(process), 평가분석(performance)을 대표적으로 들 수 있다.

산출분석의 경우 분석초점은 정책선택(policy choice)에 관한 것이다. 즉, 구체적인 정책대안을 선택하는 경우에 그 형태와 내용은 무엇인가? 이러한 선택은 어떠한 조건을 제외시키는가? 이러한 선택을 지지하는 가치나 이론, 가설은 무엇인가? 등을 분석한다. 또한 정책자체를 대상으로 사회복지정책의 대표적인 가치인 평등, 자유, 효율, 욕구, 사회적 적절성, 인간의 존엄성 등을 어느 정도 달성하고 있는지를 연구한다.

① 사회적 할당의 기초는 무엇인가? (누구에게 급여하는가?)
② 할당된 사회적 급여의 성격은 어떠한가? (무엇을 급여하는가?)
③ 급여의 전달을 위한 전략에는 어떤 것이 있는가?(어떤 방법으로 급여를 전달하는가?)
④ 급여의 재원조달을 위한 방법에는 어떤 것이 있는가?(어떻게 재원을 조달하는가?)

위 네 가지 차원은 단지 어느 하나의 특정한 프로그램 영역에 국한된 선택들을 설명하기보다는 사회복지정책의 전 분야를 포괄한다. 그리고 네 차원들은 다시 다음의 세 축에 의해 분석될 수 있다고 제안하였다.

① 각 차원과 관련된 정책대안들의 범위(정책대안)
② 그러한 대안들을 지지하는 사회적 가치(가치)
③ 그러한 대안들의 기초가 되는 이론이나 가정(이론)

이러한 네 차원들과 세 축들을 연결하여 하나의 표로 만들어 보면 〈표 6-1〉과 같다. 표 안의 내용은 특히 공공부조와 사회복지서비스 영역에 대해서 대안 및 가치의 두 축만을 기준으로 네 차원들에 관련된 내용들이다.

〈표 6-1〉 선택의 차원

차원축	정책대안	가치	이 론
할당	-기초생활보장 수급자 -사회복지서비스 대상자	-선별주의/보편주의 -비용효과성/사회적 효과성	-
급여	-현금/현물 -기회/역량강화 -할인/감면	-평등/공평 -소비자 주권/사회적 통제	-
전달	-공공전달체계/민간전달체계 -집권화/분권화	-관료중심/시민참여 -중앙통제/지방자치	-
재원	-급여수준 -부담방법 -예산액	-인간의 존엄성/ 사회적 적절성 -평등/ 공평성 -중앙집권/지방분권	-

출처: 『사회복지정책론』, 박경일, 공동체

2. 사회복지 급여의 할당

'누구에게 사회복지 급여를 줄 것인가?라는 문제는 급여의 할당에 관한 것이다.

1) 보편주의와 선별주의

사회복지 급여의 할당을 이야기할 때에 할당 원칙으로서 통상적으로 보편주의와 선별주의가 논의된다. 보편주의는 기본권으로서 모든 사람이 사회복지 급여를 받아야 한다는 입장이다. 반면에 선별주의는 자산조사를 통한 개개인의 욕구에 기초하여 사회복지 급여를 제공하여야 한다고 주장한다.

보편주의의 입장에서 보면 첫째, 빈민이나 장애인 혹은 특별한 어려움을 가진 사람뿐만 아니라 지역사회의 모든 구성원들이 사회복지 급여의 대상이 될 수 있다고 주장한다. 둘째, 사회구성원을 주는 자와 받는 자로 나누지 않음으로써 인간 존엄성의 고수와 사회 통합을 통해 사회 효과성을 기할 수 있다고 강조한다. 셋째, 보편주의자들은 광범위한 인구

집단들에게 급여를 제공함으로써 얻을 수 있는 정치적 이점을 강조한다. 한편 선별주의자들은 첫째 상세하게 대상 집단을 정해야 한다고 주장한다. 욕구가 확인된 개인이나 집단이 급여를 받는 데에 우선권을 가져야 한다는 것이다. 둘째, 사회복지급여를 효율적으로 제공하는 방안으로 자산조사(means test)를 선호한다. 욕구(need)에 따라서 대상을 정하는 것이 불필요한 경비를 줄이고, 사회복지 급여가 정치적으로 힘 있는 중산층에게 제공될 수 있는 여지를 없앨 수 있다는 것이다.

2) 사회효과성과 비용효과성

보편주의와 선별주의가 실제 정책이나 프로그램에서 어떤 관련을 지니고 있는가는 사회효과성(social effectiveness)과 비용효과성(cost effectiveness)에 논의의 관심이 주어지는데 통상적으로 근로의욕, 낙인과 사회통합에 대한 검토가 중점적으로 이루어진다.

첫째, 근로의욕에 대해서는 선별주의자들은 사회복지급여를 보편주의에 입각하여 제공하면 다수의 수급자들의 근로의욕이 감소하고 사회복지급여에 의존하는 경향이 심화된다고 주장한다.

둘째, 낙인과 사회통합에서는 선별주의가 지향하는 비용효과성은 개인의 소득이나 문제를 조사하는 것을 거쳐 대상을 선정하는 입장이고 보편주의가 지향하는 사회효과성은 개인의 소득이나 문제 상황을 조사하지 않고 즉 개인의 차이를 따지지 않고 무조건적으로 사회복지급여를 제공해야 한다는 입장이다. 이 자산조사는 비참함을 느끼기 쉬운 빈민들과 같은 소외집단에게 낙인(stigma)을 주게 된다는 것이며, 자산조사를 하지 않는 경우는 사회통합의 사회효과성 증진에 기여한다는 주장이다.

셋째로 출산과 넷째, 가족의 안정성을 들 수 있다. 선별주의자들은 사회복지급여가 가족의 안정성을 해칠 수 있다고 보는 반면에 보편주의자들은 사회복지급여가 가족안정성을 굳히는데 기여할 수 있다고 본다.

3) 사회복지 급여의 형태

(1) 현물급여와 현금급여

사회복지 급여에는 현물급여와 현금급여가 있다. 현금급여와 현물급여의 지지하는 사람들의 주장이 서로 다른데, 현물급여를 주장하는 사람들은 첫째, 규모의 경제(economics of scale)를 이룰 수 있어 급여를 대량으로 값싸게 제공할 수 있다는 것이고 둘째, 현물급여는 급여대상자에게 정확하게 전달될 수가 있다. 한편 현금급여를 지지하는 주장은 첫째, 대량으로 생산된 현물급여는 장기적으로 보면 손실이 나게 된다는 것이고 둘째, 규모의 경제 원리를 전문적인 사회복지 서비스에 적용시키는 것은 무리라는 것이다. 셋째, 현금 급여는 사용하기에 편리하고 관리나 행정에 처리가 수월하고 비용도 적게 든다는 것이다. 넷째, 현금급여는 수급대상자의 자유의지를 존중하고 수치심(stigma)을 줄여주며 인간 존엄성을 인정한다.

(2) 급여의 형태

사회복지 급여의 형태는 기회, 서비스, 상품, 증서, 현금, 권력 등 6가지로 나눌 수 있다.

① 기회(opportunity)는 바라는 목적을 성취하기 위해 제재를 가하거나 동기를 부여하는 것이고(예: 영구아파트 입주기회, 농어촌학생 대입특별전형 등), ② 서비스(service)는 거택보호, 개인상담, 사례관리, 직업훈련 등 이며, ③ 상품(goods)은 식품, 의류, 주택 등이고, ④ 증서(voucher)는 교환가치를 갖고 있고 일정한 범위 안에서 갖가지 자원으로 교환할 수 있는 급여이다. ⑤ 현금(cash)은 공공부조, 아동수당, 사회보험의 보험금 같은 것으로 현금 급여는 무제한의 구매력을 제공한다. ⑥ 권력(power)은 상품과 자원을 관할할 수 있는 영향력을 재분배시킨다.

4) 사회복지 급여의 전달

사회복지 전달체계란 서비스 공급자들 사이 또는 공급자와 복지이용자 사이에 존재하는 조직체계로서, 복지정책을 집행하는 모든 과정을 말한다. 서비스 공급자는 크게 중앙정부와 지방자치단체, 그리고 민간기관이다. 정부와 지자체가 하는 사회복지의 집행을 공공복지전달체계라고 하고, 개인이나 비영리단체 및 기업과 같은 민간부문이 주체가 되어 행하는 비정부 사회복지활동을 민간복지 전달체계라고 한다. 공공과 민간의 사회복지 전달체계는 사회복지 급여를 복지이용자에게 효과적으로 전달하는 것을 목적으로 하며 공통적인 원칙이 있다. 첫째는 상호복합의 문제를 해결하기 위한 통합성의 원칙과 둘째는 지속성의 원칙으로 지속성은 서비스의 관계망 속에서 일어나는 흐름을 막는 장애물이나 한정된 자원으로 복지이용자의 욕구를 충족시키는 과정에서 생겨나는 격차를 제거하는 것을 말한다. 셋째, 접근성은 복지이용자가 서비스망 안에 들어가는데 장애가 없도록 하는 것이다. 넷째, 책임성은 국민의 생존권, 시민권, 사회권, 인권 등으로 인정한 사회복지서비스를 전달하도록 위임받는 조직으로서 사회복지서비스 전달에 책임을 다해야 한다. 다섯째, 전문성의 원칙으로 국가나 전문 직업단체의 시험이나 자격심사를 통해 객관적으로 인정된 사람이 해야 전문 업무를 수해할 수 있는 자율적 결정권 및 책임성을 발휘할 수 있다. 여섯째, 포괄성의 원칙은 다양한 욕구와 문제를 동시에 또는 단계적으로 해결하기 위해서 다양한 서비스가 필요하며 이를 위해서 한사람의 전문가가 여러 문제를 다루거나 각기 다른 전문가가 협력하여 포괄적인 서비스를 실시하게 하는 것이다.

전달체제의 발전적 변화에는 민영화화 상업화를 들 수 있다. 민영화란 공공기관이 운영하던 사회복지서비스를 민간기관에게 이양하는 것으로 위탁과 매각으로 구분된다. 위탁은 정부가 계속 소유하거나 궁극적으로 운영의 책임을 질 필요성이 있다고 판단해 운영만을 민간기관에게 맡기는 경우이다. 이와 달리 매각은 민간이 대체할 수 있다는 판단 하에서 민간에게 매각함으로 민간 소유로 바꾸는 것이다. 상업화는 사회복지의 이윤추구라는 차원이 바탕에 있다. 그동안의 사회복지영역이 비영리영역으로 배타적인 영역이었지만 최근 들어 영리기관의 참여가 늘어나면서 상업화 경향이 표면화되고 있다. 질 높은 서비스와 사회복지의 윤리와 이윤추구라는 사이에서의 조화로운 모색이 필요한 부분이다.

5) 사회복지 급여의 재원

사회복지정책에의 안정적인 재원의 확보는 중요한 과제이다. 안정적인 재원의 확보는 우선 계층 간, 이익집단간의 합의가 전제되어야 한다. 세원의 확보와 형평성 있는 과세, 효율적 사회보험 재정의 운영, 공공과 민간부문의 파트너십 강화도 중요한 요소이다.

(1) 공공부문의 재원

공공부문의 재원은 정부의 세금으로 구성되는 일반예산, 사회 보험료와 같은 사회보장성 조세, 그리고 각종 조세감면조치에 해당되는 조세지출의 세 가지로 나눌 수 있다.

첫째, 조세는 국가에 의해 개인과 법인에 강제적으로 부과되는 일종의 부담금이다. 목적에 따라 일반세와 특수세로 구분되며, 납부방법에 따라 직접세와 간접세로 구분된다. 부과대상에 따라 소득세, 재산세 및 소비세 등으로 구분된다.

소득세는 개인의 소득을 과세기준으로 삼아 부과하며, 법인세는 기업을 하나의 인격으로 간주하여 법인에 과세하는 조세이다. 소비세는 대표적인 간접세로 재화 및 용역의 생산, 판매, 소비과정에 부과되는 세금이다. 소득세는 가계수입 원천에 대해 과세하는 것이고, 소비세는 가계소득 사용과정에 과세한다.

소비세에는 일률적으로 모든 재화와 용역에 부과하는 조세로 일반판매세와 부가가치세가 있고 특정 재화와 용역에 대해 선별적으로 부과하는 개별 소비세가 있다. 주세, 전화세, 관세 등이 개별소비세에 포함된다.

재산세는 개인이 소유하는 재산의 가치에 부과되는 조세로 소득세를 보완하는 기능을 하며 지방세가 이에 속한다.

둘째, 국민연금, 산재보험, 고용보험, 국민건강보험 등 사회 보험료는 일반예산에 포함되지 않지만, 사용자나 피고용자들에게 강제로 부과하여 일종의 세금기능을 한다.

셋째, 조세지출은 납부해야 할 세금을 감면시키거나 면제시킴으로써 사회복지정책을 간접적으로 지원하는 방법이다. 예를 들면 기부금에 대한 세금의 환급과 아동수당대신 조세의 면제, 재해지역의 조세의 감면 등이 이에 해당된다.

(2) 민간부문의 재원

사회복지정책에 사용되는 민간부문 재원은 이용자부담, 자발적 기여, 기업복지, 그리고 비공식부문이 있다.

첫째, 이용자부담은 일정한 금액을 본인이 부담하면서 사회복지서비스를 받는 것을 말한다. 이는 과장된 수요를 방지하고, 서비스의 질적 향상과 심리적으로 자기 존중감을 갖게 하며 공적부담을 줄여 조세저항을 줄이는 효과가 있다. 문제점으로는 역진적인 측면에서 저소득층의 부담이 상대적으로 많아지며 필요한 서비스의 이용이 억제될 수 있다.(양정하 외, 2004).

둘째, 자발적인 기여는 개인, 재단, 기업 그리고 유산으로 이루어지는 것으로 개인에 의한 기여가 가장 크다. 하지만 자발적 기여의 가장 큰 문제점은 자발적 기여에 의한 재원의 불안정이다. 경제상황에 따른 영향을 받기 때문이다.

셋째, 기업복지에는 기업주들이 노동자들의 복지향상을 위해 지출하는 것을 말한다. 기업연금, 자녀 학비보조, 사원주택, 직장보육프로그램 등이 있다.

넷째, 비공식부문 재원은 사원의 사회적, 문화적 관습과 규범에 의해 유지되는 것으로 가족, 친척, 이웃 등이 재원을 제공한다.

참고문헌

김태성(2009), 『사회복지정책입문』, 청목출판사.

박경일(2007), 『사회복지정책론』, 공동체.

박병현(2011), 『사회복지정책론-이론과 분석-』, 학현사.

박정호(2003), 『사회복지정책론』, 학지사.

송근원 김태성(1999),『사회복지정책론』, 나남출판사.

양정하 외(2008), 『사회복지정책론』, 양서원.

황선영 외(2010), 『사회복지정책론』, 창지사.

Abel-Smith, Brian(2008), "Social Security." Encyclopedia Britannica Online.

Abramovitz, Mimi(2004), "Definition and Functions of Social Welfare Policy: Setting the Stage for Social Change." *In The Dynamics of Social Welfare Policy*, authored by Joel Blau. New York: Oxford Univ. Press.

Dolgoff, R. & Feldstein, D.(2000), *Understanding Social Welfare (5th ed)*. Boston: Allyn and Bacon. Encyclopdia Britannica.

Gilbert, Neil & Terrell, Paul(2005), *Dimensions of Social Welfare Policy(6th ed)*. Boston, MA: Pearson Education.

Gordon, Margaret S.(1994), *Social Security Policies in Industrial Countries*. New York: Cambrige Unvercity press.

Tice, Carolyn, J. & Kathleen Perkins(2002), *The Faces of Social Policy: A Strengths Perspective*. Pacific Grove, CA: Brook/Cole.

Titmus, Richard(1974), *Social Policy: An Introduction*. London: Allen and Unwin.

제 7 장

사회복지행정

제 1 절 사회복지행정의 개념

1. 사회복지행정의 개념

사회복지행정은 사회복지(social welfare)와 행정(administration)의 합성어로 사회복지학의 한 분야로서 독특한 학문체계를 유지하고 있다.

사회복지행정의 단순한 정의는 사회복지를 행정관리 한다는 것으로, 사회복지라는 목적 개념을 행정이라는 방법 개념을 통해 실천해 나가는 과정이라는 뜻이다(한국사회복지행정학회 편, 2003 ; 28-29).

현대사회에서 사회복지는 조직적이고 계획적인 원조계획과 활동이므로 사회복지행정도 공식적인 사회복지조직을 통하여 이루어진다. 따라서 사회복지사가 수행하는 다양한 실천 활동은 조직을 통해서 이루어지며, 사회복지실천이 이루어지는 기본적인 장(setting)이 바로 사회복지조직(기관)인 것이다. 그러므로 사회복지사에게 있어서 조직은 서비스를 제공하는 중요한 도구일 뿐 아니라 그들의 지식과 기술 및 직무만족을 지지하고 개발하는 역할을 담당한다. 따라서 사회복지행정을 이해하기 위해서는 사회복지행정이 이루어지는 조직체인 사회복지조직의 특수성을 살펴볼 필요가 있다.

사회복지행정의 특수성으로는

첫째, 사회복지조직의 투입되는 원료가 도덕적 가치를 지닌 인간이다. 다른 관료조직과는 대조적으로 사회복지조직의 원료는 문화적 가치를 부여받고, 사회적 · 도덕적 정체성을 지니고 있는 인간들이라는 것이다.

둘째, 사회복지조직의 목표는 불확실하며 애매모호하다. 사회복지조직은 목표와 관련하여 과업환경 및 직원들의 합의를 찾기가 쉽지 않다.

셋째, 사회복지조직의 기술은 불확실하다. 사회복지조직이 조직의 성과를 높이기 위해 직원에게 무엇을, 언제, 어떻게 할 것인지를 제공하는 확실한 기술이 미비하다.

넷째, 사회복지조직에서의 핵심활동은 직원과 클라이언트의 관계로 구성되어 있다. 즉, 모든 사회복지조직의 중요한 업무는 클라이언트와 직원 간의 일련의 관계 속에서 이루어진다.

다섯째, 사회복지조직은 전문성을 갖고 있는 직원에 점점 더 크게 의존한다.

여섯째, 사회복지조직에는 그 효과성을 신뢰성 있고 타당성 있게 측정할 척도가 부족하다. 따라서 그 효과성 측정에 어려움을 겪게 되고 다른 조직에 비해 조직의 변화와 혁신에 저항하게 된다.

이러한 사회복지조직의 특성들로 사회복지행정을 보다 포괄적으로 이해하기 위해서는 사회복지행정조직을 다른 조직들과 구분해서 이해해야 할 것이다(장인협 외, 2006).

2. 사회복지행정의 정의

사회복지행정에 대한 정의는 필연적으로 그 사회의 가치, 지식발전의 수준, 전문직의 이념 등을 반영하여 규정되는 것이다(Sarri, 1987).

키드네이(Kidneogh, 1950 ; 58) 에 의하면, 사회복지행정은 사회복지정책을 서비스로 전환시키는 과정으로, 정책을 구체적인 사회복지서비스로 전환시키고 그 경험을 다시 정책 수정에 반영하도록 제의하는 양방향의 과정 속에 있는 것이라고 보았다.

그 외 여러 학자들의 정의를 종합해 보면 사회복지행정은 사회복지조직의 목적 달성을 위하여 조직 구성원들이 수행하는 모든 행정적 업무를 총칭한다.

따라서 사회복지행정이라 할 때 민간중심의 기관이나 시설행정의 범주를 넘어서 공공행정, 즉 중앙이나 지방정부의 복지관련 행정 전반을 포괄하는 광의의 개념으로 받아들이는 것이 바람직한 분류로 사료된다(장인협 외, 2006).

〈표 7-1〉 사회복지행정의 범위

구분	사회복지행정	주체	대상
광의의 개념	사회사업기관행정 (협의의 사회복지행정)	민간복지기관	요보호자
	공공복지기관행정	국가 및 지방자치단체	전 국민

출처 : 장인협 · 이정호(2006). 『사회복지행정론』, p. 4.

특히 사회복지조직에 의해 제공되는 서비스는 사회복지조직에서 행정이 어떻게 이루어지느냐에 따라 결정적으로 영향을 받는다. 이와 같이 서비스와 행정간의 불가분의 관계 때문에 사회복지조직의 서비스의 질은 사회복지행정의 질에 크게 좌우된다고 볼 수 있다(Trecker, 1977 ; 25). 더욱이 현대 산업사회에서 각종 사회문제의 발생으로 인해 충족되지 않은 사회적 욕구가 증가하면서 사회복지조직으로부터의 서비스의 기대가 그 어느 때보다도 높아져가고 있는 만큼 효과적인 서비스를 위해 사회복지행정이 중요하다는 인식이 학계와 사회복지 실무자들에게 보편화되어 가고 있는 실정이다(최성재 외, 2008 ; 30).

3. 사회복지행정의 가치

사회복지행정의 가치는 사회복지행정 업무를 처리하는 데 있어서 일종의 기준으로서 바람직한 행정이 어떤 것이며, 어떻게 해야 할 것인지를 지향하는 가치를 의미한다.

사회복지행정가가 취하는 모든 결정과 행동에는 행정가의 신념, 태도 및 가치가 그 속에 깃들어져 있으며 그것이 의식적인 과정이든 또는 무의식적인 과정이든, 본질적인 가치의 문제가 사회복지행정에서 다루어져야 한다(최성재 외, 2008 ; 33).

일반적으로 행정학에 제시되고 있는 행정의 보편적 가치는 합법성, 효율성, 효과성, 형평성, 민주성, 자율성 등이다.

1) 효율성

효율성을 능률성이라고도 하며 경제적 능률성과 같은 의미를 가지고 있다. 최소의 자원(input)으로 최대의 효과(output)를 어떻게 거둘 것인가 하는 것이다. 이 가치는 자원의 제한성이 있는 사회복지서비스의 공급에 있어서 중요시되는 이념이다. 사회복지행정도 현실적으로 자원이 제한될 수밖에 없기 때문에 효율성의 전제하에서 집행하여야 한다.

2) 효과성

효과성은 목표달성의 정도, 즉 조직의 산출이 당초에 의도한 목표를 어느 정도 달성했느냐를 의미한다. 사회복지행정은 효과성의 전제하에 집행되어야 한다. 주어진 예산을 지침에 따라 필요로 하는 사람을 위해 사용하였다는 사실보다는 주어진 행정서비스를 받고 어느 정도가 행정이 추구하는 근본적 목적에 도달한 것인지를 고려하여 집행하여야 하는 것이다.

3) 형평성

형평성은 공평성과 유사한 의미를 가진다. 공평성이란 동일한 욕구를 가진 사람에게는 동일한 수준의 대우를 하는 것을 말한다. 소득수준이 비슷한 사람에게는 비슷한 수준의 사회보험료를 부담하도록 하거나 비슷한 수준의 세금을 납부하도록 하는 것과 소득수준이 비슷한 수준의 생계비를 지원하는 것도 형평성의 한 예이다.

4) 접근성

접근성은 편익성이라고도 하는데 서비스를 받고자 하는 사람이 항상 쉽게 이용할 수 있도록 가까운 거리에 사회복지조직이 위치하여야 하며, 수혜자가 거리낌 없이 서비스를 받을 수 있어야 한다. 사회복지행정에서 접근 가능성을 높일 때 보다 많은 사람이 서비스를 이용할 수 있고, 기대한 효과를 이끌어 낼 가능성이 높아진다.

5) 책임성

책임성은 사회복지행정이 목적달성에 충실하게 임하였으며, 집행과정에서 법을 준수하였는지를 묻는 행정의 가치이다. 사회복지행정에서 책임성이 제고되면 합목적성과 합법성을 향상시킬 수 있다.

6) 대응성

대응성은 사회복지조직이 시민의 요구에 부응하는 사회복지서비스를 제공하였는지를 묻는 사회복지행정의 가치이다. 사회복지행정과정에서 시민의 요구에 부응하는 서비스를 제공함으로써 사회복지행정의 책임성을 늘릴 수 있다.

7) 합법성

합법성은 한 마디로 법치행정을 의미하는 것으로서 행정작용이 법에 의거해서 행해져야 한다는 것을 말한다. 즉, 사회복지행정과정이 법률에 적합해야 한다는 것을 의미한다. 사회복지행정이 전문화된 행정활동이라면 행정가의 재량권이 더 중요할 수도 있지만 사회복지행정 활동을 규정하는 사회복지 관련 법률들의 의도 내지 취지를 적극적으로 실현하는 것이므로 사회복지행정 활동에서 합법성 이념은 중요한 의미를 가진다.

8) 민주성

민주적 행정이란 한 마디로 클라이언트를 위하고 그들의 뜻에 따라 서비스를 전달하는 것을 말한다. 즉, 복지행정 수행에서 클라이언트가 우선적으로 고려되고 중시되어야 한다는 것이다. 특히 다양한 인간들의 생명과 생활을 보호하고 변화시키는 복지현장에서의 서비스 전달과 관리를 주된 임무로 하는 사회복지조직에서 민주성 이념은 다른 이념들보다 상대적이고 더욱 가치개입적인 이념이라 할 수 있다.

9) 자율성

행정의 자율성이란 중앙정부와 정치권력으로부터 독자성을 확보한다는 것을 의미하며, 사회복지행정의 자율성이란 지역욕구의 특성에 알맞은 복지행정을 자주적으로 기획 · 결정 · 집행하는 것을 의미할 것이다. 이러한 자율성은 지역사회 주민자치의 성숙도에 따라 그 현실적 기능도가 높아질 것이다.

제 2 절 사회복지행정의 범위와 영역

1. 사회복지행정 범위

사회복지행정은 사회복지실천의 한 부분이다. 일반적으로 사회복지실천은 세 가지 수준에서 이루어진다.

첫째, 마이크로 수준(micro level: 개인을 대상으로 한 일 대 일(one-to-one basis)의 실천

둘째, 메조 수준(mezzo level): 가족과 집단을 대상으로 한 실천

셋째, 매크로 수준(macre level): 조직과 지역사회를 대상으로 한 실천과 사회복지 관련 법률과 사회복지정책의 변화를 추구하는 실천

이 중에서 매크로실천은 과거에는 지역사회조직, 사회행동(social action), 사회계획(social planing), 지역개발(local development) 등 전통적인 방법을 이용했으나 오늘날에는 사회조직 차원에서 매크로 실천이 이루어진다.

매크로 실천은 다음과 같은 세 가지 기술을 활용한다.

① 기관정책 또는 공공사회정책(agency or public social policy)을 변화시켜 클라이언트에게 필요한 서비스와 급여를 확보한다.

② 기관 또는 지역사회 수준에서 프로젝트를 수행한다. 노숙자를 위한 기금 조성은 좋은 예이다.

③ 기관 또는 지역사회 수준에서 새로운 사회복지서비스 프로그램을 계획하고 집행한다. 대학 안에 성폭력방지 교육 프로그램을 만들어 운영하는 것이나 장기요양시설 입소노인을 위한 레크리에이션 프로그램을 운영하는 것이 좋은 예이다. 매크로 실천에서 사회복지사가 주로 구사하는 사회복지실천기술은 지역사회복지실천과 사회복지행정이다.

이처럼 사회복지행정은 사회복지사의 매크로 실천의 한 방법이다. 매크로 실천가로서의 사회복지사는 사회복지기관에서 사회복지행정을 담당하는 사회복지기관 매니저이다. 사회복지기관 매니저는 과거에는 사회복지기관에서 오래 근무해 기관의 업무에 대해 잘 아는 시니어 사회복지사가 맡는 경우가 많았지만 사회복지기관의 효율적인 경영관리에 대한 관심이 커지면서 경영전문가를 외부에서 영입하는 기관이 많아졌다(원석조, 2009 ; 30).

2. 사회복지행정의 영역

일반적으로 행정과정 또는 행정영역은 기획(Planning), 조직화(Organizing), 인사 (Staffing), 지시(Directing), 조정(Coordination), 보고(Reporting),재정(Budgeting), 그리고 평가(Evaluating) 등이 주요 구성요소를 이루고 있다.

행정학이나 정책학에서는 이의 머리글자를 따서 POSDCoRBE로써 표현된다(장인협 외, 2006).

① 기획/또는 계획(planning)

기획은 행정가에 의하여 수행되는 첫 번째 과정으로서 ㉠ 목표의 설정, ㉡ 목표를 달성하기 위한 과업이나 활동, ㉢ 과업을 수행하기 위하여 사용되는 방법의 결정을 포함한다.

② 조직(organizing)

두 번째 행정과정인 조직은 작업의 할당이 규정되고 조정되는 공식적인 구조의 설정을 요한다. 역할과 책임이 분명하지 않을 때 직원 간에 갈등이 초래되며, 비효율적이고 비효과적인 기관이 된다.

③ 인사(staffing)

인사에 포함되는 세 가지 활동은 ㉠ 직원의 채용과 해고, ㉡ 직원의 훈련, ㉢ 우호적인 활동조건의 유지이다.

④ 지시(directing)

행정책임자는 그들의 능력을 입증함으로써 기관을 효과적으로 지시하는 지도자가 되어야 한다.

⑤ 조정(coordination)

조정은 기관 활동의 다양한 부분들을 상호 관련시키는 매우 중요한 기능이다. 행정가가 그의 조정기능을 달성하기 위해서는 기관의 여러 부서와 직원들 간에 효과적인 의사소통의 통로가 만들어져서 유지되어야 한다.

⑥ 보고(reporting)

행정가가 보고의 기능을 수행하기 위해서는 기관의 직원, 이사회, 지역사회, 재원을 제공하는 기관에 대하여 기관에서 일어나는 상황을 알려 주어야 한다.

⑦ 재정(budgeting)

건전한 재무행정은 다음의 세 가지 요소로서 구성된다. 즉, ㉠ 건전한 조직상의 계획, ㉡ 재정계획, ㉢ 재정운영의 통제이다. 행정책임자 또는 재정책임자는 재정기록(회계방법)을 통하여 기관의 재정상의 운영을 통제하는 전반적인 책임을 진다.

⑧ 평가(evaluating)

평가는 설정된 기관의 목표에 비추어 전반적인 활동결과를 사정하는 과정이다. 기관의 목표나 목적의 달성을 평가하기 위해서 행정가는 효과성척도와 효율성척도를 적용한다.

제 3 절 사회복지서비스 전달체계

사회복지행정은 추상적인 사회복지정책을 구체적인 사회복지서비스로 전환하여 서비스를 필요로 하는 사람(클라이언트 또는 소비자)에게 전달하는 과정에 관한 활동이라 할 수 있다(Skidmore, 1990 ; 3). 사회복지행정은 사회복지서비스의 효과적이고 효율적인 전달에 관한 조직적 및 구조적 측면에서 고려되어야 한다. 그리고 공적 및 사적 차원의 사회복지서비스 전달체계에 대한 이해가 필요하다.

1. 사회복지서비스 전달체계의 개념

사회복지서비스 전달체계(delivery system)란 지역사회체계 속에서 사회복지서비스의 공급자 간 또는 공급자와 소비자(클라이언트, 고객 또는 수혜자) 간을 연결시키기 위한 조직적 장치(organizational arrangements)라고 할 수 있다(Gilbert & Terrell, 1988 ; 143). 다시 말해서, 사회복지서비스 전달체계란 지역사회 내에 존재하는 사회복지서비스의 공급자 간의 연결 또는 사회복지서비스의 공급자와 소비자 사이를 연결시키기 위하여 만들어진 조직적 체계이다(배은영 외, 2010).

2. 서비스 전달체계의 구분

1) 구조기능적 구분

사회복지서비스 전달체계는 구조·기능상으로 보면 행정체계와 집행체계로 구분될 수 있다(성규탁, 1992 ; 75). 조직은 구조상으로 서비스 전달을 기획, 지원 및 관리하는 행정체계와 소비자와 상호 접촉을 가지면서 서비스를 직접 전달하는 집행체계로 구분할 수 있다.

2) 운영주체별 구분

사회복지서비스 전달체계는 운영주체에 따라 공적 전달체계와 사적(민간) 전달체계로 구분될 수 있다. 공적 전달체계는 중앙정부 및 지방자치단체 또는 공공기관이 직접 관리·운영하는 것을 말하고 사적 전달체계는 민단이 직접 관리·운영하는 것을 말한다.

3. 사회복지서비스 전달체계 주요 원칙

사회복지서비스 전달체계의 구축에서 고려되어야 할 여러 가지의 원칙이 있을 수 있지만(Gates, 1980 : 52-58 : Friedlander & Apte, 1980 : 183 : Gilbert & Specht, 1986 ; 121-122 : 서상목 외, 1989 ; 23-31 : 성규탁, 1990 ; 400-409) 중요하다고 생각되는 8가지의 원칙을 제시하면 다음과 같다.

1) 전문성의 원칙

사회복지서비스 제공업무 외에 핵심적인 주요 업무는 반드시 전문가가 담당을 해야 한다. 전문가는 자격이 객관적으로 인정된 사람(국가 또는 전문 직업단체의 시험 또는 기타 지역 자격심사에 의하여 자격증을 부여받은 사람)으로 자신의 전문적 업무에 대한 권위와 자율적 결정권 및 책임성을 지닌 사람을 말한다.

2) 충분성(적절성)의 원칙

사회복지서비스는 그 양과 질, 제공기간이 클라이언트나 소비자의 욕구충족(또는 문제해결)과 서비스의 목표(자활과 재활)달성에 충분해야 한다. 예를 들면, 소득보장을 위한 급여가 최저생계비 수준에도 못 미친다든가, 서비스 제공기간이 너무 짧다든다 하면, 소비자는 욕구를 충족할 수 없을 뿐만 아니라 나아가서는 서비스의 목표를 달성하기 어려울 것이다.

3) 포괄성의 원칙

사람들의 욕구는 다양할 뿐만 아니라 한 가지 문제는 다른 여러 가지의 문제와도 연관되어 있는 것이 일반적이기 때문에 다양한 욕구 또는 다양한 문제를 동시에 또는 순서적으로 해결하기 위하여 다양한 서비스를 필요로 한다.

4) 지속성의 원칙

한 개인의 문제나 욕구를 해결하는 과정에서 필요한 서비스의 종류와 질이 달라져야 하는 경우가 많다. 이때 한 개인이 필요로 하는 다른 종류의 서비스와 질적으로 다른 서비스를 조직 또는 지역사회 내에서 연속적이고 지속적으로 받을 수 있어야 한다(Gates, 1980 ; 53).

5) 통합의 원칙

클라이언트의 문제는 많은 경우 복합적이고 상호 연관되어 있기 때문에 이러한 문제의 해결을 위한 서비스들도 서로 연관되어야 한다. 예를 들면, 탁아 프로그램은 양호, 교육, 급식, 영양교육, 가족계획 교육 등이 통합되는 것이 바람직하고, 미혼모 프로그램은 탁아, 보건, 급식, 사회사업서비스들이 통합되는 것이 바람직하다.

6) 평등성의 원칙

국가는 특별한 경우를 제외하고는 기본적으로 성별, 연령, 소득, 지역, 종교, 지위에 관계없이 모든 국민에게 사회복지서비스를 평등하게 제공하여야 한다.

7) 책임성의 원칙

사회복지조직은 복지국가(사회)가 시민의 권리로 인정한 사회복지서비스를 전달하도록 위임받은 조직이므로 사회복지서비스의 전달에 대하여 책임을 져야 한다.

8) 접근성의 원칙

사회복지서비스는 그것을 필요로 하는 사람들이면 누구나 쉽게 받을 수 있어야 하기 때문에 클라이언트(소비자)가 접근하기에 용이하여야 한다.

4. 공적 사회복지서비스 전달체계

1) 전달체계의 현황

현재 법적으로 공적 서비스 기관을 통해 국민에게 전달되도록 규정된 사회복지 업무는 사회보험, 공공부조, 사회복지서비스로 구분할 수 있고 현재 우리나라의 사회복지행정체계는 보건복지부의 정책을 기초로 하여 광역지방자치단체, 읍 · 면 · 동사무소의 구조를 통해 집행을 담당하고 있다. 그래서 이러한 체계를 통해 각 지방의 행정인력 수급을 관리하며, 행정조직의 구조 및 개편과 관련한 사항에 대해서는 행정안전부와의 협의 또는 지시를 통해 이루어지고 있다.

우리나라의 공적 전달체계의 프로그램은 보건복지부, 기획재정부, 행정안전부, 교육과학기술부, 여성가족부, 국방부, 노동부, 농림수산식품부, 국가보훈처, 법무부 총 10개의 부처로 나누어지는데 보건복지부를 비롯하여 대부분의 부처가 연관되어 사회적 문제에 관여하고 있다.

중앙정부의 부처별 사회복지 담당업무를 정리하면 〈표 7-2〉와 같다.

〈표 7-2〉 중앙정부의 부처별 사회복지 담당업무

부 처	담당부서	담당업무
보건복지부	사회복지정책실 보건산업정책국 건강정책국 저출산고령사회정책실 장애인정책국 보건의료정책실	-복지정책총괄, 사회복지전문요원, 사회복지사자격제도 -노인, 장애인관련사업 총괄 -국민연금 관련업무 총괄 -의약품, 식품 등 공공보건 관련업무 총괄 -자원봉사, 사회복지관, 사회복지 공동모금회 등 시설지원
기획재정부	경제정책국 사회정책과	-고용안정 및 근로자복지관련 시책의 조정 -국민복지증진에 관한 투자계획 및 관련정책의 종합조정
행정안전부	경찰청	-여성, 청소년 비행 방지에 관한 업무

	생활안전국 성과후생관 연금복지과	-비행청소년의 보호지도 -공무원연금제도의 연구 및 개선 -공무원금관리공단의 제도 개선 및 업무 지침 -공무원연금재정의 장기전망 및 분석평가 -공무원연금기금운용심의회의 운용
과학기술부	인재정책실 교육발전기획과	-의무교육정책에 관한 종합계획의 수립조정 -유아, 특수교육에 관한 업무 -교육공무원의 보수제도 및 후생복지
여성가족부	여성정책국 권익증진국 청소년가족정책실	-여성정책에 관한 종합계획수립 및 조정 -남녀평등의식 및 문화 확산을 위한 교육 -가정폭력 및 성폭력 예방과 피해자 보호계획의 수립 및 조정 -가정폭력 및 성폭력 피해자 지원에 관한 업무 -청소년·가족관련사업 총괄
국방부	보건복지관	-군인연금제도의 발전과 계획 및 조사연구 -군복지행정의 수입 및 제도 발전 -군인보험업무에 관한 사항 -군보건정책의 수립조정
노동부	노시협력정책국 근로기준국 산업안전보건국	-여성, 장애인의 고용에 관한 업무 -근로자 복지후생, 근로조건의 기준 -상업안전보건 -상업재해보상보험 -직업안정 및 실업대책
농림수산 식품부	농촌정책국 농촌정책과	-농촌복지에 관한 업무 -농촌교육여건 개선 -농촌생활 개선과 농림건강관리
국가보훈처	복지증진국 보상정책국	-국가유공자 및 그 유족에 관한 지원 -국자유공자복지계획의 수립 총괄지도 -국가유공자 등에 대한 의료보호시책 및 제도의 연구 -복지시설 투자계획의 수립 및 집행
법무부	범죄예방정책국	-보호행정의 종합계획 및 조사연구 -갱생보호에 관한 사항 -보호소년 및 위탁소년의 교과교육, 직업훈련, 생활지도

출처: 배은영 외, 2010, 재인용

2) 공적 사회복지 전달체계의 문제점

공적서비스는 별도의 전담기구가 설치되지 않고 보건복지부, 시·도, 시·군·구, 읍·면·동주민자치센터(구, 동사무소)의 지방행정조직에서 행정업무와 서비스 전달의 일선업무를 담당하도록 하고 있어 정책 결정기관(보건복지부)과 집행기관(행정안전부 소관)의 분리로 전달체계 조직구조상의 문제와 서비스 제공의 책임성, 전문성, 효율성, 효과성 미흡의 문제가 제기되어 왔다.

조직구조상의 문제점을 보면

① 상의하달식의 수직적 전달체계

② 서비스의 통합성 결여 및 행정단위체계의 연계성 부족

③ 사회복기행정의 지방 일반행정 체계로의 편입

④ 사회복지 관련 위원회와 위원의 활동부진

⑤ 전문 인력의 부족

⑥ 전문 인력 관리 미흡으로 제기되고 있다.

5. 민간 사회복지서비스 전달체계

사회복지서비스는 공식적으로 조직된 활동으로 전달주체 또는 운영주체는 정부의 공적 전달체계 외에 민간 사회복지 전달체계가 있다. 민간 사회복지 전달체계란, 지역사회에서 사회복지시설과 같은 서비스의 제공자와 클라이언트를 연결시키기 위한 체계적이고 조직적인 장치, 서비스전달업무를 실제로 집행하는 사회적 체계라 할 수 있다.

민간 사회복지서비스는 선별적이고 제한적인 공적서비스 비 해당자에 대해 서비스를 제공하고, 정부가 제공하는 기본적 · 보편적 1차 서비스 이외에 국민 개개인의 다양한 문제나 욕구에 맞는 질 높은 서비스를 민간 사회복지기관이 제공할 수 있다. 이는 지역적 · 시간적 여건에 따라 서비스를 선택할 수 있게 되었고, 공적 기관과 사적(민간) 기관 간의 경쟁을 통해 서비스의 질을 향상시킬 수 있다.

1) 민간 사회복지기관의 분류

공공복지가 활발하게 이루어짐에도 불구하고 사회복지활동은 가족을

비롯한 지역사회 공동체를 통해 발전하며 기업이나 민간사회복지기관 등의 민간복지에 의해 운영되어지는 것이 필요하다. 그래서 민간복지가 공공복지에 대한 보충적 역할을 수행해야 한다. 민간복지는 공공복지의 보완적인 역할을 통해서 정부의 복지서비스와 다른 양질의 차별화된 서비스를 제공한다. 그래서 수혜자들이 정부서비스 외에 다양한 복지서비스를 선택할 수 있는 환경을 제공하는 것이다. 〈표 7-3〉에 제시한 것과 같이 우리나라의 경우 대상자별로 구분하여 노인, 아동, 장애인, 정신, 부랑·노숙인, 지역주민, 기타 시설 등 대상자별로 구별된 다양한 민간복지기관이 존재한다.

〈표 7-3〉 민간 사회복지기관의 분류

<table>
<tr><th>대상자별</th><th colspan="2">시설 종류</th></tr>
<tr><td rowspan="6">한부모(한부모복지시설)</td><td rowspan="4">■ 생활시설</td><td>-모(부)자 복지시설</td></tr>
<tr><td>-모(부)자 자립시설</td></tr>
<tr><td>-미혼모시설</td></tr>
<tr><td>-일시보호시설</td></tr>
<tr><td rowspan="2">■ 이용시설</td><td>-여성복지관</td></tr>
<tr><td>-모·부자 가정상담소</td></tr>
<tr><td>영유아(보육시설)</td><td>■ 이용시설</td><td>-보육시설</td></tr>
<tr><td rowspan="4">성매매피해자
(성폭력피해보호시설)</td><td rowspan="3">■ 생활시설</td><td>-일반지원시설</td></tr>
<tr><td>-청소년지원시설</td></tr>
<tr><td>-외국인여성 지원시설</td></tr>
<tr><td>■ 이용시설</td><td>-자활지원센터</td></tr>
<tr><td rowspan="2">성폭력범죄피해자
(성폭력피해보호시설)</td><td>■ 이용시설</td><td>-성폭력피해자보호시설</td></tr>
<tr><td>■ 생활시설</td><td>-성폭력피해상담소</td></tr>
<tr><td rowspan="2">가정폭력피해자
(가정폭력보호시설)</td><td>■ 생활시설</td><td>-가정폭력피해자보호시설</td></tr>
<tr><td>■ 이용시설</td><td>-가정폭력상담소</td></tr>
<tr><td rowspan="6">정신</td><td colspan="2">■ 정신요양시설</td></tr>
<tr><td colspan="2">■ 정신의료기관</td></tr>
<tr><td colspan="2">■ 정신보건센터</td></tr>
<tr><td colspan="2">■ 알코올상담센터</td></tr>
<tr><td rowspan="2">■ 사회복귀시설</td><td>-정신질환자생활훈련시설</td></tr>
<tr><td>-정신질환자작업훈련시설</td></tr>
</table>

		-정신질환자주거시설
		-정신질환자종합훈련시설
부랑 · 노숙인	■부랑인시설, 노숙인 쉼터, 상담보호센터	
지역주민	■종합사회복지관	
기타시설 · 기관	■결핵, 한센시설	
	■자원봉사센터	
	■자활후견기관	
	■의료사회사업기관	
	■직능단체	
	■복합노인복지시설	

출처: 배은영 외, 2010, 재인용

2) 민간사회복지 조직의 분류

민간사회복지전달체계는 민간사회복지조직체계이고 또한 민간사회복지조직이다. 민간 사회복지조직(volunatary social welfare organization)은 "영리를 목적으로 하지 않는 주민조직과 사회복지법인, 재단법인 및 사단법인, 종교단체, 법정단체 및 기타 특수법인, 등록단체나 그 법인 또는 단체가 사회복지사업을 목적으로 운영하는 시설(institution)과 기관(agency)"이다(이정호, 1987 ; 49).

사회복지조직은 여러 가지 기준에 의하여 분류될 수 있는데 주요 분류기준에 따른 분류를 도표로 제시하면 다음 〈표 7-4〉와 같다(서상목 외, 1989 ; 1000-104 참조).

〈표 7-4〉 민간 사회복지조직의 분류

분류기준	분 류
설립주체	사회복지법인, 재단법인, 사단법인, 사회단체, 개인
사회사업방법론	금품지급서비스 조직, 개별 사회사업조직, 집단 사회사업조직, 종합 복지조직
서비스의 직 · 간접성	직접 서비스 조직, 간접 서비스 조직
서비스 제공장소 · 거주 여부	생활시설(주거시설), 이용시설
문제 · 대상 인구	소득유지 조직, 보건의료 조직, 가정복지 조직, 아동복지 조직, 신체장애인 복지조직, 정신건강서비스 조직, 성인 범죄 문제 조직, 집단활동 서비스 조직, 대중오락 및 비공식 교육 조직, 사회계획 및 발전 조직, 노인복지 조직, 부녀복지 조직, 청소년 복지 조직, 산업사회 복지 조직, 갱생보호 조직, 자원봉사자 양성 조직 등

3) 민간 사회복지 전달체계의 현황

우리나라의 사회복지전달체계의 협의체는 세 가지로 구분할 수 있다.

① **지역사회복지협의회(councils of social wefare)** : 전문적 혹은 비전문적 개인과 사회복지기관의 단체회원으로 구성된 협의체이다. 한국사회복지협의회(중앙) 및 시 · 도 사회복지협의회가 여기에 해당된다.

② **지역사회복지협의체** : 민관협의체로서 지역사회복지기관, 민간 사회복지전문가. 사회복지 관련공무원 등으로 구성된 협의체로서 지역사회의 지역사회복지계획을 수립 심의하며, 사회복지사업에 관한 중요사항을 건의하고 지역사회서비스를 연계 · 조정하는 기능을 한다,

③ **사회복지 직능별 협의체** : 사단법인 한국아동복지시설협의회를 비롯한 한국노인복지시설협회, 한국장애인복지시설협회, 한국정신요양복지시설협회, 한국여성단체협의회 등이 여기에 해당된다.

4) 민간사회복지 전달체계의 문제점

첫째, 정부의 보조에 크게 의존하고 그 운영에 있어서 지도 · 감독을 받고 있어, 지역사회 클라이언트의 요구보다는 정부의 “지시”에 따르는 경향이 많아 민간부문의 장점인 자율성과 창의성이 크게 제약을 받고

있다.

둘째, 정부의 지원수준이 낮고 시설의 종별 · 지역별 분포가 불균형하며, 재정상태 및 전문 인력 확보가 매우 미비한 실정이다.

셋째, 사회복지조직의 협의기구들이 조정자로서의 역할과 기능이 미약하다.

넷째, 서비스의 제공에 필요한 재원이 빈약하여 대부분 만성적인 재정난에 봉착되어 있어, 단순 수용보호 사업만 으로는 클라이언트의 건전한 인격 형성, 사회생활 적응능력의 배양, 자립, 자활 등과 같은 클라이언트의 복지목표를 기대하기는 어려운 실정이다.

다섯째, 적합한 전문 인력을 고용할 수 없어 전문적 프로그램의 제공에 어려움이 있다.

제 4 절 사회복지행정의 실천기술

사회복지행정의 실천기술로는 조직관리, 인사관리, 재정관리, 마케팅관리, 정보관리, 리더십, 욕구조사, 평가조사 등이 있는데 여기에서는 사회복지행정의 주요 과정인 조직관리, 인사관리, 재정관리, 마케팅관리, 리더십, 정보관리, 프로그램개발 및 평가 등을 중심으로 살펴보겠다.

1. 조직관리

1) 조직의 특성

조직이란 '특정 목표를 달성할 목적으로 의도적으로 구조화되고 계획된 사회적 단위'(Etzioni, 1964 ; 4)라고 정의한다. 그러나 사람들이 특정한 목표를 가지고 모였다고 하더라도 모두 조직이라 하지 않는다. 조직으로 불리어지려면 다음과 같은 특성을 가져야 한다.

① 조직은 반드시 공동의 목표가 있어야 한다.
② 조직은 분업을 통하여 개인의 한계를 극복한다. 조직 내의 동료들과 협동적으로 분업함으로 효율적으로 목적을 수행해 낸다.
③ 조직은 일정한 체계를 가져야 한다. 지위에 따른 권한의 차이를 두어야 한다.
④ 조직은 일정한 규모의 구성원이 있어야 한다.
⑤ 조직은 개개인의 능력의 합보다 더 큰 힘을 발휘하여야 한다(시너지효과, synergy effect).

2) 사회복지조직관리의 원리

① **계층제(hierarchy)의 원리** : 계층제란 조직구성원간의 권한과 책임을 배분하고 명령・지휘・복종의 관계를 명시하는 것이다.
② **명령통일(unity of command)의 원리** : 명령통일의 원리란 한조직원이 한 사람의 직속상관으로부터만 명령을 받아야 하는 원칙이다.
③ **통솔범위(span of control)의 원리** : 통솔범위의 원리란 상관・감독자의 통솔대상자의 수가 한정되어야 하는 것이다.
④ **분업·전문화(division of work or specialization)의 원리** : 전문분야별로 조직구성원들에게 주된 업무를 분담하여 일을 처리하는 것이다.
⑤ **조정(coordination)의 원리** : 조정의 원리는 목표달성에 필요한 조직원들의 행동을 통일하도록 하는 것이다.
⑥ **부문화(departmentation)의 원리** : 조직의 효율성을 위해 목적이나 기능에 따라 조직을 개편하는 것을 말한다.

3) 사회복지조직의 특징

① 사회복지조직에 투입되는 원료는 도덕적 가치를 지닌 인간이다.
② 사회복지조직은 서비스를 제공받는 클라이언트의 복지를 보호하고 증진하도록 사회로부터 위임받았고 이로서 그 존재가 정당화

된다.

③ 사회복지조직은 클라이언트와의 직접적인 관계 속에서 활동하고 있다.

④ 사회복지조직의 목표는 모호하고 애매하며 이해관계자 사이의 타협으로 형성될 수도 있다.

⑤ 사회복지조직은 소기의 결과를 얻는데 불완전한 지식과 기술을 사용하고 있다.

⑥ 사회복지조직의 서비스는 효과성과 효율성을 확실하고 타당하게 측정할 수 있는 표준척도가 없다.

⑦ 사회복지조직은 주로 전문가에게 의존한다.

⑧ 사회복지조직은 환경에 의존한다.

4) 사회복지조직의 조직구조

① **공식조직과 비공식조직** : 공식조직이란 기관을 확인할 수 있는 구조로서 직원관계에 있어 위계질서가 있는 조직이며, 위원회, 이사회를 포함한다. 공식구조는 분업을 통한 과업수행이 기본이며, 위계적 과정으로 업무를 수행하고, 책임에 따른 부문조직으로 구성되며, 통제를 범위를 정하고 있다. 이에 비해 비공식조직은 공식적인 절차에 의해서 형성된 조직이 아니며 조직 내에서 자연발생적으로 형성되는 소규모 집단을 말한다. 비공식조직은 공식조직의 결함이나 약점을 보완함으로써 공식조직이 유지되는데 도움이 되며, 공식조직의 긴장감이나 압박감의 배출구가 되며 변화의 대행자가 되기도 한다.

② **수직조직과 수평조직** : 수직조직은 명령과 복종관계를 가진 수직적 구조를 형성하여 조직의 목표를 달성하고자 하는 구조이다. 수직구조는 조직의 목표달성에 결정권을 가지며 서비스 대상자와 직접적으로 참여하고 조직의 목표달성에 기여한다. 한편, 수평구조는 막료조직 또는 참모조직이라 한다. 이는 수직조직이 원활하게 기능을 수행할 수 있도록 지원하고 촉진하여 조직의 목표달성에 간접적으로 공헌하는 구조

이다.

③ **동태적조직** : 사회복지조직에 쓰이는 동태적조직은 태스크 포스(task force)조직, 매트릭스(matrix)조직, 팀(team)조직이 있다. 태스크 포스조직은 특별한 과업에 따라 관련부서에서 프로젝트 수행을 위해 인력을 차출하여 각 부문의 전문가들로 구성된 팀을 만들어 프로젝트를 수행한 후, 임무가 끝나면 팀은 해체되고 구성원은 원래 소속된 부서로 복귀하는 형식으로 된 조직이다. 매트릭스 조직은 특별한 과업을 수행하기 위해 각 부문별 전문가들을 차출하지는 않고 임무를 부여한 다음, 각 부문에서 업무를 수행하면서 프로젝트 책임자가 필요시 회합을 통하여 해당프로젝트의 진행사항을 점검하고 추진하는 방식의 조직이다. 팀조직은 기존의 전통적인 조직을 재편하여 하나의 팀으로 전환하고 팀장을 중심으로 업무를 수행하도록 만든 조직구조를 말한다.

5) 사회복지조직의 기획과 의사결정

기획은 해야 할 일과 하는 방법 및 시기, 해야 할 일의 필요성, 일을 책임질 사람을 구체적으로 정하는 것으로서 선택할 수 있는 여러 가지 대안들 중 적절한 것을 가려내는 작업이라고 할 수 있으며, 기획은 목적에 적합해야 하며, 특별한 매력이 있어야 하며, 참신하고 메리트가 기대되며, 결정권자가 승인하고 실행 가능한 것이어야 한다(신복기 외, 2002).

기획의 첫 단계는 구체적인 목표를 설정하는 것이고, 두 번째는 기획의 대상과 구체적 목표에 대한 다양한 정보를 수집하고 그러한 프로그램을 실시하는 데 필요한 인적 · 물적 · 사회적 자원을 검토하는 관련정보를 수집하고 가용자원을 검토하는 것이고, 세 번째는 목표달성을 위한 다양한 방법들을 찾는 대안적 방법의 모색단계이고, 네 번째는 각각의 대안들을 택해서 실시할 경우 실시에 관련되는 여러 가지 조건은 어떠한가와 기대효과는 어느 정도 될 것인가를 검토하는 대안의 실시조건 및 기대효과 평가의 단계이고, 다섯 번째는 각 대안의 실시조건 및 기대효과를 비교하여 적절한 비중으로 점수를 주어 우선순위를 정하고, 최종대안을 선정하고, 마지막으로는 선택된 대안적 방법을 실시하기 위하여 시간과 활동이 연관된 구체적인 계획을 수립하는 것이다(최성재 외, 2001).

기획은 조직의 위계수준에 따라 최고 관리층, 중간 관리층, 감독 관리층, 관리실무자 등의 기획유형을 분류할 수 있으며, 대상유형에 따라 조직의 구체적 목표의 설정 및 변경, 구체적 목표달성을 위한 자원 및 그 자원의 획득, 사용, 분배를 위한 정책을 결정하는 전략적 기획과 획득된 자원이 조직의 목표를 고 효과적으로 달성하기 위하여 사용되도록 하는 관정에 관한 운영기획으로 분류할 수 있다(신복기 외, 2002).

한편 의사결정을 조직 또는 개인이 문제의 해결이나 불만족스러운 조건을 개선하기 위하여 대안을 모색하고, 그 중에서 조직의 목적을 가장 효과적으로 달성할 수 있는 한 가지 방안을 최종 선택하는 과정이라고 할 수 있는데(조석준, 1992), 기획이 연속적 의사결정과정인 데 반해, 의사결정은 당면문제해결을 위한 1회적 내지는 제한된 횟수의 활동이라 할 수 있다(김상균 외, 2001). 이러한 의사결정과정은 문제나 욕구의 정의, 관련정보의 수집, 해결대안의 개발 및 평가, 최선 대안의 선택, 대안의 실행, 환류 등의 과정을 거친다.

의사결정을 하는 방법은 합리성보다는 감정에 근거하여 결정하는 직관적 결정, 개인이 가지고 있는 지식과 경험에 의하여 결정하는 판단적 결정, 관련된 사항에 대한 정보수집, 연구, 분석과 같은 합리적이고 과학적인 절차를 밟아 이루어지는 문제 해결적 결정 등이 있다(최성재 외, 2001).

2. 인적관리

인사관리는 조직의 목표를 달성하는 데 가장 도움이 되는 방향으로 직원을 채용하고 능력을 개발하며 근무의욕을 갖고 조직에 헌신할 수 있도록 동기부여하고 유지하는 활동을 말한다(최성재 외, 2001). 인사관리는 채용, 인적 자원개발, 동기부여, 직원만족과 소진, 슈퍼비전 등으로 분류할 수 있다.

먼저, 채용은 사회복지조직의 직원으로서 적절한 인물을 신규로 충원하는 것으로 모집, 선발, 임명으로 진행된다. 두 번째로, 인적 자원개발은 직원들의 소양과 능력을 개발하고 직무수행에 필요한 기술과 지식을 향상시키고 가치와 태도를 바람직한 방향으로 변화시키기 위한 교육과 훈련활동이다. 인적 자원개발은 신규 채용자 훈련, 실무담당자인 일반직원 훈련, 1인 이상의 부하를 통솔하고 감독할 책임이 있는 감독자 훈련, 감독보다 높은 계층인 관리자 훈련 등으로 분류할 수 있으며 강의, 회의, 투의, 계속교육, 슈퍼비전, 사례발표, 역할연기, 집단 프로그램 등의 방법으로 진행된다. 세 번째로, 동기부여는 사람이 어떠한 경우에 근무의욕이 생기고, 사기가 높아져 열성적으로 일하는가에 관심을 두는 것으로 동기는 개인적 관심, 적절한 시간관리, 행정적지지, 책임 및 권한의 명확화, 승인과 칭찬, 성취기회 등과 관련된다(신복기 외, 2002). 네 번째로, 직무만족과 소진인데, 직무만족은 직무와 관련된 욕구충족의 정도라고 할 수 있으며, 직무만족을 결정짓는 요인은 소속감, 안정감, 성공감, 인정감과 같은 심리적 요인과 보수, 업무, 승진, 업무환경과 같은 물리적 요인 등이다. 소진은 사회복지사들이 교육훈련의 장으로부터 전문직이라는 구체적 직업 환경의 현실적인 어려움으로 옮겨갈 때 필연적으로 겪게 되는 자기 직업에 대한 이상, 열정, 목적의식이나 관심을 점차적으로 상실하는 과정을 의미하며, 사회복지조직은 직원의 소진을 막기 위해 직원 개인은 물론이고 감독자와 기관 차원에서 노력하여야 한다.

마지막으로, 슈퍼비전은 잘 훈련되고 경험과 능력이 있고 전문직업적 태도 및 전문지식과 기술을 갖추고 있는 슈퍼바이저가 직원이 사회복지서비스를 효과적이고 효율적으로 전달하기 위하여 지식과 기술을 잘 사용할 수 있도록 제공하는 것을 의미한다. 슈퍼비전은 사회복지사의 기본 정신과 철학, 행정지도, 전문적 태도, 지지격려 등의 내용을 포함한다(신복기 외, 2002).

3. 재정관리

사회복지조직의 재정관리는 '필요한 재원을 합리적이고 계획적으로 동원, 배분하고 이를 효율적으로 사용 · 관리하는 과정'으로 정의할 수 있다(장인협 외, 1993). 사회복지조직의 재정관리는 다른 조직들의 경우와는 다른 독특한 성격을 가진다. 특히 서비스 조직들의 경우에는 이러한 독특성이 더욱 두드러지게 나타난다. 무형의 서비스가 이루어지는 관계에서 투입과 산출물, 성과, 서비스 생산과정 등에 대한 명확한 규정이 어렵기 때문에, 재정자원의 운용과 관련한 조직의 의사결정 등을 다루는 재정관리는 매우 미묘하게 다루어질 수밖에 없다(김영종, 2010).

일반적으로 사회복지조직의 재정관리는 크게 재정획득, 재정계획, 재정집행의 세 가지 주요 과정으로 분류할 수 있으며, 실무적인 측면에서 재정관리활동은 보건복지부(1999)의 「사회복지법인 재무회계규칙」의 규정을 따르고 있다. 이 규정은 예산과 결산, 회계 및 감사의 영역으로 사회복지기관의 재정관리 범위를 정하고 있다(김형식 외, 2002).

4. 마케팅관리

사회복지조직의 마케팅은 사회마케팅이라고 할 수 있는데, 사회마케팅은 '기관의 소비자인 클라이언트, 재원제공자, 자격부여기관 및 전체사회가 사회복지기관에 대해 좀 더 관심과 요구를 갖도록 하기 위한 제반활동'을 의미한다(Barker, 1993). 따라서 기업마케팅은 기관 내부욕구를 강조하고, 기관이 소유하고 있는 것을 사람들이 구매하도록 설득하는 것이 주목적인 데 반해, 사회마케팅은 기관 외부욕구를 강조하고, 사람들이 원하는 활동을 기관에 위임하도록 유도하는 과정이 주목적이라는 점에서 차이가 난다.

과거에는 사회복지조직을 비롯한 비영리기관 마케팅이 중요성이 크지 않았으나. 사회복지조직의 책임성 확보와 비용효과성이 강조됨에 따라 마케팅이 중요한 관리활동의 하나로 부각되었다. 결국 사회복지조직에서 각종 지원금과 후원금을 확보하기 위해서 기관의 욕구를 부각시키는 구걸이 아닌 기관의 장점을 부각시켜서, 잠재적 후원자들로부터 후원금을 확보하는 마케팅 활동이 중요하게 대두된 것이다. 이러한 마케팅 활동을 통해 사회문제가 완화되거나 해결되기를 바라는 이상과 목표가 있는 잠재적 후원자는 후원금을 사회복지조직에 전달하고, 사회복지조직은 후원자들의 이상과 목표를 실현하여 그들의 욕구를 충족시키는 교환의 과정이 발생하게 된다는 것이다.

5. 리더십

리더십(leadership)은 지위와 능력으로 규정될 수도 있고, 과정과 속성의 측면에서 규정될 수도 있다. 먼저 지위(position)로서의 리더십은 한 사람이 특정한 생황에 대한 통제의 책임을 갖고서 지휘 혹은 지도적 지위에 있는 것을 의미하고, 능력(ability)으로서의 리더십은 다른 사람들과의 관계에 영향을 미칠 수 있는 역량이나 기술을 의미하는 것으로, 그로 인해 리더가 취하는 방향으로 사람들을 따라오게 하는 것이다. 그리고 과정(process)으로서의 리더십은 비강압적인 영향력을 사용해서 집단구성원들이 목적성취를 위한 활동을 하도록 지휘하고 조정하는 것이고, 속성(property)으로서의 리더십은 그러한 영향력을 성공적으로 사용하는 것으로 여겨지는 사람들에 귀속되어 있는 일련의 특성들을 말한다(김영종, 2010).

리더십은 명령과 복종을 강조하는 지시형, 의사결정과정에서 부하직원들에게 의견을 묻고, 참여시키는 참여형, 의사결정권을 부하직원들에게 위임하는 형태의 자유형으로 분류할 수 있는데, 조직상황에서 완전한 지시적 · 민주적 · 자유적 리더십 분위기는 나타나지 않는다.

사회복지조직에서 리더십의 수준은 최고 관리층의 리더십, 중간 관리층의 리더십, 하위 관리층의 리더십 등이다. 이러한 사회복지조직의 리더십 수준에 따른 주요 과업을 살펴보면, 먼저 최고 관리층은 내부 운영을 조정하는 것과 환경의 관계를 확립하는 것이다. 두 번째로 중간 관리층은 조직의 주요 프로그램 부서를 책임지고 있는 사람들을 말하는데. 이들은 각기 다른 하위 부서 간의 조정을 해야 하고, 부서원 개개인의 욕구와 기대를 조직의 목표에 통합시키는 역할을 담당한다. 마지막으로 하위관리층은 일선 직원들과 매일 매일 접촉하는 슈퍼바이저를 포함하는데, 이들은 프로그램을 감독하고 일선 직원들에게 업무를 위임 또는 분담시키는 역할을 한다. 사회복지조직에서 유능한 리더가 되기 위해서는 ① 꿈을 심어 준다, ② 조직이념을 주지시킨다, ③ 진심으로 칭찬한다, ④ 열정을 높이 평가한다, ⑤ 타고난 재능을 끌어낸다, ⑥ 귀를 기울여서 듣는다, ⑦ 믿고 일을 맡긴다, ⑧ 차별하지 않으면서 능력을 구별한다, ⑨ 자기보다 뛰어난 인재를 키운다, ⑩ 꾸짖은 뒤에는 다독거린다, ⑪ 잡담 속에 철학을 전한다, ⑫ 먼저 행동 한다 등의 조건을 갖추어야 한다(신복기 외, 2006).

6. 정보관리기술

복지정보란 '복지활동에서 획득 · 생성되어 체계적으로 축척 · 가공 · 전달 · 활용되는 제반 지식, 자료 또는 메시지로서, 복지의 주체 및 객체의 의사결정이나 행동을 위하여 사용될 수 있는 의미 있는 내용'으로 정의할 수 있다. 사회복지조직에서 요구되는 정보는 〈표 7-5〉와 같이 분류할 수 있고(신복기 외, 2006), 이러한 정보를 관리하기 위해서는 사회복지조직의 전산화가 필수적으로 수행되어야 한다.

〈표 7-5〉 사회복지조직 요구정보

분류	내 용
클라이언트(지역사회) 정보	클라이언트의 인구학적 특성, 기관, 이용현황 등
욕구정보	지역사회주민과 클라이언트의 복지욕구 내용 등
서비스와 자원정보	제공하는 서비스의 종류와 내용, 서비스의 질에 관한 것, 서비스의 이용방법과 이용시간, 담당자 등
처우정보	처우계획, 실시내용 등
기술정보	사회복지사의 전문적 지식, 활용 가능한 기술 등
참가정보	후원자, 자원봉사활동, 이벤트와 강좌 등
규범정보	조직 내 규칙과 지침서 등
환경정보	정부시책, 행정방침, 관련정책과 제도의 변화 추이 등
관리정보	조직의 재무, 인사, 문헌과 신문기사, 다른 조직에 대한 사항 등

출처: 신복기, 2006, 『사회복지행정론』, 재인용

7. 프로그램개발 및 평가

사회복지조직의 목표는 클라이언트의 욕구에 맞게 필요한 최상의 서비스를 제공하는데 있다. 이 사회복지조직의 목표달성을 위한 도구가 사회복지 프로그램이다. 따라서 수준있는 사회복지 프로그램의 실행의 여부가 사회복지조직의 성패를 가늠한다고 할 수 있다. 이처럼 사회복지 프로그램의 중요성은 프로그램의 개발에 있으며, 사회복지 프로그램의 개발을 잘 할 수 있는 도구를 잘 운용할 수 있어야 한다.

프로그램을 개발할 때 반드시 고려해야 할 다섯 가지 요소로 5P(Purpose(목적), Person(대상), Problem(문제), Process(과정), Place(장소))이다. 이러한 요소를 고려치 않고 프로그램 개발에 착수하면 효과성과 효율성이 저하되며 지역사회에 적절한 프로그램개발이 곤란하다.

사회복지 프로그램의 개발과정은 세분화하여 8단계로 나뉘어진다.

① **1단계, 문제의 분석** : 문제의 분석은 궁극적으로 사회적개입이 필

요한 부분을 확인해 내는 작업으로 정확한 문제의 인식과 욕구사정으로부터 프로그램개발은 시작된다.

② **2단계, 욕구조사** : 욕구란 개인이 느끼고 있는 무엇인가의 결핍상태를 충족시키기 위하여 필요로 하거나 원하는 상태, 상황을 말하며, 사회복지 프로그램 개발에는 어떤 클라이언트 집단이 어떤 서비스를 필요로 하는지를 파악하는 것이 중요하다. 사회복지 욕구조사의 방법에는 서베이법, 델파이법, 심층면접법, 관찰법, 직접 경험법, 지역사회 공청회, 사례조사법, 간접증거 자료조사법 등이 있다.

③ **3단계, 자원체계의 확인** : 자원체계의 확인이란 프로그램을 실시하기 위해서 필요한 인적 및 물적 자원이나 지식 및 기술, 사회적 환경이 어떠한가를 살펴보는 활동을 말한다. 클라이언트집단의 파악으로는 일반집단, 위험집단, 표적집단, 클라이언트 집단으로 진행하며 파악한다. 인적물적자원의 파악은 아주 중요한 내용으로서 사회복지조직이 외부의 자원환경에 절대적으로 의존하고 있으며, 자원의 동원 및 관리여하에 따라 프로그램의 지속가능여부가 판가름 나게 된다. 인적 물적 자원의 주요내용은 재정과 인력, 시설, 설비, 물품 등이 있는데, 무엇보다도 프로그램 참여자의 관심, 장점, 기술과 시설 및 장비를 어떻게 프로그램에 연결시킬 것인가에 대한 구체적인 점검이 있어야 한다.

④ **4단계, 목적 및 목표설정** : 목적(purpose)이란 어떤 활동의 주체가 달성하고자 하는 바람직한 미래의 상태를 말하며, 사회복지기관 및 시설이 달성하고자 하는 활동지표 혹은 활동목표라고 할 수 있다. 목표(objectives)란 주어진 시간 안에 프로그램이 성취하기를 의도하는 결과와 영향을 기술하는 것이다. 일반적으로 하나의 프로그램의 목적에 대하여 다수의 목표들을 갖는 것이 보통이다.

⑤ **5단계, 자료수집과 대안설정** : 자료 수집은 지역사회의 다른 사회복지기관이나 비영리조직들에서 실시하고 있는 프로그램이 있는가, 그리고 자체 기관과 타 기관 및 시설의 유사한 경험이나 프로그램, 외국의 실례 등을 조사해 보는 것이다. 관련 자료들을 수집한 후, 프로그램

의 목적과 목표에 적합한 서비스들을 제안하게 한다. 그 다음에는 서비스들의 우선순위를 선정하고, 대안선택을 한다. 대안선택은 제안된 서비스 혹은 세부 프로그램을 선택하는데, 그것은 우선순위 비교와 자원동원 가능성에 따라 결정되며, 우선순위는 적합성과 실행 가능성 여부에 의해서 비교 · 결정된다.

⑥ **6단계, 실천계획의 수립** : 실천계획의 수립은 결국 목표를 달성할 수 있는 체계를 창출하는 과정이며, 선택된 대안서비스들이 구체적으로 작성되는 과정이라고 할 수 있다. 실천계획을 수립하기 위해 구체적으로 해야 할 일들을 선정하고 할 수 있는 범위를 단계적으로 정하여 목적, 목표, 프로그램을 기술한 기본계획 및 활동시간, 장소, 예산, 업무분담 등 구체적인 실천방안을 기술한 실천계획서를 만들어야 한다.

⑦ **7단계, 프로그램의 실행** : 프로그램을 실행하면서 특히 유의할 것은 프로그램 계획에 지나치게 얽매여서 목표전치가 발생하지 않도록 해야 한다. 또한 프로그램 실행은 탄력적으로 운영할 수 있는 융통성이 필요하며, 때로는 목적달성을 위하여 프로그램 실행계획이 수정될 수도 있다.

⑧ **8단계, 프로그램의 평가** : 사회복지조직은 프로그램운영과 관련하여 책임성과 효과성에 관한 내용을 명확히 제시해야 하는데, 이는 평가를 통해서 확인된다고 할 수 있다. 평가는 합리적인 의사결정을 유도하고 책임성과 효과성을 입증함으로써 지역사회주민들에게 보다 나은 서비스를 전달하고 새로운 프로그램 개발의 향상을 가져온다.

1) 프로그램 평가의 유형

① 평가주체에 따라 내부평가와 외부평가로 구분한다.
② 평가대상에 따라 기관평가와 프로그램 평가로 구분한다.
③ 평가시점과 접근방법에 따라 총괄평가와 형성평가로 구분한다.
④ 평가의 단계에 따라 사전평가, 과정평가, 사후평가로 구분한다.
⑤ 자료수집 방법에 따라 양적평가, 질적 평가로 구분한다.

2) 평가의 기준

① **노력성(effort)** : 노력성은 프로그램의 수행을 위해 혹은 목표달성을 위해 얼마나 많은 노력을 기울였는가를 평가하는 것이다.

② **효과성(effectiveness)** : 효과성이란 목표달성의 총량에 기여한 성취의 정도를 측정할 때의 산출결과를 말한다.

③ **효율성(efficiency)** : 효율성은 프로그램의 결과로 이루어진 성과물들이 프로그램에 투입한 자원과 비교하여, 최소비용으로 얼마나 최대의 산출을 얻었는가를 평가하는 것이다.

④ **서비스의 질(quality)** : 서비스 질은 사회복지기관이 서비스 목적을 달성하기 위해 필요한 방법과 기술을 얼마나 적절히 사용하였는가와 관련된 사항이다.

⑤ **클라이언트의 만족도** : 클라이언트의 만족도는 서비스의 주체가 클라이언트라는 관점에서 서비스의 질을 측정한 것으로 클라이언트가 직접 서비스의 효과성과 질을 평가하는 것과 관련된다.

⑥ **과정(process)** : 과정은 노력이 산출로 옮겨지는 절차를 말한다.

⑦ **영향(impact)** : 이 기준은 하나의 프로그램이 주어진 목표에 대해 특정한 성과를 나타내고 있다면, 그것이 원래 의도했던 사회문제의 해결에 어느 정도 영향을 미쳤는가를 평가하는 것을 말한다.

3) 프로그램 평가의 원칙

사회복지시설 및 기관은 3년에 1회 이상 평가를 받도록 되어 있다. 사회복지시설을 대상으로 실시된 평가의 기본원칙은 다음과 같다.

① 서비스 질 향상의 원칙

② 평가절차의 투명성 원칙

③ 평가 참여의 원칙

④ 기본선 확보의 원칙

⑤ 이용자 중심의 원칙

⑥ 지역사회관계의 원칙

참고문헌

김상균(2001), 『사회복지개론』, 나남출판사.

김영종(2010), 『사회복지행정』, 학지사.

김형식 외(2002), 『사회복지행정론』 동인.

배은영 외(2010), 『사회복지행정론』, 공동체.

서상목 외(1989), "사회복지전달체계의 개선과 전문인력 활용방안", 한국개발연구원.

성규탁(1993), 『사회복지행정론』, 법문사.

신복기 외(2006), 『사회복지행정론』, 양서원.

오세영(2011), 『사회복지행정론』, 신정.

원석조(2009), 『사회복지행정론』, 양서원.

이상구 전남련(2009), 『사회복지행정론』, 학현사.

이정호(2002), 『사회복지기초지식』, 학지사

조석준(2004), 『한국행정과 조직문화』, 대영문화사.

최성재 외(2008), 『사회복지행정론』, 나남출판사.

한국사회복지행정학회 편(2003), 『한국의 사회복지행정』, 현학사.

Gilbert, N. & Terrell, P.(2002), *Dimentions of Social Welfare Policy*. 5th ed. Boston: Allyn & Bacon.

Kidneogh, J. C.(1950), "Social Work Administration-An Area of Social Work Practice?" *Social Work Journal 31*.

Trecker, H. B.(1977), *Social Work Administration*: Principles and Practices. New York: Association Press.

제3부

사회복지 실천분야

제 8 장

사 회 보 장

제 1 절 사회보장

1. 사회보장의 개념

사회보장(Social Security)제도는 1873년 경제공황을 계기로 서구 선진국은 만성불황 속에서 장기간 대량 실업자가 양산되었는데 이 때 실업에 따른 빈곤 문제가 사회적 책임으로 제기되기 시작하면서 사회정책이라는 용어가 시작되었다. 또한 사회정책이란 용어는 1880년대 독일의 사회입법에서 사용되었다.

사회보장이란 용어는 1935년 미국의 뉴딜정책으로 제정된 미국의 사회보장법에서 처음 사용되었다. 이후 1938년 제정된 뉴질랜드의 사회보장법과 1942년 국제노동기구(ILO)의 「사회보장에의 접근(Approach to Social Security)」과 1942년 영국의 「베버리지 보고서(Beverige Report)」 등을 통하여 사용이 보편화되기 시작하였다. 또한 1941년 대서양헌장에 사회보장이란 용어가 사용되었고, 1948년에는 유엔의 인권선언에도 사용되었다.

독일의 사회입법(건강보험, 산재보험, 노령폐질연금)과 미국의 사회보장법(사회보장연금, 실업보험)은 모두 사회보험에 관한 법률이라는 점에서 일치한다. 따라서 사회보험을 독일에서는 사회정책(또는 사회입법)이라 칭했고, 미국에서는 사회보장이라고 칭했을 뿐 본질적으로 같은 의미라 할 수 있겠다.

우리나라는 일본을 통해 독일식 사회정책과 미국의 사회보장의 영향을 동시에 받아 두 용어를 모두 받아들였으나 다소 다른 의미로 사용하고 있다. 그러나 사회정책과 사회보장은 유사한 의미로 사용되고 있다. 단지 전통적 개념으로 사회적 의미로 볼 때 사회정책이 사회보장보다 폭이 넓다 하겠다. 베버리지 보고서에서 사회보장은 사회보험, 공공부조, 민간보험으로 구성되어 있고, 사회정책은 사회보장 이외에 아동수당, 보편주의 보건서비스 및 재활서비스 및 완전고용을 포함하고 있다.

그러나 포괄적 개념인 정책적 용어를 사용할 뿐이지 보편적 사회보장의 범위는 사회정책의 범위보다 적다고 할 수 없다. 사람들의 사회·문화수준 향상 및 양극화 현상의 심화로 사회복지의 범위가 지속적으로 넓어지고 있는 만큼 사회보장제도의 폭도 보편적으로 넓고 깊어지고 있기 때문이다.

따라서 각 국가 및 학자들에 의해 해석의 차이는 존재하지만 사회보장은 모든 국민들의 기본적 생활보장을 위한 국가의 책임 있는 정책행위라 할 수 있다. 1995년 개정된 「사회보장기본법」 제3조에서는 사회보장을 "질병, 장애, 노령, 실업, 사망 등의 사회적 위험으로부터 모든 국민을 보호하고 빈곤을 해소하며 국민 생활의 질을 향상시키기 위하여 제공되는 사회보험, 공공부조, 사회복지서비스 및 관련복지제도[1]"라고

1) 「사회보장기본법」 제3조 "'사회보험'이란 국민에게 발생하는 사회적 위험을 보험의 방식으로 대처함으로써 국민의 건강과 소득을 보장하는 제도를 말한다. '공공부조(公共扶助)'란 국가와 지방자치단체의 책임 하에 생활 유지 능력이 없거나 생활이 어려운 국민의 최저생활을 보장하고 자립을 지원하는 제도를 말한다. '사회복지서비스'란 국가·지방자치단체 및 민간부문의 도움이 필요한 모든 국민에게 상담, 재활, 직업의 소개 및 지도, 사회복지시설의 이용 등을 제공하여 정상적인 사회생활이 가능하도록 지원하는 제도를 말한다. '관련복지제도'란 보건, 주거, 교육, 고용 등의 분야에서 인간다운 생활이 보장될 수 있

정의하고 있다. 대부분의 사회복지 범위를 포괄하고 있는 것이다.

사회보장의 1차적 목적은 국민의 최저생활 확보이고, 국민의 생활불안을 감소시키려 하는 것을 기본 목적으로 한다. 그러나 최저생활 확보 및 생활불안 감소 등 어디에 중점을 두는 것인지에 따라 제도상 차이점이 생긴다. 즉, 전자를 강조한 경우에는 공공부조에 중점을 두어야 하고, 후자를 강조하게 되면 사회보험에 중점을 두어야 한다.

베버리지 보고서는 사회보장을 "실업 · 질병 · 재해로 인해 소득이 감소되었을 경우, 정년퇴직으로 소득이 중단되었을 경우, 주된 소득자가 사망하여 생계를 책임질 사람이 없어졌을 경우, 출생 · 사망 · 결혼 때문에 추가적 비용이 지출될 경우 등을 대비하는 소득보장책"으로 정의하고 있다. 또한 사회의 5대 악(결핍, 질병, 무지, 불결, 나태) 중 '결핍으로부터 자유'를 지향하며, 빈민 같은 특정계층이 아닌 전 국민을 대상으로, 최저한의 소득을 보장해 주기위한 제도로 규정하고 있다.

국제노동기구(ILO)에서는 사회보장을 "사람들이 직면하는 질병, 노령, 실업, 장애, 사망, 출산, 빈곤 등으로 인하여 일시적으로 소득이 중단되는 경우, 장기적으로 소득이 없어지는 경우, 지출 증가로 사람들이 이전의 생활을 하지 못하는 경우, 사람들이 빈곤 등으로 인한 이전의 사회생활을 할 수 있도록 지원하는 국가의 모든 프로그램"으로 정의하고 있다. 사회보장제도의 내용을 정리하면 〈표 8-1〉과 같다.

〈표 8-1〉 사회보장제도 내용

구 분	사회보험	공공부조	사회복지서비스	복지제도
지원 주체	국가	국가, 지방자치단체	사회복지시설	국가, 지방자치단체, 기관 등
대상자	전국민	기초생활보장수급자, 차상위계층 등	생활자, 이용자	전국민
지원 내용	국민연금, 건강보험, 산재보험, 고용보험, 노인장기요	생계급여, 주거급여, 의료급여, 교육급여, 장제급여, 해	생활편익, 이용편익	보건, 주택, 교육, 고용 등 관련법에 의한 지원

도록 지원하는 각종 복지제도를 말한다."

	양보험	산급여,각종수당		
관련법	국민연금법,건강보험법,근로기준법,고용보험법,노인장기요양법,	국민기초생활보장법,의료급여법,긴급지원법,아동복지법, 노인복지법,장애인복지법,한부모가족지원법,영유아보육법,입양특례법,입양특례법,장애인연금법 등	사회복지사업법,국민기초생활보장법,아동복지법,노인복지법,장애인복지법,한부모가족지원법,영유아보호법,정신보건법,농어촌주민의보건복지증진을위한특별법,성매매방지 및 피해자보호 등에 관한 법률, 성폭력방지 및 피해자보호 등에 관한 법률, 가정폭력방지 및 피해자보호 등에 관한 법률 등	사회복지사업법 제2조 1호[2], 타법 및 조례 등

2. 사회보장의 목적

다양한 유형의 사회보장 목적은 사회 및 시대상황에 따라 변화하고 있다. 일반적으로 베버리지의 결핍대상 중심의 수동적 복지경향에서 생산성이 강조되는 적극적 복지경향으로 변화하고 있다. 우리나라는 1963년 「사회보장에 관한 법률」에서 소득보장 측면을 강조하였으나 1995년 「사회보장기본법」에서는 '사회보장은 모든 국민이 인간다운 생활을 할 수 있도록 최저생활을 보장하고 국민 개개인이 생활수준을 향상시킬 수 있도록 제도와 여건을 조성하여, 그 시행에 있어 형평과 효율의 조화를 도모함으로써 복지사회를 실현하는 것을 기본 이념'이라고 밝히고 있다.

현대는 모든 국민의 최저생활과 안정된 사회문화적 생활을 보장하기

2) 국민기초생활 보장법, 아동복지법, 노인복지법, 장애인복지법, 한부모가족지원법, 영유아보육법, 성매매방지 및 피해자보호 등에 관한 법률, 정신보건법, 성폭력방지 및 피해자보호 등에 관한 법률, 입양특례법, 일제하 일본군위안부 피해자에 대한 생활안정지원 및 기념사업 등에 관한 법률, 사회복지공동모금회법, 장애인·노인· 임산부 등의 편의증진 보장에 관한 법률, 가정폭력방지 및 피해자보호 등에 관한 법률, 농어촌주민의 보건복지증진을 위한 특별법, 식품기부 활성화에 관한 법률, 의료급여법, 입양특례법, 긴급복지지원법, 다문화가족지원법, 장애인연금법, 장애인활동 지원에 관한 법률, 노숙인 등의 복지 및 자립지원에 관한 법률, 보호관찰 등에 관한 법률, 장애아동 복지지원법

위한 국가의 책임이 강조되고 있다. 특히 사회보장의 적용대상에 대하여 「베버리지 보고서(1942)」, 「라로크보고서(1945)」, 「국제노동기구(1984)」, 「사회보장기본법(1995)」에서는 일관되게 특정계층에 국한하지 않고 전체 국민을 대상으로 사회보장제도를 시행 하도록 규정하고 있다.

따라서 사회보장의 목적은 사회적 위험[3]으로부터 모든 국민의 안정된 생활을 보장하는데 있다. 사회보장은 저출산 문제의 대안이 될 수 있으며, 노인인구 증가에 따른 사회적 문제를 해소하고 실업 문제와 주거 문제의 대안을 제시할 수 있다. 사회보장은 사회적 갈등을 줄이고 사회적 통합의 효과를 발휘할 수 있는 것이다.

또한 사회보장은 소득재분배의 목적도 있다. 소득재분배는 세대 간 재분배와 빈부계층 간 재분배의 기능이 있다. 소득재분배는 장기적으로 사회복지의 폭을 넓히는 등 사회적 안정에 기여하고 계층 간 갈등을 해소하는데 이바지할 것이다. 또한 사회보장제도는 개인과 가족의 경제적 부담을 경감시켜 줌으로써 생활안정을 통해 사회문제를 완화하는데 기여할 것이다.

3. 사회보장의 형태

사회보장제도가 시행되는 형태는 각 나라의 사회·문화적 환경에 따라 차이가 있다. 또한 사회보장을 협의와 광의의 개념에 따라 사회보장의 형태도 다르게 나타나고 있다. 협의의 사회보장은 빈곤해결 중심의 공공부조와 사회보험 중심의 사회보장을 말한다. 광의의 사회보장은 빈곤을 포함하여 질병, 부상, 출산, 사망, 노령, 실업 등으로 발생된 사회·경제적 문제를 사회보험, 공적부조, 복지서비스, 관련복지제도(보건,

3) 산업사회에서 발생하던 '사회적 위험'은 이제 정보화 사회, 지식정보화 사회로 발전하면서 급속한 사회경제적 여건변화로 글로벌 경제화, 저출산·고령화, 급속한 기술발전, 빈부격차 심화, 노인인구 증가, 장애인인구 증가, 실업률 증가, 비정규직 증가, 여성의 사회참여 증가, 사업구조 변화, 인구감소, 다문화가족 증가, 가족기능 변화, 비합리적 전달체계 등에 따른 '새로운 사회적 위험(New Social Risks)'에 직면하고 있다.

고용, 주택, 교육 등) 등을 통하여 국민들의 생활보장과 삶의 질 향상을 위한 일련의 사회보장을 말한다.

일반적으로 사회보장의 형태에 대하여 베버리지는 사회보장을 사회보험, 공공부조, 보편주의 수당(가족수당), 민간보험으로 구분하였다. 미국의 사회보장학자 Rejda는 사회보장을 사회보험, 공공부조, 보편주의 수당, 공적 개인 저축계정으로 구분하고 있다.

미국 사회보장청은 사회보험, 공공부조, 보편주의 수당, 기타(법정 민간보험, 공적 공제기금, 고용주 책임제도) 등으로 구분하고 있다.

국제노동기구(ILO)의 사회보장 분류를 살펴보면 보건의료, 질병급여, 출산급여, 장애급여, 노령급여, 유족급여, 고용재해급여, 실업급여, 가족급여 등으로 구분하고 있다.

우리나라는 사회보험, 공공부조, 사회복지서비스, 복지제도로 구분하고 있으며 사회보험에는 연금보험, 건강보험, 산재보험, 고용보험, 노인장기요양보험이 있다. 공공부조에는 기초수급자 각종급여, 긴급지원비 등이 있으며, 사회복지서비스는 사회복지시설 중심 서비스이고 사회복지 관련제도는 보건, 주택, 교육, 고용정책 등 관련 복지제도이다.

한편으로 사회보장 대상자의 자격 조건에 따라 보편적 사회보장과 선별적 사회보장으로 구분할 수 있다. 국제적으로 통용되는 이 개념은 보편주의와 선별주의, 또는 보편적 복지와 선별적복지로 대별되어 사회보장 정책을 구분하는데 중요한 가치기준으로 작용하고 있다.

보편적 사회보장주의와 선별적 사회보장주의 명확한 경계를 구분할 수는 없다. 그러나 일반적으로 보편적 사회보장주의는 급여 및 서비스 제공 시 수급자 개인의 소득·자산 등의 조사가 필요 없이 모든 국민들에게 사회적 권리로서 지원되는 것을 말하며, 선별적 사회보장주의는 수급자 개인의 소득·자산 등의 조사에 의해 일정 기준이하의 사람들에게 한정된 급여와 서비스를 제공하는 것을 말한다.

각 국가마다 사회·문화·역사적 환경 차이로 인하여 보편적 보장과 선별적 보장의 제도적 장단점은 존재한다. 그럼에도 새로운 사회적 위험(New Social Risks)에 따른 사회정책도 급변하고 있어 세계 각 국의 사회보장제도는 넓은 의미의 사회보장의 경향으로 나아가고 있다.

제 2 절 사회보험

1. 사회보험의 개념 및 특징

사회문화 및 의식수준의 향상으로 국민들의 사회보장에 대한 욕구가 변화하고 있으며 사회정책도 변화하고 있다. 따라서 사회보장의 가장 기본이 되는 사회보험의 유형과 범위도 확대되고 있는 추세이다.

사회보험(Social Insurance)은 보험형식을 활용하여 사회구성원이 사회적 위험에 빠졌을 경우 위기상황을 극복할 수 있도록 생활안정을 지원하는 사회보장 구성체계의 하나이다. 사회보험은 국가가 평소 소득 및 생활능력이 있는 개인에게 소득의 일부를 보험료로 징구하고 질병, 장애, 노령, 부상, 실업, 사망, 장애, 출산 등으로 인하여 활동능력 상실과 소득감소 및 수입중단, 가족관계 악화 및 단절 등이 발생할 경우 현물 및 현금급여를 통하여 소득의 일부를 보전해 주고 사회보장정책을 실현하려는 사회 · 경제 제도이다.

사회보험의 특징은 다음과 같다.

첫째, 모든 국민을 대상으로 행해지는 법률에 의한 강제적 비영리사업이다. 사회보험은 국가의 개입으로 불균형적 생활격차를 완화하고 분배의 공정을 기하고기 위해 모든 국민을 포괄하는 의무적 제도이다.

둘째, 보험형식을 통하여 미래에 닥칠 사회위험을 예방한다. 사회위험은 어느 특정 개인에게 국한된 문제가 아니라 사회 구성원이 경험하는 문제로서 노령, 장애, 실업, 질병 등의 공통된 위험에 대한 공동의 보험형식이다.

셋째, 국민의 빈곤화를 방지하고 최저생활을 보장하는 소득보장 수단이다. 사회보험은 소득재분배의 기능을 수행한다. 또한 모든 가입자가 최저생계를 유지할 수 있도록 기본 급여를 제공하여 사회적 연대 및 통합의 역할을 수행하며 평등성을 실현한다.

넷째, 법에 의해 규정되고 법에 의해서만 규정을 변경할 수 있어 정부 책임하에 운영되므로 민간보험에 비해 안정성이 유지된다. 재원조달은 사용자와 피용자가 납입하는 기여금으로 충당한다.

다섯째, 급여 수급권자가 수급에 필요한 제반조건을 충족하였을 경우 수급자와 보험자(정부 또는 공적기관)간에 계약에 의한다.

우리나라의 사회보험은 소득보장의 기능을 수행하고 있으며 공적연금, 국민건강보험, 산업재해보상보험, 고용보험, 노인장기요양보험 등이 있다. 공적연금에는 국민연금, 공무원연금, 사립학교교직원연금, 군인연금 등이 있으며 본 장에서는 공적연금의 대표적인 국민연금만 다룬다.

2. 사회보험과 민영보험

민영보험(private insurance)은 개인보험 또는 사(私)보험이라 한다. 민영보험은 개개인의 가정 및 사회생활의 안정을 보장받기 위해 각자가 생명, 재산, 배상책임 등을 보험회사와 계약관계로 이루어지는 것을 말한다.

사회보험과 민영보험은 상호 보완적인 관계인 동시에 경쟁적 관계에 있다. 사회보험은 국민 최저생활 보장기능을 수행하고 그 이상의 보장은 개인이 민영보험을 통하여 각종 위험으로부터 경제적 보장을 받는다. 따라서 민영보험은 사회보험의 부족한 부분을 보완하는 역할을 수행한다. 반면에 사회보험의 대상자가 확대될 경우 민영보험의 영역이 좁아질 것이고 그에 따른 보험회사의 영업이익이 줄어들기 때문에 긴장관계가 형성되어 경쟁적 관계가 형성되기도 한다. 영국과 미국이 1911년과 1935년 사회보험제도를 도입할 때 민영보험회사들의 반대가 심했던 역사적 사례가 있었다.

사회보험과 민영보험의 공통점에 대하여 Rejda(1999)는 다음과 같이 제시하고 있다.

첫째, 위험이 이전과 분산된다.

둘째, 가입대상, 급여, 재정 등의 조건들을 특정화 하고 규정한다.

셋째, 급여자격과 총액에 대한 정확한 수학적 계산을 하여야 한다.

넷째, 사업운영에 필요한 비용을 충당하기에 충분한 보험료와 보험금 직급을 전제로 한다.

다섯째, 사전에 결정된 급여를 제공한다.

여섯째, 가입자의 경제적 보장을 목적으로 한다.

그러나 보험의 성격상 사회보험과 민영보험은 근본적인 차이점이 있다. 사회보험은 대상자의 선택권이 없는 강제가입임에도 민영보험은 자신의 선택에 의한 자율가입을 전제로 한다. 사회보험의 목적이 국민의 최저생활을 보장하기 위해서라면 민영보험은 개인의 필요한 분야의 생활을 보장받기 위한 목적이다. 보험료와 급여지급 방법에서도 사회보험은 보험료를 차등 부여하고 급여는 균등 지급하며, 민영보험은 위험수준에 맞는 선택적 보험료 납부와 보험료 납부 수준에 의한 급여비례 형식을 취하고 있다. 따라서 사회보험은 불특정 다수의 복지욕구를 충족시켜 주고 민영보험은 특정 개인의 이익적 욕구를 충족시켜 준다. 보험료의 부담도 사회보험은 공동부담의 원칙이지만 민영보험은 개인부담의 원칙이다. 따라서 사회보험은 소득재분배의 효과가 발생하지만 민영보험은 그렇지가 않다.

〈표 8-2〉 사회보험과 민영보험의 비교

구 분	사회보험	민영보험
가 입	강제가입	자발적, 임의가입
참 여	비선택적 참여	선택적 참여
목 적	최저의 소득보장	개인의 능력에 의한 보장
보 험 료	소득수준에 따란 차등부여	위험수준, 급여수준에 따른 선택 부과
급 여	보험재정 여건에 따른 균등급여	보험료 부담수준에 따른 기여비례 급여
징 수	법률에 의한 강제징수	사적계약에 의한 징수
관 계	제도적 법적관계	보험자와 피보험자간의 계약관계
보호수준	최저보호수준	요구와 능력에 의해 결정
주 체	정부	사기업
성 향	사회적 적합성(복지제도)	개인적 균형성(경제제도)
권리관계	법적권리	계약권리
부담원칙	공동부담의 원칙	본인부담의 원칙
위험선택	불필요	필요

3. 사회보험의 내용

우리나라에서 현재 실시중인 사회보험으로는 국민연금, 건강보험, 산업보험, 고용보험, 노인장기요양보험 이 있다.

1) 국민연금

국민연금제도는 국민들이 평소에 소득의 일부분을 적립하여 공동의 기금을 조성하였다가 노령, 장애, 사망, 퇴직 등으로 소득이 중단되거나 소득의 상실로 인하여 당사자 및 가족 그리고 유족들을 보호하기 위하여 국가 또는 법률에 의거 연금급여를 실시하여 국민의 경제적 안정된 생활을 보장하고 복지증진을 위하여 장기간에 걸쳐 정기적인 현금급여를 지원하는 공적연금제도이다.

국민연금 가입대상자는 국내에 거주하는 국민으로서 18세 이상 60세 미만인 자는 국민연금 가입 대상이 된다. 다만, 「공무원연금법」, 「군인연금법」 및 「사립학교교직원 연금법」을 적용받는 공무원, 군인 및 사립학교 교직원, 그 밖에 대통령령으로 정하는 자는 제외한다.

국민연금 가입자의 종류별 가입조건에 따라 사업장가입자, 지역가입자, 임의가입자 및 임의계속가입자로 다음과 같이 구분한다.

(1) 사업장 가입자

국민연금에 가입된 사업장(1인 이상의 근로자를 사용하는 사업장 또는 주한외국기관으로서 1인 이상의 대한민국 국민인 근로자를 사용하는 사업장)의 18세 이상 60세 미만의 사용자 및 근로자로서 국민연금에 가입된 자를 말한다. 따라서, 지역가입자가 사업장에 취업하면 자동적으로 사업장가입자가 되고, 지역가입자 자격은 상실된다.

(2) 지역가입자

국내에 거주하는 18세 이상 60세 미만의 국민으로서 사업장가입자가 아닌 사람은 당연히 지역가입자가 된다. 다만, 다른 공적연금에서 퇴직연금(일시금), 장애연금을 받는 퇴직연금 등 수급권자, 국민기초생활보장법에 의한 수급자, 소득활동에 종사하지 않는 사업장가입자 등의 배우자 및 보험료를 납부한 사실이 없고 소득활동에 종사하지 않는 27세 미만인 자는 지역가입자가 될 수 없다.

(3) 임의가입자

사업장가입자와 지역가입자가 될 수 없는 사람도 60세 이전에 본인의 희망에 의해 가입신청을 하면 임의가입자가 될 수 있다.

(4) 임의계속가입자

가입기간이 20년 미만인 가입자가 60세 도달로 국민연금 가입자 자격을 상실하였으나, 가입기간이 부족하여 연금을 받지 못하거나 가입기간을 연장하여 더 많은 연금을 받고자 원할 경우는 65세에 달할 때까지 신청에 의하여 임의계속가입자가 될 수 있다.

(5) 외국인 가입자

우리나라에 거주하고 있는 외국인은 내국인과 동등하게 국민연금에 가입해야 한다. 즉, 18세 이상 60세 미만의 외국인이 국민연금에 가입된 사업장에 근무하면 사업장가입자가 되고, 그 외의 외국인은 지역가입자가 된다.

국민연금은 나이가 들거나 장애 또는 사망으로 인해 소득이 감소할 경우 일정한 급여를 지급하여 소득을 보장하는 사회보험으로서 지급받게 되는 급여의 종류는 노령연금(분할연금), 장애연금, 유족연금, 반환일시금, 사망일시금이 있다.

〈표 8-3〉 급여유형

연금 급여 (매월 지급)		일시금 급여	
노령연금	노후 소득보장을 위한 급여 국민연금의 기초가 되는 급여	반 환 일시금	연금을 받지 못하거나 더 이상 가입할 수 없는 경우 청산적 성격으로 지급하는 급여
장애연금	장애로 인한 소득감소에 대비한 급여	사 망 일시금	유족연금 또는 반환일시금을 받지 못할 경우 장제 보조적·보상적 성격으로 지급하는 급여
유족연금	가입자의 사망으로 인한 유족의 생계 보호를 위한 급여		

국민연금의 주된 재원은 연금급여를 지급하기 위한 재정 마련을 목적으로 법률에 근거하여 납부되는 연금보험료이다.

법에 근거하기 때문에 연금보험료를 납부기간 내에 납부하지 않으면 다른 공과금과 마찬가지로 연체금(연금보험료의 3~9%)이 가산되며, 일정기간 납부하지 않을 경우는 국세체납처분의 예에 따라 납부의무자의 재산에 압류처분 등 강제징수를 통하여 연금보험료를 충당하게 되므로 재산상의 불이익이 가해질 수도 있다.

국민연금에서의 전달체계는 행정적 전달체계로서 관리운영 주체인 보건복지여성부장관과 각종 위원회가 있으며, 집행 전달체계로서 국민연금관리공단이 그 역할을 수행하고 있다.

2) 국민건강보험

국민건강보험은 국민의 질병·부상에 대한 예방·진단·치료·재활과 출산·사망 및 건강증진 등으로 국민들이 과다한 의료비 지출로 재정적 부담이 증가할 경우, 경제적 부담을 완화해주고자 보험급여를 실시함으로써 국민보건을 향상시키고 사회보장을 증진하기위한 사회보장제도의 하나이다.

적용대상은 국내에 거주하는 모든 국민이 되며 직장가입자와 지역가입자로 구성된다.

국민건강보험의 재정부담은 대부분 사용자와 근로자가 부담하며 일부는 정부가 부담하게 된다. 즉, 정부는 매년 예산의 범위 안에서 당해년도 보험료 예상수입액의 100분의 14에 상당하는 금액을 국고에서 부담하며 보험요율 및 부담비율은 다음 〈표 8-4〉와 같다.

〈표 8-4〉 연도별 보험료율

적용기간	보험료율	적용기간	보험료율
2002.3~2002.12	3.63%	2007.1~2007.12	4.77%
2003.1~2003.12	3.94%	2008.1~2008.12	5.08%
2004.1~2004.12	4.21%	2009.1~2009.12	5.08%
2005.1~2005.12	4.31%	2010.1~2010.12	5.33%
2006.1~2006.12	4.48%	2011.1~현재	5.64%

건강보험료 산정기준은 직장가입자와 지역가입자로 이원화된 부과체계를 운영하고 있으며 2011년 기준 직장가입자는 근로소득의 5.64%로써 사용자와 근로자가 50% 부담한다. 공무원과 군인은 국가와 가입자가 50%씩 부담하며, 사립학교교직원은 가입자가 50%, 학교법인은 30%, 국가가 20%를 부담한다.

지역가입자의 보험료는 세대단위별로 산정하는데 소득, 재산(전월세, 자동차 포함), 생활수준 및 경제활동 참가율을 참작하여 정해진 부과요소별 점수를 합산한 보험료부과점수에 점수 당 금액을 곱하여 보험료를 산정한 후 경감률 등을 적용하여 본인에게 부과된다.

건강보험급여란 가입자 및 피부양자의 질병·부상에 대한 예방·진단·치료·재활과 출산·사망 및 건강증진에 대하여 법령이 정하는 바에 따라 공단이 현물 또는 현금 형태로 제공하는 서비스를 말한다.

현물급여는 가입자 및 피부양자에게 요양기관을 통하여 직접 의료서비스를 제공하는 것으로 요양급여와 건강검진이 있으며, 현금급여는 요양비, 본인부담금보상금, 장애인 보장구 급여비 등이 있다.

〈표 8-5〉 보험급여의 종류

급여종류		수급권자	비고
현물급여	요양급여 건강검진	가입자 및 피부양자 가입자 및 피부양자	
현금급여	요양비 본인부담액보상금 장애인보장구급여비	가입자 및 피부양자 가입자 및 피부양자 장애인복지법에 의해 등록한 장애인 가입자 및 피부양자	

국민건강보험은 일상생활에서 발생하는 우연한 질병이나 부상 등으로 일시에 고액의 진료비가 소요되어 가계가 파탄되는 것을 방지하고, 보험원리에 의거 국민들이 평소에 보험료를 낸 것을 보험자인 국민건강보험공단이 관리 운영하다가 국민들이 의료를 이용할 경우 보험급여를 제공함으로써 국민 상호간에 위험을 분담하고 의료서비스를 제공하는 사회보장제도이다.

3) 산업재해보상보험

산업재해보상보험은 산재보험이라고도 하며 업무상 발생된 재해를 신속하고 공정하게 보상하여 재해근로자의 재활 및 사회복귀를 촉진시키기 위한 사회보험제도이다. 산업발달로 산업현장에서 업무수행과 관련하여 근로자[4]의 부상, 질병, 장해, 사망 등의 발생이 증가하고 있다.

4) 근로자 : 직업의 종류와 관계없이 임금을 목적으로 사업이나 사업장에서 근로

산업재해로부터 근로자를 보호하기 위해서는 산업재해 자체를 예방하는 것이 가장 바람직한 것이나 이미 발생한 산업재해로 인하여 부상 또는 사망한 경우에 그 근로자나 가족을 보호 또는 보상해 주기 위한 산재보험은 사회적으로 중요한 의미가 있다. 따라서 산재보험은 산재근로자와 그 가족의 생활을 보장하기 위하여 국가가 책임을 지는 의무보험이다. 즉, 국가가 사업주로부터 소정의 보험료를 징수하여 그 기금을 재원으로 사업주를 대신하여 산재근로자에게 보상을 해주는 제도이다.

산재보험의 보험료는 다른 보험과는 달리 보험료를 사업주가 전액 부담하는 것이 특징이다. 자진신고 및 자진납부를 원칙으로 하고 있으며, 타 사회보험과는 달리 산재보험은 사업장 중심으로 관리가 이루어진다. 또한 산재보험은 무과실책임주의를 채택하고 있어 근로자의 업무상 재해에 대하여 사용자의 고의 또는 과실의 유무를 불문하고 산재근로자에 대한 사업주의 부담을 경감시켜 근로자의 근로의욕을 고취시키고 안정된 기업활동을 가능하도록 지원하는 제도이다.

우리나라는 1963년 법이 제정되어 1964년부터 500인 이상을 고용하는 대규모의 광업 및 제조업 부문사업장을 대상으로 첫 시행되었으며, 1989년 모든 사업 또는 사업장에 적용되었다.

산재 · 고용보험의 가입대상은 근로자를 사용하는 모든 사업이며 적용단위는 사업 또는 사업장을 의미한다.

산재보험은 당연가입 사업으로써 '당연가입 사업'은 사업이 개시되어 적용요건을 충족하게 되었을 때 사업주의 의사와는 관계없이 자동적으로 보험관계가 성립하는 사업을 말하는 것이다.

산재보험급여는 재해발생에 따른 손해전체를 보상하는 것이 아니라 평균임금을 기초로 하는 정률보상 방식이며 재해보상과 관련되는 이의신청을 신속히 하기 위해 심사 및 재심사 청구제도를 운영한다.

를 제공하는 사람을 의미

〈표 8-6〉 급여유형

급여유형	개요	지급기준	비고
요양급여	업무상 부상 또는 질병으로 인하여 의료기관에서 상병의 치료비용을 치유 시까지 지급	· 사업재해보상보험법이 적용되는 사업자의 근로자 · 업무상 부상 또는 질병 · 부상 또는 질병이 4일이상의 요양을 요할 것	· 의료기관에 직접 지급 원칙(부득이한 경우 근로자 에게 직접 지급) · 일시금
휴업급여	업무상 재해 및 질병으로 취업하지 못한 기간에 대하여 피재근로자와 그 가족의 생활보호를 위하여 지급	· 요양으로 인해 4일이상 취업하지 못한 경우 · 임금을 받지 못하는 경우	· 입원/통원에 대하여 1일당 평균임금의 100분의 70에 금액 지급 · 일시금
장해급여	업무상 재해 근로자가 정신적 또는 신체적 결손이 남게 되는 경우 장해정도에 따라 노동력손실전보를 위하여 지급	· 장해1급에서 3급까지 :연금 지급, 1년~4년 분의 1/2에 해당하는 금액을 선급으로 지급 · 장해4급에서 7급까지 :일시금과 연금 중에 선택 가능 · 장해8급에서 14급까지 :일시금으로만 지급	· 장해등급에 해당되는 지급일수에 평균임금을 곱하여 지급
상병보상연금	요양개시 후 2년이 경과하여도 치유되지 아니하고 요양이 장기화됨에 따라 해당 피재근로자와 그 가족의 생활안정을 도모하기 위하여 휴업급여 대신에 보상 수준을 향상시켜 지급	· 당해 부상 또는 질병이 2년이 경과되어도 치유되지 않았을 경우 · 부상 또는 질병의 정도가 폐질등급 1급~3급에 해당될 것	연금 지급
간병급여	요양을 종결한 산재근로자가 치유 후 의학적으로 상시 또는 수시로 간병이 필요하여 실제로 간병을 받는 자에게 지급	요양급여를 받은 자가 치유후에도 장해등급 1급 또는 2급에 해당하는 자 중 시행령 별표 2의2규정에 해당하는 자	일시금
유족급여	근로자가 업무상 사유로 사망 또는 사망추정 경우 유족들의 생활보장을 위하여 지급	업무상 사망 또는 사망으로 추정되는 경우	· 수급권자가 원하는 경우 50/100에 금액을 일시금으로 지급 · 유족보상연금은 50/100을 감액 지급
장의비	근로자가 업무상 사망한 경우 그 장제에 소요되는 비용을 지급	업무상 사망 또는 사망으로 추정되는 경우	일시금

직업재활 급여	산재근로자의 재취업 촉진을 위한 비용지급	장해급여자(제1급~9급)에게 직업훈련비용 및 직업훈련수당, 직장복귀지원금, 직장적응훈련비 및 재활운동비 지급	

산재보험료는 관리운영 주체인 근로복지공단이 보험사업에 소요되는 비용을 충당하기 위해 보험가입자(사업주)로부터 징수하는 금액으로 사업주가 전액부담[5]하는 것을 원칙으로 한다.

4) 고용보험

고용보험은 실직근로자에게 실업급여를 지급하는 전통적 의미의 실업보험사업 외에 실업의 예방, 고용의 촉진 및 근로자의 직업능력의 개발과 향상을 꾀하고, 국가의 직업지도와 직업소개 기능을 강화하며, 근로자가 실업한 경우는 생활에 필요한 급여를 실시하여 근로자의 생활안정과 구직 활동을 촉진함으로써 경제·사회 발전에 이바지하는 것을 목적으로 하는 공적인 사회보험제도이다.

고용보험은 고용보험의 시행을 통하여 실업의 예방, 고용의 촉진 및 근로자의 직업능력의 개발과 향상을 꾀하고, 국가의 직업지도와 직업소개 기능을 강화하며, 근로자가 실업한 경우는 생활에 필요한 급여를 실시하여 근로자의 생활안정과 구직 활동을 촉진함으로써 경제·사회 발전에 이바지하는 것을 목적으로 한다.

적용대상은 산재보험과 동일하며 산재·고용보험의 보험관계는 관리주체인 고용노동부장관과 산업재해보상보험업무와 고용보험 업무를 실제로 담당하는 일선 집행기관인 근로복지공단 및 고용센터 「산재보험법」 및 「고용보험법」에 규정하고 있는 보험료납부 등 제반의무를 이행하는 보험가입자, 그리고 보험급여를 받을 권리가 있는 수급권자의 관계로 기본구조를 형성하고 있다.

고용보험 사업 유형은 고용안정·직업능력개발 사업, 실업급여, 육아

5) 특수형태근로종사자는 사업주와 근로자가 보험료의 1/2를 각각 부담

휴직 급여, 산전후휴가 급여 등으로 구분된다.

실업급여는 근로자가 실직한 경우 일정기간동안 보험급여를 지급받는 것을 말하며 구직급여와 취업촉진 수당으로 구분한다. 취업촉진 수당은 조기(早期)취업수당, 직업능력개발 수당, 광역 구직활동비, 이주비로 구분된다. 실업급여를 받는 피보험자로서 65세 전에 이직한 자가 그 이직과 관련하여 실업한 상태에서 65세가 되면 적용받는다.

구직급여는 피보험자가 이직일 이전 18개월간 단위기간 통산(通算)하여 180일 이상인 자로서, 재취업을 위한 노력을 적극적으로 하는 등 근로의 의사와 능력이 있음에도 불구하고 취업(영리를 목적으로 사업을 영위하는 경우를 포함한다.)하지 못한 상태에 있을 경우 지급된다. 구직급여에는 훈련연장급여, 개별연장급여, 특별연장급여가 있다.

고용보험의 재원부담은 근로자와 사업주가 부담하는 보험료에 의해 운영된다. 고용보험료 중 실업급여는 사업주와 근로자가 보험료의 1/2를 각각 부담하고 고용안정·직업능력개발사업에는 사업주 전액부담한다. 고용안정사업은 사업주가 일정비율의 보험료를 전액 부담하였으나 2006년 1월부터는 고용안정사업과 직업능력개발사업을 통합운영하고 있다.

5) 노인장기요양보험

노인장기요양보험은 고령이나 노인성질병 등으로 인하여 6개월 이상 동안 혼자서 일상생활을 수행하기 어려운 노인 등[6]에게 신체활동 또는 가사지원 등의 장기요양급여[7]를 지원하여 노후의 건강증진 및 생활안정을 도모하고 그 가족의 부담을 덜어줌으로써 국민의 삶의 질을 향상하도록 함을 목적으로 사회적 연대원리에 의해 제공하는 사회보험 제도이다.

6) '노인등'이란 65세 이상의 노인 또는 65세 미만의 자로서 치매·뇌혈관성질환 등 대통령령으로 정하는 노인성 질병을 가진 자를 말한다.

7) '장기요양사업'이란 장기요양보험료, 국가 및 지방자치단체의 부담금 등을 재원으로 하여 노인 등에게 장기요양급여를 제공하는 사업을 말한다.

적용대상은 건강보험 가입자는 장기요양보험의 가입자가 되고 법률상 가입이 강제되어 있다. 또한 공공부조의 영역에 속하는 의료급여 수급권자의 경우 건강보험과 장기요양보험의 가입자에서는 제외되지만, 국가 및 지방자치단체의 부담으로 장기요양보험의 적용대상으로 하고 있다

장기요양급여는 크게 재가급여, 시설급여, 특별현금급여로 구분한다. 급여는 현물급여를 원칙으로 하고 필요한 경우 현금급여 지원방식을 취하고 있다. 현물급여는 재가장기요양급여와 시설장기요양급여가 있으며 현금급여는 특별현금급여로서 가족요양비, 특례요양비, 요양병원간병비가 있다. 그러나 현재 특례요양비, 요양병원간병비는 실시가 유보중이다.

재가급여는 방문요양, 방문목욕, 방문간호, 주・야간보호, 단기보호, 기타 재가급여가 있다. 시설급여는 장기요양기관이 운영하는 「노인복지법」 제34조에 따른 노인요양시설, 노인요양공동생활가정에 장기간 입소하여 서비스 제공받는 것을 말한다. 특별현금급여는 수급자가 개인사정상 장기요양기관을 이용하지 못할 경우 그에 상응하는 현금을 지급하는 것으로 가족요양비, 특례요양비, 요양병원간병비가 있다.

노인장기요양보험제도 재원은 장기요양보험료, 국가 및 지방자치단체의 부담금, 본인일부부담금등 이루어지는 사회보험방식으로 재원이 조성되고 있다.

장기요양보험 가입자는 건강보험 가입자와 동일하며, 공단은 장기요양보험료와 건강보험료를 통합하여 징수한다.

제3절 공공부조

1. 공공부조의 개념 및 특징

'공공부조'는 나라마다 다르게 표현되고 있다. 우리나라와 일본, 미국에서는 법률상 공공부조 또는 공적 부조(public assistance)로 표현하고 있으며, 영국에서는 국가부조(national assistance), 프랑스에서는 사회부조(social assistance)로 표현하고 있다.

공공부조에 대한 협의의 개념은 자본주의 발전과정에서 발생된 모순이 심화되어 빈곤이 발생하였고 그 문제를 해결하기 위해 국가의 책임하에 일정한 법령에 의거 공공비용으로 경제적 보호를 요구하는 자들에게 최저한도의 사회보장을 해 주는 것을 의미한다. 우리나라는 공공부조는 '공적 부조'라는 용어를 사용했으나, 1995년 12월 30일 제정된 사회보장기본법에서 '공공부조'라는 용어로 변경하였다.

공공부조는 저소득층 및 사회취약계층 등을 대상으로 소득 및 자산조사를 통하여 기본요건이 충족되면 현금 및 물품을 지급하는 국가의 복지정책이다. 또한 공공부조는 사회보장기본법 제3조에 '국가와 지방자치단체의 책임 하에 생활 유지 능력이 없거나 생활이 어려운 국민의 최저생활을 보장하고 자립을 지원하는 제도'라 정의하고 있다.

공공부조는 보편적성격의 사회보험과는 달리 절대빈곤층이나 노인, 아동, 장애인 등의 사회적약자 중에서도 지불능력이 없는 사람들을 우선대상으로 하는 잔여적 복지의 성격을 가진 제도이다. 필요한 재원은 전액 정부의 일반조세를 사용하게 된다. 지불능력이 없음을 입증하기 위하여 자산조사를 실시한다. 그리고 공공부조의 급여수준은 최저생계수준을 목적으로 한다.

공공부조는 2차적 사회안전망으로서 사회보험과는 달리 기여능력이 없는 저소득층을 대상으로 하고 있으며 생활이 곤란한 저소득층의 최저생활을 보장하는 제도이다. 공공부조 대상자는 소득과 재산조사 등을 통하여 선정하고 재원은 조세를 통해 마련되기 때문에 소득재분배의 효과가 크다는 사회적 의미를 갖는다. 그러나 대상자의 소득과 재산 그리고 필요시 부양의무자 조사 등을 통하여 빈곤상태를 증명해야 하므로 수급자에게 부정적인 낙인, 수치심, 열등감 등의 문제를 야기시키기도 한다. 특히 수급자가 청소년들일 경우 또 다른 사회문제로 나타나기도 한다.

2. 공공부조의 기본원리

공공부조의 원리는 국가마다 법률 규정에 의거 다소 차이점은 있으나 인간의 최저생활을 보장하고 생존권보장을 위한 국가의 책임을 우선으로 하는 공공부조의 기본원리는 다음과 같다.

1) 국가책임의 원리

국가는 빈곤하고 생활능력이 없는 대상자들에게 행정적·재정적 지원을 통하여 국가가 책임을 지는 것을 말한다. 국가책임은 중앙정부만을 의미하는 것은 아니며 국가 및 지방정부의 복지전달체계의 확립을 의미하며 국가는 공공부조의 주체가 된다.

우리나라 헌법 제34조 제2항 내지 제5항에는 국가는 사회보장·사회복지 증진 노력의무, 여자의 복지와 권익 향상, 노인과 청소년의 복지 향상, 신체장애자 및 질병·노령 기타의 사유로 생활능력 없는 국민은 법률이 정하는 바에 의하여 국가의 보호를 규정하고 있다.

2) 생존권 보장의 원리

모든 국민은 인간의 존엄성을 인정받으며 국가로부터 생존권을 보장

받아야 하는 권리를 말한다. 헌법 제10조에는 모든 국민은 인간으로서의 존엄과 가치를 가지며, 행복을 추구할 권리를 가지고 국가는 개인이 가지는 불가침의 기본적 인권을 확인하고 이를 보장할 의무가 있음을 규정하고 있다. 또한 제34조 제1항에도 모든 국민은 인간다운 생활을 할 권리가 있다고 규정하고 있다. 따라서 모든 국민은 빈곤한 생활을 개선하기 위해 국가로부터 보호를 받을 권리가 있는 것이다.

3) 최저생활보장의 원리

공공부조는 모든 국민들이 최저생활을 유지할 수 있도록 행정적 · 재정적 지원하는 원리이다. 인간다운 생활을 유지하며 건강하고 문화적인 생활수준의 기준은 각 국가마다 규정의 차이는 존재하지만 근본적인 최저생활 보장의 원리는 유사하다. 생계 및 의료의 개념에서 주거문제, 여가문화, 교육, 취업문제까지 최저생활의 보장범위가 확대되고 있다. 그리고 최저생활을 보장하기 위한 최저기준은 관련 법률 등에 규정되어 있다.

4) 무차별 평등의 원리

공공부조는 관련법 규정에 의거 모든 대상자는 법률이 정하는 바에 따라 인종 · 성별 · 학력 · 신분 · 종교 등에 관계없이 평등하게 보호받아야 한다. 따라서 법적 기준에 적합한 생활이 어려운 모든 국민들은 차별없이 평등하게 보호를 받을 수 있다는 원리이다.

5) 자립조정의 원리

공공부조의 목적은 궁극적으로 수급자 스스로 자신의 생활을 책임질 수 있도록 지원하는 데 있다. 공공부조는 무제한적인 지원이 아니라 수급자의 내재된 가능성을 찾아내고 향상시켜 사회적 · 경제적 자립을 유도하여 독립적으로 일상생활을 영위할 수 있도록 하는데 그 목적이 있다.

6) 보충성의 원리

공공부조는 수급자 자신의 소득과 재산, 부양의무자의 능력 등을 최대한 활용하였음에도 최저생활을 유지하기 곤란한 경우 그 부족분에 대하여 보충 지원해 주는 원리이다. 공공부조는 국가의 책임하에 모든 국민의 최저생활을 보장해 주는 제도이지만 무한정 지원해 주는 것이 아니라 관련법 규정에 의한 조사를 통하여 최저생활의 부족분만큼을 지원해 주는 원리이다.

3. 공공부조의 내용

1) 국민기초생활보장제도

우리나라의 대표적인 공공부조제도는 국민기초생활보장제도로써 생활이 어려운 자에게 필요한 급여를 행하여 이들의 최저생활을 보장하고 자활을 조성하기 위한 제도이다.

국민기초생활보장제도는 헌법에 보장된 인간다운 생활을 할 권리, 생존권, 복지권, 사회보장수급권의 보장에 근거한 제도로서 곤궁에 처한 사람들에게 각자의 처지에 따라 경제적 · 비경제적 원조를 필요에 따라 제공하는 것이다.

국민기초생활보장제도는 1961년 생활보호법을 근간으로 지속되어 오다가 1997년 IMF경제위기로 발생된 대량실업, 빈곤계층 증가, 가족해체, 노숙자 증가 등의 문제를 해결하기 위해 1999년 국민기초생활보장법이 제정되고 2000년 10월 1일 시행되었다. 그동안 저소득 계층에 대한 시혜적 단순보호 차원에서 '법에 의한 급여를 받을 수 있는 자격을 가진' 수급권자에 대한 국가의 책임을 강화하는 수급권리적 빈곤대책으로 전환되었다.

국민기초생활보장제도는 근로능력에 상관없이 최저빈곤기준 이하의 모든 저소득층에게 최저생계비, 교육급여, 의료급여 등을 지원하는 제도이다. 특히 근로능력있는 수급자에게는 빈곤탈피를 위하여 각종 자활 서비스를 제공하고 있다.

국민기초생활보장지도의 급여유형은 생계급여, 주거급여, 교육급여, 해산급여, 장제급여, 의료급여, 자활급여가 있다. 생계급여는 수급자에게 의복·음식물 및 연료비와 기타 일상생활에 기본적으로 필요한 금품을 지급하여 그 생계를 유지하게 하는 것이다. 주거급여는 수급자에게 주거안정에 필요한 임차료, 유지수선비 등을 포함하여 급여를 지급하는 것으로 한다. 교육급여는 기초수급자에게 적정한 교육기회를 제공함으로써 자립능력을 배양함과 동시에 빈곤의 세대전승을 차단하고자 하는데 목적이 있다. 해산급여는 기초수급자의 조산(助産), 분만전과 분만후의 필요한 조치와 보호로 의료·교육·자활특례자를 포함한 모든 수급자가 출산[8](출산예정 포함)한 경우 1인당 50만원을 지급하며, 장제급여는 장제조치에 필요한 금품을 제공하는 것으로 가구당 40만원을 지급한다. 의료급여는 1종과 2종으로 구분된다. 1종 대상자는 근로능력이 없거나 근로가 곤란하다고 인정하여 보건복지부장관이 정하는 자만으로 구성된 세대의 구성원이며 2종 대상자는 근로능력이 있는 가구이다.자활급여는 근로능력이 있는 기초수급자를 대상으로 수급자의 자활을 조성하기 위하여 2000년 10월부터 시행되어 저소득층이 스스로 자활할 수 있도록 자활능력 배양, 기능습득 지원 및 근로기회 제공하는데 목적이 있다.

〈표 8-7〉 2012년도 급여 지급액

가구규모	1인가구	2인가구	3인가구	4인가구	5인가구	6인가구	7인가구
지급액(원)	208,802	355,528	459,929	563,330	668,731	773,132	877,533

※ 8인 이상 가구는 가구원 1인 추가시 104,401원 추가지급

8) 사산 또는 유산한 경우를 포함(단, 임신후 만 4개월 이상 경과한 경우만 해당)하며, 낙태의 경우에는 해당되지 않음

2) 의료급여제도

우리나라의 의료급여는 국민기초생활보장법 제7조에서 정하고 있는 각종 급여제도의 하나이며, 의료급여 제도는 생활이 어려운 자에게 의료급여를 실시함으로써 국민보건의 향상과 사회복지의 증진에 이바지하는 것을 목적으로 한다. 생활능력이 없거나 경제능력을 상실한 저소득층을 대상으로 의료서비스를 제공하여 삶의 질을 향상시키는 사회보장제도이다.

따라서 수급권자의 질병·부상·출산 등에 대하여 진찰·검사, 약제·치료재료의 지급, 처치·수술과 그 밖의 치료, 예방·재활, 입원, 간호, 이송과 그 밖의 의료목적의 달성을 위한 조치 등의 의료서비스를 제공하는 것을 말한다.

1961년 생활보호법이 시행되어 생활보호대상자들에게 무료진료증을 발급하여 의료서비스를 제공하였으나 불편과 문제점이 발생되어 독립적인 법체계가 필요하게 되었다. 따라서 저소득층에 대한 의료보호 내용과 방법 및 범위 등을 구체적으로 규정하여 1977년 의료보호법을 제정하였고 1978년부터 시행되다가 2001년 5월 의료급여법으로 개정되었다.

2000년 국민기초생활보장제도의 도입으로 의료급여대상자는 기초수급자 선정과 연계되었으며 2004년에는 차상위계층에 대한 의료급여가 실시되었다.

의료급여대상자는 국민기초생활보장법에 의한 수급자와 인간문화재, 국가유공자 등 타법에 의한 기타 대상자, 차상위계층 중 의료욕구가 현저한자(만성질환 및 희귀난치성 질환보유자, 18세 미만아동) 등이다. 의료급여수급권자 중 국민기초생활보장법에 의한 수급자는 1종 및 2종으로 구분되며 본인부담금의 차등을 두고 있다.

3) 긴급복지 지원제도

긴급지원제도는 생계곤란 등의 위기상황에 처하여 도움이 필요한 사람을 신속하게 지원함으로써 이들이 위기상황에서 벗어나 건강하고 인간다운 생활을 하게 함을 목적으로 한다.

긴급복지 지원제도의 대상자는 ① 가구의 생계를 책임지고 있는 주소득자의 사망, ② 구금시설 수용, ③ 가출, 행방불명 등의 사유로 소득을 상실하고 가구 소득이 「국민기초생활 보장법」 제6조에 따라 해마다 공표되는 최저생계비 이하인 경우, ④ 중한질병 또는 부상을 당한 경우 ⑤ 가구구성원으로부터 방임(放任) 또는 유기(遺棄)되거나 학대 등을 당한 경우, ⑥ 가정폭력을 당하여 가구구성원과 함께 원만한 가정생활을 하기 곤란하거나 가구구성원으로부터 성폭력을 당한 경우, ⑦ 화재 등으로 인하여 거주하는 주택 또는 건물에서 생활하기 곤란하게 된 경우, ⑧ 그 밖에 보건복지부장관이 정하여 고시하는 사유가 발생한 경우 등이다.

긴급복지는 갑자기 생계를 유지하기 곤란해진 저소득층을 적극 발굴하여 생계, 의료, 주거급여, 복지시설 이용, 교육지원 등을 우선적으로 지원하고 차후에 적정여부를 조사하는 지원제도이다.

급여유형으로는 생계지원, 의료지원, 주거지원, 사회복지시설 이용지원, 교육지원 등이 있다. 생계지원은 식료품비·의복비 등 생계유지에 필요한 비용 또는 현물을 지원하며 지원기간은 1개월이지만 필요시 최장 6개월(시장·군수·구청장이 2개월 추가연장/심의위원회 3개월 연장)지원이 가능하다.

의료지원은 각종 검사 및 치료비 등 의료비 중에서 300만원 이하의 본인부담금 및 비급여항목을 지원하며 지원기간은 1회이지만 심의위원회 1회 연장으로 최장 2회지원이 가능하다. 주거지원 임시거소(臨時居所) 제공 또는 이에 해당하는 비용을 지원하며, 지원기간은 1개월이지만 최장 6개월(시장·군수·구청장이 2개월 추가연장/심의위원회 3개월 연장)지원이 가능하다.

사회복지시설 이용 지원은 사회복지사업법에 따른 사회복지시설 입소(入所) 또는 이용 서비스 제공이나 이에 필요한 비용 지원하며, 지원기간은 1개월이지만 최장 6개월(시장 · 군수 · 구청장이 2개월 추가연장/심의위원회 3개월 연장) 지원이 가능하다. 교육지원은 초 · 중 · 고등학생의 수업료, 입학금, 학교운영지원비 및 학용품비 등 필요한 비용 지원하며 지원기간은 분기 단위로 1회이지만 최장 2회(심의위원회 1회 연장)지원이 가능하다. 그 밖의 지원으로 연료비나 그 밖에 위기상황의 극복에 필요한 비용 또는 현물 지원하며, 연료비는 1개월이지만 최장 6개월(시장 · 군수 · 구청장이 2개월 추가연장/심의위원회 3개월 연장)지원이 가능하다. 해산비, 장제비, 전기요금은 1회만 지원한다.

참고문헌

감정기 · 최원규 · 전재문(2010). 『사회복지의 역사』. 나남.
고명석 · 송금희 · 최송균 · 최우진(2010). 『사회복지개론』. 대왕사.
권육상 외(2011). 『가족복지론』. 동문사.
권중돈 · 조학래 · 윤경아 · 이윤화 · 이영미 · 손의성 · 오인근 · 김동기(2011). 『사회복지학개론』. 학지사.
김경호(2010). 『사회복지실천론』. 양서원.
김기원(2000). 『공공부조로』. 학지사.
김기태 · 박병현 · 최송식(1999). 『사회복지의 이해』. 박영사.
김성천 외 13인 공저(2009). 『사회복지학개론-원리와 실제』. 학지사.
남기민(2010). 『사회복지정책론』. 학지사.
박경일(2010). 『사회복지정책론』. 공동체.
박옥희(2008). 『사회복지의 이해』. 학지사.
박용순(2008). 『사회복지개론』. 학지사.
박종삼외(2002). 『사회복지학개론』. 학지사.
보건복지(2011). 2011년 의료급여사업안내.
보건복지부(2011). 20011년 긴급지원사업안내.
보건복지부(2011). 2010년 청소년백서.
보건복지부(2011). 2011년 자활사업안내.
보건복지부(2011). 2011년도 청소년사업안내.
보건복지부(2012). 2012년 국민기초생활보장사업안내
송성자(1997). 『가족과 가족치료』. 법문사.
여성가족부(2010). 청소년대상 성범죄의 발생추세와 동향분석(2000~2008).
여성가족부(2011). 2011년도 청소년 인터넷중독 예방 · 해소 지원업무지침.

원석조(2005). 『사회복지개론』. 양서원.
윤철수 외 8인 공저(2008). 『사회복지개론』. 학지사.
윤철수 · 노혁 · 도종수 · 김정진 · 김미숙 · 석말숙 · 김혜경 · 박창남 · 장은숙(2008). 『사회복지개론』. 학지사.
장인협 · 이혜경 · 오정수(2007). 『사화복지학(제2개정판)』. 서울대학출판부.
최선화(1999). 『가족문제와 사회복지』. 양서원.
최우진 · 이창수 · 김명옥 · 이종호(2009). 『지역사회복지론』. 청람.
최일섭 · 이인재(1996). 『공적부조의 이론과 실제』. 집문당.

Dinitto, D. M., & Dye, T. R. (1987). *Social Welfare*, Prentice Hall, N. Y.
Germain, C. B. (1976). An Ecological Variable in Social Work Pratice. *Social Casework*, 57(7), 419-429.
Gilhert, N., & Specht, H. (1974). *Dimensions of Social Welfare Policy*. Englewood Cliffs, NJ: Prentice-Hall, Inc.
Gilhert, N., & Terrell, P. (2002). *Dimensions of Social Welfare Policy*. Boston: Allyn & Bacon.
Glennerster, H. (1985). *Paying for welfare*. Oxford: nasil Blackwell Ltd.
Parkinson, J. R.(1983). *Poverty and Aid*, New York : Basil Blackwell.
Rejda. G. E.(1999). *Social Insurance and Economic Security*. 6th ed. NJ.: Prentice-Hall.
Social Security Administration(1995). *Social Security Programs throughout the World-1995*. US Government Printing Office.
http://www.mopas.go.kr
http://www.mw.go.kr
http://www.nhic.or.kr
http://www.ei.go.kr
http://www.kcomwel.or.kr

제9장

아 동 복 지

제1절 아동복지의 개념

1. 아동의 개념

아동은 발달심리학적인 면과 사회제도적 측면에서 연령을 범주화할 수 있다. 발달심리학에서 아동기에 해당하는 아동은 육체적 발달의 과정뿐만 아니라 인지적·사회적·도덕적 발달 과정까지 포함되는 보편적인 욕구와 특성을 가진 존재라고 본다. 인간발달에 관한 연구는 학자에 따라서 다르게 구분하지만, 아동연령을 유아기, 학령전기, 아동기, 청소년기 등으로 구분하고 있다. 사회제도적 측면에서 우리나라의 경우 법의 성격에 따라서 규정하는 연령과 대상 아동의 호칭도 아동, 소년, 연소자, 미성년, 청소년으로 혼재되어 유사개념으로 사용되고 있다. 또한 법률의 특성에 따라서 아동의 분별력, 판단력, 신체적 능력 등을 고려하여 연령구분을 더욱 세분화하고 있다. 우선 아동복지법에서는 18세 미만을 아동으로 규정하고 있으며, 소년법에서는 소년을 20세 미만인 자로 규정하고, 근로기준법에서는 연소자를 18세 미만인자로 규정한다.

그리고 민법에서는 20세 미만을 미성자로 규정하고 있고, 청소년기본법에서는 청소년을 9세 이상 24세 이하인 자로 규정하고, 청소년 보호법에서는 청소년을 19세 미만인 자로 규정하고 있다.

우리사회에서는 일반적으로 아동은 영유아나 초등학교에 다니는 어린이를 의미하며, 모든 국가의 아동복지법의 모법이 되는 아동권리협약에서도 아동을 18세 미만인 자로 정의하고 있다. 이처럼 아동이라는 용어와 개념은 통일되게 정의되지 않고 다양하게 사용되고 있다.

2. 아동복지의 개념

아동복지는 사회복지의 한 분야로서 그 대상이 아동을 둘러싼 환경의 변화와 아동의 기본적 욕구충족 및 사회적·법적지위의 향상 등 아동에게 초점을 둔다는 점에서 출발 한다. 아동을 고유한 욕구와 존엄성을 가진 독립된 인격체로 인식하고 사회는 아동의 기본적인 욕구를 보장하며 그들이 잠재능력을 최대한 발휘하고 육체적으로나 정신적으로 건전한 성장과 발달을 이룰 수 있도록 노력을 기울여야 한다. 즉 아동복지는 일반적으로 환경에 적응하지 못하는 비행아동이나 특수한 장애를 가진 아동에게만 관심을 두는 것이 아니라 아동이라고 규정한 연령층에 속하는 사람에게 영양·교육·보호의 과정을 통하여 적절한 신체적·지적·정신적 및 도덕적인 발전을 기하도록 하는 데 있다.

모든 아동들이 가족 및 사회의 일원으로서 건전하게 성장과 발달할 수 있도록 아동의 심신발달에 영향을 주는 장애를 제거하고, 그것으로부터 아동을 보호하도록 지역사회나 사회복지 분야에 있는 공·사 단체나 기관들이 협력하여 아동복지에 필요한 사업을 계획하며 실행에 옮기는 조직적인 활동을 하여야 한다.

3. 우리나라의 아동복지의 발달배경

우리나라의 아동정책과 청소년정책은 태동과 발전의 역사를 각기 달리하면서 최근까지 독립적으로 수행되어 오다, 이명박 정부의 출범과 함께 하나의 부처로 통합되면서 아동·청소년정책으로 다시 태어나게 되었다.

역사적으로 보면 아동정책은 1961년 아동복리법의 제정으로 청소년정책은 1987년 청소년육성법의 제정으로 고유 정책 영역으로 자리매김하며 첫 출범을 하게 되었다. 이후 아동정책은 보건복지부에서 요보호아동을 위한 아동복지 중심으로, 청소년정책은 모든 청소년을 대상으로 한 청소년 활동 중심으로 체육청소년부, 문화체육부, 국가청소년위원회 등으로 관할 부처를 변경하면서 발전해 왔다.

이러한 역사적 차이로 인해 그동안 아동정책과 청소년정책은 사실상 대상 연령층은 유사하면서도 그 내용과 접근 방식에서는 상당한 차이를 보여 왔다. 아동정책의 역사는 크게 3기로 나누어 볼 수 있다.

첫째, 1950년대까지는 전쟁으로 인한 고아, 기아에 대한 응급 구호적인 성격의 업무 위주였으며 이로 인해 아동복지시설이 급속히 증가했다. 이후 1960년대에는 현 아동복지법의 모태가 되는 아동복리법을 제정하여 요보호아동에 대한 국가책임 원칙을 법제화하였다.

둘째, 1970년대에는 모자보건법, 입양특례법 등 아동복지와 관련된 법이 차례로 공포되는 등 아동보호정책이 국가중심체제로 전환되었고 1980년대에는 시설입소 보호에서 벗어나 보편주의에 입각한 영유아보육사업 등 다양한 복지서비스를 제공하기에 이르렀다.

셋째, 2000년대 이후에는 요보호아동 보호대책 외에 아동의 인권과 권리, 아동안전 등과 관련된 정책을 추진하는 등 개별적 서비스에서 보편적 서비스를 지향해 오고 있다.

2005년도에 청소년 육성정책과 보호정책을 통합하여 국가청소년위원회를 출범시켰으며, 종전의 지나치게 보편적인 활동정책의 한계를 극복하기 위해 구체적·개별적 정책을 개발하여 청소년복지정책의 영역을 개척·확장함으로써 청소년 활동, 복지, 보호의 3대 정책영역을 정립시켰다.

제 2 절 아동복지의 원칙

1. 권리와 책임의 원칙

권리와 책임의 원칙이란 아동은 아동, 부모, 사회의 세 주체간의 권리와 책임의 조화 속에서 건전하게 육성될 수 있다는 원칙이다. 즉, 아동복지의 책임은 부모뿐 아니라 국가 및 사회도 지고 있으며, 이 중 어느 한 부분의 권리나 책임에서 야기되는 갈등 혹은 지나친 요구는 아동에게 어려움을 가져다줄 수 있기 때문에 각 주체에 부여된 사회적 역할과 범주에서 상호 유기적인 관계로 균형을 이루는 것이 중요하다는 원칙이다.

첫째, 모든 아동은 부모와 상관없이 한 인간으로서 독자적인 권리를 가진 존재이며, 아동은 생존하고 발달하기 위해서 의식주를 제공받고, 건강하고 위생적인 삶을 누리며, 교육적이고 문화적인 생활을 할 권리를 가지고 있다. 이러한 아동의 권리는 아동의 권리에 관한 선언이나 법률에 나타나 있는데, 우리나라 아동복지법, 청소년기본법에도 명시되어 있다.

아동은 권리를 가지고 있는 동시에 책임도 또한 갖고 있다. 즉 아동은 그들을 양육하고 있는 성인들의 합리적인 요구와 기대를 충족하여야 하며, 자기 자신의 발달을 촉진하기 위해서 자발적으로 노력해야 한다.

둘째, 부모의 권리와 책임은 사회나 국가의 책임으로 많이 이전되었지만, 여전히 아동의 보호와 양육의 일차적인 권리와 책임은 부모에게 있다. 부모는 아동의 발달에 많은 영향을 미치므로 일상적인 상호작용을 통해 아동이 생활하는 제반환경을 마련해야 한다. 즉, 부모는 재정적 지원, 신체적 보호, 정서적 보호를 통하여 아동의 생활방식과 행동기준을 결정할 권리를 가지며 동시에 아동을 사회에 필요한 올바른 인간으로 양육할 의무와 아동의 사회적 행동에 대해 책임을 진다.

셋째, 사회와 국가는 아동의 복지를 증진시키기 위하여 아동복지정책의 개발을 위한 입법 권한과 실질적인 대책을 수행할 권리와 책임을 가진다. 즉 의무교육을 통하여 아동의 교육을 받을 권리를 보장하고, 통제력을 행사하여 아동을 유해한 환경으로부터 보호한다. 또한 국가는 아동을 위해서 부모와 자녀에 대해서 개입할 수 있다. 즉, 부모가 양육의 의무를 제대로 수행하지 못했을 때는 위탁가정이나 아동생활시설의 보호를 받도록 하는 등 적절한 개입과 조치를 취해야 할 책임을 가지고 있다.

2. 보편성과 선별성의 원칙

아동복지의 대책에는 보편성의 원칙과 선별성의 원칙이 모두 적용될 수 있다. 보편성은 사회문제를 사회체제가 불완전하고 불공평한데서 발생된다고 보고 예측 가능하며 공공의 노력으로 예방할 수 있다고 본다. 따라서 보편성의 원칙은 아동의 성별이나 부모의 경제적 능력 및 지위에 상관없이 모든 아동을 대상으로 급여나 서비스를 동일한 수준에서 제공하는 것을 말한다. 그 예를 보면 우리나라에서 실시하는 아동수당, 무상의무교육, 가족수당 등이 해당되며, 보편성의 원칙에서 제공되는 급여나 서비스는 대부분 조세에 의해 재정이 충당된다.

선별성은 개인의 결함으로 인하여 발생되는 문제를 보완하거나 해소하기 위하여 조건이나 기준을 정하여 이에 따라 아동복지의 대상과 사업을 제한하는 원칙으로 치료적 서비스를 목적으로 한다. 또한 선별성의 원칙에 의한 급여와 서비스는 일시적·보충적·잔여적 성격이 강하며 시혜적이고 열등처우의 원칙이 불가피하므로 낙인에 의한 수치심을 면하기 어렵다.

예를 들면, 빈곤계층의 아동에 대한 무상급식제공 또는 장애아동과 같이 범주화해서 서비스를 제공하는 경우다.

3. 개발성 기능의 원칙

개발성 기능의 원칙이란 과거의 복지형태인 사후대책적인 치료적 기능이 아니라 보다 적극적이고 의도적인 변화를 가져올 수 있는 예방적 기능의 복지형태가 수행되어야 한다는 원칙이다. 과거 우리나라 아동복지의 주요사업은 고아나 기아, 장애를 가진 아동 등 특별보호가 필요한 아동을 대상으로 시설보호나, 거택보호 중심의 사후대책적인 방식으로 진행되었다.

그러나 오늘날 가족 및 아동을 둘러싼 사회 환경이 변화하고 사회적 욕구도 다양해졌으며 아동의 권리에 대한 인식도 증가하였다. 모든 아동이 가진 능력을 최대한 발휘할 수 있도록 하여 사회적 자립과 함께 사회적 기여의 창출이라는 관점이 내포되어 있고 사회적·경제적 여건의 변화 속에서 아동의 욕구나 문제가 어떻게 변화할 것인가를 예측하고, 사회 전체적 개발체계와 그 맥을 같이 하여야 한다.

4. 포괄성의 원칙

포괄성의 원칙이란 아동은 하나의 인격을 지닌 인간으로서 아동복지를 달성하기 위해서는 경제적 안정, 건강한 가정생활, 교육, 보건, 노동 등 여러 분야의 포괄적인 대책이 아동관련 정책에 대한 프로그램이나 서비스가 아동의 욕구에 통합적인 관점으로 제공되어야 함을 말한다.

5. 전문성의 원칙

현대사회에서 아동문제는 다양하고 복잡하게 나타나므로 아동의 건전한 성장과 발달을 위해서는 아동을 위한 전문적 인력과 기구가 마련되어 아동의 욕구나 사고 및 행동을 이해하기 위해서 아동에 관한 전문적인 분석과 접근이 필요하다. 오늘날 당면한 아동문제는 점점 복잡해져 가고 있고 다루기가 어려워지고 있으므로 아동에 관한 전문지식과 기술 없이는 아동을 제대로 이해하지 못할 뿐만 아니라 문제를 제대로 해결할 수 없다. 예를 들면 아동학대의 경우 부모의 문제뿐만 아니라 아동의 정서문제가 함께 복잡하게 개입되어 있어 단순한 격리나 분리만으로는 문제가 해결되지 않으므로 전문가의 접근이 필요하다.

제 3 절 아동복지 서비스의 분류

1. 서비스 제공 장소에 의한 분류

아동은 가능한 자신이 태어난 가정에서 부모에 의해 양육되는 것이 가장 바람직하다. 그러나 아동이 자신의 가정에서 양육되지 못할 경우 가정과 가장 유사한 환경에서 양육될 수 있도록 해야 할 것이다. 아동복지 서비스는 직접적으로 서비스를 제공받는 아동이 어떤 장소에서 생활하고 있는가에 따라 분류하는 방법이다. 아동이 가정에서 생활하면서 제공받는 서비스는 재가서비스와, 원가정을 떠나 시설이나 다른 가정에서 생활하면서 제공받는 가정외의 서비스가 있다.

1) 재가서비스

재가서비스는 아동이 가정 내에 머물면서 필요한 서비스를 제공 받는 것으로, 가족의 구조적 결손이 없지만 심각한 스트레스나 역기능의 위험요소를 가지고 있을 때 제공된다. 즉 가족이 아동에게 필요한 기본적인 욕구를 충족시키지 못하거나 부모와 자녀 관계에 장애가 있는 경우 외부로부터 지원을 받는 서비스다.

2) 가정외 서비스

가정외 서비스는 아동이 원가정을 떠나 일정기간 동안 시설이나 다른 가정에서 생활하면서 보호 및 양육서비스를 제공받는 것을 의미한다. 가정위탁보호사업, 입양사업, 시설보호사업 등이 있다.

2. 서비스 기능에 의한 분류

서비스의 기능에 따른 분류는 가정의 역할 수행을 중심으로 가정의 역할을 지원하는 지지적 서비스(supportive service), 가정의 역할을 보완하는 보충적 서비스(supplementary service), 가정의 역할을 대신하는 대리적 서비스(substitute service)로 구분하며, 첫 글자를 따서 3S모델이라고도 한다.

1) 지지적 서비스

지지적 서비스(supportive service)는 가족의 역할을 지원하고 강화시켜 주는 서비스로서 부모와 자녀의 관계에서 일어나는 갈등 상황을 처리할 수 있도록 부모의 역할을 보다 향상시키고, 외부에서 사회적 기능 원조를 통해 갈등상황 등을 극복할 수 있도록 하는 서비스다. 그러나 부모와 자녀가 처한 상황에 대한 원조일 뿐 가족에 대한 책임은 근본적으로 그들 자신에게 있다. 지지적 서비스는 아동문제를 예방하기 위한 1차적 방어선으로 아동이 자신의 가정에 머물면서 받을 수 있는 서비스이며, 이러한 서비스를 제공하는데 있어서 서비스의 기능은 가족구조를 침해하지 않고 부모와 자녀가 자신들의 책임성을 효율적으로 수행할 수 있도록 외부에서 상담 등의 서비스를 통해서 그들의 능력을 지원하고 강화시켜 주는 서비스를 의미한다.

2) 보충적 서비스

보충적 서비스(supplementary service)는 부모의 보호, 양육의 질이 부적절하거나 제약되어 부모로서의 역할을 제대로 수행할 수 없는 상황이 발생할 때 부모역할의 일부를 대행할 수 있도록 제공되는 서비스이다. 즉 어떠한 이유로 인하여 부모나 가족의 힘만으로는 아동양육을 하기 어려운 경우에 가정 및 가족의 형태를 그대로 유지하면서 부적절하고 부족한 부모의 자녀 양육 역할을 대행하거나 도와주는 것이다. 보충적 서비스는 부모의 사망, 유기, 이혼, 별거 등으로 인해 부모의 역할이 영구적으로 수행되기 어려운 때나 교도소 수감, 질병, 직업상의 이유 등으로 인해 일시적으로 부모의 역할 수행이 힘들 때 제공될 수 있다.

보충적 서비스는 사회가 부분적으로 아동양육에 대한 책임을 지고 부모 역할의 일부를 보충해 주는 2차적 방어선으로 제공되고 있다.

보충적 서비스의 종류는 영유아보육서비스, 피학대아동보호서비스, 가정조성사업 등이 있다.

3) 대리적 서비스

대리적 서비스(substitute service)는 부모의 역할 전부가 상실되어 아동에게 부모역할의 전부를 제3자가 대신하여 제공되는 서비스를 말한다. 즉 대리적 서비스는 아동의 부모가 자신의 자녀를 양육할 의사가 없고 양육능력이 없을 때, 그리고 부모가 부재한 아동의 경우에 제공되는 서비스이다.

대리적 서비스는 아동문제에 대처하기 위한 3차적 방어선으로 가정이 일시적 또는 영구적으로 해체되었을 때 아동을 자신의 가정이 아닌 다른 가정이나 시설에서 생활하게 함으로써 아동을 보호하는 것으로 대표적인 서비스로는 가정위탁보호사업, 입양사업, 시설보호사업 등이 있다. 대리적 서비스는 정상화의 원리에 따라 가급적 시설보호보다는 가정위탁이나 입양에 의한 보호를 우선적으로 하며, 대리가정을 통해 아동에 대한 보호·양육서비스를 제공할 수 없을 때 시설에 수용하여 집단적인 보호서비스를 제공하고 있다.

제 4 절 아동복지의 현황

1. 아동복지시설 및 기관의 종류

1) **아동양육시설** : 보호대상아동을 입소시켜 보호, 양육 및 취업훈련, 자립지원 서비스 등을 제공하는 것을 목적으로 하는 시설이다.

2) **아동일시보호시설** : 보호대상아동을 일시보호하고 아동에 대한 향후의 양육대책수립 및 보호조치를 행하는 것을 목적으로 하는 시설이다.

3) **아동보호치료시설** : 아동에게 보호 및 치료 서비스를 제공하는 시설이다.

(1) 불량행위를 하거나 불량행위를 할 우려가 있는 아동으로서 보호자가 없거나 친권자나 후견인이 입소를 신청한 아동 또는 가정법원, 지방법원소년부지원에서 보호위탁된 19세 미만인 사람을 입소시켜 치료와 선도를 통하여 건전한 사회인으로 육성하는 것을 목적으로 하는 시설.

(2) 정서적·행동적 장애로 인하여 어려움을 겪고 있는 아동 또는 학대로 인하여 부모로부터 일시 격리되어 치료받을 필요가 있는 아동을 보호·치료하는 시설.

4) **공동생활가정** : 보호대상아동에게 가정과 같은 주거여건과 보호, 양육, 자립지원 서비스를 제공하는 것을 목적으로 하는 시설이다.

5) **자립지원시설** : 아동복지시설에서 퇴소한 사람에게 취업준비기간 또는 취업 후 일정 기간 동안 보호함으로써 자립을 지원하는 것을 목적으로 하는 시설이다.

6) **아동상담소** : 아동과 그 가족의 문제에 관한 상담, 치료, 예방 및 연구 등을 목적으로 하는 시설이다.

7) **아동전용시설** : 어린이공원, 어린이놀이터, 아동회관, 체육·연극·영화·과학실험전시 시설, 아동휴게숙박시설, 야영장 등 아동에게 건전한 놀이·오락, 그 밖의 각종 편의를 제공하여 심신의 건강유지와 복지증진에 필요한 서비스를 제공하는 것을 목적으로 하는 시설이다.

8) **지역아동센터** : 지역사회 아동의 보호·교육, 건전한 놀이와 오락의 제공, 보호자와 지역사회의 연계 등 아동의 건전육성을 위하여 종합적인 아동복지서비스를 제공하는 시설이다.

2. 요보호 아동 및 다문화 가족현황

1) 요보호 아동현황

사회의 특별한 보호를 받지 않고 아동이 속한 가정에서 양육과 보호를 받으며 생활할 수 있는 아동을 일반아동이라 칭하고 있으며, 그에 반하여 요보호 아동이란 보호자가 없거나 보호자로부터 이탈된 아동, 또는 보호자가 아동을 학대하는 경우 등 보호자가 아동을 양육하기에 부적당하거나 양육할 능력이 없는 경우의 아동으로 우리나라 아동복지법에서는 규정하고 있다.

(1) 아동빈곤율과 빈곤아동 현황

취약계층 아동청소년 현황은 아동빈곤율을 통해서 파악될 수 있으며, 한국의 아동빈곤율은 2000년 기준 10.7%로 아동빈곤율이 10%이상인 국가군에 속한다.

우리나라의 아동빈곤율을 살펴보면 도시근로자 가구의 경우는 2000년대는 10-11%대를 유지하는 경향을 보였고, 2003년 이후부터 농어촌도 아동빈곤율의 추정이 가능하게 되었는데 농어촌가구를 포함한 전국가구의 아동빈곤율은 도시보다 다소 높은 13-14%대의 추이를 보이고 있다. 이는 도시에 비해 농어촌의 아동빈곤율이 다소 높음을 시사한다.

아동빈곤율을 연령대별로 살펴본 결과 절대빈곤율의 경우 12-18세의 빈곤율이 9.1%로 가장 높았고, 그 다음은 9-11세로 7.9%를 보이고 있다. 반면, 절대 아동빈곤율이 가장 낮은 연령대는 3-5세로 4.7%를 나타내고 있다. 즉, 아동이 중고등학생이 되는 시기의 빈곤율이 가장 높고, 보육연령 시기의 빈곤율이 가장 낮았다. 이는 중고등학교의 경우 사교육비 부담 등으로 가계지출 증가에 기인한 것으로 추정된다.

단, 농어촌의 경우는 전 연령대에 걸쳐서 아동빈곤율이 다른 지역에 비해서 높은 상황이므로 보다 적극적인 정책적 개입이 필요하다.

(2) 한부모 가구 현황

자녀가 부모 중 한 명 하고만 사는 가족형태인 한부모 가구는 최근 들어 이혼 증가 등의 사유로 인해 증가하고 있는 추세이다. 전체 가구 중 한부모 가구가 차지하는 비중은 1995년 7.4%에서 2000년에는 7.9%로 증가하였고, 2005년에는 8.6%로 1백4십만 가구에 이르고 있다. 한부모 가구의 80%는 어머니와 자녀로 구성된 모자가구이다. 한부모 가구의 증가에 따라 자녀양육문제가 심각하게 대두되고 있는데, 가장 커다란 문제는 경제적 어려움으로 지적되고 있다. 이와는 달리 부자가구의 경우는 가사노동 및 자녀양육이 가장 큰 어려움으로 호소되고 있다. 이처럼 한부모 가구의 구성에 따라 어려움이 다르므로 가구형태별로 차별화된 지원전략이 필요하다.

2) 다문화 가족 현황

최근 한국사회에서 가장 급속하게 증가하여서 사회적인 관심의 증폭되고 있는 가족유형이 다문화가족이다. 다문화가족이란 한 가족 내에 다양한 문화가 공존하고 있는 가족을 의미한다. 여기에는 한국인 남성과 결혼한 이주여성 가족, 한국인 여성과 결혼한 이주남성 가족, 이주민가족(노동자, 유학생) 등이 포함된다.

아직까지는 다문화가족 아동청소년의 연령이 낮은 편이나, 향후 5-10년 후에는 학령기에 도달하여 학교적응 및 정체성 문제, 낙인감, 사회적 편견 등 다양한 문제에 봉착하게 될 것으로 본다.

최근 국제결혼가정의 학생수는 계속 증가하여 2010년은 30,040명으로 2005년(6,121명)에 비해 약 5배 늘어났으며, 이 중 초등학생이 23,602명으로 전체 국제결혼가정 학생의 78.6%를 차지하고 있다.

국제결혼가정에서 어머니가 외국인인 학생은 27,001명으로, 국제결혼가정 학생 10명 중 9명(89.9%)은 어머니가 외국인인 것으로 나타나고 있다.

〈표 9-1〉 다문화 청소년

(단위 : 명, %)

	국제결혼가정 학생수				모(母)가 외국인인 학생수			
	계	초	중	고	계	초	중	고
2005	6,121	5,332	583	206	-	-	-	-
2006	7,998	6,795	924	279	6,695	5,854	682	159
2007	13,445	11,444	1,588	413	11,825	10,387	1,182	256
2008	18,778	15,804	2,213	761	16,937	14,452	1,885	600
2009	24,745	20,632	2,987	1,126	22,264	18,845	2,519	900
2010	30,040	23,602	4,814	1,624	27,001	21,410	4,204	1,387
구성비	100.0	78.6	16.0	5.4	89.9[1)]	90.7[1)]	87.3[1)]	85.4[1)]

자료 : 교육과학기술부 홈페이지(www.mest.go.kr), 각년도
주 : 1) 모가 외국인인 학생수 비율은 국제결혼가정 학생수 대비임

3. 빈곤 아동 · 청소년 지원 사업

1) 드림스타트 사업

'드림스타트 사업'은 금전지원의 확대만으로 아동의 빈곤 문제를 해결할 수 없다는 인식하에 빈곤아동을 대상으로 집중적이고 예방적인 인적자본 개발을 통해 공평한 출발기회를 보장해 나가는 대표적인 아동정책이다. 가난한 아이들의 전인적(全人的) 발달을 지원하는 '드림스타트 사업'은 최근 가정해체, 사회양극화 등으로 인한 아동빈곤 문제의 심각성이 대두되고 있는 상황에 대한 국가의 적극적 대응 정책이라 할 수 있다.

저출산 사회에서 아동 개개인의 사회적 가치가 높아짐에도 불구하고 빈곤가정에 태어났다는 이유만으로 인적자본을 개발할 수 있는 기회마저 제공받지 못한다면 사회경제적으로 큰 손실이라 할 것이다. 그러므로 모든 아동에게 공평한 양육여건과 출발기회를 보장할 수 있도록 사회적 투자를 확대해 나가는 것은 국가 전략차원에서도 매우 중요한 의미가 있다.

기존의 아동복지서비스가 문제 발생이후 단편적으로 개입하는 사후관리 서비스에 치중되어 있다면, 드림스타트 사업은 빈곤 아동들의 신체적 · 정서적 · 사회적 능력 등 전인적 발달을 지원하는 새로운 형태의 사전 예방적 · 통합적 아동보호서비스로 능동적 복지를 구현하고 있다.

드림스타트 프로젝트는 취약지역에 거주하는 저소득 임산부와 12세 이하 아동가구를 대상으로 아이들에게는 건강 · 복지 · 보육 등 맞춤형 통합서비스 제공을 통하여 아동의 전인적 발달을 지원하고 부모들에게는 직업훈련 · 고용촉진서비스를 제공하여 가족기능을 회복시켜 공평한 양육여건을 보장하는 프로그램들로 구성되어 있다.

2) 디딤씨앗 통장(CDA)사업

디딤씨앗 통장(CDA)사업은 저소득층의 빈곤이 대물림되는 현실을 극복하고 자립기반 마련을 위한 아동투자 차원에서 추진되었으며, 이 정책은 기존 저소득층 아동에게 지원되는 복지정책이 생계유지, 학비지원 등 최소한의 단기적·사후적 지원에 머무른다는 한계 때문에 18세 이후 사회에 진출하여 성인이 되어서도 자립하지 못하고 빈곤이 대물림되는 현실을 극복하기 위해서 2007년도 4월부터 시작되었다.

국가에서 보호하는 시설아동, 소년소녀가장아동 등 보호필요아동이 보호자나 후원자의 지원으로 월 50만원 이내의 기본적립금을 아동의 계좌에 적립하면 정부에서도 17세까지 3만원이내에서 매칭금액으로 같은 금액으로 지원하여 18세 이후 사회진출 시 학자금, 기술습득비용, 창업비용 등 자립자금으로 사용할 수 있도록 하는 사업이다.

제5절 아동·청소년 안전

1. 아동학대

1) 아동학대의 개념 정의

아동학대는 협의의 정의와 광의의 정의로 나누어 볼 수 있는데 협의의 정의는 아동학대를 신체적 학대에 한정하여 설명하는 것으로서 비우발적이고 객관적으로 관찰 가능한 상처를 초래하는 행위를 의미하며, 광의의 정의는 아동학대를 아동발달상의 욕구를 충족시키는데 실패한 모든 환경으로 보고 아동 방치와 냉대까지도 포함시킨다. 최근 아동학대의 개념은 신체적 학대뿐 아니라 소극적인 보호의 부작위로 인한 방임과 성적학대, 정서적 학대까지 포함하는 광의의 개념으로 보는 것이 일반적이다. 우리나라에서 아동학대에 대한 공식적인 정의는 아동복지법 제2조에 따르면 "아동학대란 보호자를 포함한 성인에 의하여 아동의 건강·복지를 해치거나 정상적 발달을 저해할 수 있는 신체적·정서적·성적 폭력 또는 가혹행위 및 아동의 보호자에 의하여 이루어지는 유기와 방임을 말한다."라고 아동학대를 광의로 정의하고 있다.

2) 아동학대 관련 현황

아동학대의 유형 중 가장 높은 비율을 차지하는 것은 방임으로 나타났고, 그 다음으로 중복학대와 정서학대가 높게 나타났다. 학대행위자로는 부모가 주인데, 이는 부모로서의 양육태도 및 올바른 자녀 양육방법을 모르는데 기인하는 것으로 나타났다.

(1) 아동학대 사례유형

아동복지법에서 제시하고 있는 신체학대, 정서학대, 성학대, 유기, 방임과 여러 유형의 학대가 동시에 가해지는 중복학대를 별도의 항목으로 분류하여 사례유형을 분석한 결과, 2008년에 발생한 아동학대사례 5,578건 가운데 방임이 2,237건(40.1%)으로 가장 높은 비율을 차지하였고, 다음으로는 중복학대 1,895건(34.0%), 정서학대 683건(12.2%), 신체학대 422건(7.6%), 성학대 284건(5.1%), 유기 57건(1.0%)의 순으로 나타났다.

(2) 아동학대행위자와 피해아동과의 관계

아동학대행위자는 크게 부모와 부모가 아닌 행위자로 구분할 수 있다. 2008년에 발생한 아동학대사례 가운데 학대행위자가 부모인 경우는 4,719건으로 전체 아동학대사례의 84.5%를 차지하고 있다.

(3) 아동학대 원인분석

2008년 전국아동학대현황보고에 따르면, 유기를 제외한 모든 학대유형에서 공통적으로 학대행위자의 특성 중 '양육태도 및 방법부족' 요인이 가장 높은 비중으로 나타났고, 다음으로 '사회·경제적 스트레스 및 고립' 요인과 '중독 및 질환문제'요인의 비중이 높게 나타났다. 이러한 결과는 학대행위가 개인의 기질적인 특성에서 비롯되기보다는 자녀양육에 대한 정보 부족, 미흡한 양육태도, 사회적 관계망의 고립 및 경제적 스트레스와 같은 환경적 요인에 더 많이 기인하고 있음을 보여준다.

2009년 0~17세의 아동을 학대한 사례는 5,685건으로 전년(5,578건)에 비해 107건 증가하였으며, 아동 학대의 유형은 '중복학대(39.4%)'와 '방임(35.6%)'이 가장 많았고, '정서학대'도 13.7%에 이르는 것으로 나타났다.

2008년 피해 아동을 학대한 행위자는 '친부모'가 78.7%로 가장 많고, 다음은 낯선 사람, 이웃 등의 '타인'이 8.2%로 집계되었다.

〈표 9-4〉 아동[1]학대 발생

(단위 : 건, %)

	피해아동	계	신체학대	정서학대	성학대	방임	유기	중복학대
2004	3,891	100.0	9.4	9.0	4.5	35.1	3.2	38.8
2005	4,633	100.0	9.1	11.1	4.4	35.3	3.2	36.9
2006	5,202	100.0	8.4	11.6	4.8	39.1	1.5	34.6
2007	5,581	100.0	8.5	10.6	4.8	37.7	1.0	37.4
2008	5,578	100.0	7.6	12.2	5.1	40.1	1.0	34.0
2009	5,685	100.0	5.9	13.7	4.8	35.6	0.6	39.4

자료 : 보건복지부·중앙아동보호전문기관, 「전국아동학대현황보고서」 각년도
주 : 1) 아동은 18세 미만임

〈표 9-5〉 아동학대 행위자와 피해아동과의 관계

(단위 : %)

	계	부 모			친인척			타 인			기타[1]
		친부모	계부모	양부모	친조부모	외조부모	기타	부모 동거인	이웃	기타	
2008	100.0	80.7	3.3	0.6	2.8	0.6	3.0	1.4	1.8	3.9	1.9
2009	100.0	78.7	4.2	0.5	3.2	0.9	2.8	1.5	1.3	5.3	1.7

자료 : 보건복지부·중앙아동보호전문기관, 「전국아동학대현황보고서」 각년도
주 : 1) '파악안됨' 포함

2. 아동·청소년의 인터넷 중독과 대응책

1) 인터넷중독 예방 · 상담 체계

보건복지부의 인터넷중독 대응정책은 아동 · 청소년의 건전한 인격체로의 성장을 도모하기 위해 건강한 매체환경을 조성해 주는 정책의 주요한 분야이다. 이를 위해 세 가지 차원의 상호보완적인 정책이 추진되고 있다. 첫째, 매체 역기능에 대한 비판력 및 변별력을 증진함으로써 인터넷 중독을 사전예방하기 위한 청소년 스스로 지킴이(YP : Youth Patrol) 운동 등 미디어 교육 프로그램을 확대 보급하고 있다. 둘째, 잠재적인 인터넷 중독 아동청소년에 대한 예방적 상담 활성화를 위해 한국청소년상담원을 중심으로 청소년(상담)지원센터를 연결하여 인터넷 중독 예방 · 상담 기반을 구축하고 있다. 셋째, 심각한 인터넷중독 아동청소년의 치료재활을 위해 대한청소년정신의학회와 공동으로 전국 26개 대학병원을 중심으로 하는 광역치료센터와, 치료협력 병원을 지정 운영하는 등 치료 기반 확대에 역점을 두고 있다.

2) 정보통신 및 유해환경

(1) 인터넷 이용 빈도 및 인터넷 쇼핑

2010년 하루에 1회 이상 인터넷을 이용하는 10대 청소년은 97.3%로 2009년 96.7%보다 0.6%p 증가였다.

〈표 9-6〉 인터넷 이용 빈도 및 주평균 이용시간

(단위 : %, 시간)

		하루에 1회 이상	일주일에 1회 이상	한 달에 1회 이상	한 달에 1회 미만	주평균 이용시간
2009	10대	96.7	3.3	-	-	10.8
	20대	91.3	8.7	-	-	18.6
2010	10대	97.3	2.7	-	0.0	12.4
	20대	96.8	3.2	-	-	19.4

자료 : 방송통신위원회 · 한국인터넷진흥원, 「인터넷이용실태조사」 각년도

2010년 12~19세의 인터넷쇼핑 이용률은 70.5%, 20~29세는 90.1%로, 전년에 비해 각각 2.5%p, 1.5%p 증가하였고, 20대의 경우, 인터넷을 통한 월평균 쇼핑 금액은 2009년 약 3만9천원에서 2010년 5만4천원으로 늘어나고 있는 추세다.

〈표 9-7〉 인터넷 쇼핑 이용률 및 월평균 구매 비용

(단위 : %, 천원)

	인터넷쇼핑 이용률[1]	계	1만원 미만	1~2 만원	2~3 만원	3~5 만원	5~10 만원	10만원 이상	월평균 (천원)
〈2009〉									
12~19세	68.0	100.0	26.1	18.5	17.4	19.1	15.8	3.1	26.8
20~29세	88.6	100.0	6.3	13.4	15.8	23.6	37.0	3.9	38.6
〈2010〉									
12~19세	70.5	100.0	13.5	46.1	11.8	14.4	10.2	4.0	23.0
20~29세	90.1	100.0	3.1	16.8	12.9	21.9	27.0	18.2	54.4

자료 : 방송통신위원회 · 한국인터넷진흥원, 「인터넷이용실태조사」 각년도
주 : 1) 인터넷 이용자 중 최근 1년 이내 인터넷 쇼핑을 한 사람

(2) 청소년(중 · 고등학생) 유해매체 이용 경험

2010년 중 · 고등학생 10명 중 4명은 '성인용 간행물'과 'On-line 음란물'을 접하였으며, 이용 비율이 2009년에 비해 증가했으며, 또한 중 · 고등학생의 절반가량이 '19세 미만 이용불가 게임'을 경험하였고, '19세 이상 케이블 프로그램'을 시청한 비율도 14.8%로 나타났다.

〈표 9-8〉 청소년(중 · 고등학생) 유해매체 이용 경험(복수응답)

(단위 : %)

구분	성인용 간행물	성인용 영상물	on-line 음란물	19세 이상 케이블 프로그램	19세 미만 이용불가 게임	핸드폰 성인매체
2009	35.9	28.7	36.6	16.1	36.2	7.3
2010	38.3	27.8	38.3	14.8	49.5	7.5

자료 : 여성가족부, 「청소년 유해환경 접촉 실태조사」 각년도

참고문헌

강용규 외(2011), 『사회복지개론』, 공동체.
공계순 외(2006), 『아동복지론』, 학지사.
김융일 외(2003), 『사회복지학개론』, 동인.
김익균 외(2001), 『아동복지론』, 대학출판사.
김정기 외(2010), 『사회복지개론』, 청목출판사.
남일재 외(2011), 『사회복지개론』, 공동체.
노혁(2007), 『청소년복지론』, 교육과학사.
보건복지부, 2010년 아동・청소년백서.
신원식 외(2011), 『사회복지개론』, 공동체.
정민숙 외(2011), 『사회복지개론』, 공동체.
조추용 외(2008), 『사회복지개론』, 창지사.
조흥식 외(2010), 『사회복지학개론』, 창지사
최성균 외(2007), 『사회복지개론』, 대왕사
통계청, 2011청소년통계.
한성심 외(2003), 『아동복지론』, 창지사.

제10장

가 족 복 지

제1절 가족의 이해

1. 가족의 개념 및 특성

1) 개념

전통적으로 가족은 성이 다른 두 사람의 성인과 그들이 출산한 자녀가 물리적 거주지를 공유하고 상호간에 동의한 목표를 지니는 사회체계이다. 가족의 기초는 두 사람의 성인간의 헌신적인 관계로 시작된다. 만약 두 사람이 동성이거나, 자녀가 없거나, 성인 중 어느 한편이 부재하는 경우에는 전통적 의미의 가족으로 인정할 수 없다.

그러나 가족에 대한 정의는 시대와 문화의 변천에 따라 다양하게 정의되기도 하지만 일반적인 가족의 정의에 대하여 다음과 같이 살펴보고자 한다.

가족은 사회 여러 제도들 가운데 가장 중요한 기본단위이며 인간의 출생과 더불어 존재하는 일차적인 집단으로 가족을 떠난 인간의 생활은 생각할 수 없다는 것이다. 가족은 사회의 안정과 개인의 성장발달의 기초가 되므로 가족에 대한 과학적 연구가 이루어져야 한다는 것은 기본전제이다.

Murdock(1949)은 "가족이란 공동거주, 경제적 협력, 생식의 특성을 갖는 사회집단이다. 가족은 성관계가 허용되는 성인 남녀와 출산한 자녀나 입양한 자녀로 구성된다."

Levy Strauss(1956)은 "가족은 결혼에 의해 출발하며, 가족구성은 부부와 자녀 그리고 다른 근친자가 포함될 수 있다. 가족성원은 법적유대, 경제적 그리고 성적의무와 권리, 존경 및 애정 등과 같은 다양한 심리적 감정으로 통합되어 있다."

Gough(1956)는 가족은 "경제적으로 그리고 자녀양육에 협조하는 결혼한 부부 또는 혈연관계에 있는 집단이며 구성원 모두 또는 대부분이 함께 거주하는 것". Rarker(1987)는 "혈연, 입양 혹은 혼인을 기반으로 하는 일차적 집단"이라고 정의하였다.

현대사회에서 가족의 다양한 형태의 출현과 가족기능이 변화해 감에 따라 오늘날 대부분의 가족과 관련된 학자들은 더 이상 보편적이고 전형적인 가족현상을 규정하려고 하지 않으며, 오히려 존재하는 그대로의 생활양식을 중심으로 가족현상에 관심을 갖는다.

따라서 가족은 모든 사회의 가장 기본적인 단위로 혼인, 혈연, 입양으로 맺어진 사람들의 집단을 말하며, 인간의 사회화와 사회발전에 많은 영향을 끼쳐 왔으며 사회를 존속시키는 인간의 가장 오래된 기본적인 사회제도이다.

2) 가족의 특성

가족이 다른 사회집단과 구분되는 특성을 살펴보면 다음과 같다.

(1) 가족은 일차적 집단(primary group) : 가족은 인간이 출생과 동시에 참여하는 일차적 집단이다. 일차적 집단에서는 성원 상호간의 관계가 직접적이고 친밀하며 그 관계가 항구적으로 지속된다.

(2) 가족은 공동사회집단(gemeinschaft group) : 가족은 성원 상호

간의 애정과 이해로 결합되어 외부적 장애에 의해 결코 분열되지 않는 본질적 결합관계를 지니는 공동사회이다.

(3) 가족은 폐쇄집단(closed group) : 어느 누구도 원한다고 해서 특정 가족의 구성원이 될 수 없고, 또한 혈연으로 특정 가족에 태어난 이상 그 가족관계를 자유롭게 포기할 수도 없는 것이다.

(4) 가족은 형식적 집단(formal group)이나, 가족관계는 비형식적 : 가족은 결혼이라는 법적 절차에 의하여 성립되는 형식적이고 제도적인 집단이다. 그러나 가족구성원 상호간의 관계는 자유스럽고 솔직하며 형식에 얽매이지 않는다.

2. 가족의 기능

가족의 기능이란 가족이 수행하는 역할을 의미하며 가족의 기능이 제대로 수행되지 않을 경우 사회는 불안해지고 인류의 존속이 불가능해진다.

가족은 인간의 기본적인 욕구를 충족시켜 주는 기능을 수행하며 사회의 유지와 존속에 주요한 기능을 하는 사회의 기본단위이다. 가족은 개인에 대하여 생활과 생존, 성적욕구충족, 보호와 지지, 사회화 및 사회적 일체감을 제공하는 기능을 수행한다. 그리고 사회에 대하여는 종족의 유지, 성의 통제, 문화의 보존과 전승, 신분귀속 등의 기능을 수행한다.

가족의 기능은 사회구성원을 재생산하고 가족구성원을 경제적으로 지원하며, 기족구성원이 사회의 생산적인 일원이 되도록 양육·교육·사회화하며, 노약자를 보호하는 것이다. 그러나 최근 급격한 사회변화와 경제적 발전으로 가족의 형태가 다양하게 변화하고 있어 전통적 개념의 가족기능이 변화하고 있다.

특히 이혼 증가로 인한 한 부모 가족 및 재혼가정이 증가하고 있다. 또한 동거가족, 미혼모가족, 독거노인가족, 동성애가족, 무자녀가족, 공동체가족, 소년소녀가족, 조손가족 등 다양한 가족유형이 증가하고 있다. 사회변화 및 발전에 따라 가족의 유형이 변화되고 기능도 변화하고 있지만 그래도 일반적인 가족의 기능을 살펴보면 다음과 같다.

1) 정서적 지지 기능

복잡한 사회와 무한경쟁의 삭막한 사회현실 속에서 학업, 직장, 타인과의 관계에서 오는 갈등과 고민을 해결하기 위해 무엇보다 가족은 구성원들 간의 심리적 위안을 받고 싶고 정서적으로 지지받고 싶어 한다. 정서적 지지는 부부간 및 부모자식간의 친밀한 신뢰가 형성될수록 지지도가 증가한다. 신뢰감 형성은 서로를 격려해 주고 지지해 줌으로써 가족의 기능은 더욱 강화되는 것이다.

2) 성적 조절 기능

가족을 중심으로 하는 부부의 성적 결합은 자녀출산과 자녀양육 및 사회화에 필요한 가족의 안정 및 유지와 사회 안정과 연속성을 보장해 준다. 성적욕구 충족의 방법은 사회마다 다양하지만 기본적인 조절과 통제를 통하여 사회를 유지 발전시켜 나간다. 따라서 성적 조절기능은 책임있는 성행동을 유도하여 사회의 안정적 발전에 기여하였다. 또한 성적 조절기능은 부부관계의 성생활만을 의미하는 것이 아니라 남성과 여성으로 구성된 가족체계 내에서 성별에 따라 주어지는 역할과 기능을 수행하는 과정에서 심리·정서적 지지와 욕구가 충족되는 것도 포함된다.

3) 사회화 기능

부모는 자녀를 출산하고 양육하며 사회의 어느 교육 집단 및 기관보다도 성실히 교육의 기능을 수행하고 있다. 특히 사회교육 이전의 시기에 자녀들이 생리적 욕구를 통제하는 것을 배우기도 하고, 사회행동에 있어 절제와 규범을 배우고, 가치관과 사고방식 등을 학습시키고, 문화를 습득하게 하여 사회생활에 적응할 수 있고 성숙한 인간으로 성장할 수 있도록 사회화 기능을 수행하고 있다.

4) 경제적 협력기능

가족구성원 중 생산 능력이나 경제력이 있는 사람은 일을 통하여 수입을 창출하고 경제력이 없는 가족들은 그 수입원으로 가족의 생계를 유지한다. 경제적 능력이 있는 가족성원에게는 생산적 기능을 하고 다른 가족들은 소비적 기능을 함으로써 현대 가족은 생산기능과 소비기능을 하고 있다. 가족은 생산기능과 소비기능이 함께 존재하며 부부간의 경제적 협력관계가 요구된다.

5) 자녀양육 및 구성원 보호의 기능

부모는 자녀를 출산하고 양육하는 기능을 수행하고 있다. 맞벌이 부부의 증가로 자녀의 양육문제는 심각한 사회문제로 부각되었다. 자녀의 올바른 성장을 위하여 부모는 교육에 많은 노력을 기울이고 있으며 교육과 함께 보호의 기능도 수행하고 있다. 가족은 구성원들의 생명과 안전을 위하여 노력하고 가족성원 중 노인, 장애인, 아동, 중질환자 등을 보호한다. 그러나 사회변화와 가족형태의 변화로 사회교육 기관에 교육을 의존하고 있으며, 사회복지기관, 의료기관 등에 보호의 기능을 분담하여 수행하고 있다.

6) 여가문화 기능

현대인은 노동시간을 포함하여 대부분의 시간을 직장에서 보내고 있다. 특히 사회적 관계 형성의 주요 대상자는 직장 및 업무와 연관된 사람들이 대부분이다. 가정은 잠시 쉴 수 있는 공간이며 가족이라는 이름으로 함께 살아가는 집단으로 변모되었다. 그러나 그 누구도 가족의 필요성과 중요성에 대해서는 간과하지 않을 것이다. 대부분의 시간을 밖에서 보내고 있음에도 돌아갈 가정이 있고 반겨줄 가족이 있기에 바쁜 삶 속에서도 희망을 갖고 살아가는 것이 현대인이다. 그래서 가족의 형태가 핵가족화, 소규모화되면서 상대적으로 가정과 가족의 역할이 커지고 있다. 주말에는 가족과 함께하는 문화가 급속도로 확산되고 있는 것도 이와 무관하지는 않다. 가족성원들과 함께하는 여가문화의 시간의 증가는 가족을 더욱 단단하게 결속시키는 기능을 수행하고 있으며 사회적, 직장업무의 능률을 향상시키는 효과가 발생하고 있다. 따라서 가족의 여가문화의 기능은 새로운 사회변화 시대에 중요한 가족기능의 하나로 인식될 것이다.

3. 가족의 변화

가족구조와 형태는 산업화, 도시화 등으로 많은 변화를 가져왔다. 가족의 소규모화, 핵가족화, 비전통적인 가족형태가 증가하고 가족에 대한 가치관이 변화하였다. 가족규모의 감소, 가족세대의 단순화, 단독가구의 증가, 가족형태의 다양화 등 가족구조가 변화하였으며, 이러한 변화는 노인, 아동, 장애인 등을 가족이 보호함에 있어 어려움을 초래할 수 있다.

오늘날 가족의 보편적인 변화에는 다음과 같은 것들이 있다.

첫째, 전통적인 가족관이 희석되고 있다. 전통적인 가부장적 지배와 복종의 원리에 따르는 비인격적인 바람직하지 않은 전통적 가족관에서, 평등과 자율의 원리에 따르는 가족관이 확산되고 있다.

둘째, 아버지가 가장 및 남자로서의 권위가 저하되고 부부관계, 부자관계가 동등화되고 있다. 전통적인 가족에서는 권위와 복종이 강요되었으나 현재는 권위에 의한 강제는 어렵게 되었다.

셋째, 가족의 부양 및 보호기능이 감소되고 있다. 정부 및 사회기관단체 등에서 보호와 부양기능을 수행하는 등 보완적 역할을 하고 있다.

넷째, 부부가족이 일반화되고 있다. 연애결혼과 부부관계의 애정 중시현상으로 부부가족이 보편화되고 있다.

다섯째, 다양한 가족유형이 증가하고 있다. 다양한 가족생활 양식을 추구하게 되면서 동거부부, 계약결혼, 무자녀가족, 재혼가족, 독신자가족, 동성애가족, 주말가족, 공동체가족 등 다양한 가족형태가 증가하고 있다.

여섯째, 가족규모가 감소하고 있다. 핵가족화와 인위적인 출산조절로 자녀수 감소, 단독가구의 증가 등으로 가족구성원수가 감소하고 있다.

일곱째, 기혼여성의 사회활동이 증가하고 있다. 가사노동감소, 여가시간증가, 교육수준향상으로 여성의 사회활동 참여 증가하고 있다.

여덟째, 이혼이 증가하고 있다. 여성의 교육수준 증가, 여성의 자아실현 의식의 증가, 사회참여의 증가 등으로 이혼이 금기가 아닌 선택사항이 되었다.

아홉째, 가족주기상의 변화가 발생하고 있다. 초혼연령의 상승과 출산율 저하로 인해 가족발달주기가 변화하고 있다.

제 2 절 가족복지의 이해

1. 가족복지의 개념

가족복지란 가족의 복지를 추구하기 위한 인간의 공동체적 노력을 의미한다. 가족복지의 개념은 시대와 문화적 환경에 따라 다양한 의미를 포함할 수 있으며, 여러 학자들에 따라 다르게 정의된다.

가족복지란 가족의 욕구를 자력으로 충족할 수 있도록 그 잠재력을 개발시켜 주거나, 가족문제의 예방 및 해결 등에 전문적 지식과 기술을 동원한 제도적 · 정책적 · 기술적 서비스로서 가족구성원 개인이나 가족 전체에 관심을 두는 과정이다.

가족복지는 국민생활권의 보장이라는 기본이념에 입각하여 가족의 행복을 유지하는데 목적을 두고 가족기능의 강화, 가족문제의 예방 및 해결, 가족간 기능수행의 활성화, 나아가서는 모든 사회구성원들의 삶의 질 향상에 초점을 두는 사회복지 서비스와 정책을 포함하는 개념이다. 가족성원 개개인보다 가족을 하나의 전체로서, 유기체로서 취급하며 가족생활을 보호·강화할 뿐만 아니라, 가족 전체에서 나타나는 요구와 문제를 해결하고자 하는 정책적·전문적 대책을 말한다.

가족복지란 가족의 욕구와 문제에 대응하는 것으로서 가족의 안녕과 행복을 보장하는 사회적 노력, 즉 정책적 및 기술적 서비스 활동을 의미한다. 가족복지는 구체적으로 가족해체, 가족구성원의 사회적 역기능 수행 등의 문제에 의도적으로 개입하는 것을 말하며, 가족의 전 생애에 걸쳐서 행복하고 안정된 바람직한 삶을 추구하는 사회구성원 전체의 집단적 노력을 말한다.

가족복지는 가족이 일시적 혹은 장기적으로 당면하고 있는 생활상의 곤란함, 즉 빈곤, 질병, 실업, 가족관계의 붕괴, 행동상의 문제, 신체적 혹은 정신적 장애 등으로 가족의 기능이 상실되어 중대한 위기에 처한 가족을 대상으로 하여, 가족의 긴장을 완화하고 문제를 해결하며 가족의 기능을 강화하는 것을 목적으로 하는 사회적 조직활동을 의미한다.

가족복지가 다른 사회복지 분야와 차이점이 있는 것은 장애인복지, 아동복지, 청소년복지, 노인복지, 여성복지 등은 문제를 갖고 있는 대상이 개인인데 비하여 가족복지는 가족전체를 서비스 대상으로 하고 있다. 따라서 가족복지는 개개인의 욕구와 문제에 초점을 두는 것이 아니라 가족전체에 초점을 두고 가족생활을 촉진·강화시켜 가족을 보호·강화할 뿐만 아니라 가족 구성원과의 상호관계 및 사회적 기능을 향상시키기 위해 행하여지는 모든 사회적 서비스를 의미한다.

가족복지의 기능은 산업화 이전과 이후로 구분하여 볼 수가 있다. 산업화 이전에는 가족은 많은 기능을 수행하여 대부분의 인간욕구와 문제가 가족을 통해 해결할 수 있었으나 산업화 이후에는 가족기능이 약화되고 기능이 축소되어 전통적인 가족기능 수행에 어려움이 발생되었다. 이를 보완하기 위해 가족복지서비스가 등장하였고 가족의 기능을 보완하고 대체하고 있다.

2. 가족복지 대상

가족복지의 대상은 일반가정의 복지증진 뿐만 아니라 아동, 청소년, 장애인, 여성, 노인 등 사회전체의 가족을 서비스의 대상으로 본다. 특히 문제가정의 발생을 예방하고 발생된 문제가족을 위한 지원사업 및 제반 사회복지서비스를 포함한다.

가족복지의 대상에 대해서는 시대와 사회적 문화마다 다르고 학자마다 차이가 발생하고 있다. 미국의 가족복지기관의 가족복지 대상은 부부불화, 부모자녀관계의 장애, 부모가 없는 가족, 청소년문제, 미혼모, 신체장애인, 별거의 문제, 노인, 경제, 주거, 실업, 직장적응의 문제 등을 제시하고 있다.

김성천(1989)은 ① 가족전체성에 영향을 주는 빈곤, 불평등, 실업, 무주택, 교육기회의 박탈, 의료기회의 박탈, 이사와 같은 환경문제, ② 가족전체성에 영향을 주는 가족성원의 역할불이행, 갈등, 가족성원의 증가나 감소, ③ 가족의 전체성에 영향을 주는 가족성원의 적응능력, 인격, 행동장상의 장애와 같은 기족성원의 내적 문제를 대상으로 보고 있다.

장인협(1985)은 ① 개인과 가족의 기능과 가족관계에 관한 문제 : 부부갈등, 별거, 이혼, 청소년문제, 직장부적응, 일탈행동, 아동학대, 미혼모문제 등 ② 빈곤이나 사회자원의 결핍에 관한문제 : 경제문제, 직업문제, 주택문제, 건강문제 등 ③ 일시적 긴장에 의한 문제 : 실직, 질병, 사업실패, 이민, 이주, 불의의 사고, 가족성원의 자살, 수감 등

성영혜 외(1977)는 ① 가족구조상의 특성에 따른 대상 : 맞벌이가족, 미혼모가족, 이혼 및 재혼가족, 소년소녀가족, 노인가족, 핵가족 등 가족구조상의 다양화를 고려하여 각 가족이 지닌 특성에 따라 복지 개입을 달리하는 경우, ② 가족기능상의 문제에 따른 대상 : 학대, 알코올중독이나 약물중독, 청소년 비행 및 실직으로 인한 소득감상실 등 기능상의 결손을 경험하는 가족과 장애로 인한 심리적·의료적 문제를 겪

고 있는 가족의 경우, ③ 가족의 주기에 따라 발생하게 되는 다양한 욕구에 따른 대상 : 부부만의 시기, 자녀출산 및 양육, 미취학아동기, 학동기, 청소년기, 독립기, 중년기, 노년기 등 가족생활주기에 따라 복지개입을 달리하는 경우를 대상으로 하고 있다.

이상에서 살펴본 바와 같이 가족의 문제들은 장기적으로 가족의 기능에 장애가 발생하게 되고 가족복지의 대상이 되며 가족복지의 대상을 다음과 같이 살펴볼 수 있겠다.

① 가족관계 문제 : 부부갈등, 가정폭력, 이혼, 별거, 재혼, 아동 및 부모학대, 부모와 자녀관계, 자살, 수감, 인격·행동장애, 청소년 비행, 자녀출산, 양육

② 경제적 문제 : 빈곤, 실직, 무주택, 생계곤란, 취업, 사업실패, 의료비, 교육비

③ 가족유형 문제 : 한부모가족, 독거노인, 장애인가족, 조손가족, 소년소녀가족, 비행청소년가족, 미혼모가족, 동거가족, 동성애가족, 무자녀가족, 공동체가족, 이민가족, 북한이탈주민

④ 가족질환 문제 : 만성질환 가족, 알코올중독 가족, 치매노인 가족, 불의의 사고, 약물중독

⑤ 사회관계 문제 : 직장부적응, 일탈행동, 부랑아문제, 불평등, 환경적 영향, 교육문제, 대인관계 갈등

제 3 절 가족이론적 접근

1. 가족이론

1) 가족체계 이론

체계(system)란 일정환경 속에서 상호작용하는 요소들의 집합체를 말하며 하나의 체계는 또 다른 체계와 상호관계를 갖는다. 가족도 여러 세대를 거쳐 현재에 이르기까지 가족내부와 외부와의 상호관계의 영향을 받게 된다. 가족은 가족구성원인 개인에게 역할을 부여하며 각 개인의 행동은 가족체계의 평형에 영향을 준다. 바람직하지 못한 행동은 가족에게 부정적 영향을 주게 되고 갈등이 발생하는데 이러한 상호체계가 가족에 상존한다. 따라서 가족도 하나의 체계이다. 홀만(Holman)은 가족은 '복잡한 구성요소(가족성원들)로 구성되어 있는 역동적 체계'로 인식하였다.

가족체계 이론에는 경계, 개방체계와 폐쇄체계, 엔트로피와 부적 엔트로피, 하위체계, 피드백, 항상성 그리고 안정과 변화, 동등종결과 다중종결 등이 있다.

2) 스트레스 이론

스트레스는 신체에 가해진 어떤 외부자극에 대하여 신체가 수행하는 일반적이고 비특정적인 반응을 말한다. 스트레스는 신체의 각종 호르몬과 신경전달물질을 분비시켜 대뇌에 직접 영향을 미치기 때문에 신체 질병은 물론 정신과적인 질환도 발생하게 된다. 일반적으로 스트레스의 원인은 여러 가지가 있지만 특히 앞서 언급한 가족복지의 대상인 가족 문제의 대부분이 가족 스트레스의 원인이 되고 있다.

스트레스 이론에는 일반적 적응 신드롬, 스트레스의 인자-교류이론, 힐의 ABCX모델, 맥커빈 & 패티슨의 이중 ABCX모델, 스티븐스의 스트레스와 대처에 대한 모델 등이 있다.

3) 가족생활주기 이론

가족생활주기 이론은 가족의 각 단계마다 예측 가능한 방식으로 발달해 간다는 점에서 가족을 이해하는데 유용한 틀을 제공해 준다.

가족발달주기란 가족도 개인과 마찬가지로 출생과 죽음을 반복하는 것을 전제로 하고, 부부가 혼인해서 사망 시까지 가족이 겪게 되는 주요한 경험을 단계적으로 설정한 것이다. 가족생활주기에 따라 가족구성원의 역할은 변화되며, 가족은 구성원들이 변화하는 욕구에 부응할 수 있도록 단계별 경계를 조정해야 한다.

4) 구조기능주의 이론

진화론과 실증주의 영향을 받은 파슨스(Parsons) 중심의 미국 구조기능주의론자들은 1940년부터 가족연구에도 크게 영향을 미쳤다. 구조기능주의 이론에서 가족은 사회의 존속에 가장 중요한 기능을 담당하는 보편적·기본적 제도이다. 가족은 사회를 구성하는 하위단위의 하나로써 사회체계의 통합을 위한 기능을 담당하고 있다. 따라서 각 개인은 사회화를 통해 사회적 규범과 가치를 전수받아 내면화하고 그 사회구조에 의해 상호 영향을 주고받는다.

5) 갈등이론

갈등이론은 인간의 기본적인 속성과 사화자원의 제한성으로 인하여 갈등은 피할 수 없는 것이며, 갈등은 사회적 진보를 위하여 필요한 것으로 본다. 마르크스주의 이론가에게 가족은 계급적 불평등을 재생하는 중심적 제도이다. 가족은 세대를 통해서 계급을 지속시키고 계급적 특권을 유지·확장시킨다고 본다. 마르크스(Marx)의 기본개념을 가족과 남성-여성관계에 적용시켰던 엥겔스(Engels)는 자본주의 내에 존재하는 억압과 착취는 가족 내에서 그대로 재생된다고 주장하였다.

2. 가족치료 이론

1) Minuchin의 구조적 가족치료 이론

구조적 가족치료(structural family therapy)는 Minuchin 등을 중심으로 발달한 가족구조의 중요성을 강조하는 이론으로서 단순하고, 포괄적이고, 실용적인 이론이다. Minuchin은 가족을 하나의 체계로 보고 개인의 문제를 심리적인 요인보다 사회체계와의 관련성에 두고 있다. 즉, 가족의 구조를 변화시킴으로써 체계 내 개인의 위치와 경험이 변화되어 결국 개인에게 변화를 초래한다는 것이다. 구조적 가족치료는 역기능적인 가족구조를 제도화하는 구조변화에 목적을 두고 그 과정에 치료자가 적극적으로 개입하는 것이다.

구조적 가족치료의 특징은 치료의 중요한 목적으로서 구조의 변화에 초점을 두는 것이며, 가족의 재구조화하는 과정에서 치료자는 적극적인 자세로서 개입을 하는 것이다.

구조적인 가족치료에서는 가족을 체계이며 통합된 전체로서 본다. 지역사회에 속해 있는 기족의 구성원들은 하위체계이며, 하위체계는 가족의 기본적인 구조와 상호교류 유형에 영향을 준다. 구조적 가족치료의 주요한 3개의 개념은 구조, 하위체계, 경계라 할 수 있다.

이 이론은 소년비행, 거식증이 있는 가족, 약물을 남용하는 있는 가족, 사회경제적 수준이 낮은 가족, 알코올 중독자가 있는 가족 등에게 성공적으로 사용되어 왔다.

2) Jay Haley의 전략적 가족치료 이론

전략적 가족치료(strategic family therapy)는 Haley를 중심으로 발달한 이론으로 가족의 문제해결에 초점을 두고 있다. Haley의 이론적 체계의 주요개념으로서 세력과 조정, 관계규정, 관계통제(세력다툼), 위계질서에 관한 개념을 중요시하고 있다. Haley의 치료기법에서는 논리나 합리성보다는 증상이나 현재 문제를 제거 또는 감소시킬 수 있는 기술이나 전략에 관심을 두고 있다. 따라서 증상을 둘러싼 가족맥락에 초점을 두고 통찰이나 인지변화보다는 변화를 일으키는데 강조점을 두고 있다. 이런 변화를 일으키기 위해 활용하는 대표적인 치료기법으로는 직설적 지시, 역설적 개입, 시련기법 등이 있다.

(1) 지시기법

현재 문제를 해결할 목적으로 치료자가 사용하는 직설적 지시로는 충고, 직접적 제안, 코칭, 시련행동의 부과 등이 있다. 이런 직설적 지시는 치료시간 중에 이루어지는 모든 것을 지시로 볼 수 있다. 따라서 치료자의 행동은 어떤 것이든 다른 사람에게 메시지를 주는 것이며 지시를 주는 것이 된다. 지시를 내리는 두 가지 방법이 있는데 하나는 다르게 행동하도록 제시하는 것이고, 다른 하나는 계속해서 똑같이 행동하도록 제시하는 것이다.

(2) 역설적 개입기법

역설적 개입 또는 지시(paradoxical intervention)는 가족성원들이 저항하도록 하여 변화를 일으키는 치료기법이다. 역설적 개입은 치료자가 가족성원들에게 변화할 수 있도록 원조하기를 원한다고 말함과 동시에 변화하지 말라는 요구를 하기 때문에 가족들에게는 역설적으로 보일 수 있다. 역설적 기법은 주로 처방, 제지, 재정의로 설명하고 있다.

(3) 가장기법

가장기법은 Mandanes가 발전시킨 기법으로 역설적 개입의 범주에 속하긴 하지만 특별한 범주로 구분할 수 있다. 대부분 역설적 기법들이 직면적 경향이 높고, 가족의 저항을 활용하는 반면에 가정기법은 더 직면적이고 가족의 저항을 활용하지 않으면서 가족의 저항을 다루는데 효과적인 기법이다.

(4) 시련기법

시련기법(ordeal techniques)은 변화를 원하는 사람에게 증상보다 더 고된 체험을 하도록 과제를 주어 증상을 폭하도록 하는 것이다. 시련과제가 사람들에게 유익한 것이라면 그것은 더욱 좋으며, 다른 사람을 위해 희생하거나 다른 사람에게 도움이 될 수 있는 과제이면 더 좋다.

3) Ackerman의 심리역동적 가족치료 이론

심리역동적 치료는 Ackerman이 제시한 이론으로서 정신분석적 치료방법을 사용하여 필요에 따라 개별치료와 지단치료를 병행한다. 즉, 가족구성원의 심리적 갈등의 해결, 가족구성원간의 관계 개선, 합리적 역할배분, 가족의 투사과정에 대한 이해, 통찰, 전이현상의 인정 등을 강조한다. 이에 심리역동적 가족치료의 특징을 제시하면 다음과 같다.

- 가족치료는 역할개념이 치료의 근간이 된다.
- 가족치료는 가치체계를 강조한다.
- 가족치료는 자유목적에 치료의 기반을 둔다.
- 가족치료는 균형과 가족항상성을 강조한다.

4) Murray Bowen의 가족치료 이론

Bowen의 가족체계 치료이론은 정신분석적 이론과 실제 임상실천에서 직접적으로 영향을 받은 이론적·임상적 모델이다. 즉, 정신역동적인 관점과 체계적인 관점을 연결시킨 가족체계이론이다. Bowen의 심리역동적 이론은 가족의 습관적인 삼각관계의 정서적 체계를 수정하기 위해 만들어진 것이다. 정서적인 것과 지적인 것을 분화하는 것, 다시 말해 비분화된 가족 자아집합체로부터 벗어나도록 하는 것이 Bowen이론 체계의 목표이다.

Bowen의 가족치료는 클라이언트의 불안을 감소시키고 자기분화의 수준을 높이는데 그 목적이 있다. 특히 가족체계에서 진정한 변화는 가족구성원의 자율성을 조장하는 것이며, 개인의 성장을 촉진하기 위해 폐쇄적인 가족관계를 개방하고 삼각관계에서 벗어나도록 하는 것을 강조하고 있다. Bowen은 가족체계를 정서적 단위, 상호 관련된 관계망, 가족의 역사를 분석하기 위한 가장 기초가 되는 체계로 보았다. Bowen의 이론이 가족치료에 기여한 정도는 자아발달과 과정의 의미 있었던 경험에 초점을 두는 심리역동적인 접근과 현재 상호작용하고 있는 가족단위에 초점을 두는 체계적 접근 사이를 연결시키려고 노력한 것이다.

5) Satir의 경험적 가족치료 이론

경험적 가족치료(experimental family therapy)는 Satir을 중심으로 한 이론이며, Satir의 가족치료 및 성장모델의 주요개념은 가치체계, 자기존중감, 가족규칙, 의사소통 유형 등이다. 그는 가족체계 내에서 가족성원들의 정서적 수준과 감정적 수준, 가족구성원들이 자신과 다른 가족성원들에 대하여 어떻게 느끼고 어떻게 반응하는가에 관심을 두었으며 인간의 잠재능력에도 많은 관심을 가졌다.

특히 의사소통의 증진을 통한 성장에 초점을 두었으며 의사소통 방법을 통해 대인관계의 상호작용으로써 클라이언트가 상호존중과 신뢰할 수 있는 경험을 직접 체험하도록 하였다.

경험적 가족치료는 가족구성원이 각자 자신의 감정과 욕구에 민감하므로 가족의 기쁨뿐만 아니라 실망, 두려움, 분노 등에 대해서 대화하고 수용할 수 있도록 돕는 데 그 목적이 있다.

경험을 통한 성장을 중요시하는 Satir는 Gestalt기법, 심리극, 대면기법, 의사소통 훈련들을 잘 조화시킨 접근법을 사용하였다. 가족구성원들이 직접적이고 정직한 의사소통을 하도록 하였으며, 감정을 나누도록 격려하였다 특히 '지금-여기'에서의 만남을 통해 성숙한다고 믿었다.

이것은 가족구성원간의 결속과 바람직한 의사소통으로써 치료자가 서로 배려하고 수용하는 방법을 가족에게 제시하여 서로간의 두려움을 극복하고 자신의 마음과 경험을 개방하도록 유도한다.

제4절 가족문제

1. 가족문제 개요

현대사회의 가족문제는 가족의 기능변화와 사회변화에 따라 시대와 문화적 가치관에 의해 다르게 논의되어 왔다. 대가족제도와 남성권위적인 시대의 가족문제와 현재의 가족문제를 바라보는 시각은 차이가 발생한다. 특히 급격한 사회변화와 핵가족화 현상은 전통적 가족문제의 개념을 넘어 새로운 가족문제가 발생하고 있다.

가족문제는 가족생활 전반에 걸쳐 나타나는 여러 가지 문제인 결혼, 출산, 보육, 교육, 질병, 주택, 취업, 맞벌이, 노후문제 등과 같이 사회문제와 연계되는 넓은 의미의 기족문제와 가족내부 관계인 개별적 문제를 포괄하고 있다.

일반적으로 가족문제는 가족내부의 문제 및 가족발달 주기상에 직면하는 문제로 보는 경향이 있다. 자녀의 출산, 성장, 진학, 취업, 군입대, 자녀결혼, 손자녀 출생 등의 과정에서 가족문제가 발생하기 때문이다. 특히 늦은 결혼과 출산자녀수 감소, 단독가구 증가 등은 가족발달주기상의 변화된 문제로써 새롭게 직면하는 가족문제로 나타나고 있다. 이러한 가족문제는 사회적 공통된 문제로 나타나고 있으며 사회전반의 공동대처가 필요한 문제이기도 하다. 이제는 가족문제는 개인의 문제가 아닌 사회문제로써 정부와 시민사회단체의 적극적인 정책적 대안이 제시되어야 한다.

사회문제화가 되기 전에 가족문제를 해결하기 위해서는 먼저 가족문제를 이해하고 원인의 상호관계를 파악하는 것은 가장 필수적인 방법이다. 따라서 가족문제를 어떤 관점에서 바라보는 가에 대한 문제도 중요한 변수이다. 사회적인 원인이 문제임에도 가족의 개인적 문제로 치부하거나 가족내부의 문제임에도 지나치게 사회적 문제화하는 것도 경계해야 한다. 그러나 가족구성원이 사회적 관계 속에 존재하고 가정도 환경적 측면의 영향을 받고 있음을 무시할 수는 없기 때문에 사회적 관계를 무관할 수는 없는 것이다.

그동안 가족관계를 주도해온 가족관, 윤리관, 가치관은 민주적 절차와 사고방식, 평등의식, 독립의식, 개인주의, 교육수준향상, 양성평등의식, 여성의 사회참여 증가 등으로 변화하고 있다. 이러한 가족관계가 변화하고 있음에도 이에 대한 부적응 가족이 발생하고 있어 가족 간의 긴장감, 심리적 불안감, 저항감 등으로 부부간의 갈등, 자녀와의 갈등, 이혼, 별거, 결손가정 증가, 청소년 비행 등의 원인이 되고 있다.

현대인의 바쁜 생활 속에서도 가족과 가정의 의미는 계속 증가하고 있으며 스스로 변화하고 있는 실정이다. 그럼에도 부부간의 갈등과 부모-자녀와의 고민 등이 가족 내 존재하게 되고 이러한 갈등적 구조를 중재해 주는 역할자가 없어 더욱 갈등은 증폭되어 이혼과 별거 등의 가족문제가 발생하고 있다. 또한 이러한 가족 내 갈등의 문제를 보육문제, 입시제도, 고용불안 등의 사회적 환경 요인으로 보는 시각도 존재한다. 또한 가족내적인 문제와 사회환경적인 문제가 혼재되어 가족문제로 나타나는 경우도 있다.

따라서 가족문제의 관점을 원인적 측면과 해결적 측면에 따라 다르고 가정내·외의 장소적 측면에 따라 논쟁이 될 수 있다 그러나 가족문제를 해결하기 위해 여기서는 협의적 관점과 광의적 관점 그리고 혼재된 관점의 3가지로 살펴보고자 한다.

협의적 관점은 가족문제를 발생시키는 요인을 가족내부에서 찾으며 가족구조, 가족관계, 가족기능, 가족생활주기 등으로 가족문제를 바라보는 관점이다. 부부갈등, 부모-자녀갈등, 가족성원의 문제 등의 예를 들 수 있겠다.

광의의 관점은 산업화와 도시화 과정에서 사회·경제적 변화가 가족의 기능과 형태를 변화시켰으며 사람들의 가치관의 변화로 인하여 가족생활주기 자체도 변화를 주어 가족문제의 원인을 사회·환경적 요인으로 보는 관점이다. 가족의 기능이 약화되고 사회적 역할도 감소되는 현실 상황에서 사회·정치·경제적 영향 속에서 벗어날 수 없는 가족은 사화환경은 개인의 심리·정서적 측면에 영향을 미친다고 보는 관점이다. 취업난, 고용불안, 비정규직문제, 의료혜택 차등, 주거문제, 교육문제 등을 예로 들 수 있겠다.

혼재된 관점은 문제의 원인과 해결방안이 가족내적인 문제와 사회환경적인 문제가 혼재되어 있는 문제들로써 청소년 비행, 자살, 다문화, 빈곤, 결손가정의 보육 등을 예로 들 수 있겠다.

이러한 가족문제들로 빈곤가족발생, 가족해체, 일탈행동, 심리적·정서적 문제, 범죄행위, 병리가족 등의 현상이 발생하게 된다. 과거 가족문제의 원인과 치료과정에서는 빈곤과 질병을 주로 다루었으나 사회변화에 따라 가족문제가 다양화되고 있어 가족문제의 접근과 치료방법에도 다양한 방법이 강구되어야 할 것이다. 새로운 가족문제의 발생과 치료방안에 대하여 적극적인 사회적 관심이 필요한 시기이다.

2. 이혼 가족

사회적 변화로 개인의 가치관과 결혼관이 가족중심에서 개인중심으로 변화하고 있다. 전통적 결혼관은 이혼이 금기시되었으나 현재에는 결혼과 이혼이 개인적 취향으로 바뀌어 가고 있다. 결혼 후 혼인신고를 하지 않는 부부가 증가하고 있으며 대부분 이혼가정은 자녀들이 있음에도 이혼을 결정하는 사례가 증가하고 있다. 또한 황혼이혼도 증가하고 있는 추세이다. 이혼은 법률적으로 혼인한 남녀가 그들 스스로 혼인관계를 해소하는 행위를 말한다. 이와 같은 이혼율 증가의 원인으로 산업화와 도시화 과정에서 가치관의 변화, 결혼관 변화, 여성의 경제적 지위향상, 양성평등 문화 확산, 종교적 구속력 약화 등으로 살펴볼 수 있겠다. 이혼을 금기시했던 전통적 관념의 변화라 하겠다.

그러나 이혼율의 증가는 또 다른 사회문제를 발생시키고 있다. 개인적 판단에 의한 이혼은 가족관계의 해체와 혼란으로 당사자 뿐만 아니라 가족구성원들의 심리적·정신적 역기능을 초래하고 있다. 이혼은 본인의 의사와는 관계없이 이혼으로 심리적으로 불안해지기도 하며 우울증을 경험하기도 한다. 심하면 동료 및 친지와의 관계가 단절되기도 한다. 그러나 이혼의 결과가 부정적 결과만을 초래하지는 않다. 얽매인 상황에서 벗어나 새로운 삶을 시작하는 기회이기도 하다. 그럼에도 아직까지 우리사회에서의 이혼은 사회적 편견이 존재하며 가족관계 및 대인관계에 영향을 미친다.

이혼으로 인하여 자녀양육 주체의 문제, 양육비에 대한 재정적 문제, 생계에 대한 경제적 문제, 자녀들의 정서적 불안문제 등이 발생한다. 특히 부모 이혼 후 양육책임자의 가출과 재혼에 따른 자녀들이 소년소녀가장 및 조손가정으로 전락하게 되어 아동·청소년의 성장에 악영향을 미치게 된다. 따라서 이혼율 증가로 발생되는 이러한 문제들을 해결하기 위해서는 전문적 복지서비스 지원 및 연계 시스템이 더욱 필요한 시기이며 아울러 이혼율 감소와 이혼 후의 가족문제 해결을 위하여 일상적인 가족문제 해결을 위한 적극적인 개입이 필요한 시기이다.

일반적으로 개인의 가족발달주기에 이혼시기가 들어가 있지 않았기 때문에 이혼과정과 이혼 후의 변화에 대해서는 직접 경험하기 전까지는 심각하게 고민해 본 적이 없을 것이다. 이혼을 생각하고 이혼을 결정하는 시기 그리고 이혼 후 가족관계 결정시기, 이혼 후의 생활시기 등으로 구분할 수 있으며, 각 시기마다 경제적 자립과 재산분할문제, 자녀양육권 및 양육비문제, 이혼 후 거주지문제, 자녀왕래문제, 재혼문제, 양가관계문제, 자녀교육문제 등을 고민해야 한다.

이혼으로 인하여 발생하는 심리사회적 과정을 Bohanan(1970)은 6가지로 구분하여 설명하고 있다. 첫째, 법적이혼이다. 법률적 성립된 혼인관계가 법률에 의거 해소되는 것을 의미한다. 둘째, 경제적 이혼이다.

이혼전의 경제적 수입·지출의 과정을 공유하였으나 이혼으로 재산 등을 분할 결정하여 각각의 경제적 분리를 위미한다. 셋째, 공동부모역할 이혼이다. 이혼을 통하여 자녀에 대한 관심과 부모역할이 자녀양육을 책임지는 어느 한 부, 모에게로 구분되어지는 것을 의미한다. 넷째, 공동체 이혼이다. 이혼 전에는 배우자와 관계된 사람들과 공동체적 교류의 대상이었으나 이혼 후에는 관계가 단절되는 것을 의미한다. 다섯째, 정서적 이혼이다. 이혼 후 슬픔, 부정, 분노, 협상, 우울, 수용 등의 단계를 경험하면서 배우자에 대해 무관심해지는 것을 의미한다. 여섯째, 정신적 이혼이다. 결혼을 통하여 형성된 남편과 아내, 부모의 지위와 역할에서 오는 정체감을 벗어나는 정신적 분리를 의미한다.

3. 가정폭력 가족

가정폭력방지를 위한 가정폭력범죄의 처벌 등에 관한 특례법은 가정폭력범죄의 형사처벌 절차에 관한 특례를 정하고 가정폭력범죄를 범한 사람에 대하여 환경의 조정과 성행(性行)의 교정을 위한 보호처분을 함으로써 가정폭력범죄로 파괴된 가정의 평화와 안정을 회복하고 건강한 가정을 가꾸며 피해자와 가족구성원의 인권을 보호함을 목적으로 한다.

가정폭력방지 및 피해자보호 등에 관한 법률은 가정폭력을 예방하고 가정폭력의 피해자를 보호·지원하고 함을 목적으로 하며 동법 규정 의거 긴급전화센터, 가정폭력상담소, 피해자보호시설을 운영하고 있다.

가정폭력은 가정구성원 사이의 신체적, 정신적 또는 재산상 피해를 수반하는 행위를 말한다. 가정폭력은 배우자의 폭력 특히 아내에 대한 남편폭력 뿐만 아니라 남편에 대한 아내폭력, 부모의 자녀폭력과 자녀의 부모폭력 등 가정에서 발생하는 모든 폭력을 포괄하는 개념이다. 그동안 신체적 폭력 중심의 가정폭력에 대한 접근을 하였으나 점차 신체적 폭력과 함께 심리적·정서적 학대, 경제적 학대, 언어적 학대, 성적

폭력, 방관 등으로 확산되고 있다.

가정폭력은 폭력피해자의 신체적, 심리적, 정서적, 사회적 모든 분야에 심각한 손상을 입힌다. 또한 피해자의 문제로 끝나는 것이 아니라 자녀를 포함해서 가족구성원 전체에 영향을 미치고 나아가서는 사회전체에 심각한 영향을 미친다.

가정폭력은 가족성원의 인간관계를 깨뜨리며 개인적인 생존을 위협할 뿐만 아니라 아동의 경우 정서적, 행동적 장애를 일으키게 되고, 성인이 된 후에는 폭력을 행사할 가능성이 매우 높기 때문에 폭력의 세대 간 전수현상이 발생하기도 한다. 결국 가정폭력은 가정파탄의 원인이 되어 결혼관계와 가족관계의 붕괴 또는 가족해체로 이어지기도 한다.

따라서 가정폭력은 건강하고 안정된 사회발전을 저해하는 요인으로 작용하게 된다. 가정폭력은 한 번 발생하면 반복되고 습관화되기 쉽기 때문에 초기 발생 시 근본적인 대책과 예방책이 요구된다. 그러나 가정폭력에 대한 사회적 인식 부족으로 가족내의 문제로 덮으려 하거나 지역사회의 적극적인 대처의식 결여되어 있는 실정이다. 특히 복지서비스는 대부분 사후대책에 치우쳐 있기 때문에 사전예방이나 조기발견이 어려운 실정이다.

따라서 가정폭력은 가족구성원들 사이에서 발생하는 계획적이고 반복적, 의도적, 우발적으로 신체적 · 언어적 · 정신적 · 재산적 피해를 포함하는 일체의 학대행위를 포괄한다.

〈가정폭력의 대한 잘못된 생각 11가지〉

1) 부부싸움은 칼로 물베기다?

"부부싸움은 칼로 물베기"라는 속담도 있듯이 우리는 흔히 "아내폭력도 칼로 물베기"라고 생각하거나, 가정내 문제이기 때문에 남이 이렇다 저렇다 할 성질의 것이 아니라는 태도를 취하기 쉽습니다. 그러나 아내나 아동등에 대한 가정폭력은 단순한 부부싸움이 아닙니다. 가정폭력은 피해자들에게 치명적인 신체적 손상과 정신적 황폐화를 야기한다는 점에서 가정폭력은 부부싸움이나 사랑의 매와는 본질적으로 다릅니다.

2) 맞을 짓을 했으니까 맞는다?

아이가 무슨 일인가 잘못했으니까, 아내가 남편을 자극했으니까, 부모가 얼마나 못났으면 자식이 저럴까? 등의 생각이 여기에 해당됩니다. 그러나 한국여성의전화 상담통계에 의하면 아내를 때리는 남편들은 사사건건 트집을 잡아 폭력을 일삼는 경우가 많습니다. 설혹 아내에게 결점이 있다고 하더라도 그것이 매맞을 이유가 될 수 없습니다.

'매맞을 짓'이란 없는 것입니다.

아이의 경우도 우리는 흔히 '사랑의 매' 혹은 훈육을 목적으로 아동을 구타하는 경우가 많지만 한국여성의전화 통계에도 나와 있듯이 3세 미만의 아동들마저 구타 당하기 쉽기 때문에 이는 훈육의 목적과는 전혀 관계가 없다고 볼 수 있습니다.

3) 가정폭력은 흔히 있을 수 있는 일이다?

이것은 아내와 아이를 자신의 소유물로 생각하는 가부장 사회의 산물입니다.

"못된 아내는 때려서라도 길들여야 한다."

"남편이 화가 나면 손찌검 정도는 해도 괜찮다."

"아이는 때려서 가르쳐야 한다."

위와 같은 잘못된 사회 통념 때문에 아내 구타가 용납되고 정당화되어 만연되는 것입니다. 그러나 아내폭력, 아동폭력은 한 가정을 폭력의 도가니로 만들어 가정폭력의 피해자들은 그 속에서 불안과 공포에 떨며 폭력의 노예가 되어 갑니다. 설혹 어떤 문제가 생겼을 때 가벼운 손찌검일지라도 아내나 아동에게 폭력을 사용하는 것은 올바른 가족관계가 아닙니다.

4) 귀한 자식일수록 때려서 가르쳐야 한다?

우리 사회는 아이들에 대한 체벌을 정당화해 왔습니다. 그러나 한국여성의전화 통계에 의하면 아이에 대한 구타 시기가 훈육의 가능성을 찾을 수 있는 나이가 아니라는 것입니다. 이것은 바로 그 구타가 교육의 목적이 아니라는 것을 잘 보여주며 아이들은 때려서 가르쳐야 한다는 것은 잘못된 생각이라는 것을 보여주는 것입니다.

5) 남자는 남자답게, 여자는 여자답게 길러야 한다?

남자는 남자답게, 여자는 여자답게 길러야 한다는 잘못된 사회 관습은, 남자 아이의 폭력 행위를 씩씩하게 자라는 것으로 보며 여자 아이에게 무조건적인 순종을 강요하는 그릇된 양육태도를 낳게 했습니다. 자녀에게 가해진 신체적 폭력은 아동의 신체적 · 정신적 성장 발달에 매우 부정적인 결과를 가져오며 이유 없이 폭력을 당한 자녀들은 또한 그들의 또래 집단이나 형제 사이에 비슷한 폭력을 행사하게 되며 그런 그릇된 행동이 가정 내에서와 같이 사회에서도 관용적으로 수용될 수 있다는 잘못된 신념을 조장시키는 결과를 가져옵니다.

6) 동방예의지국에 노인폭력이란 있을 수 없는 일이다?

이런 잘못된 생각으로 인해 노인들은 자신들이 자녀로부터 폭력을 당하는 것에 대해 부끄러워하기 때문에 주변에 알리지 못하는 경우가 상당히 많습니다. 특히 자식이 아무리 행패를 부려도 자식을 고소하거나 처벌을 요구하지 못하는 부모 입장에서는 자식이 최대한 법적 제재를 덜 받으면서 혼내줄 수 있는 길이 있다면 좋겠다고 이야기합니다.

7) 가정폭력자는 성격이상자나 알코올중독자다?

그렇지 않습니다. 가정폭력자 중에 알코올 중독자가 있기도 하지만 극히 적은 숫자입니다. 아내폭력의 50%정도가 술취한 상태에서 이루어지기는 하지만 이는 술 때문에 폭력을 썼다는 핑계거리에 지나지 않으며 술은 구타한 사실을 부인하거나 술 때문에 구타했다는 변명거리가 됩니다. 또한 가정폭력자는 가정 이외의 사회나 직장에서는 원만한 생활을 하고 있기 때문에 오히려 많은 경우 피해자가 잘못했기 때문이라는 오해를 받기도 합니다.

8) 가정폭력은 가난한 집안에서 많다?

일반적으로 학력과 사회 계층이 높을수록 가정을 화목하게 이끌어 갈 수 있는 여건과 능력을 소유하므로 가정폭력이 적을 것으로 생각되나 의사, 변호사 등 전문직 종사자, 성직자에서부터 직종, 교육 정도에 상관없이 가정폭력이 발생하고 있습니다. 자신의 아이에게 엄청난 정신적, 신체적 폭력을 행사하여 결국 죽음에 이르게까지 한 치과의사의 경우가 그 한 예라고 볼 수 있습니다.

9) 맞고 사는 아내에게 문제가 있다?

폭력을 당하는 아내는 반복된 폭력으로 인해 헤어나지 못할 정도로 무기력해지고 폭력에 대한 극심한 공포 속에서 나날을 보내게 됩니다. 그럼에도 그들이 폭력상황을 벗어나지 못하는 가장 큰 이유는 아이들의 문제, 경제적 독립의 불가능, 맞을 짓을 했기 때문이라고 보는 사회적 편견 때문입니다. 따라서 아내에 대한 폭력은 개개인의 잘잘못의 문제가 아니라 사회적 문제로 인식해야 합니다.

10) 전생의 업보로 장애인이 되었다?

장애를 가진 아내나 아동, 노인들은 장애를 갖지 않은 사람보다 훨씬 폭력의 대상이 되는 경우가 많습니다. 그러나 장애는 선천적인 것이 아니라고 합니다. 한국보건사회연구원(1995)의 장애인 실태조사에 따르면 태어난 이후에 장애를 갖는 후천적인 장애인이 90%이상이라고 밝혀졌습니다. 또한 남편이나 부모의 폭력으로 인해 장애인이 되는 경우도 많아지고 있습니다. 그런데 우리 사회에서는 전생에 죄를 지었기 때문에 장애를 갖게 됐다는 잘못된 통념이 있습니다. 이러한 잘못된 통념이 장애인을 폭력의 대상으로 삼는 것을 합리화하고 있습니다.

11) 장애인은 무능력자다?

장애인이 가정폭력의 대상이 되는 이유 중 하나는 '장애인은 무능력자'라는 사회적 통념 때문입니다. 장애를 가졌다는 이유로 집안에 가둬놓고 교육도 시키지 않았으면서 경제활동을 못한다고 "돈도 못 버는 무능력자"라며 장애인을 무시합니다. 장애인의 의무 교육제도가 명문화된 것은 겨우 1994년 특수교육진흥법이 개정되면서부터 인데 당시 교육부 통계에 의하면 장애인의 교육률이 80%이하로 나타났습니다. 장애인을 무능력자로 만든 것은 바로 국가와 사회입니다. 최근에 장애인은 무능력자(disabled persons)가 아니라 특별한 능력을 갖고 있는 자(differently abled persons)라는 이념전환 운동이 전세계적으로 활발하게 일어나고 있습니다.

※ 출처 : http://www.woman21.org

4. 중증질환 가족

1) 치매노인 가족

치매는 기억력, 사고력, 이해력, 계산능력, 학습능력 등의 장애로 정상적으로 생활해 오던 사람이 뇌기능이 손상되면서 인지 기능이 지속적, 전반적으로 저하되어 일상생활에 상당한 지장이 나타나는 상태이다. 증상은 자기가 누구이며, 어디에 있는지를 알지 못할 뿐만 아니라 시간감각이 전혀 없다. 과거에는 치매를 망령, 노망이라 하여 노인이면 당연히 겪게 되는 노화현상이라고 생각했으나 최근 많은 연구를 통해 분명한 뇌질환으로 인식되고 있다. 그러나 치매는 10~15%는 완치가 가능하며 초기 치료하면 그 진행을 막을 수 있기 때문에 조기검진이 권장하고 있다.

치매인구는 지속적으로 증가추세이며 2010년 47만명, 2020년 75만명과 2030년 110만명으로 추정한다. 향후 평균수명 연장으로 치매인구가 증가할 것으로 예상되는데 아직까지 우리의 현실은 가족들이 치매환자를 부양함으로써 가족에게 큰 부담을 주는 질병이다.

치매노인을 부양하는 가족은 노인과의 관계악화, 사회적 활동제한, 가족관계의 주정적 변화, 심리적, 경제적, 건강상의 부담 등과 같은 부양부담을 갖고 있다. 가족 내에서 치매노인을 부양자를 결정함에 있어서는 여성에게 부양책임이 집중되는 경향이 있다. 치매노인의 수발을 담당함으로써 경험하는 개인적인 애로사항으로는 피로, 개인시간 부족, 수면부족, 건강에 대한 불안, 심리적 불안정, 외출제한 등이 있다. 치매노인 수발자는 경제적 부담, 육체적 피로, 정신적 부담 등으로 많은 문제를 안고 있다.

치매노인은 부양가족들에게 심리적 압박과 경제적 비용부담을 안겨준다. 치매질환은 생명이 위급한 환자가 아니므로 장기간 부양을 하게 되는데 경제적으로 부양비용에 부담을 갖게 된다. 증상이 심각하게 진전되면 치료비용, 간호비용, 입원비가 증가하고 기저귀, 패드 등 소모품 비용도 증가 한다. 욕창이 생길 경우, 음식섭취를 못할 경우 등 부양비용은 증가한다. 특히 부양가족의 간병 및 수발 등으로 경제활동에 제한을 받게 된다. 경제활동 제한은 경제활동과 부양활동의 2가지 역할수행으로 역할긴장을 경험하게 되고 부양 때문에 경제활동을 못할 경우에는 경제적 소득의 감소로 가족경제에 부담이 증가하고 위험이 발생할 수도 있는 것이다.

치매노인은 부양가족들에게 정신적 신체적 문제를 발생시킨다. 치매노인의 부양가족은 신체적 질병을 얻는 것으로 조사되었다. 치매노인의 부양가족의 정신적 부담은 미래를 예측하지 못하는데서 오는 불안, 편하게 모실 수 없는 죄책감, 환자의 지나친 요구 및 과격행동에 대한 분노 등과 같은 부정적 감정들 뿐만 아니라 치매증상의 수발로 인한 만성피로, 수면부족, 수발의 시달림으로 인한 자신의 약화된 신체적 문제, 친구 및 사회활동 상실, 여가활동 제한 등의 사회적 고립, 치료비 지출로 인한 경제적 부단 등 과중한 스트레스에 직면하게 된다.

치매노인은 부양가족의 갈등이 발생한다. 치매노인이 발생하면 치매노인의 부양문제로 가족구성원 및 가족의 형제들 간에 갈등이 발생한다. 가족의 불안의식으로 균형이 깨지고 갈등은 증폭되기도 한다. 부양자가 결정된 후에도 가족 간의 역할갈등으로 부정적 감정을 경험하게 된다. 치매노인과 말다툼 및 신체적 부딪침을 경험하면서 부양가족의 형제간 갈등이 증폭되고 이로 인해 부부갈등도 심화되어 가족불화가 지속적으로 상존하게 된다. 이런 상황이 지속되면서 부양가족의 스트레스는 더욱 심해지게 된다.

2) 알코올중독 가족

알코올중독자는 대부분 가족 구성원 중 남편이나 아버지였으나 최근에는 부인이나 어머니 혹은 자녀들이 알코올중독자인 경우가 증가하고 있다. 알코올중독자 가족이란 가족구성원 중에 알코올중독자가 있는 가족을 의미한다. 미국중독의학회(1990)발표에서 알코올중독증은 만성적인 질병으로 음주 조절능력의 상실, 술에 대한 집착, 부정적인 결과에도 불구하고 지속적인 음주를 하고, 사고상의 왜곡 등을 특징으로 하는 질병이라고 정의하였다.

그동안 알코올중독은 개인의 의료적 차원에서 이해되었으나 가족구성원 중 한 사람이 알코올중독일 경우 다른 가족구성원들에세 강한 영향을 미치기 때문에 이제는 가족질병으로 이해되고 단순한 의료적 측면이 아닌 사회적 측면으로 강조되고 있다.

알코올중독은 알코올섭취 또는 직후에 임상적으로 심각한 부적응적 행동변화나 심리적 변화가 발생한다는 것이다. 따라서 알코올중독에 대한 여러 정의를 요약하면 첫째, 사회에서 허용하는 범주를 초과하여 지속적으로 이루어지며, 둘째로 과도한 음주로 인하여 개인의 신체적, 정신적, 사회적, 경제적 장애를 초래함은 물론 가족, 직업, 대인관계 등에 문제를 가져오면서도 음주에 대한 조절기능을 상실한 상태라고 말할 수 있다.

알코올중독은 과도하게 알코올을 섭취함으로써 발생하는 신체대사의 생리적인 장애뿐만 아니라 중독에 의하여 여러 사회적인 기능과 역할 수행, 인지적 능력 등 인간생활 전반에 걸쳐 장애를 가져오는 것이 알코올중독이다.

일반적으로 알코올중독자 자녀들은 부모가 알코올중독자가 아닌 자녀들에 비행, 우울증, 불안감, 비행, 약물남용, 신체적 경질환, 행동상의 부적응 등의 문제를 보이고 학습활동이나 직장생활에서도 어려움을 경험하는 것으로 나타났다. 아동은 각종 문제행동을 보일 가능성이 있으며, 사춘기 자녀들은 각종 문제행동의 증세가 보인다. 성인기에는 낮은 자존감, 불만족, 부정적 자기인식, 불안, 우울증 등을 나타낼 가능성이 상존한다. 양쪽부모가 알코올중독자일 경우 정신장애나 학습장애, 기타 심리사회적인 문제를 가질 가능성이 매우 높다.

알코올중독자의 가족이 경험하는 주된 문제는 경제적 문제, 정신적 문제, 자녀문제, 대인관계문제 등이 있다. 알코올중독자들은 자신을 보호하기 위해 스스로를 사회적으로 고립시킨다. 알코올중독자 부모들의 일관성 없는 자녀교육으로 자녀들은 사실적 인과관계를 제대로 인식하지 못하게 되어 2차적 문제가 발생하게 된다.

알코올중독은 재발률이 높은 것이 특징이다. 또한 치료과정에서 입원이 필요함에도 자발적 입원보다는 강제 입원하는 경우가 발생한다. 알코올중독자의 욕설, 폭행, 구타, 범죄, 강도, 싸움, 자살 등의 행동을 하게 되고 자녀와의 갈등, 부부갈등, 가구원 가출, 이혼, 별거 등의 문제를 야기시켜 결국 가정 파탄의 원인이 된다.

3) 비행청소년 가족

청소년기는 신체적 심리적 변화에 대한 경험부족으로 정신적 불균형이 초래되고 가치관의 미정립과 정서불안으로 스스로가 책임을 질 수 없는 연령층으로 볼 수 있다. 현실 속에서 청소년은 자신들 스스로 해결해야 할 과제를 신체적·정신적 발달과 더불어 사회구조적 환경에 의해 부여받고 있는 것이다. 그렇기 때문에 청소년비행은 개인의 심리적 차원에서만 이해될 수 없으며 개인과 사회구조적 요인의 복합적인 문제라는 시각에서 조명되어져야 한다.

청소년 비행은 일탈된 모든 행동을 의미하며 비행청소년은 약물복용,

폭력, 범죄행위 등 문제행동을 보이는 청소년을 지칭한다. 비행청소년 가족은 가족구성원 중 비행청소년이 있는 가족을 의미한다.

소년법 제4조 제1항에는 비행소년을 12세이상 20세 미만의 소년에 의한 범죄행위, 촉법행위, 우범행위로 구분하고 있다.

(1) **범죄소년** : 14세 이상 20세 미만의 소년으로서 형벌법령에 위배되는 행위를 한 자로서 형사책임이 있는 경우를 말한다.

(2) **촉법소년** : 12세 이상 14세 미만의 소년으로서 형벌법령에 위배되는 행위를 한 자로서 형사책임을 묻지 않는다.

(3) **우범소년** : 12세 이상 20세 미만의 자로서 ① 보호자의 정당한 감독에 복종하지 않는 성격이 있거나 ② 정당한 이유없이 가정에서의 이탈과 ③ 범죄성이 있는 부도덕한 자와 교제하거나 금전낭비, 부녀유혹, 불건전한 오락 등을 하는 자로서 본인의 성격 또는 환경에 비추어 장래에 형벌법령을 범할 우려가 있는 자를 말한다.

요즘 청소년들의 범죄유형을 살펴보면 행위의 악질화, 집단화, 누범소년의 증가, 범죄연령의 연소화, 학생소년에 의한 범죄의 증가, 중류층 소년들의 증가 및 청소년범죄의 전국적 현상을 나타내고 있다. 이러한 청소년범죄의 양상은 사회환경과 무관하지 않다. 사치와 향락적 분위기는 청소년의 정서를 흐리고 선정적 유해환경과 더불어 입시위주의 교육적 문제는 청소년범죄의 주요 요인이 되고 있다.

그러나 청소년범죄의 원인을 찾기에는 어려운 점이 있다. 범죄의 발생은 원인과 결과 사이에 여러 요인이 잠재해 있고, 우연한 기회에 범죄가 발생되어지는 어떤 유발요인에 있어서 불확실하게 아직 알려지지 않은 잠재요인이 많이 있기 때문이다. 현대의 세계 각 국 청소년범죄의 특징은 질적으로 흉폭화, 상습화, 집단화, 저연령화 현상을 보이고 있다.

비행청소년가족의 일반적인 특징은 가족구성원간의 의사소통이 원만하지 못하다. 상대방의견을 경청하지 않고 부정적 반응을 하는 경향이 있으며 비행청소년의 비행원인은 개인과 가족, 학교, 사회 환경적 영향을 받는다.

제 5 절 가족복지정책

1. 가족복지정책 개념

가족의 복지 정책과 관련하여 가족정책 또는 가족복지정책으로 구분되어 사용하고 있으나 명확히 구분하기가 어렵고 현재 혼용되어 사용하고 있어 이 장에서는 가족정책으로 설명하고자 한다.

가족정책에 대한 개념은 시대와 문화에 따라 다양하게 정의될 수 있으며 국내·외적으로도 명확히 합의된 정의가 없을 정도로 시대의 흐름에 따라 가족문제를 어떻게 규정하고 가족문제를 어떻게 해결해야 하는가에 대한 사회적 인식에 따라 학자들에 의해 다양하게 정의되어 왔다.

가족정책의 개념을 명확히 정의하기 어려운 것은 가족정책의 대상인 '가족'의 개념과 범주가 시대와 사회에 따라 변화하므로 명확하게 규정하기 어려울 뿐 아니라 가족문제에 대한 정의와 해결방법에 대한 인식 또한 끊임없이 변화하기 때문이다

가족정책은 국가가 가족이라는 단위에 직·간접적으로 개입하는 행위를 의미하는 것으로 가족문제를 사회전체의 제도 및 구조화와 관련하여 파악하고 국가가 가족의 기능이나 역할에 의도적으로 영향을 주어 원하는 방향의 변화를 가져오고자 하는 체계적으로 개입하는 제도를 의미한다.

가족정책은 가족구성원의 복지를 증진시킬 수 있는 핵심적인 사회제도이며 가족의 사회적 기능을 유지·보완·대치하기 위한 사회적 노력이라고 할 수 있다

가족정책은 가족전체에 미치는 영향을 고려하여 가족과 가족문제에

접근하여 가족의 복지증진이라는 정책목표를 가지고 가족전체 및 가족 구성원이라는 차원에서 발생하는 욕구충족을 위해 행하는 국가의 모든 정책적 활동과 계획을 의미한다. 또한 가족정책은 독립적이고 배타적인 영역의 정책이 아니라 다양한 사회정책들 중의 하나로 규정할 수 있다. 아울러 가족정책은 구조기능적 측면에서 적합성을 유지할 수 있도록 기능 및 역할의 개발은 물론 가치관의 정립, 가족제도의 보완, 가족문제의 예방과 치료, 자생력을 갖지 못한 가족의 보호 등을 의미한다.

산업화·도시화 과정에서 가족의 기능 및 형태의 변화로 가족문제가 발생하면 가족 스스로 대처능력이 부족하게 되었으며, 그동안 가족이 수행해 왔던 복지기능을 수행하기 어려워졌다. 따라서 가족 내부의 많은 갈등과 문제들을 사전 예방하고 해결하기 위해서는 가족복지정책이 필요하게 되었다. 따라서 가족정책은 가족을 대상으로 국가가 시행하는 모든 정책 활동을 말한다.

2. 가족복지정책 접근

1) 정책적 접근

정책적 접근방법은 가족문제를 전체 사회의 문제로 정책차원에서 논의될 수 있으며 사회변화와 가족기능의 약화는 새로운 가족문제가 발생하고 그에 따른 국가의 적극적 정책 접근을 확대하고 있다. 따라서 정책적 접근방법은 정부가 가족을 위해 실시하는 모든 제도 및 활동을 의미한다. 사회경제적 변화로 인하여 가족문제가 발생되었다고 보고 가족의 위기상황을 개선하기 위한 정부 차원의 노력을 의미한다. 가족정책은 가족문제의 예방적 측면이 있으며 사회발전에 따라 범위가 확대되고 있다. 또한 민법, 사회보장법, 건강가정기본법 등 가족관련법의 제정과 개정이 활발히 논의되고 있다.

2) 실천적 접근

가족복지서비스는 가정과 지역사회에 기반을 두고 가족을 강화함으로써 가족구성원의 성공적인 사회 적응을 일차적 목표로 한다. 우리나라의 가족복지서비스는 잔여적 성격이 강한 경향이 있어 대상범위가 대부분 사회취약계층의 개인에 한정하고 있어 국가의 개입은 사전 예방보다는 사후 치료적 성격을 띠고 있다.

실천적 접근방법은 문제가 있는 가족의 문제해결을 위해 직접 접근하여 복지서비스를 제공하는 것을 의미한다.

(1) **가족보호** : 가족 내에서 발생하는 각종 장애문제에 대해 보호를 제공함으로써 가족의 역할수행과 능력 고취를 향상시키는 기능을 수행하는 것이다.

예) 발달장애아동가족, 치매노인가족, 만성질환자가족 등

(2) **가족생활교육** : 가족 구성원들 간의 관계와 애정, 협동심 등을 강화시키기 위한 서비스로서 교육적 성격을 강조한다.

예) 부모역할훈련프로그램

(3) **가족계획사업** : 가족의 성, 임신, 출산 등 건강한 가정을 위한 각종 서비스를 제공하는 것을 말한다.

예) 임신 전 위험사정, 임신중절, 성병에 대한 보호, 영양, 자녀수 계획, 임신 위한 서비스 등

(4) **가족보존과 가정기반서비스** : 다양한 가족의 욕구충족과 가족보존을 위하여 여러 가지 가족보존 및 가정기반 서비스를 개발하고 있음

예) 가정부서비스, 형제자매결연서비스, 가정법률상담, 가정우애방문, 여행자보조, 주간보호서비스, 직업안내, 가정위탁보호 등

(5) **가족치료** : 거족을 단위로 하는 다양한 모델의 가족치료가 가족복지기관 및 사회복지 관련분야에서 활발하게 행해지고 있다.

참고문헌

고명석 · 송금희 · 최송균 · 최우진(2010). 『사회복지개론』. 대왕사.

공세권 · 조애저 · 김승권(2003). 가족의 변화와 가족정책. 한국보건사화연구원.

권육상 외(2011). 『가족복지론』. 동문사.

권중돈 · 조학래 · 윤경아 · 이윤화 · 이영미 · 손의성 · 오인근 · 김동기(2011). 『사회복지 학개론』. 학지사.

김기태 · 박병현 · 최송식(1999). 『사회복지의 이해』. 박영사.

김성천 외(2009). 『사회복지학개론-원리와 실제』. 학지사.

김성천(1989). 가족복지의 이론체계 구성을 위한 일 연구. 사회복지.101권. 한국사회 복지협의회.

김스미(2003). 치매노인부양가족의 스트레스에 관한 자원의 조절효과와 매개효과. 계명대학교 대학원 박사학위논문.

김영모 · 이용교(1987). 가족구조의 변화와 가족복지정책의 기본구상. 사회정책연구.

김유숙(1998). 『가족치료 이론과 실제』. 학지사.

김혜경 · 도미향 · 문혜숙 · 박충선 · 손홍숙 · 오정옥 · 홍달아기(2006). 『가족복지론』. 공동체.

박옥희(2008). 『사회복지의 이해』. 학지사.

박용순(2008). 『사회복지개론』. 학지사.

박종삼 외(2002). 『사회복지학개론』. 학지사.

박태영(2001). 『가족치료이론의 적용과 실천』. 학지사.

성영혜 · 이재연 · 서영숙 · 이소희(1997). 『현대사회와 가족복지』. 숙명여자대학교 출판부.

성정현 · 여지영 · 우국휘 · 최승희(2004). 『가족복지론』. 양서원.

손병덕 · 황혜원 · 전미애(2008). 『가족복지론』. 학지사.

송성자(1997). 『가족과 가족치료』. 법문사.

송성자(2001). 『한국문화와 가족치료: 해결중심접근』. 법문사.

원석조(2005). 『사회복지개론』. 양서원.

유해미(2011). 가족정책: 복지국가의 새로운 전망. 가족과 문화. 23권. 한국가족학회. 윤철수 외(2008). 『사회복지개론』. 학지사.

윤철수 · 노혁 · 도종수 · 김정진 · 김미숙 · 석말숙 · 김혜경 · 박창남 · 장은숙(2008). 『사회복지개론』. 학지사.

윤홍식(2011). 가족정책, 복지국가의 새로운 역할: 보편성과 다양성에 대한 요구. 한국가족복지학. 33권. 한국가족복지학회.

이여봉・이미정(2003). 한국 가족의 변화와 가족정책-전문가 의견 조사를 중심으로. 가족과 문화. 15권. 한국가족학회.

이영분・양심영(2000). 사랑의 전화 상담분석. 한국의 가족문제 : 사회변화에 따른 추이. 2000년 국제학술대회 한국가족치료학회.

장인협(1985). 가족복지의 과제와 전망. 제3회 전국사회복지대회: 2000년대를 향한 사회복지과제. 한국사회복지협의회.

정금안(2002). 치매노인 가족을 위한 상담방법 연구. 이화여자대학교 대학원. 석사학위논문.

조흥식 외(1998). 『가족복지학』. 학지사.

최덕경・강기정・박경애・박주현・배은숙・이명순・이혜자(2010). 『가족복지론』. 파란마음.

최선화(1999). 『가족문제와 사회복지』. 양서원.

최우진・이창수・김명옥・이종호(2009). 『지역사회복지론』. 청람.

Arkinson, B., & Aeath, A. (1990). Further Thoughts on Second-order Family Therapy-This time it's personal. Family Process, 29, 145-155.

Becvar, D. S., & Becvar, R. J. (1988). Family Therapy:A Systemic Integration. New York:Allyn and Bacon.

Elizur, j., & Minuchin, S. (1989). Institutionalizing Mandess : Families, Therapy, and Society. New York: Basic Books.

Goode, W.J.(2003). Family changes over the long term: A sociological commentary. Journal of Family History, 28(1)

Harding. L. F.(1996). Family and State and Social Policy, New York:Macmillan.

Muncie, J. et al.(Ed.) (1997). Understanding The Family. SAGE Publication.

Nichols, M. P., & Schwartz, R. C. (2001). Family Therapy:Concepts and Methods (5th). Boston:Allyn and Bacon.

Walsh, F. (1993). Normal Family Process. New York: The Guilford Press.

제 11 장

노 인 복 지

제 1 절 노인복지의 개념과 특성

1. 노인복지의 개념

건강하게 오래 사는 것은 대부분의 사람들의 소망이고 영원한 꿈일 것이다. 21세기에 접어들면서 꿈으로만 여겨지던 장수사회가 현실화되었다. 현대 산업사회에서는 의료기술의 발달로 장수사회가 눈앞에 펼쳐지면서 노인문제가 주요 사회적 이슈로 등장하고, 주요 국가의 국가적 과제로 노인복지를 꼽고 있다. 노인문제를 노인 자신과 부양가족들만의 문제로 치부하는 단계는 오래전에 지났으며 사회적으로 해결하고 극복해야 할 과제로 인식되고 있다. 고령화로 인한 국가예산도 노인인구의 증가에 비례하여 급격히 증가하고 있다. 급격한 고령화는 그만큼 사회 전반에 많은 영향을 미치고 있는 동시에 사회전체가 나아가는 방향을 좌우할 만큼 큰 비중을 차지하고 있다. 또 다른 한편으로는 노인문제는 노인 자신과 그 부양가족이 함께 겪는 문제이기도 하다. 우리나라는 전통적으로 노인부양을 가족이 책임져 왔으나 경로효친사상의 퇴색, 핵가족화, 부모부양에 관한 가치관의 변화 등으로 말미암아 국가적 부양 장치의 필요성이 절실히 요구된다.

노인복지란 무엇일까? 노인복지는 사회복지의 한 영역으로서 노인문제를 전문적이고 체계적으로 해결하기 위한 방법이라고 할 수 있다. 즉 노인복지는 현대사회의 노인문제를 예방하고 해결하여 노인들의 삶의 질을 유지 · 개선하여 노인으로서 직면하게 되는 신체적 · 정신적 어려움과 경제적 고충 등 다양한 노인문제의 개념, 원인, 형태, 조건, 결과를 사회복지학적 시각에서 분석하고 그에 대한 사회의 제도적 · 집합적 노력이라고 정의할 수 있다.

즉 노인복지란 노인스스로가 이 사회의 구성원으로서 꼭 필요한 존재라고 인식하며 긍정적이고 우호적인 자세로 여생을 살아갈 수 있도록 사회적 여건을 조성하고 독립된 인간으로서의 기본적 욕구충족과 문화적 생활을 유지해 나갈 수 있도록 국가와 사회가 제도적으로 보장하기 위한 종합적인 대책이라고 정의할 수 있다.

2. 노인의 정의

1) 일반적 정의에 의한 노인

일반적 정의에 의한 노인은 생물학적 · 심리적 · 사회적 노화의 개념이 포함되어야 하며, 모든 사람이 공감할 수 있는 개념에 의해 정의를 내리자면 노인은 첫째, 생리적 · 생물학적인 면에서 퇴화기에 있는 사람을 말하며, 둘째, 심리적인 면에서 정신기능과 성격이 노인 특유의 보수 · 온건 · 의존 · 경직적인 성향으로 변화되고 있는 사람, 셋째, 사회적인 면에서 지위와 역할이 상실된 사람으로 정의된다.

2) 인위적 정의에 의한 노인

인위적 정의는 어떤 목적에 따라 실제로 관찰하여 노인으로 규정하기에 편리하도록 만들어낸 정의로서 사회과학적 연구, 정책 및 행정적 편의 등에 이용하기 위해 인위적으로 설정한 것이다.

(1) 개인적 자각에 의한 노인

누가 판단하더라도 노인으로 생각되는 사람이 자신은 아직 노인이라 생각하지 않는 사람이 있는 반면에 또 어떤 사람은 다른 사람이 보기에는 장년으로 판단되나 자신은 노인이라 느끼는 사람이 있다. 즉, 개인적 자각에 의한 노인은 개인 스스로의 주관적 자각에 따라 노인이라고 생각하는 사람을 노인이라고 규정하는 것이다.

(2) 사회적 역할 수행능력에 의한 노인

사회적 역할 수행능력 정도로 판단하는 것인데 주요 사회적 지위와 역할이 상실된 상태에 있는 사람을 노인으로 보는 것이다. 즉 사회적 직업 활동에서 퇴직하거나 가정에서의 주부의 지위와 역할을 이양한 상태에 있는 사람이 여기에 해당된다. 그러나 고령자 중 적지 않은 이들이 노후준비가 되지 않아 은퇴하지 못하고 경제활동에 참가하고 있으며, 통계청이 발표한 2011년도 고령자통계자료를 보면 55~79세 인구의 58.5%가 향후 취업하기를 원하고 있으며, 그 이유로 '생활비에 보탬이 돼서'(54.9%)라고 대답했다. 또 핵가족화로 인한 노인부부의 가정과 독거노인 가정이 늘어나면서 가정에서의 주부의 역할을 상실하는 것도 매우 드물게 되었다.

(3) 역연령에 의한 노인

시간의 경과단위인 달력상의 계산으로 60세 이상이나 혹은 65세 이상을 노인으로 정의하는 방식으로 행정적인 면에서 가장 보편적으로 사용되고 있다. UN에서는 65세 이상인 자를 노인으로 규정하고 있으며, 우리나라에서는 전통적으로 회갑을 기준으로 하여 60세 이상을 노인으로 보는 경우가 있고 노인복지법에서는 65세 이상인 자를 노인으로 규정하고 있다. 그러나 의료기술의 발달 및 건강에 대한 관심 고조로 2009년 현재 기대여명이 65세 남자는 앞으로 17.0년, 여자는 21.5년을 더 살 것으로 추정되어 노화의 개인차를 무시하고 65세를 기준으로 그 이상된 사람을 일괄적으로 노인으로 규정하는 것은 많은 모순이 있다.

뉴가튼(Neugarten)은 미국노인을 연령별로 세 단계로 나누어 구분하였는데 첫째, 연소 노인(young old)은 55~65세로서 이들 대부분은 아직 사회에서 일을 하고 있으며, 능력도 절정에 달한 노인층이다. 둘째, 중고령 노인(middle old)은 65~75세로서 퇴직자들이 대부분이다. 셋째, 고령노인(old old)은 75세 이상의 노인으로 이들은 일을 하기 어려운 사람들로서, 신체적으로 병약하고 경제적으로 궁핍하며, 사회적으로 고립된 사람들이다. 우리나라도 평균 수명의 연장으로 노인의 분류를 더 세분할 필요가 있다.

(4) 기능적 연령에 의한 노인

기능적 연령(functional age)에 의한 노인은 개인의 특수한 신체적 · 심리적 영역에 있어서의 기능의 정도에 의해서 노인을 규정하는 것이다. 즉 기능적 연령에 의한 노인은 어떤 특수한 신체적 · 심리적 · 사회적 영역에 있어서의 업무를 수행할 수 없는 시점이 노인으로 규정된다.

(5) 공식적 · 행정적 규정에 의한 노인

이 방식은 노인을 실정법상이나 공식적 · 제도적 장치의 규정에 의해 노인을 규정하는 경우다. 우리나라에서 규정하는 고령자 또는 노인의 범위는 법령에 따라 상이하다.

고령자고용촉진법에서의 고령자는 55세 이상, 준 고령자는 50세 이상 55세 미만인 자로 규정하고, 노인복지법에서는 65세 이상인 자를 노인으로 규정하고 있으며, 국민연금 법에서는 60세(특수직종 근로자는 55세)부터 노령연금 수급권자인 노인으로 규정하고 있다.

3. 노화의 정의 및 노인의 특성

1) 노화의 정의

노화(aging)는 인간의 정상적인 성장과 발달과정의 한 부분이며 "시간의 흐름에 따라 인체조직의 세포, 조직, 기관이나 유기체의 전체에 일어나는 신체기능의 점진적인 저하(Beaver, 1983)"라고 정의할 수 있다. 이러한 포괄적인 개념에서 본다면 노화는 인간이 태어나서 죽음에 이르기까지의 전생에 걸쳐 진행되는 신체적 또는 생리적인 부정적인 변화과정으로 정의된다. 노화는 양면성을 가지고 있는데 신체적으로는 피부에 주름을 증가시키고 시력감퇴, 노동능률을 저하시키는 등 부정적인 측면이 있는 반면에 인간에게 풍부한 경험 · 지혜 · 인내력 · 통찰력 등을 제공하여 정서적으로는 매우 긍정적인 측면이 있다고 지적한다.

2) 노인의 특성

(1) 신체적 특성

인간은 개인의 유전적 요인 또는 환경적조건 등 그가 살아온 생활 방식에 따라 다양한 개인적인 차이는 있을 수도 있지만 시간의 흐름에 따라 신체적 기능에 노화의 징조가 나타나는 것은 누구도 거스를 수 없다. 또 연령이 증가하면서 가장 먼저 노화를 감지할 수 있게 하는 것은 주름이 생기고, 흰 머리카락이 늘어나고, 검버섯이 생기고, 등이 굽는 등 외모의 변화이며, 노화에 대하여 거부감을 느끼게 하거나 저항하게 만드는 것이 바로 이러한 외모의 노화이기도 하다. 노인의 신체는 연령이 증가할수록 전반적인 신체기능이 쇠퇴하여 외견상의 변화와 더불어 신경계의 변화, 순환기의 변화, 소화기 및 내분비기관의 변화, 뇌 · 수면의 변화, 생식기관의 변화, 골조직의 변화, 그리고 감각기관의 변화 등을 수반하며, 그것은 곧 인내력의 감퇴, 활동성의 감퇴와 기력부족, 청결부족 등으로 나타며 장기간의 치료와 요양을 필요로 하게 된다.

65세 이상 노인이 되면 건강이 악화되고 신체적 질병의 유발 가능성은 급격히 증가하게 되는데, 2011년 고령자통계(통계청)를 보면 65세 이상 인구의 사망원인 1위는 암으로 인구 10만 명당 882.4명이 사망했고 뇌혈관질환(409.4명), 심장질환(344.0명), 당뇨병(153.1명) 순이었다.

(2) 심리적 특성

노인은 중·장년기의 삶이 어느 정도 성공적으로 살았는지에 따라 자아통합의 정도가 결정된다. 특히 노인이 되면 기억력의 쇠퇴와 이해력의 저하가 오는데 이것은 모든 정신생활에 많은 영향을 미치게 된다. 그리하여 건강 및 경제상의 불안정에 대한 걱정, 생활환경에 적응하지 못하는 것에 대한 불안, 시기심과 질투심의 증가, 활동성과 흥미의 감퇴 및 보수성이나 고집·탐욕의 증대와 같은 부정적 심리현상들이 나타나기도 한다. 노년기의 성격변화로는 내향성 및 수동성의 증가, 조심성 및 의존성의 증가, 경직성의 증가, 우울성향의 증가, 생에 대한 회상의 증가, 친근한 사물에 대한 애착의 증가, 성역할 지각의 변화, 후세에 유산을 남기는 경향이 나타나게 된다.

〈표 11-1〉 치매 노인수(추계)

(단위 : 천명, %)

구분	2008	2009	2010	2011	2012	2013	2020	2030	2040	2050
65세 이상 인구 수	5,016	5,193	5,357	5,537	5,742	5,962	7,701	11,811	15,041	16,156
65세 이상 치매노인 수	421	445	469	495	522	548	750	1,135	1,685	2,127
치매 유병률(%)	8.4	8.6	8.8	8.9	9.1	9.2	9.7	9.6	11.2	13.2

자료 : 「2008년 치매노인유병률 조사」 결과, (보건복지가족부, 서울대학교병원, 2009)
기능성장애는 소외감, 건강염려증, 우울증이 포함된다.

정신건강에 영향을 주는 요인으로 육체적, 환경적, 또는 육체와 환경적인 요인의 상호작용에 의해서 영향을 주는 것으로 알려져 있다. 일반적으로 노인의 정신장애는 뇌의 이상으로 생기는 기질성 장애와 특정

원인이 밝혀지지 않은 기능성 장애로 구분된다.

기질성장애로는 알츠하이머, 혈관성치매, 파킨슨병이 있으며, 특히 2010년 우리나라 치매환자는 약 47만 명으로 추정되며, 고령화에 따른 치매노인의 증가로 치매 의료비등 막대한 사회적 부담이 예상된다.

(3) 사회적 특성

노화는 신체적 · 심리적 측면에서 뿐만이 아니라 사회적 측면에서도 변화를 가져온다. 노인도 생물학적, 정신적 존재일 뿐만 아니라 다른 사람들과 상호작용하는 사회적 존재이기 때문이다. 노화에 따른 사회적 변화는 그동안 몸담았던 직장에서 물러나 사회 · 경제적 지위나 권위가 점차 하락되어 삶의 질이 저하되고 활동성이 위축되어 사회적인 고립감을 겪기도 한다. 현대 사회에서 노인의 사회적 역할과 지위는 많이 하락하게 되었는데 그 이유는 현대의 과학기술의 발달과, 교육제도의 확대 등으로 인한 급격한 사회 변화에 따라 가족과 사회 속에서 노인의 역할이 주체적인 역할에서 종속적인 역할로 변화하게 되었다는 것이 가장 큰 이유이다.

제 2 절　현대사회의 노인문제

1. 노인문제의 원인과 배경

1) 인구 고령화

인구 고령화(population aging)란 전체 인구에서 노인이 차지하는 비중이 늘어나는 현상을 가리킨다. 우리나라는 저출산과 맞물려 세계에서 가장 빠른 속도로 늙어가고 있다.

2011년 통계청이 발표한 '고령자통계'에 따르면 2000년 7.2%로 고령화사회에 진입한 이후 2010년 65세 이상 고령자가 전체 인구에서 차지하는 비율은 11%였고, 이후 증가세가 빨라지면서 2018년에는 14.3%로 고령사회에 진입하고 8년 뒤인 2026년에는 20.8%로 초고령사회에 진입할 것으로 분석됐다. 초고령사회는 전체 인구 중 65세 이상 노인 인구가 차지하는 비율이 20%를 넘는 사회로 인구 10명 중 2명이 노인인 셈이다. 이는 이미 2006년 초고령사회로 진입한 일본(12년) 이탈리아(18년)와 2009년에 진입한 독일(37년)보다 훨씬 속도가 빠르다.

〈그림 11-1〉 가속되는 65세 이상 고령인구(단위=전체인구 중 비율 %)

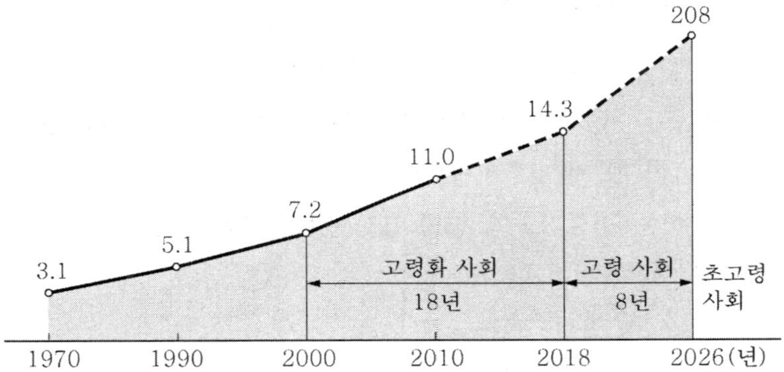

자료 : 통계청

고령화사회 : 65세 이상 인구 구성비가 전체의 7% 이상일 때, 고령사회는 14% 이상일 때, 초고령사회는 20% 이상일 때로 분류한다.

고령화 속도가 빨라지면서 2010년 65세 이상 고령자가 가구주인 고령가구의 비중은 17.4%까지 늘었고, 고령자가 홀로 사는 독거노인 가구의 경우도 총가구 구성비의 6%를 차지하는 것으로 조사됐다. 또 고령자 인구 비율이 이미 20%를 넘은 시·군·구는 전체 중 80곳(35.7%)이나 됐다.

〈표 11-2〉 고령가구[1] 추이

(단위 : 가구, %)

	총가구	고령가구[1]	(구성비)	독거노인가구[2]	(구성비)
2000	14,507,010	1,733,525	11.9	543,522	3.7
2005	15,971,010	2,432,247	15.2	776,996	4.9
2010	17,152,277	2,982,240	17.4	1,021,008	6.0

자료 : 통계청, 「장래가구추계」 2007.
주 : 1) 가구주의 연령이 65세 이상인 가구
2) 가구주의 연령이 65세 이상이면서 혼자 사는 가구

2) 성별 고령인구

2010년 현재 65세 이상 인구의 성비(여자인구 100명당 남자의 수)는 69.2로 지속적으로 개선되어 2000년보다 7.2명 높아졌으며 2030년에는 79.1이 될 것으로 전망된다.

이는 의료기술의 발달 및 건강에 대한 관심 고조로 남자 고령자의 사망률이 점점 낮아지고 있기 때문이다.

〈표 11-3〉 성별 고령 인구(65세 이상)

(단위 : 천명, %, 여자 100명당 명)

	1980	1990	2000	2010	2020	2030
남자 65세 이상 (구성비)	545 (2.8)	822 (3.8)	1,300 (5.5)	2,190 (8.9)	3,303 (13.4)	5,218 (21.6)
여자 65세 이상 (구성비)	911 (4.8)	1,373 (6.4)	2,095 (9.0)	3,167 (13.0)	4,398 (17.8)	6,593 (27.0)
성 비[1]	59.7	59.8	62.0	69.2	75.1	79.1

자료 : 통계청, 「장래인구추계」 2006
주 : 1) 성비 = 65세 이상 남자인구/65세 이상 여자인구 × 100

3) 노년부양비 및 노령화지수

노인이 늘어나면서 2010년 노년부양비는 15이며, 이는 생산가능인구(15~64세) 6.6명이 노인 1명을 부양하는 것과 같은 의미이다. 현재의

저출산이 지속될 경우 2020년에는 생산가능인구 5명이 노인 1명을, 2030년에는 3명이 노인 1명을 부양하게 될 것으로 전망됐다.

한편, 2010년 노령화지수는 67.7로 유소년인구(0~14세) 100명당 65세 이상 인구가 68명으로 2016년에 이르면 노령화지수가 100.7로 고령인구가 유소년인구를 초과할 것으로 전망된다.

〈그림 11-2〉 노년부양비 및 노령화지수

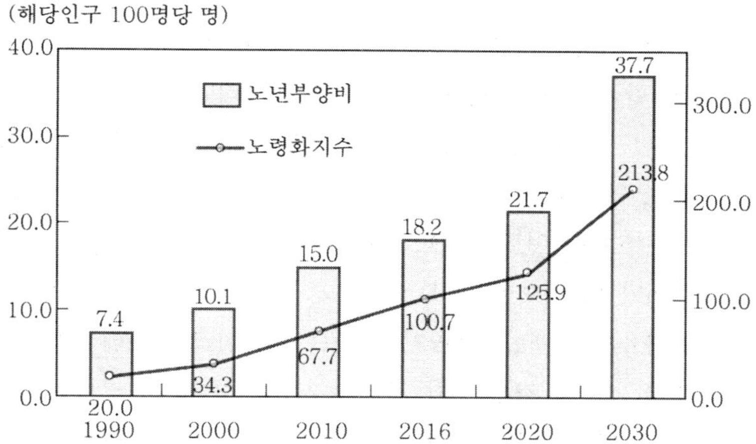

자료 : 통계청, 「장래인구추계」 2006
주 : 1) 노년부양비 = (65세 이상 인구 / 15~64세 인구) × 100
2) 노령화지수 = (65세 이상 인구 / 0~14세 인구) × 100
3) 노인 1명당 생산가능인구 = 15~64세 인구 / 65세 이상 인구

2. 주요 노인문제의 양상

1) 경제적 빈곤문제

우리나라는 고령화 사회로 접어들면서 노년층은 급격히 증가하고 있다. 하지만 한국의 많은 노인들에게는 어두운 그림자가 드리워져 있다. 빈곤과 자살은 물론 독거노인의 증가와 존속학대 등 우울한 모습들 때문이다. 한국에서 노인으로 산다는 것은 참으로 고달픈 일이 돼 버린

듯하다.

노인문제의 상당수는 빈곤에서 기인하며, 노인빈곤의 원인은 기본적으로 일정한 소득이 없다는 데서 비롯된다. 노인들의 절대 다수가 노동시장에서 영원히 물러나거나 밀려나 더 이상은 제 손으로 돈을 벌지 못하는 사람들이기 때문이다.

특히, 여성 노인의 빈곤은 매우 심각하다. 우리나라의 만 65세 이상 여성 빈곤율이 OECD 회원국 중 가장 높은 것으로 나타났다.

한국여성정책연구원 산하 성(性)인지 통계 · 패널센터가 2011년 발표한 '한국 여성 노인 현황'에 따르면 우리나라의 만 65세 이상 여성 노인 빈곤율은 47.2%로, OECD 회원국 평균 15.2%보다 세 배나 높은 것으로 집계됐다. 그러나 만 65세 이상 남성의 빈곤율은 41.8%로 여성에 비해 5.4%포인트 낮았다. 대한민국 노인에게 유유자적하는 은퇴의 삶은 거리가 먼 것으로 나타났다. 우리나라의 65세 이상 노인 인구 경제활동 참가율이 경제협력개발기구(OECD) 회원국 가운데 2위를 차지했고, 주요국 가운데 하루 일과 중 근로시간이 가장 긴 것으로 나타났다. 하지만 55~79세 인구 10명 중 6명꼴로 향후 취업을 원하는 것으로 나타났다. 주요국 중 가장 많이 일하면서 더 일하기를 원하는 것이다. 그 이유로는 생활비 때문이라는 답이 가장 많았다.

(1) 65세 이상 고령자의 경제활동참가율

65세 이상 고령자의 경제활동참가율은 2010년 29.4%로 2009년 30.1%에 비해 0.7%p 감소했다.

성별로는 남자는 40.6%, 여자는 21.7%로 나타났으며, 전년에 비해 각각 0.9%p, 0.5%p 줄어들어 2000년 이후 65세 이상 인구의 경제활동 참가율을 살펴보면 2003년 28.7%로 가장 낮았던 이래 계속 증가하다가 2008년부터 다시 하락하기 시작하였다.

〈그림 11-3〉 경제활동참가율 및 고용률(65세 이상)

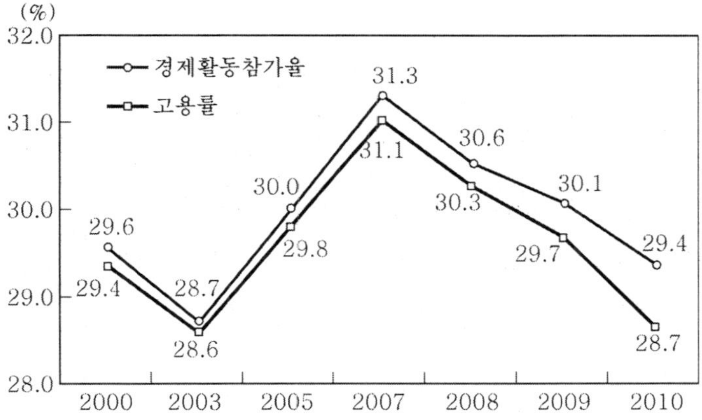

자료 : 통계청, 「경제활동인구연보」 각년도

한국의 65세 이상 고령자의 경제활동참가율(29.4%)은 OECD 국가 중 아이슬란드(36.2%)에 이어 두 번째로 높았다.

〈표 11-4〉 OECD 국가의 경제활동참가율(65세 이상)

(단위 : %)

	한 국	미 국	독 일	네덜란드	아이슬란드	스웨덴	일 본	영 국
2005	30.0	15.1	3.4	4.1	17.4	10.1	19.8	6.4
2010	29.4	17.4	4.0	5.9	36.2	12.1	21.8	8.6

자료 : http://stats.oecd.org

(2) 취업의사 및 취업을 원하는 이유

2011년 55~79세 고령인구 중 향후 취업 희망자의 비율은 58.5%로 전년 60.1%에 비해 1.6%p 감소하였으며, 취업을 원하는 주된 이유는 생활비에 보탬이 되어서(54.9%)라는 비율이 가장 높았고 다음은 일하는 즐거움 때문(35.5%)으로 나타났다.

성별로는 남자의 취업 희망 비율(72.0%)이 여자(46.8%)보다 훨씬 높았으며, 여자 취업희망자의 60.8%가 생활비에 보탬이 되기 때문에 일하기 원한다고 응답했다.

〈표 11-5〉 취업의사 및 취업을 원하는 이유(55~79세)

(단위 : %)

	계	장래근로 원함	소계	일하는 즐거움	생활비 보탬	사회가 필요로 함	건강 유지	무료 해서	기타
2009.5	100.0	57.6	100.0	33.6	56.6	1.9	2.6	5.0	0.2
2010.5	100.0	60.1	100.0	33.5	56.8	2.4	2.2	4.9	0.3
2011.5	100.0	58.5	100.0	35.5	54.9	2.4	2.2	4.8	0.3
남 자	100.0	72.0	100.0	39.6	50.4	3.4	2.3	4.1	0.1
여 자	100.0	46.8	100.0	30.0	60.8	1.0	2.2	5.6	0.4

자료 : 통계청, 「경제활동인구조사 부가조사(고령층)」 각년도

(3) 국민기초생활보장 수급자비중

2010년 국민기초생활보장 수급자 145만 8천명 중 65세 이상 고령자의 비중은 26.8%로 전년 26.2%에 비해 0.6%p 증가했으며, 65세 이상 고령자 중 기초생활보장 수급자의 비율인 수급률은 7.3%이며, 여자의 수급률(9.0%)이 남자(4.9%)보다 4.1%p 높게 나타났다.

2011년 최저생계비는 1인 가구 532,344원, 2인 가구 906,830원, 3인 가구 1,173,121원 4인 가구 1,439,413원으로 책정되어 있다.

〈표 11-6〉 국민기초생활보장 수급자(65세 이상)

(단위 : 명, %)

	총수급자 (일반수급자)	65세이상 수급자	구성비1)	수급률2)	남자	수급률	여자	수급률
2008	1,444,010	382,050	26.5	7.6	100,772	5.0	281,278	9.4
2009	1,482,719	387,847	26.2	7.5	104,014	4.9	283,833	9.2
2010	1,458,198	391,214	26.8	7.3	106,723	4.9	284,491	9.0

자료 : 보건복지부, 「국민기초생활보장 수급자 현황」 각년도

주 : 1) (65세 이상 수급자 / 총수급자) × 100

2) (65세 이상 수급자 / 65세이상 추계인구) × 100

(4) 공적연금 수급자

2010년 국민연금, 공무원연금 등의 공적연금을 받는 65세 이상 수급자는 총 160만 6천명으로 전체 65세 이상 인구 중 30.0%를 차지하고 있으며, 65세 이상 고령자의 공적연금 수급률은 2005년에는 16.1%에 불과하였으나, 꾸준히 증가하고 있는 추세나 월평균 연금수령액은 36만원으로 연금수령자의 83.8%가 50만원 미만을 받은 것으로 나타났으며, 이 중 10만원 미만을 수령한 자가 44.8%로 가장 많았다. 남자 수령자의 28.1%는 10~25만원 미만을, 여자 수령자의 64.0%는 10만원 미만을 받은 것으로 나타났다.

150만원 이상 수령자의 비중은 6.8%로서 성별로 보면 남자는 11.4%, 여자는 1.9%로 나타났다. 2010년 연금 성격별로 65세 이상 연금수급자 비율을 보면 노령연금이 88.5%로 대부분을 차지하고, 다음은 유족연금(10.9%)순이었다.

〈표 11-7〉 공적연금 수급자 현황(65세 이상)

(단위 : 명, %)

	합 계	노령연금[1] (퇴직연금)	장애연금 (장해연금)	유족연금	연금수급률[2]
2005	703,508 (100.0)	635,190 (90.3)	3,911 (0.6)	64,407 (9.2)	16.1
2009	1,432,387 (100.0)	1,273,403 (88.9)	8,518 (0.6)	150,466 (10.5)	27.6
국 민 연 금	1,268,935(88.6)	1,129,942	7,834	131,159	24.4
공무원 연금	143,882(10.0)	125,544	670	17,668	2.8
사 학 연 금	19,570(1.4)	17,917	14	1,639	0.4
2010	1,606,025 (100.0)	1,420,822 (88.5)	9,608 (0.6)	175,595 (10.9)	30.0
국 민 연 금	1,428,414(88.9)	1,265,781	8,847	153,786	26.7
공무원 연금	155,778(9.7)	135,117	742	19,919	2.9
사 학 연 금	21,833(1.4)	19,924	19	1,890	0.4

자료 : 국민연금공단 「국민연금통계연보」, 공무원연금공단 「공무원연금통계」, 사립학교교직원연금공단 「사학연금통계연보」 각년도

주 : 군인연금 제외

1) 연금수급자 중 일시 수급정지자를 제외한 실수령자 기준임

2) (각 연금 수급자 / 65세이상 추계인구) × 100

(5) 노후준비 방법

2009년 65세 이상 고령자 중 노후준비가 되어 있다고 응답한 비율은 39.0%로, 주된 노후준비 방법은 국민연금이 29.6%로 가장 많고, 다음은 예금·적금(28.0%), 기타 공적연금·사적 연금(22.9%) 순이었다. 노후준비를 하고 있지 않은 고령자(61.0%)의 경우 준비할 능력 없다는 응답이 54.4%로 절반을 넘었고, 자녀에게 의탁할 계획도 39.5%로 나타났다.

노후가 준비되어 있다고 응답한 고령자는 점점 높게 나타나고 있으며, 노후준비가 안된 고령자 중 자녀에게 의탁할 계획을 가진 고령자는 점차 감소하는 추세에 있다.

〈표 11-8〉 노후 준비방법(65세 이상)

(단위 : %)

	계	준비되어 있음	소계	국민연금	기타공적연금	사적연금	퇴직금	예금, 적금	부동산운용	기타[1]	준비되어 있지 않음	소계	아직 생각 안함	앞으로 준비할 계획	준비능력 없음	자녀에게 의탁
2005	100.0	34.7	100.0	22.6	12.9	7.1	5.2	34.4	16.4	1.4	65.3	100.0	4.4	4.9	43.2	47.5
2007	100.0	34.7	100.0	17.2	14.6	8.2	5.3	34.8	19.1	0.8	65.3	100.0	2.7	4.6	45.7	47.0
2009	100.0	39.0	100.0	29.6	11.4	11.5	4.1	28.0	14.1	1.2	61.0	100.0	2.6	3.5	54.4	39.5

자료 : 통계청, 「사회조사」 각년도
주 : 1) '계', '주식, 채권 등' 포함

(6) 생활비 마련 방법

2009년 65세 이상 고령자의 생활비 마련방법은 본인 및 배우자가 직접 부담하는 경우가 51.9%이며, 자녀 또는 친척지원이 37.6%, 정부 및 사회단체로부터 도움을 받아 생활하는 경우도 10.4%로 나타났다. 생활비를 본인이나 배우자가 부담하는 경우, 그 방법은 근로소득 및 사업소득(49.7%), 연금, 퇴직금(27.3%), 재산소득(15.9%) 순으로 나타났다.

2009년 생활비를 자녀 및 친척지원으로 마련하는 비중은 37.6%로 2005년(44.7%), 2007년(42.1%)로 점차 낮게 나타는 추세이다.

〈표 11-9〉 생활비 마련방법(65세 이상)

(단위 : %)

	계	본인 및 배우자 부담						자녀 또는 친척 지원	정부및 사회 단체	기타
			소계	근로소득, 사업소득	재산 소득	연금, 퇴직금	예금			
2005	100.0	49.3	100.0	61.8	14.2	15.3	8.6	44.7	5.7	0.3
2007	100.0	52.3	100.0	59.9	13.5	17.7	8.9	42.1	5.5	0.1
2009	100.0	51.9	100.0	49.7	15.9	27.3	7.1	37.6	10.4	0.0

자료 : 통계청, 「사회조사」 각년도

2) 질병 및 건강보호문제

현대사회의 노인의 수명은 의약기술의 발달로 크게 늘어나고 있다. 그러나 오래 산다는 것과 건강하게 산다는 것은 별개의 일이다. 대부분의 노인들은 건강하게 오래 살기를 원할 것이다.

(1) 기대여명

2009년 65세 노인의 기대여명은 남자는 17년, 여자는 21.5년으로 10년 전보다 남자는 2.9년, 여자는 3.5년이 기대여명이 늘어났고, 70세의 기대여명은 남자 13.4년, 여자 17.2년으로 10년 전보다 남자는 2.4년, 여자는 3.2년 늘어났으며, 기대여명은 점점 더 늘어나는 추세다.

(2) 사망원인

2010년 65세 이상인구의 사망원인 1위는 암으로 인구 10만명당 882.4명이 사망하였고, 그 다음 사망원인은 뇌혈관질환(409.4명), 심장질환(344.0명), 당뇨병(153.1명) 순으로 성별로 보면, 남자는 암, 뇌혈관질환,

심장질환, 만성하기도질환, 당뇨병인 반면, 여자는 암, 뇌혈관질환, 심장질환, 당뇨병, 폐렴 순으로 사망률이 높았다.

〈표 11-10〉 사망원인 및 사망률(65세 이상)

(단위 : 인구 10만명당 명)

	1 위	2 위	3 위	4 위	5 위
2000	암 (929.7)	뇌혈관질환 (785.3)	심장질환 (358.9)	당뇨병 (218.4)	만성하기도질환 (209.1)
2009	암 (865.4)	뇌혈관질환 (410.7)	심장질환 (332.6)	당뇨병 (146.6)	만성하기도질환 (124.4)
2010	암 (882.4)	뇌혈관질환 (409.4)	심장질환 (344.0)	당뇨병 (153.1)	폐렴 (127.6)
남	암 (1,335.8)	뇌혈관질환 (452.1)	심장질환 (349.9)	만성하기도질환 (188.1)	당뇨병 (166.1)
여	암 (573.6)	뇌혈관질환 (380.4)	심장질환 (340.0)	당뇨병 (144.2)	폐렴 (109.0)

자료 : 통계청, 「사망원인통계」 각년도

주 : 만성하기도질환은 기관지염, 천식, 폐기종 등 만성적으로 호흡에 장애를 주는 폐질환의 총칭임

(3) 건강평가

2010년 65세 이상 고령자 중 본인의 주관적인 건강상태를 질문한 결과 본인의 건강상태가 '좋다'고 응답한 고령자가 20.4%에 불과한 반면, 49.4%는 본인의 건강상태가 '나쁘다'라고 생각하고 있었다.

〈표 11-11〉 건강평가(65세 이상)

(단위 : %)

	계	좋다	보통	나쁘다
2006	100.0	18.0	32.4	49.6
2008	100.0	19.6	31.7	48.7
2010	100.0	20.4	30.1	49.4

자료 : 통계청, 「사회조사」 각년도

(4) 건강관리

2010년 현재 65세 이상 고령자는 '정기적으로 건강검진을 한다'가 65.2%로 2008년 59.8%보다 5.4%p 증가하여 건강관리에 관심도가 점차 높아지는 추세이며, '규칙적으로 운동한다'는 고령자는 37.3%로 2006년 32.6%, 2008년 33.2%보다 증가하는 추세이다.

〈표 11-12〉 건강관리(65세 이상)

(단위 : %)

	아침식사하기		적정수면(6~8시간)		규칙적 운동		정기 건강검진	
	실천한다	실천하지 않는다	실천한다	실천하지 않는다	실천한다	실천하지 않는다	실천한다	실천하지 않는다
2006	92.5	7.5	84.6	15.4	32.6	67.4	40.9	59.1
2008	95.5	4.5	86.2	13.8	33.2	66.8	59.8	40.2
2010	93.7	6.3	83.1	16.9	37.3	62.7	65.2	34.8

자료 : 통계청, 「사회조사」 각년도

(5) 스트레스 정도(전반적인 생활)

2010년 65세 이상 고령자 중 '전반적인 생활에서 스트레스를 느낀다'가 48.6%로 2008년 43.0%보다 5.6%p 높아진 것으로 나타나 점차 스트레스를 느끼는 정도가 증가하고 있다.

〈표 11-13〉 스트레스 정도(전반적인 생활, 65세 이상)

(단위 : %)

	계	느낌			느끼지 않 음		
			매우 많이 느낌	느끼는 편 임		느끼지 않은 편임	전혀 느끼지 않음
2008	100.0	43.0	5.0	38.0	57.0	46.0	11.0
2010	100.0	48.6	7.2	41.4	51.4	44.3	7.2

자료 : 통계청, 「사회조사」 각년도

3) 역할상실과 여가활동문제

직장은 지적으로나 육체적인 일을 통해 소득을 획득하는 현장이며, 동시에 여러 사람을 접촉하며 자신의 존재를 확인하고 창조해 나가는 장소로서의 의미를 가진다. 그러므로 직장에서 퇴직한다는 의미는 직업적 역할은 물론이겠지만 사회적 역할도 상실되는 경우가 대부분이다. 다시 말하면 경제적 소득의 소멸은 말할 것도 없고, 자아의 지지기반을 잃게 됨으로써 부정적인 자아상을 형성할 가능성도 커지게 된다. 이러한 상황에서 노인들이 자기 스스로의 노후생활을 새롭게 설계하여 보람 있게 보내는 일도 중요하지만, 국가적으로 노인들의 역할상실과 고독감을 해소할 수 있는 각종의 프로그램을 개발하여 노인들이 즐겁고 활발하게 사회에 참여해서 노후를 보낼 수 있도록 하여야 한다.

(1) 국가별 주요 여가활동시간

한국의 고령자는 읽기(10분)보다는 스포츠 및 집밖레저(47분)에 많은 시간을 할애하는 반면 미국, 영국, 네덜란드의 고령자들은 읽기(1시간 내외)에 상대적으로 많은 시간을 사용하고 있는 것으로 조사됐다.

2009년 현재 한국의 고령자는 하루에 평균 6시간 46분을 교제 및 여가에 할애하여, 미국(8시간 19분), 영국(8시간 47분), 네덜란드(7시간 17분)보다 적은 수준이었으며, 한국의 고령자는 전체 여가시간(6시간 46분) 중 주로 TV보기(3시간 27분), 교제활동(57분), 스포츠 및 집밖레저(47분), 종교활동(22분), 신문 · 잡지 · 책 읽기(10분) 등을 한 것으로 나타났다.

TV보기는 국가별로 평균 3시간내외로 고령자의 주된 여가활동으로 나타났으며, 종교활동은 한국이 22분으로 가장 높았다.

신문 · 잡지 · 책 읽기와 스포츠 및 집밖레저 시간은 한국, 스페인이 각각 10~20분, 1시간 내외인데 비하여 미국, 영국, 네덜란드는 각각 1시간과 20분 내외를 사용하여 현격한 차이를 보였다.

〈표 11-14〉 주요 여가활동시간 현황

(단위: 시간, 분)

주요 여가활동	한국(2009)			미국(2005)			영국(2005)			네덜란드(2005)			스페인(2003)		
	전체	남자	여자	전체	남자	여자	전체	남자	여자	전체	남자	여자	전체	남자	여자
교제 및 여가	6:46	7:24	6:20	8:19	9:02	7:48	8:47	9:02	8:36	7:17	7:37	6:58	7:06	8:25	6:05
종교활동	0:22	0:12	0:30	0:11	0:09	0:13	0:06	0:04	0:06	0:10	0:11	0:09	0:08	0:05	0:10
읽기 (신문,잡지,책)	0:10	0:20	0:04	1:03	1:00	1:05	1:01	0:59	1:02	1:06	1:06	1:07	0:20	0:29	0:13
TV보기	3:27	3:46	3:14	3:46	4:14	3:25	3:54	4:10	3:41	2:23	2:38	2:08	2:54	3:08	2:43
교제활동	0:57	0:50	1:01	0:52	0:47	0:56	1:13	1:01	1:23	1:12	1:04	1:19	0:17	0:15	0:20
스포츠 및 집밖레저	0:47	1:07	0:33	0:24	0:18	0:25	0:20	0:28	0:13	0:27	0:35	0:20	1:14	1:41	0:53
기타	1:03	1:09	0:58	2:03	2:34	1:44	2:13	2:20	2:11	1:59	2:03	1:55	2:13	2:47	1:46

자료 : 2009년 한국생활시간조사, MTUS(Multinational Time Use Study, http://www.timeuse.org/mtus)

(2) 국가별 주요 가사노동시간

2009년 현재 한국의 고령자는 하루에 평균 2시간 19분을 가사노동에 할애하여 영국, 네덜란드, 스페인에 비하여 약 1시간 정도 적은 것으로 나타났으며, 65세 이상 고령자가 가사노동 중 가정관리에 사용하는 시간은 평균 2시간 7분이며, 남성과 여성은 각각 52분, 2시간 58분을 사용했다. 가정관리 중 가장 큰 비중을 차지하는 음식준비 시간의 경우, 국가별 평균시간은 1시간 내외로 큰 차이가 없으나, 남녀별 격차로는 스페인(1시간 33분), 한국(1시간 26분)과 미국(31분), 영국(26분), 네덜란드(42분)간에 다소 큰 차이를 보이고 있다.

65세 이상 고령자인구가 가사노동 중 다른 가족보살피기 시간은 평균 약 12분으로 다른 4개국에서도 거의 비슷한 수준으로 나타났다.

〈표 11-15〉 국가별 성별 가사노동시간 사용현황

(단위: 시간, 분)

	한국(2009)			미국(2005)			영국(2005)			네덜란드(2005)			스페인(2003)		
	전체	남자	여자	전체	남자	여자	전체	남자	여자	전체	남자	여자	전체	남자	여자
가 사 노 동	2:19	1:01	3:13	2:35	1:49	3:08	3:17	2:48	3:41	3:15	2:37	3:54	3:14	1:30	4:33
가정관리	2:07	0:52	2:58	2:19	1:35	2:52	3:03	2:32	3:27	3:03	2:27	3:40	3:07	1:25	4:25
음식준비	1:08	0:17	1:43	0:40	0:22	0:53	0:56	0:41	1:07	1:21	1:00	1:42	1:21	0:28	2:01
의류관리	0:14	0:02	0:23	0:16	0:04	0:25	0:11	0:06	0:15	0:12	0:04	0:21	0:21	0:02	0:35
청소 및 정리	0:27	0:16	0:35	0:32	0:16	0:44	0:40	0:20	0:56	0:24	0:12	0:36	0:37	0:11	0:56
집관리	0:09	0:12	0:07	0:07	0:14	0:02	0:28	0:41	0:17	0:21	0:25	0:17	0:09	0:14	0:05
가정관리 물품구입	0:07	0:04	0:10	0:25	0:23	0:27	0:40	0:35	0:44	0:28	0:28	0:28	0:21	0:18	0:24
기타	0:01	0:02	0:01	0:19	0:16	0:21	0:09	0:09	0:09	0:17	0:18	0:15	0:19	0:13	0:23
가족보살피기	0:12	0:09	0:15	0:15	0:14	0:16	0:14	0:16	0:13	0:12	0:10	0:14	0:07	0:05	0:08

자료: 2009년 한국생활시간조사, MTUS(Multinational Time Use Study, http://www.timeuse.org/mtus)

4) 노인소외와 고립문제

노인들은 신체적·정신적으로 쇠약할 뿐만 아니라 경제적·사회적으로도 노인들은 우울하기 쉽다. 우리나라 노인이 고독 및 소외감을 느끼는 것은 구조화된 현상으로 일시적이나 주관적인 것이 아니라 지속적이고 객관적인 면모를 지니고 있다. 노인소외는 하나의 집단으로서 사회적 배제의 전형이라 볼 수 있다.

제3절 우리나라의 노인복지정책 및 서비스

1. 소득보장정책

인간은 노년기에 접어들면서 퇴직에 의한 소득의 감소와 건강상의 이유 등으로 예외적인 지출이 늘어나게 되며 이러한 노인의 경제적 빈곤을 예방하거나 해결하는 소득보장 정책으로는 일반적으로 사회보험, 공공부조, 사회수당제도 등의 직접적인 방법과 노인들에게 특별히 소득보장을 하기 위한 고령자고용지원제도, 노인의 지출을 경감시켜 소득을 보전해 주는 세제혜택, 이용요금의 면제와 할인혜택을 주는 경로우대제도 등 간접적인 방법이 있다.

1) 사회보험

우리나라의 노인과 관련된 직접적 소득보장제도로서 연금제도는 공무원연금, 군인연금, 사립학교교직원연금, 국민연금 등으로 구성되어 있으며, 그 중에서 대표적인 소득보장제도가 국민연금제도다. 국민연금제도는 국민들이 노령, 장애, 사망 등으로 소득활동을 할 수 없을 때 기본적인 생활이 가능하도록 연금을 지급하는 제도로서 국가가 보험의 원리를 도입하여 만든 사회보험의 일종으로 노령으로 인한 근로소득 상실을 보전하기 위한 노령연금, 주소득자의 사망에 따른 소득상실을 보전하기 위한 유족연금, 질병 또는 사고로 인한 장기근로능력 상실에 따른 소득상실을 보전하기 위한 장애연금 등을 지급함으로써 국민의 생활안정과 복지증진을 도모하는 사회보장제도의 하나다.

2011년 8월 현재 국민연금 총 가입자 수는 1,960만 명이며, 통계청에 따르면 2010년 65세 이상 고령자 중 '노후준비가 돼 있다'고 응답한 39.0%중 주된 노후준비 방법은 '국민연금'이 29.6%로 가장 많고 다음은 '예금 · 적금(28.0%)', '기타 공적연금 · 사적 연금(22.9%)' 순으로 조사될 만큼 소득보장 정책으로서의 국민연금의 비중이 높다.

오늘날 노년인구가 많아지고 부양 공동체 역할을 해오던 대가족 제도의 해체로 경제적인 어려움을 겪는 노인들에게 공적부양제도인 국민연금은 노인들의 소득보장정책으로 중요한 역할을 할 것이다.

2) 공공부조

공공부조는 전액 정부의 일반조세를 재원으로 급여가 제공되며, 보편적 성격의 사회보험과는 달리 생활유지 능력이 없는 빈곤한 생활 상태에 있는 자를 대상으로 하기 때문에 수급 대상자에 대해서는 생계능력이 없음을 입증하기 위해 자산조사를 실시하며, 개별적인 욕구의 측정과 확인이 급여자격의 조건이 된다. 우리나라의 경우 2000년 10월부터 시행되어온 국민기초생활보장제도와 의료급여제도가 있는데, 노인은 국민기초생활보장제도 및 의료급여제도 대상자 집단의 주요 구성원이 되고 있다.

3) 사회수당

사회수당은 인구학적 특성이나 연령에 의하여 구분되는 것으로 일정한 범주에 속하는 사람들에게 국가가 일반조세를 재원으로 하여 급여를 제공하는 제도다. 우리나라의 경우 2008년 1월 1일부터 시행된 기초노령연금제도가 있는데, 이 제도는 만65세 이상 전체 노인 중 재산과 소득이 적은 70%에게 매월 일정액의 연금이 지급되며, 2011년에는 약 387만 명의 노인이 수급대상이다.

2. 보건의료보장정책

노인은 육체적 · 정신적인 노화로 인하여 대부분 발병률이 높고 만성 노인성 질환을 지니고 있기 때문에 경제적 문제와 더불어 건강문제가 중요시된다. 특히 일정한 소득이 없기 때문에 의료비가 매우 큰 부담이 되고 있다. 노인 의료보장은 노인이 건강하고 질병을 손쉽게 해결할 수 있도록 각종 보건의료 서비스를 제공하는 것에서부터 재활에 이르는 전반적인 서비스를 말한다. 우리나라의 보건의료보장제도는 사회보험으로서 국민건강보험제도와 노인장기요양보험제도 공공부조로서 의료급여제도와 노인건강진단사업 등이 있다.

1) 국민건강보험제도

국민건강보험제도는 일상생활에서 발생하는 우연한 질병이나 부상으로 인하여 일시에 고액의 진료비가 소요되어 가계가 파탄되는 것을 방지하기 위하여, 보험원리에 의거 국민들이 평소에 보험료를 낸 것을 국민들이 의료를 이용할 경우 보험급여를 제공함으로써 국민 상호간에 위험을 분담하고 의료서비스를 제공하는 사회보장제도이다. 우리나라의 의료보험제도는 공무원 및 사립학교교직원 의료보험, 직장의료보험, 지역의료보험 등 3가지로 분립되어 운영되던 것을 국민건강보험으로 통합하여 운영하고 있다.

〈그림 11-4〉 건강보험 의료비(65세 이상)

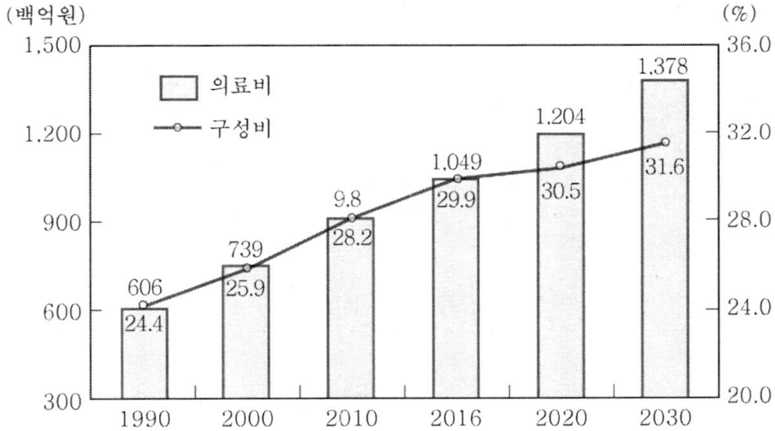

자료 : 건강보험심사평가원, 「2005~2007년 건강보험통계지표」, 「2008~2010년 진료비통계지표」
주 : 의료비는 심사실적 기준의 요양급여비임

2010년 우리나라 65세 이상 고령자는 전체인구의 11%이나, 지급된 의료비는 13조 7,847억원으로 전체 의료비 43조 6,570억원의 31.6%를 차지하였으며, 전년에 비해서 14.5% 증가하였으며 앞으로 노인인구의 증가에 비례하여 지속적인 증가세가 나타날 것이라 예상되고 있다.

2) 노인장기요양보험제도

2008년 7월 1일부터 실시된 노인장기요양보험제도는 고령이나 노인성질병 등으로 인하여 6개월 이상 동안 혼자서 일상생활을 수행하기 어려운 노인 등에게 신체활동 또는 가사지원 등의 장기요양급여를 사회적 연대원리에 의해 제공하는 사회보험 제도이다.

〈표 11-16〉 노인장기요양보험제도와 기존 노인복지서비스 체계의 차이점

구분	노인장기요양보험제도	기존 노인복지서비스체계
서비스 대상	• 보편적 제도 • 장기요양이 필요한 65세 이상 노인 및 치매 등 노인성 질환을 가진 64세 이하의 국민	• 특정 대상 한정(선택적 제도) • 국민기초생활보장수급자를 포함한 저소득층 위주
서비스 선택	• 수급자 및 부양가족의 선택에 의한 서비스 제공	• 지방자치단체장의 판단(공급자 위주)
재원	• 장기요양보험료 + 국가 및 지방자치단체 부담 + 이용자 본인부담	• 정부 및 지방자치단체의 부담
서비스	• 시설급여 • 재가급여(방문요양, 방문목욕, 방문간호, 주·야간보호, 단기보호 등) 특별현금급여(가족요양비) 등	• 시설 재가서비스를 제공하나, 서비스 질에 대한 관리 미흡
시설에 대한 지원방식	• 시설급여 및 재가급여 제공자는 비용을 수가산정 방식을 적용하여 국민건강보험공단에 청구 • 건강보험공단은 청구된 장기요양급여 및 비용 등의 적정여부 심사 후 지급	• 지방자치단체를 통하여 시설 입소인원 또는 연간 운영비용을 기준으로 정액 지급(사후정산)

우리나라에서의 노인장기요양보험제도의 도입은 심각한 인구 고령화의 진행과 가족의 과중한 부양 부담을 경감하고 증가하는 노인의료비에 대한 대비책으로서, 가족구조의 변화, 노인부양의 책임에 대한 인식

변화 등으로 인하여 사회보험방식을 기반으로 하여 노인의 수발보호문제를 해결하고자 하는 제도다.

국민건강보험과의 차이점은 국민건강보험은 질환의 진단, 입원 및 외래 치료, 재활치료 등을 목적으로 주로 병·의원 및 약국에서 제공하는 서비스를 급여 대상으로 하는 반면, 노인장기요양보험은 치매·중풍 등과 같이 노인성 질환 등으로 인하여 혼자 힘으로 일상생활을 영위하기 어려운 대상자에게 요양시설이나 재가 장기요양기관을 통해 신체활동 또는 가사지원 등의 서비스를 제공하는 제도이다.

〈표 11-17〉 노인장기요양보험제도의 주요내용

구분	내 용
목적	• 고령이나 노인성질병 등으로 인하여 6개월 이상 동안 혼자서 일상생활을 수행하기 어려운 노인 등에게 신체활동 또는 가사지원 등의 장기요양급여를 사회적 연대원리에 의해 제공하는 사회보험 제도이다.
대상 (신청자격)	• 65세 이상의 노인 및 65세 미만으로 노인성 질병을 가진 자가 신청 대상입니다. *노인성질병: 치매, 뇌혈관성질환, 파킨슨 병 등 보건복지가족부장관이 정하여 고시한 질병
급여의 종류	• 재가급여: 방문요양, 방문목욕, 방문간호, 주·야간보호, 단기보호 등) • 시설급여: 노인의료복지시설(노인전문병원 제외)에 장기간동안 입소하여 신체활동지원, 심신기능의 유지·향상을 위한 교육·훈련 등을 제공하는 요양급여. • 특별현금급여: 가족요양비, 특례요양비, 요양병원간병비.
본인 부담금	• 재가급여 : 당해 장기요양급여비용의 100분의 15 • 시설급여 : 당해 장기요양급여비용의 100분의 20 *국민기초생활보장법에 의한 수급자는 전액면제 *의료급여수급권자, 소득•재산 등 보건복지부장관이 정하여 고시하는 일정금액 이하인 자는 본인 부담금 50%를 경감.
재가급여 월 한도액 (2011년도)	• 1등급: 1,140,600원 • 2등급: 971,200원 • 3등급: 814,700원 *방문요양, 방문목욕, 방문간호, 주·야간보호, 단기보호 급여를 이용하는 경우에 적용

3) 의료급여제도

의료급여제도는 소득이 없거나 일정한 소득이 있어도 생계유지가 곤란한 저소득층을 대상으로 그들이 자력으로 의료문제를 해결할 수 없는 경우 국가가 의료문제를 보장하는 공공부조제도로 건강보험과 함께 국민 의료보장의 중요한 수단이 되는 사회보장제도이며, 국가나 사회에 공헌하였거나 희생한 유공자와 그 가족, 중요무형문화재의 보유자 및 그 가족, 북한 이탈주민과 그 가족, 그 밖에 생활유지 능력이 없거나 생활이 어려운 자로 대통령령이 정하는 자이다. 의료급여 정책으로는 질병·부상·출산 등에 대한 의료급여, 장애인에 대한 특례(보장구에 대한 급여), 건강검진이 있다.

4) 노인건강진단제도

노인건강진단제도는 노인복지법상 규정된 보건의료 서비스에 속하는데, 65세 이상 노인에 대하여 건강진단과 보건교육을 실시할 수 있도록 되어 있다. 노인건강진단제도는 질병의 조기발견 및 조기치료로 노인의 건강을 유지키고 증진시켜 노인복지 증진을 도모함을 목적으로 한다.

3. 노인복지서비스

사회적 활동이 줄어들고 각종 퇴행성 질환에 시달리는 노년기에는 생의 주기에서 가장 집중적인 사회적 서비스를 필요로 하는 시기이다. 더구나 고령사회 진입을 앞두고 사회적 서비스를 국가가 보장해야 하는 현대사회에서의 노인복지서비스의 당위성은 더욱더 중요하다. 노인복지서비스는 소득, 주택 및 보건의료와는 달리 노인이 가진 심리적·사회적 욕구와 연관된 사회적서비스를 말하며, 노인의 대인관계 혹은 사회생활, 일상생활의 불편을 감소시켜 보다 인간다운 생활을 영위할 수 있도록 하는 서비스라고 할 수 있다. 노인복지법에 의한 노인복지

서비스 체계는 노인주거복지시설, 노인의료복지시설, 노인여가복지시설, 재가노인복지시설 등으로 구분하고 있다.

1) 노인주거복지시설

국가 또는 지방자치단체는 노인주거복지시설을 설치할 수 있으며 노인주거복지시설의 입소대상·입소절차·입소비용 및 분양·임대 등에 관하여 필요한 사항은 보건복지부령으로 정한다.

(1) **양로시설** : 노인을 입소시켜 무료 또는 저렴한 요금으로 급식 및 그 밖에 일상생활에 필요한 편의를 제공함을 목적으로 하는 시설이다.

(2) **노인공동생활가정** : 노인에게 가정과 같은 주거여건과 급식, 그밖에 일상생활에 필요한 편의를 제공함을 목적으로 하는 시설이다.

(3) **노인복지주택** : 노인에게 주거시설을 분양 또는 임대하여 주거의 편의·생활지도·상담 및 안전관리 등 일상생활에 필요한 편의를 제공함을 목적으로 하는 시설이다.

2) 노인의료복지시설

노인의료복지시설의 입소대상·입소비용 및 입소절차와 설치·운영자의 준수사항 등에 관하여 필요한 사항은 보건복지부령으로 정한다.

(1) **노인요양시설** : 치매·중풍 등 노인성 질환 등으로 심신에 상당한 장애가 발생하여 도움을 필요로 하는 노인을 입소시켜 급식 및 요양, 그 밖에 일상생활에 필요한 편의를 제공함을 목적으로 하는 시설이다.

(2) **노인요양공동생활가정** : 치매·중풍 등 노인성 질환 등으로 심신에 상당한 장애가 발생하여 도움을 필요로 하는 노인에게 가정과 같은 주어진 여건과 급식·요양 그 밖에 일상생활에 필요한 편의를 제공함을 목적으로 하는 시설이다.

3) 노인여가복지시설

노인여가복지시설의 이용대상 및 이용절차 등에 관하여 필요한 사항은 보건복지부령으로 정하며 국가 또는 지방자치단체는 노인여가복지시설을 설치할 수 있다.

(1) **노인복지관** : 노인의 교양·취미생활 및 사회참여활동 등에 대한 각종 정보와 서비스를 제공하고, 건강증진 및 질병예방과 소득보장·재가복지, 그 밖에 노인의 복지증진에 필요한 서비스를 제공함을 목적으로 하는 시설이다.

(2) **경로당** : 지역노인들이 자율적으로 친목도모, 취미활동, 공동작업장 운영 및 각종 정보교환과 기타 여가활동을 할 수 있도록 하는 장소를 제공함을 목적으로 하는 시설로, 특히 노후를 맞아 현대산업사회의 일선에서 물러난 노인들에게 있어서 여가란 매우 중요한 삶의 한 요소로 부각되고 있기 때문에 경로당은 노인들이 동년배와 어울려 대화를 나누면서 취미와 오락 활동을 할 수 있고 다방면의 지식을 획득할 수 있는 좋은 장소다.

(3) **노인교실** : 노인들에 대하여 사회활동 참여 욕구를 충족시키기 위하여 건전한 취미생활·노후건강 유지·소득보장 등 기타 일상생활과 관련한 학습 프로그램을 제공함을 목적으로 하는 시설이다.

4) 재가노인복지시설

(1) **방문요양서비스** : 신체적·정신적 장애로 일상생활을 영위하기 곤란한 노인이 있는 가정에 요양보호사를 파견하여 노인의 신체적 서비스와 일상생활에 필요한 각종 편의 시설을 제공하여 지역사회 안에서 건전하고 안정된 노후생활을 영위하도록 하는 서비스이다.

(2) **주·야간보호서비스** : 부득이한 사유로 가족의 보호를 받을 수 없는 심신이 허약한 노인과 장애노인을 주간 또는 야간동안 보호시설에 입소시켜 필요한 각종 편의를 제공하여 이들의 생활안정과 심신기능의 유지·향상을 도모하고 그 가족의 신체적·정신적 부담을 덜어주기 위한 서비스이다.

(3) **단기보호서비스** : 부득이한 사유로 가족의 보호를 받을 수 없어 일시적으로 보호가 필요한 심신이 허약한 노인과 장애노인을 시설에

단기간 입소시켜 보호함으로써 노인 및 노인가정의 복지증진을 도모하기 위한 서비스이다.

(4) **방문목욕서비스** : 신체적 · 정신적 장애로 일상생활을 영위하기 어려운 노인이 있는 가정에 목욕 장비를 갖추고 재가노인을 방문하여 목욕을 제공하는 서비스이다.

(5) **그 밖의 서비스** : 그 밖에 재가노인에게 제공하는 서비스로서 보건복지부령이 정하는 서비스이다.

참고문헌

강영실(2009), 『사회복지정책의 이해』, 신정.
강용규 외(2011), 『사회복지개론』, 공동체.
김융일 외(2003), 『사회복지학개론』, 동인.
김정기 외(2010), 『사회복지개론』, 청목출판사.
김종일 · 최혜지(2006), 『쉽게 쓴 노인복지론』, 청목출판사.
남기민(2007), 『사회복지정책론』, 학지사.
남일재 외(2011), 『사회복지개론』, 공동체.
신원식 외(2011), 『사회복지개론』, 공동체.
이인수(2006), 『21세기 노인복지론』, 대왕사.
정민숙 외(2011), 『사회복지개론』, 공동체.
조추용 외(2008), 『사회복지개론』, 창지사.
조흥식 외(2010), 『사회복지학개론』, 창지사
최성균 외(2007) 『사회복지개론』, 대왕사
통계청 2011고령자통계
현외성 · 조추용 · 윤은경 · 김양이(2005), 『한국노인복지학강론』, 유풍출판사.
홍봉수 외(2011), 『사회복지정책론』, 공동체.

제12장

장애인복지

제 1 절 장애인의 문제와 장애인복지의 의의

우리나라 장애인복지법 제2조에 의하면 “장애인이란 신체적 · 정신적 장애로 오랫동안 일상생활이나 사회생활에서 상당한 제약을 받는 자로 대통령령이 정하는 장애의 종류 및 기준에 해당하는 자”로 정의하고 있다. 대통령령으로 정하는 장애의 범주에는 크게 신체적 장애와 정신적장애로 구분하고, 신체적 장애에는 다시 외부신체기능의 장애, 내부기관의 장애로 구분된다. 외부신체기능의 장애는 지체장애, 뇌병변장애, 시각장애, 청각장애, 언어장애, 안면장애의 6유형과 내부기관의 장애는 신장장애, 심장장애, 간장애, 호흡기장애, 장루 · 요루장애, 간질장애의 6유형, 정신적 장애에는 지적장애, 정신장애, 발달장애의 3유형, 총 15종으로 1999년 5종에서 10종으로, 2003년 15종으로 확대되어 현재까지 이르고 있다.

〈표 12-1〉 우리나라 법적장애분류

대분류	중분류	소분류	세분류
신체적 장애	외부 신체 기능의 장애	지체장애	절단장애, 관절장애, 지체기능장애, 변형 등의 장애
		뇌병변장애	중추신경의 손상으로 인한 복합적인 장애
		시각장애	시력장애, 시야결손장애
		청각장애	청력장애, 평형기능장애
		언어장애	언어장애, 음성장애, 구어장애
		안면장애	안면부의 추상, 함몰, 비후 등 변형으로 인한 장애
	내부 기관의 장애	신장장애	투석치료 중이거나 신장을 이식받은 경우
		심장장애	일상생활이 현저히 제한되는 심장기능 이상
		간장애	일상생활이 현저히 제한되는 만성·중증의 간기능 이상
		호흡기장애	일상생활이 현저히 제한되는 만성·중증의 호흡기기능 이상
		장루·요루장애	일상생활이 현저히 제한되는 장루·요루
		간질장애	일상생활이 현저히 제한되는 만성·중증의 간질
정신적 장애	지적장애		지능지수가 70 이하인 경우
	정신장애		정신분열병, 분열형 정동장애, 양극성 정동장애, 반복성 우울장애
	발달장애(자폐증)		소아자폐 등 자폐성 장애

*보건복지부: 장애등급판정기준(2010)

인구현황은 등록장애인 인구가 250만명을 넘고 있고, 전체인구대비 약 5%정도 수준이다. 장애인구는 매년 계속 증가하는 추세이며, 장애범주에 따라 우리나라 장애인구 출현율은 4.59%로 조사(보건복지부·한국보건사회연구원, 2005년도 장애인 실태조사)되고 있다. 이는 WHO가 제시하는 장애출현율(10%)보다 낮은 수치이며, 미국 19.30%, 일본 4.70%, 독일 10.20%보다도 낮다.

1년새 8만여명 늘어...남성 146만.여성 104만명
복지부, 2010년 말 기준 전국장애인 등록현황 발표

등록장애인 인구가 250만 명을 훌쩍 넘어선 것으로 나타났다.

보건복지부는 2010년 12월말 기준 전국장애인 등록현황 결과 우리나라 등록 장애인은 남성장애인 146만8,333명, 여성장애인 104만8,979명으로 총 251만7,312명인 것으로 집계됐다고 14일 밝혔다. 이는 지난 2009년 등록 장애인 인구 242만9,547명과 비교할 때 1년 새 약 8만7,000여명 가량이 늘어난 수치다.

지역별로는 경기도(50만704명)가 가장 많았으며, 그 뒤로 서울(41만4,522명), 경남(18만880명), 부산(17만2765명), 경북(17만396명), 전남(14만7,918명) 등의 순으로 나타났다.

유형별로는 지체장애인이 133만7,722명으로 가장 많았고, 뇌병변장애인 26만1,746명, 청각장애인 26만403명, 시각장애인 24만9,259명, 지적장애인 16만1,249명, 정신장애인 9만5,821명, 신장장애인 5만7,142명, 언어장애인 1만7,207명, 호흡기장애인 1만5,551명, 자폐성장애인 1만4,888명, 장루・요루장애인 1만3,072명, 심장장애인 1만2,864명, 간질장애인 9,772명, 간 장애인 7,920명, 안면장애인 2,696명 순이다.

장애급수별로는 6급이 59만3,411명으로 가장 많았고, 1급이 21만4,996명으로 가장 적었다. 또한 5급 52만6,645명, 3급 43만5,403명, 4급 38만7,556명, 2급 35만9,301명으로 뒤를 이었다.

연도별 우리나라 등록 장애인은 2006년 196만7,326명, 2007년 210만4,889명, 2008년 224만6,965명, 2009년 242만9,547명, 2010년 251만7,312명으로 꾸준히 증가하고 있는 추세다.

자료 : 복지로 "희망에서 행복으로" 복지뉴스 2011.2.15

장애인복지의 접근에서 가장 중요한 사항은 장애인의 문제를 파악하고 그에 따른 특성을 이해하는 것이다. 장애인복지의 특성은 다음과 같다.

첫째, 장애인 문제의 복잡성으로, 장애인은 의학적・생리학적으로 불편할 뿐만 아니라 이로부터 파생되는 취학, 취업, 결혼 등의 문제에도 직면하고 있어 한 사람의 장애인에게 나타나는 문제는 다중적이고 생태체계적인 복잡한 구조를 지니고 있다. 이러한 이유들로 인하여 사회전체로부터 잘못된 장애인 관점을 형성시킬 수도 있으며, 이렇게 잘못 형성된 사회전체에 깔려 있는 잘못된 장애인관으로 이러한 문제가 또 다른 문제의 원인이 되고 있으며, 그 문제들이 더욱 가중될 수 있다.

둘째, 장애인복지의 복합성으로, 장애로 인하여 발생되는 문제가 복잡한 만큼 그 해결을 위해 사회복지는 사회복지(사업)학, 의학, 교육학, 심리학, 사회학, 행정학, 법학, 경제학 등 기타 여러 분야의 학문들과 통합성이 요구되는 분야이다.

셋째, 장애인복지의 질적 향상을 위한 장애인 당사자들의 장애운동 역할이 매우 큰 특징을 들 수 있다. 이는 비교적 최근의 개념으로 장애인복지정책 실시 초기에는 정책수립자, 전문가 등이 중심을 이루고 있었으나 장애 당사자들의 직접적인 장애운동을 통한 장애인복지 흐름들이 바뀌었고, 장애인 자신들의 권리의식도 높아져 장애인복지 정책결정과 서비스제공 등에 있어서 장애인 스스로가 참여하는 것들이 확대되었다.

제 2 절 장애인복지의 원칙

장애인복지의 궁극적인 목표는 모든 장애인이 존재해 있는 사회에 평등한 인간으로서 완전한 참여를 이루는 사회통합이다. 즉, 장애인복지가 추구하는 사회통합은 인간성의 회복이며, 사회일원으로서의 권리와 의무에로의 복귀로 이것은 새로 부과되는 사회제도나 규범을 새롭게 만드는 것이 아니라 지금까지 상실되어 왔던 인간적 삶의 회복인 것이다(손광훈, 2004 ; 44-45). 장애인이 비장애인에 비해 열등하거나 차별을 받는 계층으로 취급되지 않고, 사회의 구성원으로서 책임과 의무를 실천할 능력이 있는 평범한 인간으로 인식될 수 있도록 하는 것이 핵심이다. 이러한 사회통합적 시각에서 장애인복지의 원칙을 여섯 가지로 정리해 보면, 다음과 같다.

1. 인권보장의 원칙

인권보장은 모든 인간이 인간으로서의 존엄과 가치를 공권력은 물론 개인도 존중하여야 하며 안락하고 만족스러운 삶을 추구할 수 있는 권리, 모든 생활의 영역에 있어서 참여와 평등, 자기결정권이 보장되고 인간다운 생활을 할 수 있도록 보장되어야 한다는 것을 의미한다. 장애인복지에 있어 인권의 보장은 인간으로서 누리지 못하는 권리를 보장하는 것이며 차별과 편견으로부터 탈피하여 인간의 존엄성을 기본이념으로 장애인을 권리와 의무의 주체로서 인식하는 것이 인권보장의 원칙이다.

2. 장애의 개별화 원칙

장애인이라고 하여 의학적 판단기준에 의해 동일한 특성을 가진 인간으로 이해되는 것이 아닌 모든 개인이 다르고 같이 태어난 쌍둥이도 제각각 성격과 특성이 다르듯이 장애인이 장애인으로만 인식되는 것이 아닌 각자 다른 특성과 개성을 가지고 있는 개인으로 인식하는 개별화가 어느 사회복지 대상보다도 필요한 대상이다. 문제해결 방법에 있어서도 장애가 갖는 개별적인 의미를 파악하고, 그 사람에게 적합한 해결방법을 찾아내어 자원을 조달하고 조정활동을 행하는 등의 과정이 필요하며, 매우 중요한 부분이다. 때문에 같은 종류의 장애라고 낙인을 붙여 버리거나 충분히 파악도 하지 않고, 무책임한 처우나 서비스를 하는 것은 배제해야 한다.

3. 발달보장의 원칙

생태체계이론에서 근거한 항상성의 원리로 인간이 심신의 기능에 장애가 발생하였다 하더라도 인간은 보상기능에 의해서 생존에 필요한 능력, 즉, 타 기관의 기능을 총체적으로 높여가는 것이다. 인간의 기능은 지속적으로 발달하고 잔존능력의 성장 가능성을 찾아내는 자세가 매우 중요하다. 개개인의 개성과 특성을 전인적으로 보고 가능성을 신장시켜 가는 것이야말로 장애인복지의 핵심 철학이다. 모든 개체는 변화·발달해 간다. 발달의 가능성을 신뢰하고, 인간의 잠재력에 개입하는 노력이 바로 발달보장을 지향하는 장애인복지의 원칙이다.

4. 욕구의 공통성 원칙

장애인도 비장애인과 같이 똑같은 욕구를 가지고 있는 인간욕구에 대한 모든 사람의 욕구는 같다는 욕구 공통성의 원칙이다. 사람은 성장하면서 가지게 되는 기본욕구를 비롯하여 사회적 욕구 등을 충족하면서 삶의 의미를 느끼고 살아가고 있다. 예를 들면, 취업이나 결혼에 대한 욕구에 있어 모든 사람이 가지는 인간욕구를 장애인의 경우 공부 등 다른 수단으로 달성하려고 하는 모습들이며, 장애로 인해 한계의 부분은 연구된 다른 방법을 개발하여 지원하는 것이 장애인이 바라고 있는 장애인복지일 것이다.

5. 참여와 평등의 원칙

장애인복지법 제 3조 2항에서는 "누구든지 장애를 이유로 정치적·경제적·사회적·문화적 생활의 모든 영역에 있어 차별을 받지 아니한다(평등)"라고 규정하고, 제3항에서는 "모든 장애인에게는 국가·사회를 구성하는 일원으로서 정치·경제·사회·문화 기타 모든 분야의 활동에 참여할 기회가 보장된다."라고 참여를 규정하여 '완전한 참여와 평등'을 장애인복지의 이념으로 강조하고 있다.

6. 자립생활의 원칙

최근에 나타난 이념에 근거한 원칙으로 자립생활이란 장애인 스스로가 자신의 삶을 선택하고 결정하며 자신의 생활전반에 대한 통제력을 가지고 있음을 나타내는 것으로 장애인 스스로가 자신이 어디에서 살 것인지, 누구와 함께 살 것인지, 어떤 생활방식을 택할 것인지, 자신의 시간과 경제적 상황 등을 어떻게 활용하고 소비할 것인지를 결정하는 것으로 수동적인 입장에서 벗어나 능동적이고 주체적인 삶을 살도록 하는 원칙이다.

제 3 절 장애인복지의 서비스

1. 시설에 따른 서비스

최근 전면 개정된 장애인복지법 제 57조(2011년 3월)에 의하면 장애인의 성·연령 및 장애의 유형과 정도를 고려하여 시설유형에 따른 장애인복지시설에서 보호·의료·생활지도·재활훈련과 자립생활지원 등의 서비스를 제공함으로써 장애인이 기능 회복과 사회성 향상을 도모할 수 있도록 필요한 정책을 강구하여야 하고, 장애인복지시설의 이용 등에서는 장애인복지시설을 이용하는 장애인의 인권을 보호하기 위한 필요정책과 프로그램의 기반조성, 장애인복지시설에 대한 장애인의 선택권 보장, 선택권을 보장하기 위한 충분한 정보의 제공 등에 대해 규정함으로써 장애인복지시설의 기능과 역할을 새롭게 제시하고 있다.

또한 장애인복지법 제 58조에서는 장애인복지시설을 장애인 거주시설, 장애인지역사회재활시설, 직업재활시설, 의료재활시설, 기타의 시설로 분류하고 있다. 시설의 구분에 있어 특징적인 사항으로는 기존의 지역사회재활시설에 속했던 단기보호시설과 공동생활가정이 기존의 장애인생활시설로 통합되면서 거주시설이란 개념으로 변화되었고, 장애인거주시설이 거주공간을 활용하여 일반가정에서 생활하기 어려운 장애인에게 일정 기간 동안 거주·요양·지원 등의 서비스를 제공하는 동시에 지역사회생활을 지원하는 시설을 의미하는 것을 최대한 반영하였다고 볼 수 있다. 또한 직업재활시설의 유형이 기존의 세 가지 유형에서 보호작업장과 근로사업장 두 가지로 개편된 것도 주요 특징이다.

〈표 12-2〉 장애인복지시설의 구분

개정 전		개정 후	
구분	시설유형	구분	시설유형
생활시설	장애유형별 생활시설 중증장애인요양시설 장애영유아생활시설	거주시설	장애유형별 생활시설 중증장애인요양시설 장애영유아생활시설 단기보호시설 공동생활가정
지역사회재활시설	장애인복지관 의료재활시설 주간보호시설 단기보호시설 공동생활가정 체육시설 수련시설 심부름센터 등	지역사회재활시설	장애인복지관 주간보호시설 체육시설 수련시설 심부름센터 등
직업재활시설	장애인작업활동시설 장애인보호작업시설 장애인근로작업시설	직업재활시설	장애인 보호작업장 장애인 근로사업장
유료복지시설		의료재활시설	재활병·의원
장애인 생산품판매시설		기타시설	생산품 판매시설 외

*출처 : 『장애인복지실천론』, 양희택 외(2011)

2. 재활영역에 따른 서비스

1) 의료재활

의료재활은 종합적 재활사업의 첫 단계로서, 의료적 측면을 다룬다는 입장에서 부분적이지만 재활의 출발점인 동시에 전체이기도 한다. 세계보건기구(WHO)는 의료재활의 개념을 질병이나 사고에 의한 후유증, 만성질환, 노인질환 등 치료기간이 장기화되기 쉬운 환자의 잠재능력을 활동시켜 자연치료를 적극적으로 촉진시키는 기술이며, 내과적·외과적 치료의 응용과 함께 물리적·심수적 수단을 보완하고 보충하는 의료적 조처라고 하고 있다(김용득 외, 2001).

의료재활의 중심적 역할을 담당하는 분야가 재활의학 이며, 치료의학, 예방의학에 이은 제3의 의학으로 장애인에 대한 사회의 인식이 높아지고 환자나 장애이의 욕구가 증가함에 따라서 그 필요성이 커지고 있다(장애인권익문제연구소, 2002). 이러한 의료재활분야에서의 서비스는 장애인이 신체적·정신적·사회적·직업적으로 사회에서 개개인의 욕구를 따라 만족하며 생활을 할 수 있도록 최대한의 기능을 회복 시켜 주기 위한 재활과정 중에서 가장 기초적이고 필수적인 것으로 볼 수 있다. 장애의 예방·조기발견·조기치료 및 추후관리까지의 모든 과정이 여기에 해당된다.

2) 교육재활

교육재활이란 장애아동이 가지고 있는 능력을 최대한으로 향상시키고 발휘하게 하며, 잠재능력의 가능성을 개발하여 사회생활에 스스로 적응해 가도록 도움을 주는 교육제도와 교육방법 빛 기술을 총칭한다. 이러한 교육을 특수교육이라고 하는데, 우리나라 특수교육진흥법 제1장에서는 특수교육을 특수교육 대상자의 특성에 적합한 교육과정, 교육방법 및 교육매체 등을 통하여 교과교육, 치료교육 및 직업교육 등을 실시하는 것이라고 정의하고 있다.

이와 같은 특수교육의 배경 및 정의를 근거로, 특수교육은 정신적 특성, 감각능력, 신체운동 및 신체특성, 사회적 행동 또는 의사교환능력이 보통 또는 정상으로부터 지나치게 이탈되어 있는 학령기 장애인을 대상으로, 교육내용과 교육방법, 교육자료, 교육환경 등에 변화를 주어 가르치는 교육을 뜻한다고 말할 수 있다(나운환 외, 2000).

결국, 특수교육(special education)은 특수아동의 독특한 교육적 요구에 알맞게 특별히 설계된 교수(instruction)를 말하며, 아동의 독특한 교육적 요구(unique educationnal needs)에 최적한 교육내용을 구성하여 그 특성에 알맞은 방법을 제공하는 것이라 할 수 있다.

3) 직업재활

직업재활은 장애인이 직업을 갖고 이를 유지해 갈 수 있도록 하기 위한 직업상의 모든 원조, 예를 들면 직업훈련 및 보도, 취업알선 등을 원조하는 재활과정이다. 국제 노동기구(ILO, 1995)는 장애인의 직업재활에 관한 권고(recommendation concerning vocational rehabilitation of the disabled persons)에서 직업재활을 직업지도와 직업훈련 그리고 취업 등과 같은 직업재활서비스를 포함하는 연속적이고 협력적인 재활과정의 일부로서, 장애인이 적절한 고용을 확보하고 유지할 수 있도록 서비스하는 과정을 의미한다고 정의하였다.

개념정의를 볼 때, 직업재활이란 장애인이 직업에 종사하고 또 그것을 유지시킬 수 있게 하는 직업상의 제 원조, 즉 직업지도 · 직업훈련 · 취업알선 등을 포함하는 계속적이고 종합적인 재활과정이며, 심신의 결함을 지닌 장애인들의 신체적 · 정신적 · 직업적 · 사회적 · 경제적 가용능력을 최대한으로 찾고 길러 줌으로써, 소득이 있는 작업을 가질 수 있게 하여 일할 권리와 일할 의무를 비장애인들과 똑같이 갖게 하는 것이라 할 수 있다.

이러한 직업재활은 장애인과의 공동체험을 전개함으로써 비장애인

근로자를 취로의 영역으로 끌어들이는 합류화(mainstreaming)와 비장애인 근로자에게로 한데 모으는 통합화(integration) 등으로 그 원칙을 구분할 수 있으며(오혜경, 1999), 미국의 재활법상(제103조)에는 직업의 잠재능력 평가, 상담, 지도, 의뢰, 배치 및 사후지도, 직업 및 기타 훈련서비스, 신체적 · 정신적 회복서비스, 재활기간 동안의 생계지원, 재활, 보건, 복지, 안전, 공공, 치안, 기타 적절한 서비스 분야의 고용기회를 제공하기 위한 훈련양성 서비스, 기술, 면허, 기구, 장비, 자금 등의 지원, 교통편의 제공, 자영, 소기업의 경영지도, 공공 및 비영리 재활시설의 건설, 설립 등으로 구분하여 직업재활서비스를 규정하고 있다(강혜규 외, 2001).

직업재활은 다른 재활영역과 함께 총체적 재활에 기여할 뿐만 아니라 전인격적인 영향에도 중요한 영향을 미치기 때문에 그 중요성이 강조되며, 일련의 직업과 과정을 통해 재활서비스가 제공되는 것이 효과적임을 상기할 수 있다. 우리나라에서도 「장애인고용촉진 등에 관한 법률」이 「장애인고용촉진 및 직업 재활법」으로 개정되고, 직업재활을 장애인의 직업지도, 직업적응훈련, 직업능력개발훈련, 취업알선, 취업, 취업 후 적응지도 등으로 구분 지원함으로써, 장애인이 직업생활을 통하여 자립할 수 있도록 직업재활을 강조하고 있다(장애인권익문제연구소, 2002).

4) 사회 · 심리재활

사회재활은 사회과학의 지식과 기술체계를 이용해서 장애를 가지면서도 인간으로서의 존엄과 삶의 보람을 가지고 살아갈 수 있도록 하는 것에 중요한 관점을 두고 있다. 즉 사회는 어떻게 해야 장애를 가진 사람들에게 적절한 생활조건을 확보해주고 향상시킬 수 있는가를 생각하는 것이다. 사회재활과 심리재활에 대한 각각의 개념을 구분해 보면, 사회재활이란 장애인이 한 사회인으로서 정상적인 사회적 활동(사회통합)을 하는 데 기본적으로 요구되는 사회적 기능을 수행할 수 있는 능력을 최상의 수준으로 향상·유지시키는 제 과정과, 장애인을 둘러싸고 있는 물리적·문화적·사회심리적 제 환경과 서비스 등 여러 가지의 사회제도들이 장애인에게도 균등하게 접근·활용이 가능하도록 환경을 개선해 나가는 과정이라고 정의하였다(전봉윤, 1997). 이와 같이 사회재활은 장애인을 의학적·직업적·교육적인 기준에서 보는 것이 아니라, 사회의 한 구성원으로서의 역할을 지닌 전인격적인 존재로서 인식하고 장애인의 사회적 생존을 보장하는 것을 지향한다. 따라서 사회의 장애인에 대한 태도가 수용적이어야 하며 물리적 환경이 장애인들의 접근을 용이하게 하도록 해야 하는데, 이를 위해서는 사회구성원 개개인의 태도의 변화뿐만 아니라 사회제도나 정책적인 배려로서 장애인들이 현실적으로 사회적 역할을 수행하는 데 지장이 없도록 사회적 환경이 조성되어야 하며, 사회사업가는 특히 사회적 활동을 적극적으로 추진시켜야 한다.

심리재활이란 대부분의 장애인들은 행동의 제한, 신체의 결함으로 인간관계의 긴장, 불안감, 열등감, 욕구불만 등을 가지고 자신의 능력에 대하여 비관하며, 결국 재활의욕을 상실하게 되는데, 이와 같은 저해요인을 제거하고 장애인으로 하여금 새로운 기능성을 찾도록 도와주는 것이라고 정의할 수 있다(전용호, 2001). 전인재활에 있어서 장애인과 가족 등 주위 사람들의 심리적 측면은 장애인의 의료, 교육, 직업, 사회재활 과정에 있어서 욕구, 정서, 관심, 가치관, 태도 등의 일련의 심리적 요인으로 작용한다. 또한 심리재활이 되었다는 것은 장애인이 자기의 장애를 현실적으로 극복하고 자기의 사회적 기능을 다할 수 있음을 의미한다. 따라서 장애인과 가족 등 주위 사람들에 대한 심리적 안정을 도와주는 과정을 심리재활이라고 할 수 있다. 이러한 심리재활은 개별상담, 심리치료, 자기수용 등과 동기유발을 시키는 여러 가지 방법 등으로 구성될 수 있다(남상만 외, 1997).

사회·심리재활의 목표는 장애인의 재활욕구를 향상시켜 적응을 저해하는 장애인 개인의 내·외적인 요인들을 극복하고 새로운 가능성을 찾도록 도와줌으로써, 궁극적으로 장애인의 완전한 참여와 평등의 이념에 입각하여 아무런 차별과 불편을 느끼지 않고 그가 속한 사회의 주류문화를 공유하면서 가정, 학교, 직장 등에서 사회생활을 충분히 영위하도록 지원하는 데 초점을 맞추고 있다. 이러한 재활은 의료, 교육, 직업, 등 각 전문 재활분야의 공통분모로 볼 수 있으며, 재활의 핵심적인 요소로 각 영역이 추구하고 지향하고 있는 궁극적인 가치나 목표가 되는 중요한 영역이다. 왜냐하면 장애인에게 각 재활분야에서 아무리 훌륭한 서비스가 제공된다 하더라도 이러한 측면에서 결핍이 있으면 진정한 재활이 이루어졌다고 보기 어렵기 때문이다. 결국 사회·심리적 재활이란 전 재활과정에 방해가 되는 모든 경제적·사회적·심리적 곤란을 감소시켜 장애인으로 하여금 가정이나 지역사회 또는 직장에 적응할 수 있도록 원조하고 사회통합 내지는 재결합하는 것을 목표로 하는 재활서비스라 할 수 있다.

3. 생애주기에 따른 서비스

1) 생애주기의 개념

모든 개인은 출생에서 사망으로 끝나며, 이 양자의 시간적 간격을 생애기간(life span)이라고 한다. 웹스터 사전에 의하면 생애주기(life cycle)란 '유기체가 그 최초의 단계에서 다음의 세대와 같은 단계의 재현에 이르기까지 나타나는 일련의 발달상의 모든 변화'라고 정의한다. 즉, 생애주기란 개인의 출생에서 사망까지의 전 과정을 의미하는데, 그 과정에는 개인이 공동으로 반복하는 발달상의 모든 변화 패턴이 내재되어 있다. 이는 입학·진학·취직·결혼·직업전환·은퇴 등의 일정한 지표에 의해 표시될 수도 있다. 이러한 지표설치방법은 개인이 생활하고 있는 문화에 따라 다르겠지만 지표가 설치되어 있는 순서는 공통으로 연령과 관련되어 있다. 개인의 출생에서 사망까지 직·간접적으로 경험되는 모든 변화는 나이를 먹는 과정의 일정한 순서로 진행되고 모든 사람의 일생에 있어서 반복되면서 다음 세대로 접속된다. 이 전체를 생애주기라 할 수 있다. 생애주기에 접하는 과업은 단순히 개인 차원의 문제가 아니라 동시대를 살아가는 동년배 집단의 문제일 수 있고, 그러한 맥락에서 모든 세대, 모든 사람들과 관련된 주제이다.

2) 생애주기의 중요성

장애인에게 생애주기 관점의 도입은 장애인도 비장애인과 같은 삶을 영유하는 인간적인 관점에서 볼 때 자연스러운 것이어야 함에도 불구하고 장애인에 대한 무의식적인 차별과 장애인의 자연스러운 성장과 발달 가능성에 대한 부정 등으로 인해 관심 있게 다루어지지 않은 서비스이다. 장애인이 일반적인 사회에서 비장애인들과 더불어 살아갈 수 있도록 하는 서비스 이념인 '정상화'와 '사회통합'의 관점에서 비장애인과 똑같이 장애인도 생애주기와 발달과업에 대하여 집중적인 관심을 기울일 것을 강조하고 있다. 따라서 생애주기에 대한 논의는 장애인복지의 이념 및 패러다임의 변화와 긴밀한 관련성을 갖는 것이라고 볼 수 있다(김용득, 1999).

생애주기는 단순히 개인의 문제가 아니라 문화와 정책의 형태로 사회에 깊이 내재되고 조직화되어 있는 것이다. 생애주기 관점은 사회제도를 변화시키고, 문화적 편견과 오류를 시정하고자 하는 집합적 노력의 근거를 제공할 수 있다. 예를 들어, 생애과정에 접하게 되는 교육, 노동 복지 등을 관리하는 방식에 있어 적합한 모형을 제시하고, 사회제도의 개혁과 문화적 과정의 변화를 모색할 수 있다.

3) 생애주기별 서비스

Lewis와 Lewis(1989)의 연구에 의하면 지역사회 차원에서 제공되는 서비스는 직접서비스와 간접서비스라는 분류와 지역사회서비스와 클라이언트서비스라는 분류의 조합을 통하여 네 가지 형태로 제시되고 있다.

첫째, 클라이언트에 대한 직접적 서비스로서 클라이언트에 대한 상담이나 아웃리치 서비스가 대표적인 예라고 할 수 있다.

둘째, 클라이언트에 대한 간접적 서비스이다. 이는 특정 개인이나 집단의 문제에 관련된 소규모 환경을 변화시키기 위한 활동으로서 클라이언트 권익옹호나 자문활동이 그 대표적인 예라고 할 수 있을 것이다.

셋째, 직접적 지역사회서비스이다. 이는 지역사회 전체구성원과 직접 접촉하는 서비스로서, 대표적인 예로 다양한 이슈에 대한 예방교육을 들 수 있다.

넷째, 간접적 지역사회서비스이다. 이는 지역사회의 환경과 정책이 서비스를 필요로 하는 사람들에게 보다 우호적으로 변화할 수 있도록 하는 활동으로서 공공정책에 영향을 미치는 활동이 그 대표적인 예라고 할 수 있다.

이러한 분류를 생애주기별로 세부적으로 나타내면 〈표 12-3〉과 같다.

〈표 12-3〉 생애주기에 따른 서비스내용

<table>
<tr><th rowspan="2">생애주기</th><th colspan="2">직접적 접근</th><th colspan="2">간접적 접근</th></tr>
<tr><th>클라이언트서비스</th><th>지역사회 서비스</th><th>클라이언트서비스</th><th>지역사회 서비스</th></tr>
<tr><td>영유아기</td><td>·장애사정 · 재활계획 수립
·장애 및 가족관련 상담
·각종 교육, 치료프로그램</td><td>·장애예방 자료 제작 및 보급</td><td>·권익보호 프로그램
·생활환경의 조정
·부모 자조네트워크 형성 지원
·이용가능 자원개발과 연결
·각종 상황에 대한 자문</td><td>·장애예방조치를 위한 입법 및 조례 제정 운동
·관련 조사 연구활동</td></tr>
<tr><td>학령기</td><td>·장애사정 · 재활계획 수립
·장애 및 가족 관련 상담
·각종 교육, 치료프로그램
·생활적응훈련 프로그램</td><td>·장애예방 자료 제작 및 보급</td><td>·권익옹호 프로그램
·학교 · 가정환경에 대한 원조
·부모 자조 네트워크 형성 지원
·장애형제 프로그램
·이용가능 자원개발과 연결
·각종 상황에 대한 자문</td><td>·장애예방조치를 위한 입법 및 조례 제정 조정
·관련 조사 연구활동</td></tr>
<tr><td>성인기</td><td>·장애사정 · 재활계획 수립
·장애 및 가족 관련 상담</td><td>·장애예방 자료 제작</td><td>·권익옹호 프로그램
·가정환경에 대한 원조</td><td>·장애예방조치를 위한</td></tr>
</table>

	·생활적응훈련 프로그램 ·각종 직업재활 프로그램 ·장애유형별 재활프로그램	및 보급	·자조 네트워크 형성 지원 ·이용가능 자원개발과 연결 ·각종 상황에 대한 자문	입법 및 조례 제정 운동 ·관련 조사 연구활동
노년기	·장애사정 · 재활계획 수립 ·장애 및 가족 관련 상담 ·각종 교육, 치료 프로그램 ·생활적응훈련 프로그램 ·장애유형별 재활프로그램	·장애예방 자료 제작 및 보급	·권익옹호 프로그램 ·가정환경에 대한 원조 ·자조 네트워크 형성지원 ·이용가능 자원개발과 연결 ·각종 상황에 대한 자문	·장애예방조치를 위한 입법 및 조례 제정 운동 ·관련 조사 연구활동

*출처: 장애인복지개론, 정무성 외, 2006, 재구성

4. 자립생활 서비스

1) 자립생활 개념

자립생활이란 장애인이 자신의 삶의 방향을 스스로 선택하고, 결정하며 그 결정에 대하여 위험을 동반할지라도 그에 대한 책임은 당사자 자신이 지며 자신의 인생에 대한 창조적 삶을 영위하는 과정이다(정종화, 2001). 또한 NCIL(전미국장애인자립생활협의회 2000)에 따르면 삶에 대한 자신의 결정에 대하여 타인의 개입 또는 보호를 최소화하여 스스로의 삶에 대하여 선택하고 결정하는 모든 과정에 장애인 당사자가 참여하는 과정을 의미한다. 이 두 가지 개념을 정리해 보면 기존의 신체적 자립이나 경제적 자립의 의미에 국한된 의미로서가 아니라 삶 그 자체에 대한 결정과 관리는 당사자의 책임하에 행하여지는 장애인의 권리이며, 위험을 동반할지라도 결정에 대한 책임은 의무로서 수용함을 의미한다. 개념정의의 중요구성요소로서 '선택', '결정', '책임'의 요건이 충족되었을 때 자립생활이라고 할 수 있다.

2) 자립생활지원을 위한 서비스

(1) 자립생활기술훈련

이미 자립생활을 하고 있는 동료장애인들로부터 자립생활에 필요한 여러 가지 기술들을 배우는 프로그램으로, 자립생활 목표설정, 자기이해, 건강관리, 금전관리, 가족 및 활동보조인과의 인간관계 등에 필요한 기술들을 습득하는 것이다.

(2) 활동보조인 파견

활동보조인은, 혼자서 자신의 신변처리가 불가능한 중증장애인이 독립적으로 생활하고 사회에 참여하는데 장애를 느끼지 않도록 장애인의 일상적인 활동을 매일 보조하는 사람으로 중증장애인의 자립생활을 위해 꼭 필요하다.

(3) 동료상담

동료상담은 장애를 가진 동료상담가가 자신의 체험을 바탕으로 장애수용, 법률적인 문제, 재정관리, 지역사회자원 활용, 곤란한 문제에 대처하는 방법 등에 도움을 주거나 정보를 제공해 주는 동시에 심리적으로 지지해 주는 서비스이다.

(4) 주택지원서비스

중증장애인의 자립생활을 위해서는 장애를 가지고 생활하는데 불편이 없는 주택마련이 무엇보다도 중요하며, 이를 위해 주택소개, 주택개조, 주택비용 조성, 지원제도 활용 등을 포함한 주택관련 서비스가 필요하다.

(5) 이동서비스

장애인들의 사회참여를 위해 불편없는 물리적 이동은 필수적이다. 그러나 우리나라의 현실에서 중증장애인의 이동은 대중교통을 통해 완전히 해결되기 어렵다. 따라서 직접적인 이동서비스를 제공하거나 지역사회의 자원을 연결하여 이동수단을 마련하는 서비스를 제공하는 것이 필요하다.

(6) 자립생활 정보제공 네트워크

장애인들의 각종 의사결정, 자원 및 제도의 활용 등에 필요한 정보를 제공하고 나아가 대리인으로서 전문가나 기관이 개입하거나 참여하는 사업으로 이를 통해 장애인들의 자립이 원활히 이루어질 수 있도록 지원하며, 자립생활을 하는 장애인들간의 연대를 비롯하여 자립생활센터들간의 연대를 지원하고 국제적인 협력 및 정보교류를 활성화하는 서비스이다.

(7) 옹호사업

당당한 시민의 한 사람으로서 장애인의 인간다운 삶은 동정과 시혜가 아닌 인권의 차원에서 확보되어야 할 문제이며, 따라서 장애인들의 권리 침해를 해소하고 법률적인 지원을 포함한 적극적인 서비스가 이루어져야 한다.

(8) 기타사업

기술의 발달을 통해 장애인들의 손실된 기능을 일정부분 대체해 줄 수 있는 보장구의 보급, 유지 및 관리를 지원하는 사업과 자립생활의 이념과 철학, 원칙 등을 장애인 및 전문가, 지역사회에 보급하고 교육·홍보하는 인식증진사업, 자립생활 전문 활동가를 배출하기 위한 교육·연수사업 등은 자립생활서비스의 중요한 서비스들이라 할 수 있다.

5. 사례관리 서비스

지원이 필요한 모든 장애인들은 그들이 속한 지역사회 안에서 시설을 통해서 또는 서비스를 통해 사례관리 체계에 의한 지원을 받게 되며 이러한 서비스 지원과정 중 거주시설에서의 사례관리 과정을 예시로 보면 다음과 같다.

〈표 12-4〉 거주시설에서의 사례관리 과정

단계	내 용
접수	· 거주시설 이용을 위한 장애인 상담, 정보제공, 의뢰
사정	· 진단과 판정 : 의료 · 심리 · 교육 · 사회적응 · 일상생활능력 등의 진단을 통한 자료 수집 (필요할 경우 전문기관 활용하여 진단, 판정 의뢰) · 사정 : 진단, 상담, 관찰 등의 자료 수집을 통한 생활인의 욕구, 능력, 자원체계 등의 내용을 파악, 교육, 의료, 직업, 사회심리 등 재활영역별 사정도구 활용
계획	· 개별화 서비스(사례관리)회의 - 관련자 전원(생활인, 직 · 간접적으로 서비스를 지원하는 인력구성) · 이용자와 함께 사례관리 계획서 작성 · 작성된 계획에 대한 동의과정(이용자, 관련전문인력, 보호자 등)
개입	· 지원계획에 의한 서비스 진행 - 서비스 진행에 따른 일지 기록(국가정보시스템) - 매월 서비스 내용을 요약한 개별서비스 보고서 작성, 결재(팀 단위)
모니터링	· 지원계획에 기초한 서비스 진행과정 점검 - 상 · 하반기 사례회의를 통한 지원계획에 따른 진행 사항 점검 · 재사정 - 평가회의를 통해 서비스 계획의 적합성을 판단하여 서비스에 대한 변화의 필요성 여부 결정 - 이용자의 예기치 못한 새로운 위기, 생활인 생활계획의 변화 등이 발생할 경우 적용
평가	· 평가보고 : 사례관리 효율성에 대한 평가로 결과 목적이 달성되었는지 여부에 초점 - 1년 단위로 개별화된 평가 보고서 작성 - 평가결과를 근거로 재 지원 계획이 필요하다고 판단되는 경우 서비스 계획수립으로 이동
종결	· 서비스 종결 및 퇴소
사후관리	· 서비스 종결 시 사후관리 계획서 작성 · 사후관리 계획에 따른 진행, 종결

제 4 절 장애인복지의 과제

1. 장애운동

인권에 대한 초보적 대응수준에서 한국역사 상 최초의 장애인복지에 관한 종합적인 법률인 장애자복지법이 1981년 제정되고 그 이후 계속적인 장애운동의 결과로 1989년 장애자복지법이 전면 개정되어 장애인복지법으로 제정, 장애인을 노동시장으로 배출할 수 있는 장애인 고용촉진 등에 관한 법률이 1990년 제정되면서 장애운동은 그 움직임과 중요성이 증가되었다. 특히 2000년대 들어서면서 중증장애인을 중심으로 한 자립생활 패러다임의 공론화와 자립생활센터의 설립과 활동, 2007년 장애인차별금지 및 권리구제 등에 관한 법률의 제정에 이르기까지 다양한 활동들이 두드러지고 있다.

이러한 가시적인 결과물들이 있는 반면, 앞으로의 과제를 위한 목소리도 높은 편이다.

첫째, 장애운동이 지향해야 하는 철학이나 가치가 정립되어야 한다. 이러한 것이 제대로 정립되지 않아 많은 혼란을 경험할 수도 있어 장애운동의 철학과 주의가 성립되어야 운동주체나 대중이 공감하고 장기적으로 운동을 지속할 수 있다. 장애운동의 지향성에 대한 담론이나 이념, 가치나 철학 등에 대해 지속적으로 논쟁하고 정리해 나가야 하는 작업이 필요하다.

둘째, 장애운동 주체와 전략이 다양해야 한다. 장애문제가 나와는 별개의 것이고, 나와 상관없는 일이라는 인식이 존재하는 한 장애운동은 소극적 국한된 운동으로 전락하게 될 수 있다. 또한 전문가나 장애인의 부모, 경증장애인 중심의 장애운동에서 중증장애인의 적극적 참여를 이끌어 내고, 지체장애인 중심의 운동에서 시각이나 뇌병변장애인들의 적극적인 참여를 이끌어 낸 것처럼 다양한 유형의 장애인 당사자들과 다양한 분야의 전문가들이 함께 장애운동에 참여할 수 있어야 한다. 즉 소수의 참여와 제한된 방법에 국한된 운동이 되지 않기 위해서 많은 변화가 필요하다.

2. 국제교류 활성화

장애관련 국제사회의 새로운 아젠다를 이끌어낼 수 있는 학문적·실천적 노력과 국제교류의 정보를 공유하고 활성화되어야 할 것이다. 그동안 한국 장애인복지의 학계와 실무현장은 주로 국내의 열악한 장애인복지에 문제의식을 갖고 주로 국내 문제에 대처해 왔다. 일부 장애인단체를 중심으로 국제교류에 임해 왔는데, 이제는 국제교류를 위한 체계적인 접근이 이루어져야 한다. 이를 위해 정부의 적극적인 관심과 지원이 선행되어야 하며, 학계에서도 국제 장애인복지에 관한 이슈와 관점을 제시해 줄 수 있는 연구를 활성화시켜야 한다. 또한 장애인복지기관들도 분야별 국제교류를 활성화하여 한국의 장애인복지 발전 노하우를 국제사회에 공유하고 서로 연대하여 더 큰 발전을 이룰 수 있도록 노력해야 한다. 또한 정보공유의 부분에 있어서는 장애인 단체나 기관들이 다양한 국제교류 활동에도 불구하고 자료가 공유되지 않는 경우가 많다. 장애인의 권리를 주장하고, 인식을 개선시키는 데는 개인보다 단체를 통한 조직적 활동이 효과적이며, 국제적인 연대가 이루어질 때 그 시너지 효과가 극대화됨을 인식하고 정보가 공유될 수 있는 체계를 만들어야 한다.

3. 패러다임 변화에 따른 현장의 기능과 역할변화

장애인복지법, 장애인특수교육법, 장애인차별금지법 등 '장애인관련법

제·개정'과 장애인활동보조서비스, 장애아동치료바우처 등에 도입된 '바우처제도'는 패러다임 변화의 결과물들로서 장애인복지 시설의 기능과 역할에 혼란을 야기했다. 즉, 장애인복지관의 경우 장애인복지법 개정으로 재가복지사업에 변화가 필요하며, 장애인교육법 제정으로 특수교육관련 인력수급과 교육재활 사업의 방향성을 재정립해야 한다. 또한 장차법 제정에 따라 복지관의 인권보호 시스템도 정비해야 하는 상황이다(이거우, 2008).

기존의 전문가 중심의 재활서비스에 치중했던 현장이 지역사회의 자원을 활용하는 지역사회 중심의 현장으로 전환하기 위한 역할의 제고는 중요한 사회적 이슈로 자리하고 있다. 이에 장애인복지 시설들은 패러다임의 변화에 따른 시설 각각의 역할과 기능을 변화시키고 장애인의 욕구와 문제에 부응하는 지역사회중심의 서비스 기관으로 전환이 절실히 요구되고 있다.

4. 지도자의 양성

국제 장애인계를 이끌어 갈 지도자의 양성이 필요하다. 장애인 복지에 있어 한국의 위상이 높아지고 있음에도 불구하고 국제교류를 담당할 수 있는 인력은 극히 제한되어 있다. 또한 지도자의 역할을 할 수 있는 사람들도 극소수로 제한되어 있는 실정이다. 또한 소수의 엘리트뿐만 아니라 일반 장애인들의 국제교류를 활성화시키기 위한 노력이 있어야 한다. 따라서 장애인 당사자들을 위한 언어 및 국제 감각에 대한 보편적인 교육이 이루어져야 하고, 나아가 장애인을 대변할 수 있는 단체의 전문가들을 지도자로 양성할 수 있는 지원이 이루어져야 한다.

참고문헌

김용득(2000). 생애주기와 장애인복지서비스. 노틀담복지관 개관13주년 기념세미나.

손광훈(2004). 『장애인복지론』. 현학사.

양희택 외(2011). 『장애인복지실천론』. 양서원.

임종호・이영미・이은미(2010). 『장애인복지론』. 학지사.

정무성・양희택・노승현(2006). 『장애인복지개론』. 학현사.

정종화(2002). 중증장애인의 자립생활 지원에 대한 평가와 향후 과제. 아태장애인 10년 평가논문집. 한국장애인재활협회.

제13장

의료 및 정신보건사회복지

제 1 절 의료사회복지

1. 의료사회복지의 개념

1) 의료사회복지의 의의

의료사회복지란 병원이나 의료기관 등에서 질병의 의학적 치료와 함께 환자 및 그 가족의 심리적·사회적·경제적인 문제를 해결하거나 원조해 줌으로써 환자의 건강회복이나 재활을 돕는 모든 활동이라고 할 수 있다.

이러한 의료사회복지의 목적은 입원·외래환자 및 그 가족에 대하여 진단, 치료, 재활, 관리, 예방 등의 다양한 의료서비스를 제공하고 환자와 가족이 이를 활용할 수 있도록 제반 원조활동을 전개함으로써 의료복지를 실현하는 것이다. 즉, 사회적·경제적·정서적인 면에서 발생한 각종 신체적, 정신적 장애를 의료기관을 통한 치료뿐만 아니라, 치료 후의 가정이나 지역사회에 복귀하여 원활한 사회적 기능을 발휘할 수 있도록 도와주는 사회복지의 한 영역이다.

2) 의료사회복지의 개념

(1) 기술적 개념

질병으로 인하여 파생되는 환자의 심리적, 사회적, 경제적 문제를 해결해 주거나 조정하여 환자와 그 가족을 돕는 전문적인 활동이다.

(2) 정책적 개념

국민의 질병 예방과 건강증진을 목적으로 사회복지조사, 정책 및 행정제도 등의 방법을 통해 의료 서비스를 평가하고 의료보호와 의료부조의 확대, 의료서비스의 질적 향상을 기여하는데 참여하는 사회복지실천의 한 과정이다.

3) 의료사회복지의 정의

의료사회복지는 환자에게 의료서비스가 효과적이 되도록 개입하는 사회복지의 한 분야로, Friedlander는 "의료사회복지란 사회사업의 전문화된 한 분야로서 환자가 가능한 한 보건서비스를 가장 효과적으로 활용할 수 있도록 하기 위해 병원, 진료소 혹은 기타의 의료기관에서 실시되는 개별사회복지 때로는 집단사회복지의 실천을 포함하고 있다. 이는 환자의 질병과 치료에 영향을 주는 사회적·정서적 문제를 다루는데 있어서의 원조에 강조점을 두는 것을 그 특색으로 하고 있다."고 정의하고 있다(Friedlander, 1968 ; 389).

4) 의료사회복지의 대상

의료사회복지의 대상은 크게 정책적 대상과 기술적 대상으로 나눌 수 있다.

(1) 정책적 대상

질병 및 상병으로 인한 의학적, 경제적 어려움으로부터 국민을 보호하기 위한 정책적, 제도적 장치로 의료보장제도가 있다. 의료보장제도는 국가가 국민의 건강을 유지, 증진시키기 위하여 모든 국민에게 예방, 치료 및 사회복귀 등의 종합적인 보건의료서비스의 기회를 균등하게 보장하는 공적시책의 하나로 사회보장의 중요한 토대가 된다.

(2) 기술적 대상

의료사회복지 서비스 현장에서 활동하는 의료사회복지사가 직접 개입하는 대상은 환자 개인과 가족, 그리고 지역 사회이다. 환자 개인을 대상으로 치료과정과 치료 후의 문제점 해결에 노력하고, 환자 가족과의 상담을 통해 환자 및 그 가족을 직·간접적으로 도울 수 있는 다양한 방법들을 강구하며, 지역사회를 대상으로 지속적인 사후관리를 통해 환자가 지역사회에 통합하고 사회에 복귀할 수 있도록 원조하고 이를 위한 다양한 프로그램들을 제공함으로써 지역사회에 개입한다.

2. 의료복지사업의 법적 근거

우리나라 사회복지사업법 제2조(정의)에서 ① "사회복지사업이란 다음 각 목의 법률에 따른 보호·선도(善導) 또는 복지에 관한 사업과 사회복지상담, 노숙인 등 보호, 직업지원, 무료 숙박, 지역사회복지, 의료복지, 재가복지(在家福祉), 사회복지관 운영, 정신질환자 및 한센병력자의 사회복귀에 관한 사업 등 각종 복지사업과 이와 관련된 자원봉사활동 및 복지시설의 운영 또는 지원을 목적으로 하는 사업을 말한다."고 되어 있어, 사회복지사업에 있어서 의료복지사업 분야에 대한 활동의 근거를 명시하고 있다.

또한 의료법 시행규칙 38조(의료인 등의 정원) ②항에 "종합병원에는 '사회복지사업법'에 따른 사회복지사 자격을 가진 자 중에서 환자의 갱생·재활과 사회복귀를 위한 상담 및 지도 업무를 담당하는 요원을 1명 이상 둔다."라고 규정하고 있어, 의료기관에서 환자의 갱생·재활과 사회복귀를 위한 상담 및 지도 업무를 담당하는 인력으로써 사회복지사가 반드시 필요함을 법으로 적시하고 있다.

3. 우리나라의 의료사회사업 발달사

우리나라에서 빈곤한 환자들에게 의료의 혜택을 베풀기 위한 의료구제사업은 고려시대 문헌에서 보이고 있다. 제11대 문종(1047~1082)때에 빈민의 병자를 구호·요양하기 위해 개경과 서경에 동·서대비원을 설치하였고, 예종(1106~1122)은 일반서민에게 의약의 혜택을 널리 펴기 위해 혜민국을 창설(1112)하여 빈민 환자에게 의약 처방과 무료 치료를 행하였다.

현대적인 의료사회사업의 시작은 1883년 무료진료를 겸했던 세브란스 병원에서 여전도회 회원으로 구성된 자원봉사자들이 시초이다. 1958년 7월 '한·노병원'에서 결핵환자와 그 가정을 돕기 시작하였고, 1959년 국립 중앙의료원, 1962년 국립정신병원이 그 뒤를 따랐다.

1962년 카톨릭대학부속 성모병원에서는 사회사업가가 정신질환자의 진단과 치료 및 사후지도를 위해 근무를 시작하였고, 1966년 사회사업가가 정식으로 채용되었다. 병원 내에 사회사업과가 정식으로 병원 기구에 편성되는 시기는 대략 1964년에서 1975년 사이였다.

1973년 9월에는 개정 의료법시행령이 공포되어 종합병원에 환자의 갱생·재활과 사회복귀를 위한 상담지도를 위해 사회복지사업법이 규정하는 유자격자를 1인 이상 둔다고 규정하였다. 1977년 7월부터 실시된 의료보험은 정신의료사회사업가의 치료활동에 대한 보험수가를 청구할 수 있도록 규정되었다. 그 후 지속적으로 의료사회사업이 확대 실시되고 관련 법체계도 신설 또는 개정으로 정비되어, 현재 사회보험부문의 국민건강보험 등과 공공부조부문의 의료급여 등의 의료보장제도를 이루고 있다.

한편 2010년 말 현재 우리나라의 의료기관수는 56,244개소로 종합병원 및 병원이 2,462개소, 의원 및 조산원이 27,557개소, 치과병의원

14,262개소, 한방병의원 11,963개소에 이르고 있으며, 1990년 이후 2009년까지의 장기 추세를 보면 연평균 증가율이 5.1%에 이르고 있다.

4. 의료사회복지사업의 종류

의료시설에서 행해지는 사회사업이 의료사회복지사업이다. 종합병원, 보건소, 의원, 요양원, 정신병원, 재활원 등의 전문병원을 포함한 의료시설에서 활동하게 된다. 따라서 의료사회사업의 활동내용도 다르고 각 의료사업복지사업의 종류에 따라 그 활동 내용 또한 조금씩 다르게 마련이다. 일반적으로 의료사회사업가는 의료 외에 환자 및 그 가족의 고민 등을 상담하거나, 환자가 완치되도록 지속적으로 도움을 주지만, 치료 못지않게 사회생활에 복귀할 수 있도록 재활부문에 더 많은 비중을 두고 있다.

1) 일반 의료사회사업

환자의 치료 과정에서 파생되는 문제의 해결이나 효과적인 진료를 위한 협력적인 활동이며 환자의 질환이나 치료과정에 악영향을 주는 심리사회적인 문제, 빈곤 환자의 재활 문제 등을 대상으로 전문적인 서비스와 자원 활용, 조정의 활동에 중점을 두는 활동이다.

2) 재활의료사회사업

장애의 기능 회복과 잠재능력의 향상을 통한 적극적인 사회 참여로 기본욕구의 충족과 가치실현을 할 수 있도록 재활 팀의 일원으로서 사회자원을 조직, 동원하여 주로 심리사회적, 직업적, 교육적 재활을 돕는 활동분야라고 할 수 있다.

2009년 12월 현재 우리나라는 서울의 서울재활병원, 삼육재활병원, 삼육부설의원, 주몽재활병원, 부산의 천성재활의원, 대구의 인제재활병원, 인천의 인천재활의원, 경인의료재활센터, 충북의 충북재활의원, 제주의 제주춘강의원 등 전국 17개소에서 재활의료사업이 시행되고 있다.

3) 지역사회보건사회사업

지역사회 보건기관에서 지역사회주민의 건강향상과 복지를 증진시킬 목적으로 지역사회자원을 효과적으로 활용할 수 있도록 돕는 의료사회사업의 한 영역으로 보건소, 모자보건센터, 병원 및 의원 등의 기관이 수행하고 있다.

4) 의료사회복지 실천 목표

의료사회복지는 통합적인 의료서비스의 제공이 그 무엇보다 중요하다. 그런 이유로 미국사회복지사협회의에서는 의료사회복지 실천 목표를 다음과 같이 정하고 있다.

① 신체적이고 심히 사회적인 안녕감을 유지하고 증진하는 것

② 단기 및 장기보호서비스로부터 최대한의 이익을 보장하기 위해 필요한 여건을 증진하는 것

③ 신체적 또는 정신적 질병을 예방하는 것

④ 질병이나 장애의 사회적 측면과 정서적 영향에 관심을 갖고 신체적, 심리사회적 기능을 강화하고 증진시키는 것

⑤ 의료 환경의 관련자들 간에 빈번하게 갈등을 겪는 가치, 입장 차이에 대한 윤리적 반응을 증진하는 것

5. 의료사회복지사의 역할

의료사회복지사가 환자 본인 및 그 가족에게 개입하는 주요 문제는 정서적 문제, 가족문제, 경제적 문제, 퇴원문제, 재활문제 등이다. 이에 따라 의료사회복지사의 주된 역할은 ① 심리사회적 치료자, ② 서비스 조정자, ③ 자원 동원가, ④ 재활치료와 교정자 역할 등이라고 할 수 있다.

1) 의료팀과의 협동

의료사회사업가는 환자의 가족에 관한 정보를 수집하여 평가하고 이를 의료팀에 상의한다. 환자에 대한 이해를 높이고 효과적인 치료계획을 수립하는 데 협동하여 임상 각과의 개입 요청에 따른 지원 업무를 수행한다. 합리적이고 정확한 진료와 전인적인 진료를 위해서는 여러 차원의 학문적 접근을 통합할 수 있어야 한다.

2) 환자 및 가족에 대한 직·간접서비스 제공

환자와 그 가족들에게 질병에 대한 사회적, 경제적 영향력을 이해시키고 이들 문제에 개입하여 문제를 제거하거나 진료를 촉진시킨다. 환자의 질환의 성격이나 환자 질환에 있어 가족 역동을 종합적으로 이해하여 만성적, 재발성이 있는 질환은 환자와 가족에 대한 사회사업의 실천기술과 방법, 가족치료, 집단치료와 교육을 통해 직접서비스를 제공한다.

3) 병원 내 프로그램 계획과 정책결정에 참여

병원 내 프로그램 계획이나 의료전달체계에 관여함으로서 병원운영과 지역사회 공사기관과 관계 유지, 지역사회참여 등에 사회복지적, 보건서비스적인 프로그램의 제안과 설정에 개입한다.

4) 지역사회조직에 참여

행정당국과의 유기적인 관계를 통하여 양질의 의료서비스를 지역 주민에게 제공할 수 있도록 돕는다. 병원이나 환자의 문제를 돕는 과정에서 필요한 자원을 지역사회 내에서 조직화하고 동원하는 일과 지역사회에 유용한 기관을 알선해 준다. 정신질환자의 사후지도와 재활 및 사회복귀를 위한 취업보도, 사회참여기회제공 등의 활동은 매우 중요한 일이다.

5) 교육 프로그램에 참여

전문적인 교육과 임상실습지도에 참여하여 의료팀의 일원으로서 사회사업가의 기능과 역할을 소개, 전인진료를 위한 다양한 프로그램을 지도한다.

6) 의료보건 관련 조사연구 참여

의료 및 보건영역에서 사회사업개입이 필요한 욕구를 측정, 프로그램 개발을 위한 자료를 수집한다. 의료전달체계의 운영상 문제점을 사정, 평가하여 병원기능이나 전달체계의 활동에 보다 과학적이고, 합리적인 방안을 모색할 수 있도록 기초 자료를 제공, 임상가와의 역학적 조사나 학술적인 연구 활동에 참여한다.

제 2 절 정신보건사회복지

1. 개요

산업화, 도시화 등으로 인한 급격한 사회, 경제적 환경의 변화로 인해 정신보건이 중요한 과제가 되고 있다. 이에 따라 국민의 전신건강 문제는 더 이상 개인의 책임만으로 미룰 수 없는 사회적 문제로서 국가차원의 정책적 개입을 필요로 하게 되었다.

1990년대 초까지 우리나라의 정신보건정책은 정신분열병 등 만성 중증 정신질환자를 정신의료기관 또는 시설에 격리하여 치료하는 데 집중하였다.

그러나 1995년 12월 정신보건법 제정을 계기로 기존의 장기입원 중심의 정신보건서비스 제공체계로부터 벗어나 지역사회 정신보건사업을 활성화하는 방향으로 정책적 전환이 이루어졌다.

이에 따라 지역사회 내에서 정신질환자를 조기에 발견하여 상담, 치료, 재활 및 사회복귀를 지원하는 등 그동안 사회로부터 소외되어 왔던 정신질환자들에게 필요한 정신보건서비스를 효율적으로 제공하고 이들에 대한 인권을 보호하고, 사회적 지지체계를 구축하는 한편, 정신보건센터, 사회복귀시설 등의 확충이 대폭 강화되고 있다.

2. 정신보건사회복지의 개념

1) 정신보건사회복지의 정의

정신보건사회복지는 정신적, 정서적 장애로 고통을 받고 있는 사람들의 건강회복과 정신건강을 촉진하기 위한 목적으로 행해지는 활동이다. 주로 정신의료기관, 즉 정신병원 등 정신과적인 치료를 하는 기관 또는 환자의 회복을 돕는 지역사회 전문기관을 중심으로 이루어지고, 그 대상은 정신적, 정서적 장애를 갖은 자 또는 그 가족, 친척 등을 상대로 행해진다.

이러한 정신보건사회복지는 과거의 정신의료기관 내에서의 격리 치료에서 벗어나, 치료는 물론 회복기 정신장애인에게 생활근거지인 지역사회에서 심리사회적 재활 및 사회복귀를 위해서 행해지는 다양한 프로그램이 시행되고 있다. 즉 직업재활, 생활훈련 그리고 주거시설 등에 이르기까지 활동영역이 확대되어 정신장애인의 사회복귀와 정신건강 증진에 이르기까지 광범위한 서비스가 제공되고 있다.

2) 정신보건사회사업의 개념

정신보건사회사업은 정신적·정서적 장애로 고통을 받고 있는 사람들의 건강회복과 정신건강을 촉진하는 활동을 말한다. 주로 정신의료기관 등의 정신과적인 치료를 하는 기관 또는 환자의 회복을 돕는 지역사회 전문기관에서 정신적, 정서적 장애로 고통을 받고 있는 자 또는 그 가족, 친척 등을 상대로, 그들 정신적, 정서적 장애의 고통문제는 물론 그 문제로 말미암아 파생되는 경제적, 사회적 문제 그리고 증상회복에 따른 지지적 문제 등을 치료 또는 예방하고자 하는 것이다. 이를 위해 정신과 진료 팀, 정신의학자, 심리학자, 정신과 간호사, 작업치료사 등과 함께 분담된 역할을 사회사업실천방법과 기술을 통하여 실천하는 사회복지사업의 한 분야이다.

3. 우리나라 정신보건법

1) 국민정신보건법

우리나라는 1946년 국민정신보건법(National Mental Health Act)을 제정하여 정신질환자의 기본적 인권의 존중, 최적의 치료를 받을 권리의 보장, 부당한 차별 대우의 금지를 규정하였고, 1949년 국립정신보건연구원(NIMH)이 설립되었다. 1963년에는 지역 정신보건센터법을 제정하여, 정신 질환자에 대한 단기입원치료, 응급치료, 외래치료, 부분입원, 자문 및 교육에 대한 법적 근거가 마련되었다. 아울러 1963년 장애인지원법에 정신 질환자 포함되었다.

그러나 우리나라는 1970년 이전까지 정신 질환에 대한 미신적 질병관이 만연하여 정신보건 문제는 사회적으로 중요성을 차지하지 못한 채, 정신장애인은 대체로 가족과 더불어 생활하였다. 1970년대에 이르러 산업화로 인한 정신보건서비스에 대한 사회적 요구가 증가였다. 1980년대에 이르러 정신 질환자를 정신병원 및 무허가 요양시설 등에 장기 수용함으로써 인권침해 시비가 지속되었다.

1995년 정신보건법이 제정되어 지역사회 정신보건서비스 제공의 인프라가 구축되었고, 1999년 장애인복지법에 정신질환이 포함되었다.

2) 정신보건법 내용

2011년 8월 개정된 정신보건법에서는 제1조(목적)에서 “이 법은 정신질환의 예방과 정신질환자의 의료 및 사회복귀에 관하여 필요한 사항을 규정함으로써 국민의 정신건강증진에 이바지함을 목적으로 한다." 고 정하고 있다.

제2조(기본이념)에서는 "① 모든 정신질환자는 인간으로서의 존엄과 가치를 보장받는다. ② 모든 정신질환자는 최적의 치료와 보호를 받을 권리를 보장받는다. ③ 모든 정신질환자는 정신질환이 있다는 이유로 부당한 차별대우를 받지 아니한다. ④ 미성년자인 정신질환자에 대하여는 특별히 치료, 보호 및 필요한 교육을 받을 권리가 보장되어야 한다. ⑤ 입원치료가 필요한 정신질환자에 대하여는 항상 자발적 입원이 권장되어야 한다. ⑥ 입원중인 정신질환자는 가능한 한 자유로운 환경이 보장되어야 하며 다른 사람들과 자유로이 의견교환을 할 수 있도록 보장되어야 한다."고 법의 기본이념을 규정하고 있다.

또한 제3조(정의)에서는 "1. "정신질환자"라 함은 정신병(기질적 정신병을 포함한다)·인격장애·알코올 및 약물중독 기타 비정신병적정신장애를 가진 자를 말한다. 2. "정신보건시설"이라 함은 이 법에 의한 정신의료기관·정신질환자사회복귀시설 및 정신요양시설을 말한다. 3. "정신의료기관"이라 함은 의료법에 의한 의료기관중 주로 정신질환자의 진료를 행할 목적으로 제12조 제1항의 시설기준 등에 적합하게 설치된 병원(이하 "정신병원"이라 한다)과 의원 및 병원급 이상의 의료기관에 설치된 정신건강의학과를 말한다. 4. "정신질환자사회복귀시설" (이하 "사회복귀시설"이라 한다)이라 함은 이 법에 의하여 설치된 시설로서 정신질환자를 정신의료기관에 입원시키거나 정신요양시설에 입소시키지 아니하고 사회복귀촉진을 위한 훈련을 행하는 시설을 말한다. 5. "정신요양시설"이라 함은 이 법에 의하여 설치된 시설로서 정신의료기관에서 의뢰된 정신질환자와 만성정신질환자를 입소시켜 요양과 사회복귀촉진을 위한 훈련을 행하는 시설을 말한다."고 하여 정신질환자 및 정신보건시설 등의 용어에 대한 정의를 규정하고 있다.

4. 장애인복지정책

1) 장애인 등록현황

'장애인'이란 신체적 · 정신적 장애로 오랫동안 일상생활이나 사회생활에서 상당한 제약을 받는 자를 말한다. 이중 등록장애인은 장애인복지법 제2조의 기준에 해당되는 장애인이 동법 제29조에 의하여 시 · 군 · 구청장에게 등록을 한 자를 말하며, 등록장애인 현황은 15개 장애유형에의 기준에 적합하여 행정기관(읍 · 면 · 동사무소)에 등록된 장애인을 의미한다.

현재 등록된 장애인수는 〈표 13-1〉 '연도별 등록장애인 수'에서 보듯이 매년 증가하고 있고, 2010년 12월 현재 등록 장애인 수는 2,517,312명으로 2009년의 2,429,547명보다 4% 증가한 87,765명이다.

등록 장애인의 장애종별 구성비를 보면, 지체장애가 전체의 53%로 가장 많으며, 다음이 청각 · 언어장애로 11%, 그 다음 시각장애가 10%를 차지하고 있어 지체, 시각, 청각 · 언어 장애가 전체 장애의 74%를 차지하고 있다.

〈표 13-1〉 연도별 등록장애인 수 (단위 : 명)

연도	2003년	2004년	2005년	2006년	2007년	2008년	2009년	2010년
계	1,454,215	1,610,994	1,777,400	1,967,326	2,104,889	2,246,965	2,429,547	2,517,312
지체	813,916	883,296	959,133	1,049,396	1,114,094	1,191,013	1,293,331	1,337,722
시각	152,857	170,107	188,172	196,507	216,881	228,126	241,237	249,259
청각, 언어	139,325	155,382	174,302	205,155	218,206	238,560	262,050	277,610
지적 장애	112,043	119,207	126,764	137,596	142,589	146,898	154,953	161,249
뇌병변	117,514	142,804	167,570	195,253	214,751	232,389	251,818	261,746
자폐	5,717	7,740	9,466	10,926	11,874	12,954	13,993	14,888
정신	46,883	54,333	63,323	75,058	81,961	86,624	94,776	95,821

신장	34,884	38,175	41,579	44,571	47,509	50,474	54,030	57,142
심장	10,409	11,634	12,705	13,739	14,352	14,732	15,127	12,864
호흡기	7,039	9,768	11,635	13,035	14,289	14,984	15,860	15,551
간	3,108	4,072	5,126	5,875	6,329	6,968	7,730	7,920
장루, 요루	6,585	8,182	9,520	10,461	11,184	11,740	12,437	13,072
안면	673	1,114	1,481	1,863	2,149	2,337	2,505	2,696
간질	3,262	5,180	6,624	7,891	8,721	9,166	9,760	9,772

* 시·군·구에 등록한 장애인 수
* 자료 : 보건복지부, 2010 보건복지백서

2) 장애인복지시설 현황

장애인복지시설이란 장애인이 시설에 입소하거나 통원하여 재활에 필요한 상담, 치료, 교육, 훈련 및 요양 등의 장애인복지 서비스를 제공받을 수 있는 사회복지시설을 말한다. 그 시설로는 '장애인복지법' 제58조에서 정한 바와 같이 장애인 생활시설, 장애인 지역사회재활시설, 장애인 직업재활시설, 장애인 유료복지시설로 구분하고 있다. 2010년 현재 장애인 복지시설은 〈표 13-2〉 '장애인복지시설 현황'에서 보듯이 총 2,570 개소로 장애인 생활시설 452개소, 직업재활시설 417개소, 지역사회재활시설 1,701개소이다.

지역사회중심재활사업(Community-based rehabilitation, CBR)은 지역사회중심 재활사업은 장애 예방, 조기 발견, 재활치료, 장애인의 건강증진, 가족지지 및 지속적 관리체계를 개발함으로써 장애를 최소화하고 일상생활에의 자립능력 증진을 목적으로 선천적 장애와 질병, 각종 사고 후유증 등 후천적 요인에 의해 발생한 재가 장애인에게 지역사회의 인적·물적 자원을 최대한 활용하여 재활서비스를 체계적으로 제공하는 것이다. 이는 1981년 이래 WHO의 주요 재활 정책이며 세계 60여개 국가에서 도입·실시하고 있다.

우리나라에서도 이 제도를 더욱 활성화하여 향후 권역별 재활병원의 지역적 특성화를 통해 장애유형, 연령 및 중증도 등에 적합한 재활프로그램을 개발·보급하는 한편, 민간 재활의료기관과 차별되는 지속가능한 양질의 서비스를 제공하기 위한 제도적 장치를 마련 중에 있다.

〈표 13-2〉 장애인복지시설 현황(2010.12.31 기준, 단위 : 개소)

구분/연도	시설수	생활시설							직업재활시설			지역사회재활시설					
		소계	지체	시각	청각언어	지적	중증요양	영유아	소계	근로등	보호	소계	복지관	주간단기보호	공동생활가정	의료재활	기타
2006	1,732	288	30	15	12	122	102	7	319	142	177	1,125	137	343	358	26	261
2007	1,939	314	33	14	11	131	116	9	339	150	189	1,286	157	397	400	16	316
2008	2,130	347	33	14	11	144	136	9	364	152	212	1,419	171	449	450	17	332
2009	2,346	397	38	14	11	172	153	9	386	136	250	1,563	185	486	531	18	343
2010	2,570	452	40	14	10	196	182	10	417	44	373	1,701	191	546	589	18	357

3) 장애인연금 수급자

2010년 장애인연금 수급자는 〈표 13-3〉 '등록 장애인수 및 장애종별 구성비'에서 보듯이 258천명으로 2009년 중증장애수당 수급자보다 25.9% 증가하였고, 기존 장애 수당의 경우 기초생활수급자와 차상위계층에 지급하던 것을 2010년 장애인 연금에서는 차상위 초과자까지 대상자를 확대하였다.

또한 장애인연금 신설로 2010년 7월부터 '경증'은 장애수당에서 '중증'은 장애인 연금에서 지급하고 있다. 또한 장애수당(경증)은 18세 이상 등록장애인 중 기초생활수급자 및 차상위계층에 대하여 지급하고, 장애인연금(중증)은 18세 이상 등록 중증장애인(1,2,3급의 경우 중복장애) 중 월 소득인정액이 선정기준액(2010년 선정기준액은 단독가구 50만원, 부부가구 80만원) 이하인 자에게 지급하고 있다.

〈표 13-3〉 등록 장애인수 및 장애종별 구성비

구 분	장애인연금 수급자수(천명)						장애인연금 수급자 구성비(%)				
	계 (증감률)	기초생활수급자			차상위계층	차상위초과	기초생활수급자			차상위계층	차상위초과
		소계	일반	시설			소계	일반	시설		
2009 (중증장애수당)	205	173	143	30	32	-	84.4	69.8	14.6	15.6	-
2010 (장애인연금)	258 (25.9)	175	145	30	55	28	68	56.2	11.8	21.3	10.7

※ 자료 : 보건복지부 장애인연금팀

4) 장애인복지정책의 발전 방향

장애인복지정책의 기본목표는 장애인의 권리에 기반한 완전한 참여와 통합사회를 구현하는 것으로, 이를 달성하기 위한 장애인복지정책의 중점 추진 방향은 다음과 같다.

① 장애인의 자립생활에 대한 지원을 강화한다.

② 정책의 다양화를 통해 수요자 중심의 복지시스템을 마련하고 전달체계를 보완한다.

③ 장애인의 역량강화를 통한 자주적 · 능동적 복지정책을 추진한다.

④ 장애인 차별 해소 및 실질적 권리보장을 통하여 사회참여를 보장한다.

⑤ 장애인복지 시책의 결정 및 시책추진 과정에 이해 당사자인 장애인의 적극적인 참여를 유도하고, 장애인이 지역사회 내에서 비장애인과 함께 살아갈 수 있도록 장애인 활동지원제도 도입 등을 통해 장애인의 사회참여 및 권익증진을 달성한다.

5. 정신보건시설

1) 정신보건시설

지역사회 내에서 정신질환자의 조기발견, 상담, 치료, 재활서비스 제공 및 사회복귀 촉진을 위해 보건소, 병원, 대학 등이 연계한 통합 정신보건서비스 체계 구축이 그 무엇보다 중요하다. 이러한 지역사회 중심의 치료·재활체계 구축에 있어서 무엇보다도 중추적 역할을 담당한 기관은 정신보건센터이다.

1998년 처음으로 정신보건센터 4개소에 대한 국비지원이 이루어진 이후 〈표 13-4〉 '정신보건관련시설 현황'에서 보듯이 2010년 12월 현재 전국 시·도 및 시·군·구에 160개소에 이르고 있다. 각 시·군·구에 설치된 정신보건센터에서는 지역사회 내 정신보건사업의 기획 및 자원 조정 뿐만 아니라 정신질환자 발견·등록·진료의뢰, 정신질환 예방 교육·홍보 등의 사업을 수행하고 있다.

또한 지역사회 내 아동·청소년 정신보건서비스 제공체계를 구축하기 위해 정신보건센터 42개소에 대해 별도의 예산을 지원하여 아동·청소년 정신보건서비스 요구도 조사, 부모 및 교사 교육, 치료·재활프로그램 운영 등을 실시하고 있다.

2) 알코올상담센터

사회 환경 및 가치관의 변화 등으로 알코올로부터 보호되어야 할 대상이 아동, 청소년, 여성 등으로 확대되고, 알코올 중독으로 인한 가정폭력, 범죄증가 등 문제가 심각해짐에 따라 고위험 음주군, 취약계층, 알코올중독자와 그 가족이 지역사회에서 쉽게 접근하여 상담 및 재활프로그램에 참여할 수 있는 기관의 설치, 운영이 필요하게 되었다.

〈표 13-4〉에서 보듯이 2010년 12월말 현재 전국에 41개소가 설치되어 있어 알코올 중독 예방·상담·재활사업을 수행하고 있다. 또한 알코올 중독자가 사회기술 및 기술재활 훈련을 받을 수 있도록 지원하여 장기실업, 폭력 등으로 해체된 가정을 회복하고, 의료비 부담을 감소시키기 위해 2010년 12월 현재 알코올전용사회복귀시설 12개소가 운영중에 있다.

3) 정신요양시설

정신요양시설은 가족의 보호가 어려운 만성 정신질환자를 입소시켜 요양·보호함으로써 이들의 삶의 질 향상 및 사회복귀 도모를 목적으로 한 시설로써, 〈표 13-4〉에서 보듯이 2010년 12월 현재 전국 59개 요양보호시설에 총 11,613명의 정신질환자가 입소해 있다.

정신요양시설에서는 입소자의 진료, 투약, 건강관리 및 요양보호 등 건강관리 서비스뿐만 아니라 작업치료 및 사회복귀 훈련을 통한 지역사회 복귀지원 서비스도 제공하고 있다.

4) 사회복귀시설

현행 보건복지법 第16조에서는 '사회복귀시설의 종류'로, "① 정신질환자생활시설(정신질환자가 필요한 기간 동안 생활하면서 재활에 필요한 상담·훈련 등의 서비스를 받아 사회복귀를 준비하거나 장애로 인하여 장기간 생활하는 시설), ② 정신질환자지역사회재활시설(정신질환자복지관, 의료재활시설, 체육시설, 수련시설, 공동생활가정 등 정신질환자에게 전문적인 상담·훈련 등을 제공하거나 여가활동 및 사회참여활동 등에 필요한 편의를 제공하는 시설), ③ 정신질환자직업재활시설(일반고용이 어려운 정신질환자가 특별히 준비된 작업환경에서 직업훈련을 받거나 직업생활을 영위할 수 있도록 하는 시설), ④ 그 밖에 대통령령으로 정하는 시설임을 밝히고 있고, 사회복귀시설의 구체적인 종류와 사업 등에 관하여 필요한 사항은 보건복지부령으로 정한다"고 하고 있다.

정신질환자의 지역사회에서의 재활 및 사회복귀를 돕는 사회복귀시설은 정신질환자에게 일상생활 적응훈련, 직업훈련 등을 실시하거나 지역사회 내에서의 주거공간을 제공하고 있다. 〈표 13-4〉에서 보듯이 2010년 12월 현재 232개소 시설에서 4,554명의 이용자와 1,686명의 입소자가 다양한 재활훈련 프로그램을 제공받고 있다.

〈표 13-4〉 정신보건관련시설 현황 (2010.12.31 기준, 단위 : 개소, 병상, 명)

구분		기관수	인원수 (병상수)	주요 기능
정신 의료 기관	소 계	1,261	76,018	
	국·공립	18	8,127	- 정신질환자 진료 및 지역정신보건사업 지원
	민간	1,243	67,891	- 정신질환자 진료
정신보건 센터		160	46,962 (등록)	- 지역사회내 정신질환 예방, 정신질환자 발견·상담·사회복귀 훈련 및 사례관리 - 정신보건시설 간 연계체계 구축 등 지역사회 정신보건 사업 기획·조정 * 표준형 155개소(국비 130, 지방비 25) 광역형 5개소(국비 4, 지방비 1)
알코올 상담센터		41	4,965 (관리)	알코올중독자 관리·상담사업, 음주폐해예방 및 교육 사업 등
정신요양 시설		59	11,613 (입소)	만성정신질환자 요양보호 및 작업치료, 사회복귀 훈련 등의 서비스 제공
사회복귀 시설		232	4,554 (이용) 1,686 (입소)	정신질환자의 지역사회 복귀를 위한 사회적응훈련·직업훈련 등 제공

* 자료 : 보건복지부, 2010 보건복지백서

6. 정보화 추진 현황

보건복지분야 정보화는 언제 어디서 누구나 접속이 가능한 유비쿼터스(Ubiquitous) 정보 사회로의 발전과 함께 최신 정보기술을 기반으로 국민들의 보건복지에 대한 정책참여 및 질 높은 보건복지서비스 제공 요구를 충족시킴으로써 수요자 중심적 정보체계로 국민의 삶의 질을 향상시키는데 그 의의를 두고 있다.

특히 사회복지통합관리망 구축을 통하여 중앙·지방·민간의 전달체계를 통합, 효율적 복지전달체계를 구축하는 한편, 식품·의약품, 진료 및 의학정보 등의 정보화로 의료서비스의 질적 향상과 보건산업 분야의 경쟁력 강화를 추진하고 있다.

1) 사회복지분야 정보화

사회복지분야 정보화사업은 전 국민의 소득·재산정보를 통합 관리함으로써 사회복지급여의 효율적 관리를 목적으로 하는 '사회복지통합관리망' 구축사업과 독거노인들의 고독사 방지 및 응급상황 발생에 적극 대처할 수 있는 '독거노인 응급안전돌보미시스템' 구축, 사회복지시설 관리의 효율성 제고를 위한 '사회복지시설정보시스템', 사회복지와 관련된 각종 정보를 One-stop으로 제공받을 수 있는 '복지로' 시스템 구축사업으로 추진되었으며, 각 사업별 주요 내용을 살펴보면 아래와 같다.

(1) 사회복지통합관리망 구축

사회복지통합관리망은 각종 사회복지 급여 및 서비스 지원 대상자의 자격과 이력에 관한 정보를 통합 관리하고, 지자체의 복지업무 처리를 지원하기 위해 기존 시·군·구별 새올 행정시스템의 31개 업무 지원 시스템 중 복지 분야를 분리하여 개인별·가구별 DB로 중앙에 통합 구축한 정보시스템이다.

그동안 시·군·구별, 사업별로 각각 분산 관리되던 복지대상자 정보를 개인별·가구별로 통합하여 관리함으로써 수요자 중심의 맞춤형 서비스를 제공하고 부정·중복 수급을 방지할 수 있는 기틀을 마련하였다.

(2) 독거노인 응급안전돌보미 시스템 구축

독거노인의 심리적 안정감과 고독감을 해소하고, 정보통신(IT) 및 무선 네트워크 기반기술(RFID/USN)을 이용하여 24시간 365일 독거노인의 안전 상태를 실시간으로 확인, 관리함으로써 독거노인의 안전을 확보하고 '독거노인응급안전돌보미시스템'과 '독거노인돌봄기본서비스'와 '소방방재청 구조구급'의 연계로 독거노인에 대한 종합적인 사회안전망 구축을 목적으로 2010년 현재 18개 시·군·구 13,914가구에 대한 구축사업이 완료되었다.

(3) 사회복지시설 정보시스템(舊 국가복지정보시스템)

장애인, 노인, 아동 등 복지서비스 대상자별, 사회복지시설별로 구축·운영되고 있던 사회복지시설의 정보화 업무를 국가가 통합적으로 지원하고 관리함으로써 사회복지시설 회계의 투명성 제고와 업무의 간소화에 따른 효율성 제고를 목적으로 사회복지시설정보시스템(www.w4c.go.kr, 舊, 국가복지정보시스템) 구축사업이 추진되고 있다.

(4) 복지로(舊 국가복지정보포털시스템)

복지로(www.bokjiro.go.kr, 舊 국가복지정보포털시스템)는 국민이 생생한 복지 관련 정보 및 서비스를 쉽게 검색하고 이용할 수 있는 복지영역의 대표포털로 2010년 현재 총 10만 여건의 복지관련 정보를 제공하고 있다.

'복지로'에서는 기초생활보장, 장애인, 여성, 아동/청소년, 노인 등 대상자별 최신 복지정책 정보 및 이용자별 맞춤복지 정보, 복지/보건/고용/보훈 관련 최신 뉴스정보 및 통계/학술/법령 등 전문복지정보, 자원봉사, 전자민원, 건강강좌 등 실생활에 도움이 되는 정보, 사회복지행사, 공모정보 등 사회복지 참여정보에 이르기까지 복지관련 정보를 제공하고 있다.

2) 보건의료분야 정보화

(1) 보건의료분야 정보화

보건의료분야 정보화 부문에서는 대국민 보건의료서비스 및 보건의료분야 산업육성을 위한 국가보건의료정보화(e-health) 선도 사업으로 보건기관 정보화사업과 공공의료정보화사업 및 u-Health 서비스산업 활성화 사업을 추진하고 있다.

(2) 보건복지콜센터 운영

장애아동 사망 사건 등 각종 생계형 사건, 사고가 증가하고 있음에도 이들을 조기에 발견, 지원하는 사회 복지전달체계 시스템을 구축하기 위해 2005년 11월 보건복지콜센터를 설치하였다. 보건복지콜센터는 보건복지와 관련된 모든 상담 및 지원요청을 One-stop으로 통합 처리함으로써 전 국민이 어디서나 쉽게 접근하여 보건복지와 관련된 정책과 제도에 관한 상담 및 지원요청이 가능한 체계가 마련되었다.

참고문헌

김규수(2005). 「정신보건사회복지실천론」. 형설출판사.
김기태 외(2002). 「정신보건복지론」. 양서원.
보건복지부, 2011, 2010 보건복지백서.
보건복지부, 2011, 2011 보건복지통계연보.
보건복지부, www.mw.go.kr
복지로,(www.bokjiro.go.kr)
사회복지시설정보시스템(www.w4c.go.kr)
신영무(2011). 2010 인권보고서 제25집, 대한변호사협회.
이윤로(2005). 『정신보건과 사회복지』. 창지사.

제 14 장
자 원 봉 사

제 1 절 자원봉사의 이해

1. 자원봉사의 개념

자원봉사활동의 개념은 국가나 학자 또는 시대에 따라 다양하게 정의되고 있다. 개념 정의가 다양한 것은 자원봉사의 특성상 사회전반의 다양한 분야에 걸쳐 있는 포괄성 때문이다

자원봉사자는 '무료 봉사로 자진해서 어떤 일에 참여하는 사람'을 의미하며 라틴어의 voluntus(자유의지)에서 volunteer가 유래되었다. 라틴어의 volo에서 voluntus라는 말이 생겨났으며 volo(의지)란 영어의 will에 해당하는 단어이다. 자원봉사는 자율적 의지에 의한 자유로운 활동을 말하며, 자원봉사활동(Voluntarism)은 개인 및 단체의 자발적 참여로 도움이 필요한 이웃과 사회에 시간과 재능을 제공하여 사회문제 해결 및 사회공익에 대가없이 기여하는 것을 말한다. 따라서 자원봉사자(Volunteer)는 이러한 자원봉사활동을 실천에 옮기는 사람이다.

미국사회사업백과사전(1977)에는 '자원봉사자란 개인, 집단, 지역사회

에서 발생하는 문제를 예방, 통제, 개선하는 일을 다루는 여러 조직 및 기관에서 보수 없이 자발적으로 서비스하는 개인'이라고 정의하고 있다. 따라서 모든 형태의 사회복지활동에 관여하고 있는 공공 및 민간기관들을 위해 보상없이 그들의 서비스를 자유롭게 제공하는 개인들이다. 이러한 서비스의 분야는 노인, 아동, 장애인, 지역사회개발, 주택과 도시개발, 교정분야 등이다

자원봉사란 복지향상을 위해 휴머니즘과 사회연대의식에 기초하여 자발적으로 비공식적 또는 공식적 사회봉사기관에서 계획되고 의도된 실천노력이라 할 수 있다.

우리나라는 전통적으로 상호부조의 정서를 갖고 있다. 농민들의 두레, 계, 품앗이 정신이 바로 그것이다. 그러나 자원봉사라는 용어는 1990년대 중반부터 자원봉사의 필요성이 부각되며 사회적으로 친근하게 사용되었으며 현재에는 계층 구분없이 국민 모두가 참여하는 사회운동으로 정착되어 가고 있다. 일부에서는 지원봉사라는 '봉사'에 대한 의미를 가진 자가 일방적으로 상대방에게 주기만 하는 '자선, 구제'의 소극적인 의미로 해석하며 적절한 표현은 아니라 할 수 있겠다.

한국사회복지협의회(1997)는 '자원봉사활동이란 사회문제의 예방 및 해결 또는 국가의 공익사업을 수행하고 있는 공·사 조직에 자발적으로 참여하여 반대급부를 받지 않고 인간존중의 정신과 민주주의원칙에 입각해 필요한 서비스를 제공하여 이타심의 실현과 자기실현을 성취하고자 하는 활동'으로 규정하고 있다.

2. 역사

우리나라의 자원봉사활동의 역사적 문헌으로는 상부상조의 계조직이 성행했던 삼한시대로 추정하기도 한다. 신라시대의 계와 두레의 농촌사회 상호협력의 주민공동체 정신과 삼국시대의 불교사상과 고구려의 진대법, 고려의 의창·제위보, 조선의 상평창·향약, 조선말 기독교사상의

전래 등으로 자원봉사활동의 역사를 살펴볼 수 있겠다.

현대적 의미의 자원봉사활동은 1921년 태화기독사회관의 설립으로 복지시설 중심의 자원봉사활동이 시작되었고 당시에는 애국운동의 일환으로 농촌 계몽운동 등이 꾸준히 전개되었다.

1960년대의 적십자운동과 1970년대 새마을운동은 사회복지 봉사활동의 계기를 되었다. 시민들이 참여하는 자원봉사활동의 계기가 된 것은 1978년 한국사회복지협의회가 전국 5대도시에 사회봉사안내소를 설치하여 자원봉사자 양성 및 파견배치 이후부터이다.

1986년 아시안게임과 1988년 서울올림픽을 거치면서 자원봉사활동에 대한 국민들의 관심과 참여율이 급속히 증가하였다. 특히 1990년 중반 교육인적자원부의 중고생 자원봉사활동의 제도화와 1991년. 시·도사회복지협의회내 '지역복지봉사센터' 설치운영, 1996년 지방자치단체별로 1개소씩 자원봉사센터의 설립은 현재의 자원봉사활동의 활성화에 기여한바가 크다 하겠다.

3. 자원봉사의 가치

자원봉사의 현대적 가치는 자선이나 감상주의가 아니라 현대사회의 문제에 대처하려는 데서 출발한다. 현대의 인간성 상실, 기회의 불균등, 비인간적인 관료제의 문제를 해결하기 위해 공동체적 가치를 추구하는 것이 자원봉사의 가치 추구이다. 본 장에서는 자원봉사의 사회적 가치와 개인적 가치에 대하여 설명하고자 한다.

1) 사회적 가치

(1) 국가 및 지방자치단체의 행정이 미치지 못하는 부분에 보완적 역할을 한다.

공식적 업무이외의 영역에서 역할을 담당함으로써 사회복지사업의 과업 수행에 기여한다.

(2) 공동체의식과 참여의식을 높인다.

함께 고민하고 함께 행동하는 공동체의식과 프로그램에 대한 참여의식을 높여준다

(3) 유휴자원을 효과적으로 활용함으로써 사회와 개인의 발전에 기여한다.

여성, 노인, 퇴직자 등 유휴 인적자원을 효과적으로 활용하여 자원봉사자들이 만족감을 극대화시켜 준다.

(4) 복지사회의 발전을 가져온다.

자원봉사자들의 자발적 참여와 책무수행 과정에서 복지사회 발전에 이바지한다.

(5) 사회구성원들로 하여금 소속감과 안정감을 갖도록 한다.

인간에게 사화구서우언으로서의 소속감과 안정감을 느끼게 해서 생활의 활력소를 제공해 주어 창조적 의욕적인 생활을 하게 한다.

(6) 정상화이념과 사회통합의 촉진에 이바지한다.

공동체의식 고취와 프로그램 참여의식을 고양시켜 사회통합의 기반을 조성한다.

2) 개인적 가치

(1) 개인 기술과 지식을 나누어 줌으로써 학습의 보람과 가치를 느낀다.

(2) 개인의 지식과 기술을 제공하여 상대방의 행복한 생활을 도와줌으로써 사회의 건강한 발전에 기여하도록 하여 학습욕구를 더욱 증대시킨다.

(3) 자원봉사자 자신의 자존감과 정신건강에 도움을 준다.

자원봉사는 타인에게 도움이 되는 삶이고 매우 행복한 일이며, 일상생활에서의 정신건강에도 매우 도움을 주는 일이다

(4) 자신과 가족에 대한 애정감이 강해진다.

자기 자신이 존엄한 가치로 인정받기 위해서는 당연히 가치있는 생

각과 행동을 해야 한다

(5) 자신감과 성취감을 느끼게 한다.

자유의지에 의한 자발적 활동으로 의욕적이며 목표달성에 대한 성취감으로 자신감을 얻는다.

(6) 인격적 성숙과 발전이 성취된다.

타인을 위한 봉사활동은 인격적 성숙의 바탕이 되며 인격을 갖추는데 바람직한 활동이 봉사활동이다

(7) 인간관계가 원만하게 개선된다.

건전한 가치를 추구하는 사람들과의 만남을 통하여 더욱 성숙한 인간관계를 형성하게 해준다.

자원봉사는 사회적 가치 및 개인적 가치와 더불어 자기 자신에게 자신의 존재가치와 긍지를 확인함으로써 삶의 보람을 얻게 한다. 사람들은 자원봉사를 통하여 자신이 능력과 재능을 사회 및 대인에게 활용할 뿐만 아니라 자신이 능력을 더욱 향상시킬 수 있으며, 봉사활동 과정에서 인격성숙을 통하여 자신을 재발견하며, 인생에서 필요한 여러 가지 생활 기술 및 사회적 기술을 습득하는 계기가 되기도 한다. 더불어 지역사회를 이해하고 지역문제 해결을 위한 자원봉사활동 참여는 이웃과의 관계를 개선하게 된다. 이웃과 만나는 과정에서 대화를 통하여 개인은 자신이 살고 있는 지역의 모습과 지역의 문제 등을 인식하게 된다. 이를 통해 지역사회를 차츰 구체적으로 이해하게 될 뿐만 아니라 나아가 지역 주민과의 공동체 형성을 통해 지역사회의 각종 문제에 직접 참여, 문제해결을 위해 노력하기도 하게 된다.

4. 자원봉사의 특성

자원봉사활동은 경제성장과 소득수준 향상으로 자원봉사의 필요성이 새롭게 인식되면서 범사회적 운동으로 확산되고 있으며, 사회가 발전할

수록 봉사활동에 대한 관심과 참여는 지속적으로 증가할 것이다. 이렇게 활성화되어 가는 자원봉사활동의 특성은 자아실현성, 자주성, 무보수성, 이타성, 사회성, 공동체성, 복지성, 민주성, 지속성으로 집약될 수 있으며 구체적인 내용을 살펴보면 다음과 같다.

① 자아실현성 : 사회적 자신의 존재를 자각하고 타인을 위해 타인과 함께 봉사활동을 경험함으로써 인격적 성장을 가져옴과 동시에 자신의 잠재능력을 실현하는 자아실현성의 특성을 갖는다.

② 자주성 : 자원봉사는 자신의 자유의지에 따라 자발적으로 활동하는 것이며 권력이나 외부의 세력 등 타인에 의해 강제적으로 활동하는 것은 아니다

③ 무보수성 : 자원봉사활동은 금전적 보수를 기대하지 않고 순수한 의미에서 직업이 개념이 아닌 비영리적 행위로서 무보수 활동하는 것이다.

④ 이타성 : 자원봉사활동은 타인의 생명을 존중하며 이웃과 더불어 사는 가치관에 바탕을 둔다.

⑤ 사회성 : 자원봉사활동은 자기발전과 성숙의 기반이 되며 사회에 영향을 주고 사회적 책임을 다하는 사회성의 특성이 있으며 자원봉사활동을 통해 자기발전과 성숙의 기반이 되는 사회성을 강화할 수 있다.

⑥ 공동체성 : 자원봉사활동은 공동체의식을 높이고 생활을 실현하는 것으로서 공동체의식은 소속감, 주인의식, 적극적인 참여 없이는 불가능하다

⑦ 복지성 : 자원봉사활동은 특정종교 선교의 목적으로, 특정집단의 이익이나 특권 지지하는 것이 아니라 지역사회구성원의 복지향상을 위한다.

⑧ 민주성 : 민주주의 원칙과 인간존중의 정신과 민주주의 사상에 입각하여 필요한 서비스를 제공함으로써 사회의 공동선을 실현하는 것이다.

⑨ 지속성 : 자원봉사활동은 공동체건설에 헌신한다는 개척적 사명

의식으로 일회적이고 우연한 활동이 아니라 의도되고 계획된 활동으로서 장기간 지속적인 프로그램을 가지고 있어야 하며 임의로 단절되어서는 안된다.

5. 자원봉사활동의 유형

자원봉사활동의 범위와 유형은 다양하다. 자원봉사활동의 활성화를 위해서는 지속적인 자원봉사 프로그램을 개발하고 보급을 위해 노력하여야 한다. 사회가 다변화되고 주민들의 복지욕구도 다양화되고 있는 것처럼 자원봉사 프로그램도 기존 사회복지, 보건의료, 상담 분야에서 대민분야, 사회분야로 구분하고 대민분야에는 생활편의지원, 주거환경, 교육, 상담, 보건의료, 농어촌 봉사로 분류한다. 사회분야는 문화행사, 환경보호, 행정보조, 안전·방범, 인권·공익, 재해·재난·응급·국제협력·해외봉사로 분류할 수 있다. 주요 내용을 살펴보면 다음과 같다.

1) 대민분야

(1) 생활편의 지원

- 활동보조 : 장애인, 노인 등 이동이 힘든 분들의 외출, 나들이 활동, 심부름 보조
- 이동지원 : 장애인, 노인, 재가 환자 등의 이동을 위한 차량 봉사
- 청결지원 : 청소, 빨래, 목욕, 이·미용 봉사활동 등의 자원봉사
- 급식지원 : 급식소 지원을 위한 조리, 배식, 설거지 등의 봉사활동 등
- 식사·반찬지원 : 도시락, 밑반찬, 음식 등의 조리 및 배송

(2) 주거환경

- 주거개선 : 취약계층 대상 집짓기, 집수리 자원봉사 활동(전기, 보일러, 도배, 도색 등)

- 마을공동체활동 : 소규모 마을 공동체 중심의 주거환경 개선활동 (꽃길 가꾸기, 마을 시설물 보수활동, 아파트 공동체 실천활동 등)

(3) 교육

- 방과후 교육 : 학교수업 종료 후 특기, 예체능 교육 지도(보조) 활동
- 학습지도 : 저소득층, 소년소녀가장 등 학습여건이 열악한 청소년 대상 학습지도 활동
- 특수교육 : 장애인 등 특수교육 관련 지도활동
- 평생교육 : 평생교육 관련 지도활동
- 전문교육 : 안전운전, 재해 및 안전관련 교육 등 전문영역 관련 지도활동

(4) 상담

- 말벗 · 상담 : 장애인, 노인 대상 여가지원 말벗, 상담 봉사활동
- 전문상담 : 법률, 세무, 가족문제, 성폭력 등 특수 · 전문 분야 면접, 전화, 인터넷 상담 활동
- 멘토링 : 멘토링 사업 참가자 활동
- 보건의료 : 간호 · 간병 의료수발, 식사보조 및 호스피스 활동 등
- 의료지원 : 의료봉사(양/방), 물리치료 및 민간치료 활동 지원
- 헌혈 : 헌혈 활동

(5) 농어촌봉사

- 일손지원 : 농어촌 방문 봉사활동, 일손지원

2) 사회분야

(1) 문화행사

- 행사보조 : 문화, 예술, 체육 행사 및 지역 행사 지원 활동
- 공연활동 : 문화, 예술 등의 공연 봉사 활동

- 캠페인 : 시민 의식개선, 계몽, 소비자 보호, 환경 등 사회분야 캠페인 활동
- 관광안내 : 문화 · 관광 가이드 및 해설 활동, 문화예술 시설 안내 등

(2) 환경보호

- 환경정화 : 환경정화 활동, 불법 홍보물 제거 등
- 환경감시 : 수변, 산림 등 자연환경 위해 감시

(3) 행정보조

- 사무지원 : 행정, 전산, 조사/연구 등 사무 행정 지원
- 업무보조 : 작업보조, 정리 및 민원 안내 지원 등

(4) 안전 · 방범

- 지역방범 : 야간방범, 유해환경 추방 등 범죄 예방 활동
- 교통안전 : 교통정리, 주정차 안내 등의 교통안전 활동
- 어린이 안전 : 아동 안전지킴이 활동, 등하교 안전 지도 등
- 청소년 안전 : 청소년 유해업소 감시 및 정화활동 등
- 취약계층 안전 독거노인, 소년소녀가장 등 안전생활 모니터링

(5) 인권 · 공익

- 인권개선 : 새터민, 외국인 노동자, 아동, 여성 등의 인권 개선 · 평등을 위한 지원 활동
- 공익보호 : 소비자 보호, 부패방지 모니터링 활동 등

(6) 재해 · 재난 · 응급

- 피해복구 : 재난 · 재해 지역 피해복구 지원 및 구호 활동
- 응급구조 : 위급 상황 응급 구조 활동

(7) 국제협력 · 해외봉사

- 해외봉사 : 국외에서의 자원봉사 활동
- 국제행사 · 단체 지원 : 국제기구 · 단체, 국제 행사 지원

- 통·번역 : 국제행사 및 행사 개최를 위한 통·번역 활동

제 2 절 자원봉사활동의 실제

1. 자원봉사자의 자세

자원봉사자는 단순 신체적 봉사만이 아닌 지식과 기능을 겸비하고 특히 인성에 있어 올바른 자세를 갖추고 있어야 한다. 과거 전문가의 활동을 보완 보충해 주는 역할을 넘어 이제는 자신의 전문지식과 기술 등을 활용하여 도움을 필요로 하는 대상자와 직접 서비스를 제공하고 개입하는 사례가 증가하고 있어 자원봉사자에게 다음과 같은 마음의 자세를 필요로 한다.

1) 인간에 대한 사랑

자원봉사자의 관심대상은 사회취약계층이다. 자원봉사자가 되면 먼저 사람을 좋아해야 하면 선입견이 없어야 한다. 자원봉사자는 남녀노소 및 빈부귀천을 가리지 않고 모든 사람이 마음을 터놓고 접근할 수 있도록 친근감이 필요하다

2) 자신의 편견극복

자원봉사자들은 자신이 편견을 가지고 있다는 것을 먼저 인정하고 편견을 극복하기 위해 자신의 반응을 확실히 이해해야 한다. 어떤 편견을 극복할 수 있는지 과제를 해결해 나가는 지혜를 가져야 한다.

3) 힘든 일의 극복

자원봉사자의 이상적인 조건은 기관의 업무와 대상자의 욕구가 봉사자와 적성과 능력에 맞는 것이다. 그러나 자원봉사활동은 주로 사회단

체나 공공기관을 통해 이루어지기 때문에 봉사자는 자신의 관심분야와 상관없이 육체노동, 잡무 등을 하는 경우가 있다. 따라서 어떤 일이 주어져도 사랑과 정성으로 봉사에 임해야 하는 마음가짐이 중요하다.

4) 나눔의 보람

자원봉사자는 자신을 돌아보며 내가 가지고 있는 것, 나에게 주어진 상황에 대하여 감사하게 생가하며 자신의 것을 나눌 수 있다는 자체에 보람을 가져야 한다.

5) 지식개발노력

자원봉사자는 지속적인 봉사활동을 하기 위해서 끊임없이 자신의 지식과 기술의 폭을 넓히는데 노력하여야 한다. 자신의 지식과 기술은 다른 사람에게 도움을 줄 수 있는 도구이기 때문이다

〈표 14-1〉 자원봉사 수칙

· 자신의 시간과 재능에 맞는 봉사일감을 찾는다. · 나에게 맡겨진 봉사일감을 잘 수행할 수 있다는 확신을 갖는다. · 자원봉사기관에서의 규칙을 준수해야 한다. · 주어진 봉사일감에 필요한 기술 습득에 노력한다. · 기관 담당자 혹은 봉사단 리더의 지도를 받는다. · 기관의 담당직원이 봉사일감을 믿고 맡길 수 있도록 노력한다. · 봉사서비스 대상자의 사생활을 보호한다.

2. 자원봉사자의 기능 및 역할

자원봉사활동은 역사적으로 시대문화를 반영하며 사회변화의 중심적 역할을 수행하여 왔다. 사회적 지위의 높고 낮은 곳에서, 신분의 귀천을 떠나, 물질적 다소를 넘어, 빈부차이를 극복하고 사회 곳곳에서 생명존중과 평등적 가치를 실현하기 위해 자원봉사자들은 자리이타의 정

신을 실천하며 사회의 어둔 곳을 밝히는 역할을 수행하여 왔다.

소외받고 힘든 사람들을 위한 개인 차원의 봉사 수준을 넘어 이제는 문화, 복지, 체육, 환경 등 사회 전반에 걸쳐 자원봉사자 활동의 폭은 넓어지고 있다. 자원봉사자는 의미 있고 보람된 자신의 삶을 만들고자 봉사활동을 참여하게 되고 자원봉사활동은 사회 및 시대의 변화 추세에 맞추어 체계화되고 전문화되고 있으며 끊임없이 변화하고 있다.

이러한 시대 상황 속에서 자원봉사자의 역할을 개인적 역할과 사회적 역할로 구분하여 생각해 볼 수가 있다.

1) 개인적 기능 및 역할

현대사화의 과학기술의 발달과 의료기술의 발달로 인간의 삶은 편안하고 윤택해지고 수명은 연장되어 건강한 생활 및 노후의 여가생활이 길어지고 있다. 정도의 차이는 있지만 전반적으로 노동시간의 단축은 새로운 산업창출과 여가문화의 발달을 촉진하고 있다. 그러나 한편으로는 분업화와 자동화 기계로 인하여 인간의 소외현상은 심화되고 산업화와 각종사고 및 질병 등으로 장애인이 증가하고 있으며 더불어 독거노인 증가, 결손가정 증가, 빈곤계층의 증가, 복지시설의 증가, 새로운 사회적 위험으로 발생되는 2차적 복지욕구대상자들의 증가는 기존의 공적 전달체계만으로는 삶의 질을 향상시킬 수가 없는 것이다.

따라서 이들에게 필요한 시간에 필요한 욕구를 충족시켜 주기 위해서는 개인과 사회를 연결시켜 주는 자원봉사자의 역할이 필요하게 된다. 개인은 자원봉사를 통하여 자신의 능력을 타인을 위해 활용함으로써 자신의 능력을 더욱 증대시키며 자아실현의 기회로 활용하는 것이다.

예를 들어 도움이 필요한 개인이나 집단에게 편의제공, 상담, 개별 및 집단 지도, 사회복지시설·기관·단체 등에서의 서류정리·전화응답·우편처리·접수업무 등의 행정지원, 홍보활동, 모금활동, 각종행사 지원활동, 정책자문 및 결정지원, 자원봉사활동의 기획·점검·평가활동 등의 역할을 수행하게 된다.

2) 사회적 기능 및 역할

자원봉사 활동은 개인주의로 파생되는 공동체사회의 균열을 사전예방하고 사회적 결속력을 공고히 하며, 절차적 민주주의 의식을 함양하여 독재를 견제하는 역할을 수행함으로써 민주질서와 사회제도의 안정과 발전에 기여하는 역할을 수행한다. 더불어 사회적 문제에 관심을 갖고 정책적 해결방안을 모색하고 바람직한 사회 변화를 위해 전문가들의 자발적 참여를 지원하여 더불어 함께 살아가는 공동체사회 구성을 위한 조직적인 역할을 담당함으로써 지역사회의 복지 및 문화증진에 기여하는 것이다.

예를 들어 지역사회 문제를 발굴하고 욕구해결을 위한 예방・치료 활동의 참여, 개인・집단・지역사회의 문제 해결을 위한 대변자・매개자 역할, 인간존중을 실현하기 위한 잘못된 제도 개혁자 역할, 불충분한 공적제도를 보완해 주는 역할, 국제적 봉사활동가의 역할을 수행한다.

3. 자원봉사자 현황

1) 자원봉사자 등록 수

전국적으로 지원봉사에 대한 관심증가로 매년 자원봉사자 수는 증가하고 있다. 2009년도 말 자원봉사자 등록자수는 5,363천명으로 '08년말 대비 967천명(22%)이 증가하였다. 자원봉사 참여자의 성별 및 연령대를 분석해 보면 여성(57%)이 남성(43%)보다 많으며, 10대(26%)와 40대(20%)가 가장 많고, 50대(14%)와 20대(16%)의 순으로 나타났다. 또한 연령대별로는 고른 참여율을 보여주고 있으나 퇴직 후 세대인 60세 이상의 참여율을 더 높이기 위해서는 참여방법 및 프로그램의 다양화가 필요하다. 직업별 현황을 살펴보면 중고생(16%)이 가장 많았고, 주부(14%), 회사원(6%), 대학생(4%) 순으로 조사되었다. 회사원과 서비스업 및 자영업의 자원봉사활동 참여율이 감소하고 있는 것은 고용 및 경제적 여건과 관계가 있는 것으로 판단된다. 전반적으로 청소년층과 여성 그리고 학생들과 주부들의 자원봉사참여율이 증가하고 있음을 나타내고 있다.

〈표 14-2〉 연도별 자원봉사자 등록 현황

(단위 : 명)

구분	'01. 12	'02. 12	'03. 12	'04. 12	'05. 12	'06. 12	'07. 12	'08.12	'09.12
등록 인원수	1,166,601	1,343,693	1,489,009	1,722,823	2,083,704	2,681,193	3,279,911	4,396,633	5,363,435

자료 : 행정안전부, 2010

〈표 14-3〉 자원봉사자 성별 · 연령별 현황

(단위 : 명)

연도별	총 계	성 별		연 령 별					
		남	여	20세미만	30세 미만	40세 미만	50세미만	60세 미만	60세 이상
'03. 12	1,489,009	643,765	845,244	331,372	171,411	243,602	380,648	240,983	120,993
'04. 12	1,722,823	755,613	967,210	389,037	217,903	264,024	420,595	270,517	160,747
'05. 12	2,083,704	900,214	1,183,490	461,728	280,234	291,274	495,536	345,960	208,972
'06. 12	2,681,193	1,148,458	1,532,735	577,475	387,578	377,498	615,256	440,742	282,644
'07. 12	3,279,911	1,433,642	1,846,269	731,312	491,402	491,573	717,813	501,151	346,660
'08. 12	4,396,633	1,890,169	2,506,464	1,102,429	654,826	665,965	917,345	628,507	427,561
'09. 12	5,363,435	2,290,367	3,073,068	1,392,766	884,771	717,047	1,075,208	763,458	530,185

자료 : 행정안전부, 2010

〈표 14-4〉 자원봉사자 직업별 현황

(단위 : 명)

연도별	총 계	직 업 별								
		주 부	회사원	공무원	서비스	자영업	퇴직자	대학생	중고생	기 타
'03. 12	1,489,009	430,921	132,446	41,992	91,372	161,731	35,829	84,057	322,482	188,179
'04. 12	1,722,823	455,042	164,270	34,556	82,431	165,373	26,770	111,762	352,463	330,156
'05. 12	2,083,704	502,577	197,828	43,413	100,827	173,199	35,027	120,459	433,299	477,075
'06.12	2,681,193	558,257	214,130	63,945	73,409	181,468	71,223	133,647	504,300	880,815
'07.12	3,279,911	532,565	287,325	98,350	96,403	161,784	31,298	189,289	563,409	1,319,488
'08.12	4,396,633	707,905	304,786	120,817	130,519	218,316	23,156	211,344	788,491	1,892,299
'09.12	5,363,435	746,603	297,135	123,041	60,942	158,502	49,950	231,120	861,772	2,834,370

자료 : 행정안전부, 2010

2) 자원봉사 활동분야

자원봉사센터에 등록된 봉사자의 활동 연인원은 15,928천명에 이르며, 그 중 보건복지 분야가 4,536천명(29%), 안전예방 1,609천명(10%), 환경분야가 1,341천명 (8%), 교통질서 1,329천명(8%), 문화체육 918천명(6%), 행정지원 479천명(3%), 재해재난 152천명(1%)등의 순의 조사되었다. 특히 안전예방 분야 자원봉사자가 1,609천명으로 전년대비 575천명이 증가한 것은 최근 아동 성범죄 발생률 증가에 따른 예방·보호 활동 프로그램 개발과 보급의 증가를 들 수 있겠다. 문화·체육분야가 918천명으로 전년대비 210천명이 증가한 것은 전문기술을 활용한 자원봉사 욕구가 증가하였던 것으로 분석된다.

전체 등록자수 대비 1회 이상 봉사자 1,594,694명(30%), 50시간 이상 봉사자는 260,341명(5%)이 활동하고 있어 비활동 자원봉사자 참여유도를 위한 활성화 방안이 필요하다.

등록자 중에서 2009년중 1회 이상 활동한 사람은 등록자의 30%인 1,594,694명으로 50시간이상 봉사자는 등록자의 5%인 260,341명으로 조사되었다.

〈표 14-5〉 자원봉사활동 분야별 현황

(단위 : 명)

연도별	총 계	분 야 별							
		사회복지 의료시설	환경보호	안전예방	교통질서	재해 재난	문화 체육	행정 지원	기 타
'03. 12	5,118,720	1,863,027	784,855		646,824	482,057		325,103	1,016,854
'04. 12	5,584,609	1,780,605	1,192,733		697,554	326,666		469,939	1,117,112
'05. 12	7,634,183	3,018,535	1,632,872		688,762	245,749		619,638	1,428,627
'06. 12	10,314,903	2,989,688	1,054,025		646,520	221,039		669,983	4,733,648
'07. 12	12,900,984	3,536,252	1,366,110	672,325	1,028,529	207,469		753,449	6,009,175
'08. 12	14,020,872	3,812,157	1,413,702	1,034,363	1,149,349	214,678	707,913	846,779	4,841,931
'09. 12	15,928,405	4,536,255	1,341,055	1,609,666	1,329,551	152,014	918,272	479,555	5,562,037

자료 : 행정안전부, 2010

3) 교육현황

자원봉사자에 대한 기초·보수·전문 교육은 16,048회를 실시하였고, 947,539명이 참여하였다. 이것은 전체자원봉사활동 참여자(15,928,405명)의 6%에 불과한 실적으로 자원봉사에 대한 전문적인 교육프로그램 개발과 참여확대 방안이 필요하다는 것을 알 수 있다.

〈표 14-6〉 자원봉사자 교육실적

(단위 : 회수/명)

연도별	교 육 과 정 별				참 여 인 원		
	계	기초교육	보수교육	전문교육	계	신규자	기존봉사자
'04. 12	12,193	8,488	1,772	1,933	564,785	412,992	151,793
'05. 12	24,062	18,341	3,089	2,632	570,991	377,789	193,202
'06. 12	10,866	4,855	2,463	3,548	675,965	449,793	226,172
'07. 12	11,800	6,090	2,355	3,355	696,156	427,552	268,604
'08. 12	13,389	7,123	2,033	4,233	830,458	605,478	224,980
'09. 12	16,048	8,191	2,286	5,571	947,539	657,951	289,588

자료 : 행정안전부, 2010

4) 자원봉사 거점 현황

자원봉사거점은 2009년 새롭게 추가된 항목으로 주민자치센터(50%), 학교(4%), 복지시설(11%), 종교시설(9%) 등 지역 생활권 1,506곳에 다양하게 설치되었다.

자원봉사센터에서 파견한 자원봉사자들이 지역 주민들을 대상으로 자원봉사 상담·정보제공·일감개발·배치 등의 역할을 담당하고 있어 자원봉사자들의 편의성 면에서는 효과적인 실정이다. 그러나 거점 설치 기관과의 협력, 예산, 관리자 선정 기준, 지역주민 대상 홍보에 대한 문제점이 대두되고 있는 만큼 효과성과 문제점에 대한 분석을 통해 전국 확산을 위한 방안이 요구된다.

〈표 14-7〉 자원봉사거점 현황

(단위 : 개)

연도별	합계	주민자치센터	학교	복지시설	종교시설	기타
'09.12	1,506	754	63	158	133	398

제 3 절 자원봉사 인증제도

1. 개요

자원봉사활동 인증관리사업은 전국 자원봉사단체·기관 상호간 네트워크 체계를 구축하여 자원봉사자의 봉사실적을 정확하고 체계적으로 누적관리하고 나아가 봉사실적에 대한 인센티브 제공의 기반을 마련하기 위한 제도이다.

자원봉사활동인증관리사업은 사회복지봉사활동 실적의 인증관리를 통한 신뢰성 구축, 사회복지봉사활동 관련단체 상호간 협력체계 구축, 사회복지봉사활동의 체계적·조직적 관리를 통한 활성화 기반조성을 목적으로 한다. 더불어 "사회복지봉사활동 인증센터" 상호간 유기적인 협력체계를 구축하여 사회복지자원봉사 프로그램을 운영하고, 소속 자원봉사자의 봉사 활동 실적을 데이터베이스에 누적 관리하여, 국가·사회적으로 다양한 인정프로그램을 발굴·제공하고 있다. 그리고 봉사단별·활동성과 및 봉사실적을 인증관리시스템(VMS)에서 공정하게 관리하여 우수봉사단 및 봉사자에 대하여는 지방자치단체 및 정부표창 대상자로 추천하여 동기를 부여하기도 한다.

자원봉사활동 인증관리사업은 사회복지사업법 제9조 규정에 의거 국가와 지방자치단체는 사회복지 자원봉사활동을 지원·육성하기 위하여 ① 자원봉사활동의 홍보 및 교육, ② 자원봉사활동 프로그램의 개발·

보급, ③ 자원봉사활동 중의 재해에 대비한 시책의 개발, ④ 그 밖에 자원봉사활동의 지원에 필요한 사항을 효율적으로 수행하기 위하여 사회복지법인이나 그 밖의 비영리법인·단체에 이를 위탁할 수 있도록 규정하고 있다.

자원봉사 활동기본법 제4조에서는 국가와 지방자치단체는 자원봉사활동의 진흥에 관한 시책을 강구하여 국민의 자원봉사활동을 권장·지원하여야 한다고 규정하고 있으며 그 외 사회복지봉사활동인증관리규정을 근거로 자원봉사활동 인증관리사업을 시행하고 있다.

이 사업은 2011년도부터 전국 사회복지자원봉사의 체계적·조직 관리를 통한 자원봉사 활성화를 도모하고자 한국사회복지협의회 및 시·도 사회복지협의회에서 주관하고, 보건복지부가 주체한다. 사회복지 전국의 시설·법인·단체, 보건·의약, 공공기관, 기업 등 5,798개소 등 봉사활동 인증센터가 사업을 수행하고 있다. 그동안 자원봉사활동 인증관리사업의 활동연혁은 다음과 같다.

- 2001. 08. 사회복지봉사활동 인증관리 DB시스템 구축완료
- 2001. 11. 사회복지봉사활동 인증관리규정 승인(보건복지부) 및 사업시행
- 2003. 08. 사회복지봉사활동 인증관리규정 1차 개정(보건복지부)
- 2003. 08. 사회복지봉사활동 인증관리 DB시스템 개편
- 2006. 08. 사회복지봉사활동 인증관리규정 2차 개정(보건복지부)
- 2007. 01. 사회복지봉사활동 인증관리 DB시스템 개편(Web전용)
- 2009. 08. 사회복지 자원봉사자 3,000,000명 돌파
- 2009. 09. 현재, 인증센터 5,798개소 지정, 인증요원 15,234명 위촉, 등록봉사자 3,100,028명

2. 인증센터

봉사활동 인증센터는 자원봉사자를 양성·관리하는 법인·단체·시

설·보건·의료·기업 등으로 사회복지봉사활동인증관리규정 제6조에 의하여 인증관리 업무를 수행하도록 지정된 사업장을 의미한다.

주요업무는 사회복지봉사활동 정보의 인증관리 DB등록 및 관리, 전국 인증센터 등록 자원봉사자의 사회복지봉사활동실적인증서 발급·관리, 자원봉사자 모집, 교육훈련, 자원봉사자 배치, 자원봉사자 모집·교육훈련·자원봉사자 배치, 소속봉사자의 자원봉사자카드 발급안내 및 신청서 접수 송부, 기타 인증관리사업에 관한 사항을 수행하여 자원봉사 활동 업무수행을 지원하고자 한다.

인증센터 지정신청 자격은 연간 활동 자원봉사자가 10인 이상인 각종 법인·비영리 민간단체지원법에 의해 등록된 민간단체·사회복지사업법에 의한 사회복지시설·보건·의료·기업 등이 신청할 수 있다. 그러나 병원급 이상 의료기관의 경우에는 병원내 사회사업실 운영 또는 담당사회복지사가 배치되어 있어야 하며 순순한 비영리 자원봉사활동과 봉사실적이 엄정하게 관리 가능한 의료기관을 지정한다.

〈그림 14-1〉 인증센터 지정절차

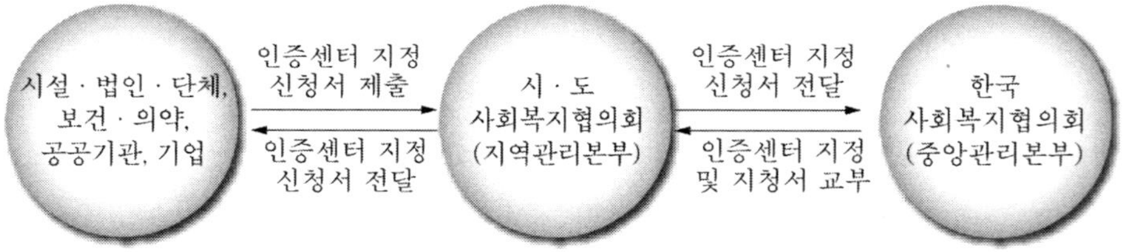

3. 인증요원

사회복지봉사활동 인증요원은 인증센터 종사자로서 인증요원 양성교육 이수 후 사회복지봉사활동인증관리규정 제7조에 의하여 인증관리업무를 수행하도록 위촉된 자를 말한다.

주요업무는 당해 인증센터의 사회복지봉사활동 관리 및 조정, 인증관리 DB 시스템 운용자원봉사자 인적사항·봉사실적 및 인증센터 정보 등록・관리, 웹 신청 자원봉사자 승인 및 타 인증센터 이관 처리, 자원봉사관련 각종 자료의 엄정한 관리로 사업의 신뢰성 확보 노력 등의 업무를 수행한다.

〈그림 14-2〉 인증요원 위촉절차

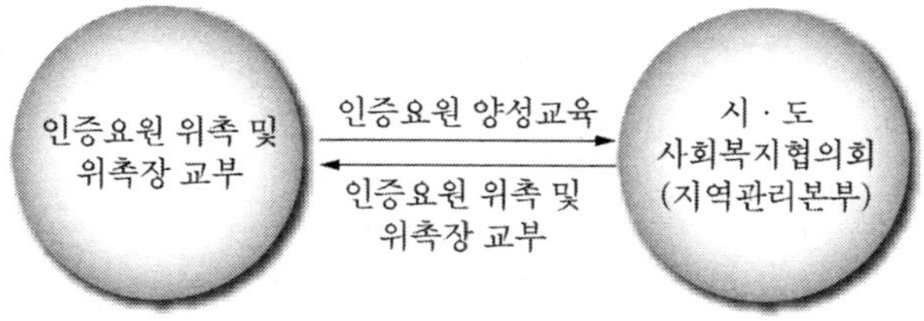

제 4 절 사회복지 봉사활동 사업

1. 사회복지 봉사활동의 개요

사회복지 봉사활동은 사회안전망(Social Safety Net)의 사각지대에 놓여 있는 사회취약계층의 다양한 복지수요에 능동적으로 대응하기 위해 자원봉사를 활성화하기 위한 활동을 말한다. 그동안 사회복지시설 중심 자원봉사체계 및 단발성 노력봉사 위주에서 전문적・지속적인 봉사활동을 위한 새로운 자원봉사 패러다임을 구축하여 지역사회의 다양한 봉사일감을 발굴하고 이에 부응하는 지역사회전문봉사단 구성을 활성화하고자 하는 것이다

2. 추진전략 및 추진체계

사회복지 봉사활동 활성화로 행복한 「나눔문화」 확산과 클라이언트 중심의 역동적인 자원봉사활동 인프라 확충이 추진목표이다. 이런 목표

달성을 위해서는 사회복지봉사활동 인프라 확충과 클라이언트 중심 일감개발과 봉사활동홍보, 사회복지 봉사활동 수요·공급 연계시스템 구축과 자원봉사활동 동기부여 인정프로그램 개발확대에 중점을 두고 사업을 수행하고 있다. 봉사활동 인증관리 추진전략은 〈그림 14-3〉과 같다.

사회복지 봉사활동 추진은 사회복지사업법 제9조 및 동법 시행령 제25조, 사회복지 자원봉사활동 관리규정, 자원봉사활동기본법 제3조 및 제4조, 국정과제 「1004 지역사회봉사단」 구성에 근거를 두고 있으며 추진경과는 다음과 같다.

- 1978. 09. : 사회봉사안내소 설치 운영(자원봉사자 양성 및 파견배치)
- 1983. 04. : 시·도사회복지협의회를 통해 전국단위 자원봉사자 양성
- 1991. 04. : 시·도사회복지협의회내 지역복지봉사센터 설치·운영
- 1994. 11. : 사회복지 자원봉사 정보안내센터 설치 운영
- 1999. 12. : 사회복지포털시스템 복지넷(bokji. net)구축 운영
- 2001. 11. : 사회복지자원봉사 시스템(VMS) 구축·운영
- 2009. 08. : 「1004 지역사회봉사단」 구성을 국정과제로 선정

〈그림 14-3〉 사회복지 봉사활동 사업의 추진전략

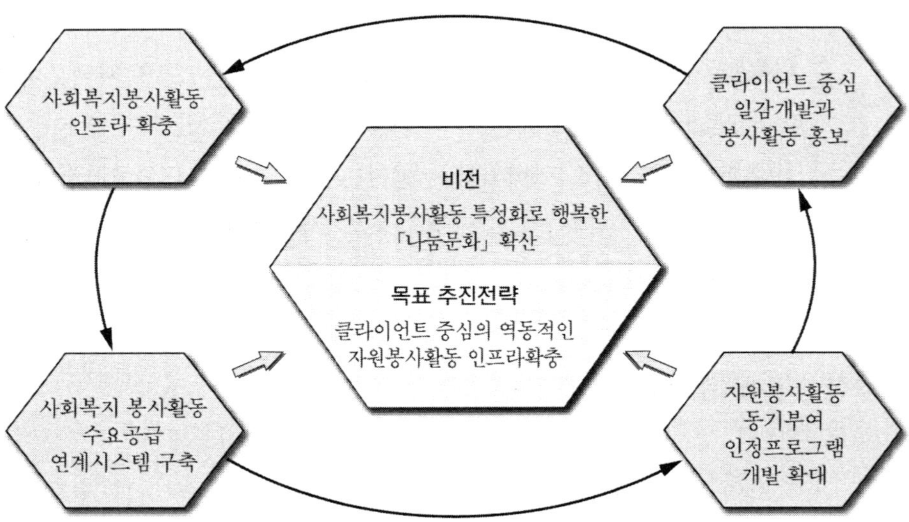

〈그림 14-4〉 사회복지 봉사활동 관리체계

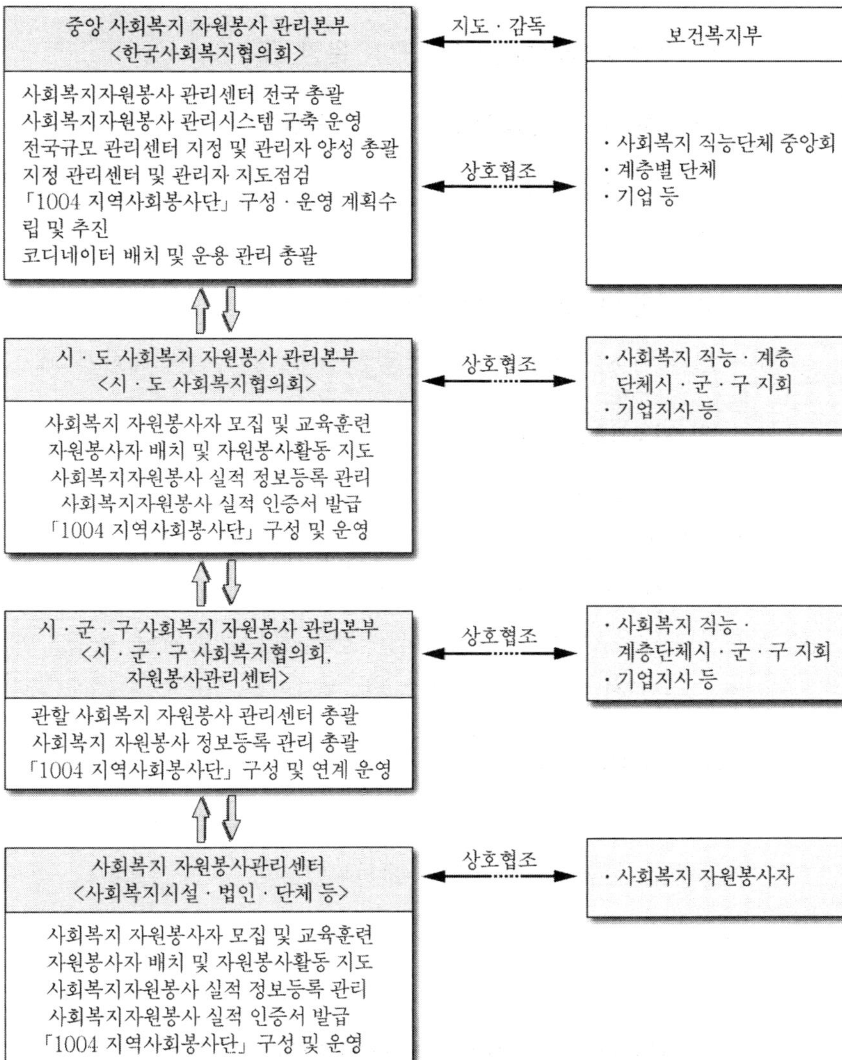

3. 주요 사업내용

1) 1004 지역사회봉사단 구성 · 운영

(1) 사회복지자원봉사관리본부 설치 · 운영

중앙, 시 · 도, 시 · 군 · 구 사회복지협의회 등에 『사회복지 자원봉사 관리본부』를 설치한다.

(2) 자원봉사 코디네이터 배치 · 운영

16개 시 · 도 자원봉사 관리본부에 자원봉사 코디네이터 배치한다.

(3) 지역사회봉사단 구성

지역특성, 봉사수요, 잠재적 봉사자 등 시 · 군 · 구별 특성을 감안하여 지역별로 2~5개의 전문봉사단을 구성하고 직능 · 계층 · 기업 봉사단 및 봉사자를 연계하여 지역사회 복지수요에 적합한 「1004 지역사회봉사단」을 구성한다. 구성분야는 보건의료, 학습지원, 돌봄지원, 생활안전, 주거개선, 가사지원, 이동봉사, 급식지원(푸드뱅크, 아동급식)등이다.

(4) 봉사일감 발굴 · 연계

자원봉사 관리본부 및 코디네이터는 지자체 서비스연계팀, 기업 및 직능단체, 자원봉사단, 지역사회복지협의체 등과 협력하여 저소득 취약계층 등이 필요로 하는 봉사일감 및 수요자를 발굴 및 서비스를 연계한다.

2) 자원봉사 수요자-봉사자 연계 강화

(1) 온-오프라인을 통한 참여경로 다양화

봉사자 발굴을 확대하고 봉사 접근성을 높이기 위해 온라인(전화 1688-1090, 네이버 해피빈), 오프라인(복지시설, 전문가 집단, 단체)등을 적극 활용, 협조 강화한다.

(2) 수요자-봉사자 연계 체계화

발굴한 수요자를 「1004 지역사회봉사단」 등 봉사자와 연계될 수 있도록 한다.

3) 자원봉사자 동기부여 프로그램 활성화

자원봉사자 및 관리요원 사기진작을 위한 다양한 자원봉사 인센티브 제공을 위한 민간자원 발굴·연계한다. 우수 자원봉사자 명예감을 높이고 투명한 자원봉사 마일리지 관리 및 인센티브 제공을 위한 봉사자별 자원봉사 관리카드 발급 확대, 상해보험 가입한다.

4) 자원봉사 사업 관리·운영 체계화

자원봉사 사업 관리·운영 체계화를 위해 자원봉사 관리자교육 및 간담회 개최, 전문 직능분야 자원봉사활동 캠페인 전개, 사회복지자원봉사 통계연보 제작·보급, 사회복지 자원봉사 관리시스템(VMS) 운영, 시·도 자원봉사 관리본부 평가, 사회복지 자원봉사 우수관리자 활동비 지급, 행정안전부 자원봉사 사업과 연계를 강화한다.

5) 인증관리사업 운영

인증관리사업 운영을 위하여 사회복지 자원봉사 관리센터 평가, 우수 자원봉사관리센터 지원, 우수 자원봉사관리센터 현판 제작 및 보급, 자원봉사 관리센터 실태를 점검한다.

제5절 자원봉사센터

1. 자원봉사센터의 기능

자원봉사센터는 지역사회 주민들의 복지욕구해소와 지역사회문제를 해결하기 위해 자원봉사자의 발굴과 지역사회의 수요에 맞는 교육을 통하여 전문적 자원봉사자를 양성하는 역할을 수행한다. 자원봉사 활동의 체계적인 육성·발전을 통하여 건전한 시민운동으로 정착시켜 나가고 자원봉사 인프라 구축, 전문인력 양성과 다양한 자원봉사 프로그램 개발 등 자원봉사활동 진흥을 위한 적극적인 노력을 기울여야 한다.

자원봉사센터는 지역사회 내에 필요한 자원봉사자를 적재적소에 배치하고 민관 협력 네트워크 구축 등 지역을 조직화 하고 자원봉사활동의 활성화를 위하여 자원봉사센터의 기능과 역할을 다음과 같이 살펴볼 수 있겠다.

1) 지역의 기관·단체들과의 상시협력체계 구축

지역사회내에 상존하는 공공 및 민간 복지기관의 현황을 파악하고 다양한 교류를 통하여 자원봉사활동이 효과적으로 추진될 수 있도록 봉사단체 연대활동, 자원봉사 관리자 연계 등 네트워크 체계를 구축한다.

2) 자원봉사자의 모집 및 교육·홍보

자원봉사활동을 희망하는 사람들을 모집하고 자원봉사자에 대한 기본교육, 기술교육 등을 통하여 자원봉사활동의 방향성을 제시하고 많은 사람들이 봉사활동에 참여할 수 있도록 홍보하는 역할이다.

3) 자원봉사 수요기관 및 단체에 자원봉사자 배치

자원봉사자를 개인의 능력 및 특성에 맞도록 지역사회 복지기관 및 단체 등에 적절하게 배치하여 자원봉사활동의 효율성을 극대화한다.

4) 자원봉사 프로그램의 개발·보급 및 시범운영

지역사회의 취약계층 및 위기 대상자를 발굴하고 맞춤형 서비스를 제공하기 위해 다양한 프로그램을 개발하고 보급함으로써 지역사회복지증진에 기여한다.

5) 자원봉사 관련 정보의 수집 및 제공

자원봉사활동을 활성화시키기 위해서는 지역사회의 기관 및 단체들의 현황 파악과 자원봉사자들의 성향에 맞는 자료정리, 자료실 운영, 지역사회복지욕구조사 등으로 지역정보를 수집하고 적절한 제공을 한다.

6) 지역의 자원봉사 진흥에 기여할 수 있는 사업

우수한 자원봉사자 개인 및 단체 발굴, 활동성과 기록관리 등 기타 자원봉사 진흥을 위한 사업을 수행한다. 자원봉사센터의 역할수행을 위해서는 지속적인 자원봉사 프로그램을 개발하고 보급을 위해 노력하여야 하며 구체적인 프로그램의 주요내용을 다음과 같이 제시할 수 있다.

① 사회복지 봉사활동

- 장애아동, 장애인 통학보조, 노약자, 장애인 목욕보조, 수화봉사 등
- 아기돌보미, 급식지원, 도시락배달, 밑반찬 배달, 빨래지원 등

② 행정보조 봉사활동

- 공공기관, 구청, 동사무소, 우체국, 경찰서 등 민원안내 등
- 사회복지기관 및 시설 업무보조, 행정기관업무보조 등

③ 문화행사 봉사활동

- 음악, 무용, 연극 등 소규모 공연봉사 등

- 공공 및 민간 기관 행사 공연 보조, 지역문화행사 지원 등

④ 교통 · 환경 캠페인 봉사활동

- 교통정리, 주차정리, 카풀참여 등
- 환경, 재활용 캠페인 등

⑤ 기술 및 기능지원 봉사활동

- 이 · 미용, 집수리, 도배, 벽화봉사, 전산입력 봉사 등
- 전기 가스 안전점검 봉사,

⑥ 교육 봉사활동

- 어린이 공부방 학습지도, 학습부진아 지도, 한글, 문맹인 학습지도 등
- 복지기관 교육지원, 자원봉사지 교육, 한글, 영어, 서예 등 지도

⑦ 재난 · 재해구조 봉사활동

- 긴급재난 지휘, 구조, 복구, 위문 등
- 응급구조, 소방 등

⑧ 보건 · 의료 봉사활동

- 헌혈, 장기기증, 간병, 호스피스, 무료진료, 환자위문 등
- 방문보건 등,

⑨ 외국 · 통역 봉사활동

- 해외의 자매도시 및 저개발국을 위한 봉사 등
- 번역, 통역 등

⑩ 상담활동봉사

- 아동, 청소년, 노인, 장애인, 가족상담 등
- 법률, 세무, 부동산, 취업상담 등

⑪ 기타 자원봉사 활동

- 자원봉사 멘토링, 청소년들의 금연도우미, 야간 방범봉사 등
- 결혼식 주례 봉사 등

자원봉사센터의 활성화와 사업추진에 필요한 자원봉사활동의 범위를 자원봉사활동기본법 제7조에 다음과 같이 규정하고 있다.

사회복지 및 보건 증진, 지역사회개발 · 발전, 환경보전 및 자연보호, 사회적 취약계층의 권익증진 및 청소년의 육성보호, 교육 및 상담, 인권옹호 및 평화구현, 범죄예방 및 선도, 교통 및 기초질서계도, 재난관리 및 재해구호, 문화 · 관광 · 예술 및 체육진흥, 부패방지 및 소비자보호, 공명선거, 국제협력 및 해외봉사활동, 공공행정분야 사무 지원, 그 밖에 공익사업의 수행 또는 주민복리의 증진에 필요한 활동 등을 규정하고 있다.

2. 자원봉사센터의 역할 및 책임

1) 자원봉사센터의 역할

2010년 행정안전부 자원봉사 활성화를 위한 자원봉사센터 역량강화 지침의 기본 방향 중앙센터, 특별시 광역시 · 도센터와 시군구센터 간 역할 구분을 통해 효과적인 자원봉사 활성화 추진체계를 확립, 자원봉사센터 역할을 명확히 규정하여 자원봉사센터와 봉사단체 간의 역할 중복으로 인한 혼선을 방지하고자 다음과 같이 역할을 구분하였다.

○ 중앙자원봉사센터

- 특별시 · 광역시 · 도 및 시 · 군 · 자치구 자원봉사센터에 대한 지원
- 특별시 · 광역시 · 도와 시 · 군 · 자치구의 자원봉사센터 관리자에 대한 교육훈련
- 지역 자원봉사와 관련한 프로그램의 개발 · 보급 및 조사 · 연구
- 지역 자원봉사센터 및 자원봉사단체 등과 협력 및 정보교류
- 자원봉사 정책 지원 및 협조
- 자원봉사 통합포털시스템 홈페이지(www.1365.go.kr) 운영
- 그 밖에 국가의 자원봉사 진흥에 기여할 수 있는 사업

○ 특별시 및 광역시 도센터

- 특별시 · 광역시 · 도 지역의 기관 · 단체들과의 상시협력체계 구축
- 자원봉사 관리자 및 지도자의 교육훈련
- 자원봉사 프로그램의 개발 및 보급
- 자원봉사 조사 및 연구
- 자원봉사 정보자료실 운영
- 시 · 군 · 자치구 자원봉사센터간 정보 및 사업의 협력 · 조정 · 지원
- 그 밖에 특별시 · 광역시 · 도 지역의 자원봉사 진흥에 기여할 수 있는 사업

○ 시군구센터

- 시 군 자치구 지역의 기관 단체들과의 상시협력체계 구축
- 자원봉사자의 모집 및 교육 · 홍보
- 자원봉사 수요기관 및 단체에 자원봉사자 배치
- 자원봉사 프로그램의 개발 보급 및 시범 운영
- 자원봉사 관련 정보의 수집 및 제공
- 그 밖에 시 군 구 지역의 자원봉사 진흥에 기여할 수 있는 사업

2) 자원봉사센터 종사자의 업무구분

자원봉사센터는 담당업무의 권한 · 책임을 명시하여 합리적인 업무배분과 상호 간 협업 체계를 확립을 위하여 종사자의 역할과 책임을 다음과 같이 구분하고 있다.

○ 자원봉사센터 장

· 자원봉사센터의 대외 위상 제고를 위한 역할 수행
· 지역 자원봉사단체, 타 자원봉사센터, 유관기관 등 자원봉사와 관련한 협력 네트워크 구축
· 조직 및 인사관리, 예산확보 등 자원봉사센터 운영 전반에 대한 역할과 책임

○ 사무국장

· 자원봉사센터 운영 및 예산 집행 수행

· 지역 자원봉사와 관련한 협력 네트워크 구축

· 자원봉사활동 관리 및 수요처 발굴, 관리

○ 팀 장

· 자원봉사활동 프로그램의 기획 및 일감 발굴

· 자원봉사활동 프로그램의 원활한 진행 관리

· 자원봉사자 교육 계획 수립 및 교육수행

· 팀원 역량강화를 위한 관리 · 지원

○ 팀원(선임팀원)

· 자원봉사자의 원활한 활동을 위한 실무 수행

· 자원봉사자 상담, 자원봉사자 배치 및 현장관리 등

· 자원봉사실적 관리 등 인정 · 보상 업무 수행

3. 자원봉사센터의 운영현황

1996년부터 시범시업을 시작한 자원봉사센터 설치사업은 〈표 14-8〉처럼 2009년 현재 248개소를 완료되어 지역사회에서 자원봉사 희망자와 수요처를 중개하고, 지역의 자원봉사 자원발굴과 데이터 관리를 통하여 정보의 제공 및 자원봉사자 교육과 프로그램 개발보급 등의 사업을 추진하며 현재까지 활발하게 운영 중에 있다.

246개 자치단체에서 248개 자치단체가 자원봉사활동지원조례를 제정하여 자원봉사센터 운영 및 자원봉사 활동을 지원하고 있다. 광역자치단체인 16개 시 · 도 자원봉사센터와 기초자치단체인 230개 시 · 군 · 구 자원봉사센터가 설립 운영되고 있다.

1) 운영주체

자원봉사센터 248개 센터 중 자치단체가 직접 운영하는 센터가 159

개(64%), 비영리법인에 위탁하여 운영하는 센터가 70개(28%), 별도 법인을 설립하여 운영하는 센터가 19개(8%)로 센터 운영의 민영화율은 36%이다. 시 · 도 16개소 중 직영 4개소와 법인운영 6개소, 위탁운영 6개소이며, 시 · 군 · 구 232개소 중 직영이 155개소, 법인운영 13개소, 위탁운영은 64개소이다.

2) 근무현황

전국의 자원봉사센터 근무자는 총 1,221명이며 이 중 민간인이 1,076명(88%), 공무원이 145명(15.4%)으로 나타났다. 공무원의 수는 감소하고 민간인 수의 증가는 61%를 지방자치단체가 직영을 하고 있음에도 전문인력은 민간 자원으로 운영하고 있다는 의미이다.

〈표 14-8〉 연도별 센터 운영현황

(단위 : 개소, 명)

연도별	조 례 제 정	운 영 형 태				상 근 인 력		
		계	직 영	위 탁	법 인	계	공무원	민간인
'03. 12	170	248	140	99	9	694	208	486
'04. 12	200	250	137	102	11	734	191	543
'05. 12	207	250	146	95	9	768	211	557
'06. 12	241	248	151	83	14	784	203	581
'07. 12	243	248	159	70	19	1,205	186	1,019
'08. 12	246	248	158	74	16	1,253	215	1,038
'09. 12	247	248	152	69	27	1,221	145	1,076

자료 : 행정안정부, 2010

3) 학력 및 연령 현황

자원봉사센터에 근무하는 민간인력 1,221명을 연령별로 분석해 보면 30세미만 296명(28%), 40세미만 424명(39%), 50세 미만 244명(23%), 60세미만 98명(9%), 60세이상 14명(1%)으로서 대부분 20대, 30대(67%)로서 젊은 전문인력들의 왕성한 활동을 나타내고 있다

〈표 14-9〉 센터근무자 학력 및 연령 현황

(단위 : 명)

연도별	연 령 별					
	계	30세 미만	40세 미만	50세 미만	60세 미만	60세 이상
'03. 12	486	146	175	106	38	21
'04. 12	543	153	193	121	51	25
'05. 12	557	125	223	136	49	24
'06.12	581	136	235	135	53	22
'07.12	1,019	324	404	200	70	21
'08. 12	1,038	292	424	222	73	27
'09. 12	1,076	296	424	244	98	14

자료 : 행정안전부, 2010

4) 예산 현황

전국 자원봉사센터 2009년도 예산액은 66,603백만원으로 '08년 대비 4,731백만원(8%) 증가하였다. 2009년 예산총액 66,603백만원 중 62,499백만원 집행하여 93%의 집행률을 보였으며 이 중에는 인건비 23,053백만원(37%), 운영비 11,001백만원(17%), 사업비 28,445백만원(46%) 등으로 구분할 수 있다.

〈표 14-10〉 연도별 예산 현황

(단위 : 백만원)

연 도 별	계	국 비	시 도 비	시군구비	자체예산
'03년도	24,637	4,000 (교부세)	4,701	14,927	1,008
'04년도	29,219	2,000 (교부세)	5,727	20,076	1,415
'05년도	32,806		8,027	22,664	2,114
'06년도	38,814	1,670	8,262	20,819	8,122
'07년도	48,086	4,105	12,363	29,892	1,726
'08년도	61,872	5,845	15,575	38,702	1,750
'09년도	66,603	5,454	15,587	43,847	1,715

자료 : 행정안전부, 2010

참고문헌

김동배(2005). 『시민사회와 자원봉사』. 학지사.
남기철(2007). 『자원봉사론』. 나남출판.
박용순(2088). 『사회복지개론』. 학지사.
박종삼외(2002). 『사회복지학개론』. 학지사.
배기효 · 전영록 · 조당호(2007). 『자원봉사론』. 공동체.
보건복지부(2010). 2010년도 사회복지 자원봉사 사업안내.
신재명(2011). 『사회복지개론』. 형지사.
정무성(1996). 자원봉사자 유형에 따른 효율적인 활용 및 관리방안. 한국사회복지협 의회
정민자 외(2001). 『자원봉사길라잡이』. 양지.
조휘일(1998). 『현대사화와 자원봉사』. 홍익재.
최우진 · 이창수 · 김명옥 · 이종호(2009). 『지역사회복지론』. 청람.
최일섭 · 류진석(1999). 『지역사회복지론』. 서울대학교출판부
한국사회복지협의회(1997). 『자원봉사의 기초』. 동화인쇄공사.
행정안전부(2010). 자원봉사 활성화를 위한 자원봉사센터 역량강화지침.
행정안전부(2010). 자원봉사센터운영현황.
McCurley, S. & Lynch, R.(1989), Essential Volunteer Management, IL: The Volunteer Management Series of Systems.
Moore, L. F.(1985). Motivating Volunteers, The Vancouver Volunteer Center.
Jacobson, A. (990), Volunteer Management Handbook for Effective Development of Volunteer Programs, ACSW.
Sheafor, B. W. & Horejsi, C. R.(2003, Social Work Practice, Allyn and Bacom.
Titmuss, R. M.(1970). The Gift Relationship, London: Allen & Unwion.
http://www.mopas.go.kr
http://www.mw.go.kr
http://www.vms.or.kr

제4부

사회복지의 과제

제15장

사회복지의 발전과제 및 방향

제1절 개 요

최근 사회발전의 패러다임은 기존의 양적, 성장중심적 패러다임에서 질적인 성장과 인간 중심의 발전 패러다임으로 전환하고 있다. 친환경적, 문화친화적, 인간중심적, 사회복지 특성이 그 나라의 선도성을 도출하는 조건으로 작용하고 있으며, 이러한 방향으로 국민의 삶의 질을 향상시키는 것이 정부의 중요한 책임으로 인식되고 있다.

국가 경제의 성장과 발전은 사회적 약자에 대한 관심과 배려가 뒷받침될 때 더불어 잘사는 사회를 만들 수 있는 초석이 된다. 복지국가를 만들기 위해서는 국민 개개인의 삶의 질에 대한 관심이 높아야 하고, 국민 개개인의 행복에 대한 관심은 사회적 약자에 대한 보호가 그 출발점이다.

따라서 바람직한 사회복지는 성장 중심적인 경제정책은 물론 사회적 약자에 대한 보호정책과 일반국민의 삶을 지원하기 위한 정책이 균형적으로 실시되어야 한다.

제 2 절 인구구조변화와 고령화 문제

1. 고령화 추세와 전망

우리나라는 전 세계에서 그 유래를 찾을 수 없을 정도로 급격한 고령화 사회로 진입하고 있다. 우리나라의 고령화 추세를 살펴보면, 〈표 15-1〉 '고령화 추세와 전망 1960~2050'에서와 같이 65세 이상과 80세 이상 인구의 구성 비율이 1960년에 각각 2.9%와 0.2%에 불과하였다. 그러나 2010년에는 그 비중이 각각 11%와 2%로 상승하였으며, 2050년에는 각각 38.2%와 14.5%의 수준에 도달할 것으로 전망된다. 또한 저출산과 고령인구의 증가로 우리나라 인구의 중위연령도 매우 빠른 상승추세를 보이고 있다. 〈표 15-1〉에서 보듯이 중위연령은 1960년 19세에 불과하였으나, 2010년 38세로 높아졌으며 2050년에는 무려 56.7세에 도달할 것으로 전망된다.

일반적으로 고령화는 경제활동인구가 부양해야 하는 피부양인구의 증가를 의미한다. 노인부양인구비는 1960년 5.3%으로 집계되었으나 2010년 15%로 증가하였다. 그리고 2050년에 이르면 72% 수준에 도달하여 생산활동연령인구 1.4명이 노인 1명을 부양해야 하는 상황이 된다. 고령화지수 또한 1960~2010년과 2010~2050년의 기간에 각각 9.8배와 6.3배로 급격한 증가 추세를 나타내고 있다.

인구성장률 또한 심각한 상황에 이르러 2020년에는 마이너스 성장률이 예상되고 있다. 출산력이 대체수준에 훨씬 못 미치는 상황에서 고령화가 빠른 속도로 이루어지면 고령인구에 대한 부양비용이 크게 늘어나 연금, 의료보험과 같은 사회복지제도에 심각한 문제가 생길 수밖에 없다. 아울러 노동시장에서도 젊은 인력의 부족사태가 초래되어 경제성장을 저해할 가능성이 높다.

〈표 15-1〉 고령화 추세와 전망 : 1960~2050

구 분	인구구성비율(%)		중위연령	노년부양비	고령화지수	인구성장률
	65세+인구	80세+인구				
1960	2.9	0.2	19.0	5.3	6.9	
1980	3.8	0.5	21.8	6.1	11.2	1.57
2000	7.2	1.0	31.8	10.1	34.3	0.84
2010	11.0	2.0	38.0	15.0	67.7	0.26
2020	15.6	3.6	43.8	21.7	125.9	-0.02
2040	32.5	9.5	53.4	56.7	314.8	
2050	38.2	14.5	56.7	72.0	429.3	-1.07

* 노년부양비 = (65세 이상 인구÷15-64세 인구)x100
* 고령화지수 = (65세 이상 인구÷15세 미만 인구)x100
* 출처 : 통계청 장래인구추계, 2006

2. 청년실업률의 증가

2007년 미국 서브프라임 모기지 위기에서 시작해 4년 넘게 지속되고 있는 세계적인 경제 위기로 인하여 각 국의 청년 실업률이 급증하고 있는 추세다. 우리나라도 예외는 아니다. 정부는 2010년 3분기의 우리나라 청년층(15~29세)의 실업률은 2004년 7.5%에서 2010년 7.6%로 0.1%포인트 높아졌다고 발표했다. 그러나 이 기간에 실제 청년 실업률은 같은 기간 12.2%에서 16.7%로 4.5%포인트 증가한 것으로 나타났다. 취업을 희망하는 청년 6명 중 1명꼴로 취업이 안 돼 고통받고 있다는 의미다.

이렇듯 청년층 실업률이 높아진 것은 실질 실업률 통계가 각 기관별로 다르기 때문이다. 통계청 공식조사는 "일정 기간 구직행위를 하는 사람"을 실업자로 정의하고 "실업기간이 장기화되어 구직행위를 포기한 사람"을 비경제활동인구로 분류한다. 이러한 정의는 노동시장에서 취업 가능성이 적은 청년층의 실업문제를 이해하는데 취약하다. 따라서 구직행위와 비경제활동행위를 동시에 고려할 때 노동시장의 실업문제를 정확히 이해할 수 있다. 정부 발표 청년층 실업률이 7.6%에서 16.7%로 급증한 이유는, 정부의 실업자 통계에는 잡히지 않지만 사실상 실업 상태에 있는 청년, 즉 학원 등을 다니며 취업을 준비하는 취업준비자와 오랫동안 취업이 안돼 포기한 구직 단념자까지를 포함해서 집계한 실질 청년 실업률을 추산한 결과로 인한 것이다.

이 같은 청년 실업률의 증가는 노동시장의 경직화는 물론 국내 경기가 그만큼 침체되어 있다는 것을 의미하며, 안정적인 경제 성장에 대한 적신호로 받아들일 수 있기에 우려스러운 일이라 하겠다.

3. 우리나라의 고령화 사회 준비수준

최근 정부는 고령사회의 도래에 대비하여 다양한 정책적인 시안들을 마련하는 과정에 있다. 그런데 고령사회의 삶의 질을 향상시키기 위한 정책들은 막대한 재원의 투입에도 불구하고 단기간에 획기적인 성과를 거두기가 쉽지 않다는 한계를 지닌다. 또한 우리나라가 고령화 사회를 준비하는 수준이 OECD 주요국들에 비해 매우 미흡한 것으로 나타났다.

미국 전략국제문제연구소(CSIS)가 최근 12개 선진국과 8개 신흥국 등 경제협력개발기구(OECD) 20개 국가를 상대로 고령화사회준비지수(GAP, Global Aging Preparedness index)를 평가한 결과, 우리나라의 '재정의 지속가능성'은 12위, '소득적합성'은 19위로 평가됐다.

공공부담, 재정여력, 복지에 대한 의존성 등 세 가지 평가지표로 구성된 GAP 재정지속가능성 지수는 고령층에게 제공할 공공지출을 견뎌낼 만큼 국가재정이 튼튼한지를 평가한 지수다.

복지수준과 복지성장률 지표를 참고해 각국의 노령 인구의 복지의존부담률을 측정한 '공공부담'은 15위로 나타났고, 세금・예산・채무 여력을 바탕으로 각국의 노령인구 증가에 대한 대처 능력을 측정한 '재정여력'은 10위로 나타났다.

연금과 노동소득 등을 통해 고령층이 누리는 삶의 질이 비(非)고령층과 비교했을 때 어느 정도 수준인지를 측정한 GAP 소득적합성 지수 가운데 총수입은 18위, 중산·빈곤층 노인수입은 20위, 가족지원 부문은 11위, 전체적으로는 최하위권인 19위로 평가됐다.

CSIS는 고령층에 대한 복지혜택 수혜율이 급증하는 것에 대해, 우리나라의 연금시스템이 특별히 관대하지도 않고 적용범위(커버리지)에 많은 구멍이 있지만, 인구 중 고령자 비율이 2007년 14%에서 2040년 39%로 조사대상국 가운데 가장 큰 폭으로 늘어나기 때문이라고 하였다.

한편 세계보건기구(WHO)가 발표한 '2011년 세계보건통계 보고서'에서 2009년 출생아를 기준으로 한 한국인 평균 기대수명은 평균 80세로 조사대상 193개국 가운데 영국, 독일, 핀란드 등과 함께 20위에 올랐다. 남성의 평균 기대수명은 76세로 작년보다 1살 늘었고, 여성은 지난해와 같은 83세였다. 우리나라의 평균수명은 1960년 52.4세에 불과하였다.

출산율이 뒤따르지 않는 이러한 노인수명 연장의 인구구조는 노인복지의 관점에서 본다면 많은 문제점을 안고 있다. 현재 65세 이상 인구 가운데 생계자립 노인의 비율은 전국적으로 25%를 넘지 못하고 있는 수준이다. 생계자립노인이란 "생계유지에 필요한 생활비가 본인의 경제활동이나 연금, 자산 등으로 충당되는 노인집단"을 의미한다.

통계청의 OECD 34개국 국가별 노인 빈곤율을 보면, 2010년 기준 한국은 45.1%에 이르고 있다. 빈곤율은 가구 소득이 중간소득(소득을 높은 순대로 나열해 정확히 중간에 오는 소득)의 절반에 못 미치는 가구의 비율을 말한다. 즉, 노인가구의 45.1%가 중간소득의 절반도 못 되는 돈으로 살아가고 있다는 의미다. 아일랜드 31%, 호주 27%, 미국의 22.2%, 일본 21.7%에 비해 높은 수준이고, 네덜란드 1.7%, 프랑스 5.3%, 스웨덴 9.9%에 비교하면 월등히 높은 수준이다. 아울러 통계청 자료에 의한 전체 빈곤 가구 중 노인가구가 차지하는 비율은 2006년 35.1%에서 2007년 38.6%, 2008년 42.8%, 2009년 42.6%로 40%가 넘고 있어 노인의 경제 자립 문제가 매우 심각한 상황임을 알 수 있다.

일반적으로 노인은 경제사회적 활동기회를 갖지 못하고 소득, 건강, 여가, 가족관계 등에서 많은 어려움을 겪을 수밖에 없다. 특히 우리나라의 경우 노인 대부분이 노후에 대한 대비책이 충분하지 않은 상태에 있다. 따라서 노인 개인뿐만 아니라 사회적으로도 준비되지 않은 상태에서 맞이하는 미래의 초고속 노령화는 이러한 노인문제가 더욱 확대될 것이므로 이에 대한 대비책을 강구하여야만 할 것이다.

제 3 절 우리나라의 복지 예산

1. 복지모델의 다양성

경제가 발전하면서 정부의 복지 지출이 늘어나는 것은 자연스러운 현상이다. 그럼에도 불구하고 최적의 복지모델은 국가 및 시대상황에 따라 다르게 나타난다. 전(全) 국민을 위한 보편적 복지인지, 특정 소외계층을 위한 맞춤형 복지를 택할지의 선택은 나라마다 달라질 수밖에 없다. 중요한 것은 그 나라의 상황과 특성에 맞는 복지모델을 설정하고 그에 맞도록 제도를 효율적으로 정비하고 운영해야 지속 가능한 복지가 가능하다는 점이다.

대표적인 복지국가인 스웨덴은 1990년대 경제위기를 직면하자 낭비성 지출을 줄이는 재정개혁을 단행하면서 고부담의 세율, 고복지 체제를 유지했다. 그렇게 할 수 있었던 배경에는 경제성장의 뒷받침이 있었다. 이에 비하여 산업기반이 허약한 남유럽 국가들은 부담 능력이 없음에도 불구하고 국가 재정 지출을 줄이지 않아 적자폭이 커졌고 결국 국가 부도사태를 맞는 상황에 이르렀다.

복지지출의 확대는 국가 경제의 성숙도를 반드시 고려해야만 한다.

우리나라의 복지 지출은 OECD 국가들에 비해 상대적으로 낮다. 그러나 성장기에 있는 우리나라와 이미 성숙한 유럽과 동일한 잣대로 비교해서는 안 되고, 국가 성숙도에 맞춰 복지 지출이 적정한지를 판단해야 한다. 현재의 남유럽 국가들의 경제위기에서 볼 수 있듯이 국가 재정의 악화로 인한 폐해는 전 국민의 복지 수준을 상당부분 위축시킬 수밖에 때문이다. 따라서 복지 지출을 늘리면서도 재정건전성을 유지하려면 향후 직면할 경제 환경은 물론이고 고령화 추세 등 예상되는 다양한 변수들을 감안하여 우리나라의 상황에 가장 적합한 최적의 복지모델을 설정하고 전반적인 복지 전달체계 등을 구성해야만 할 것이다.

2. 우리나라의 복지예산

우리나라의 내년 복지예산은 〈표 15-2〉 '우리나라 복지예산'에서 보듯이 92조원으로 전체 예산의 28%에 이르고 있다. 그러나 복지에서 최우선적으로 고려되어야 할 것은 예산의 규모가 아니라 그 효과에 있다. 복지 지출이 늘어난다고 하여 반드시 복지 혜택을 받는 사람의 만족도가 높아지는 것은 아니다. 매년 복지예산이 증가하고 있지만 복지 확대를 실질적으로 체감하는 국민은 그렇게 많지 않다. 비효율적인 복지 시스템 탓이다. 특히 우리나라는 여타 선진국들보다 복지 전달체계가 매우 낙후돼 있다. 따라서 원스톱복지서비스 등이 조속한 시일 내에 정착되어야 한다.

한편 복지는 한 번 늘리면 다시 줄이기 어렵다는 맹점을 지니고 있다. 따라서 지출 예산에 걸 맞는 적합한 방안을 강구해야만 한다. 선별적 복지가 되었든 보편적 복지가 되었든 복지의 대상을 더욱 정밀하게 분류하고, 복지의 목적도 정확해야만 한다. 아울러 복지의 효과가 어떨 것인지에 대한 사전 예비조사는 물론 사후의 모니터링제 실시도 반드시 행해야만 한다. 복지 예산의 무분별한 증대에 앞서 적은 예산으로도 누구나가 만족할만한 복지 효율화의 선행이 먼저 이루어져야 한다.

〈표 15-2〉 우리나라 복지예산

(단위 : 원)

구분	2008	2009	2010	2011	2012
전체 예산	262.1조	284.5조	291.8조	309.1조	326.1조
복지 예산	67.7조	74.6조	81.0조	86.4조	92.0조
복지 예산 비중	25.8%	26.2%	27.8%	28.0%	28.2%

자료 : 기획재정부

3. 한국형 복지모델의 창출

세계적인 경제 위기에 직면한 대부분의 선진국들은 현재 과도한 국가부채로 고전하고 있다. 이에 비하여 우리나라는 〈표 15-3〉 '주요 국가의 복지지출과 국가채무'에서 보듯이 상대적으로 사정이 나은 편이다. 한국의 GDP(국내총생산) 대비 국가부채비율은 33.3%로 경제협력개발기구(OECD) 평균(102.4%)의 3분의 1 수준에도 미치지 못하고 있다. 그러나 우리나라의 경우 저출산·고령화가 급속도로 진행되고 있는 것이 '지속 가능한 복지' 설계에 큰 부담요인으로 작용하고 있다. 이와 관련, 기존 복지제도 재설계를 통해 복지지출 증가폭을 적절히 통제하는 한편 세수 증대 기반을 넓히는 노력이 필요하다.

우선적으로 고령화 추세에 따라 의료비, 연금 지출이 급증할 것으로 예견되므로 이에 대한 통제 노력이 필요하다. 의료비 부담의 급증에 따른 의료급여 부분은 제도적인 개혁도 필요하지만 예방적 서비스에 초점을 맞춰 의료비 부담의 증가를 억제함으로써 재정적인 안정화를 도모해야 할 것이다.

연금 개혁 또한 한국형 복지 설계에서 매우 중요한 변수 중의 하나이다. 국민연금의 재원 현황 및 이에 따른 정확한 미래예측으로 보험료(연금부담액)의 부담액 및 지급액을 조정해야만 할 것이다. 아울러 지속가능한 복지를 위해 국가 성장 동력을 잃지 않는 방향으로 세수(稅

收) 기반을 확대해야 할 것이다.

〈표 15-3〉 주요 국가의 복지지출과 국가채무

(단위 %)

구분	호주	캐나다	프랑스	독일	그리스	이탈리아	일본	한국	스페인	스웨덴	영국	미국
1	16.0	16.9	28.4	25.2	21.3	24.9	18.7	7.5	21.6	27.3	20.5	16.2
2	29.3	85.9	97.3	87.3	157.1	129.0	212.7	33.3	73.6	45.4	88.5	101.1

1 = GDP 대비 복지지출 비율(2007년 기준) GDP(Gross Domestic Product : 국내총생산)
2 = GDP 대비 국가채무 비율(2011년 기준)
자료 : OECD(국제협력개발기구)

제 4 절 세계 경제위기와 사회복지

세계 경제위기는 1997년 미국의 서브프라임 모기지(비우량주택담보대출) 위기에서 출발하여 은행위기로, 다시 유동성 위기로 변모하였다. 결국 정부 차원의 대책을 요구하는 총체적인 금융위기를 불러와 국가의 채무를 증가시켰다. 또한 이런 위기가 실물경제의 위기로 전이되고 있어 전 세계적인 심각한 경기 침체 혹은 불황의 조짐까지 보여 1930년대 대공황의 전철을 밟게 되기 않을까 우려스러운 상황이다.

세계적인 경제위기를 초래한 이유는 위기의 본질인 근본적인 문제를 치료하지 않았기 때문이다. 실물경제 측면에서 보면 위기의 본질은 대다수 국민들의 소득 정체에 있다. 경기악화로 인한 수입 감소로 삶의 수준을 유지하기 위해 빚을 지기 시작했기 때문이다.

한편 남유럽 국가들의 국가재정 위기가 과도한 복지비 지출에서 비롯되었다는 판단은 재고할 필요가 있다. 경제 위기의 원인은 나라마다 제각각이다. 국가 재정이 나빠진 것은 공통점이지만 부채를 지게 된 내용이 나라마다 조금씩 다르다.

그리스 경제위기의 원인으로는 무능한 정부, 탈세, 비대한 공공부문

3가지가 꼽힌다. 국내총생산(GNP)의 약 14%에 이르는 탈세는 정부의 세입 기반을 악화시켰다. 또한 경제 위기 전 3년 동안 법인세 10%포인트 인하 등 감세정책이 상황을 악화시켰다. 조세부담률(조세/GDP)은 32.9%로 유럽연합(EU) 평균(39.7%)에 못 미쳤고, 경제개발협력기구(OECD) 평균(34.8%)보다도 낮았다. 사회보장지출 비중(국내총생산의 18%)은 OECD 평균(15.2%)보다 다소 높았지만 유럽연합 평균(21%)보다는 낮은 상태였다.

스페인은 부동산 거품 붕괴가 경제를 추락시켰다. 주택가격은 1990년 이후 경제위기 전까지 4배나 급등했다. 부동산 거품의 붕괴는 대량실업을 낳았고, 은행을 중심으로 금융권의 부실을 키웠다. 산업기반 취약은 물론 국내총생산의 10% 안팎에 이르는 경상수지 적자의 지속도 대외부채를 증가시키는 요인이 되었다.

포르투갈은 1995년 이후 매년 국내총생산의 10%에 이르는 경상수지 적자를 기록했다. 은행 등 민간부문이 앞장서 외국자금을 조달해 적자를 메웠고 그 결과 총외채가 국내총생산의 220%로 치솟았다. 교육수준 또한 상대적으로 낮아, 미숙련 노동자 비중이 전체 근로자의 50%가 넘어 노동생산성이 유럽연합 평균의 70%수준에 불과했다.

아일랜드 또한 부동산 거품이 빠지면서 붕괴되었다. 위기 전 주택 건설 투자가 경제성장에 30%이상 기여할 만큼 경제의 부동산 의존도가 컸다. 1990년대 중반이후 주택가격은 약 400% 급등했다가 폭락했다. 주택담보대출에 나섰던 은행들의 부실이 커지면서, 정부가 막대한 공적자금을 투입했지만 효과를 보지 못하고 오히려 정부 재정까지 바닥났다.

이탈리아는 재정적자가 금융위기 전 국민소득 대비 2~3% 수준에 불과하여 위기 상황이 아니었다.

프랑스는 지난 30년 동안 복지가 경제성장에 어떠한 제한도 가하지 않았다. 반면 2007년 감세법이 통과된 이후 재정적자의 3분의 2 이상이 세금 감면 때문에 발생했다.

남유럽 국가들은 유럽 기준에 비추어 보아 복지가 다소 미흡했던 국가들이다. 남유럽의 위기 국가로 분류되는 나라들이 대부분 재정적자가 없었고, 재정 적자가 일어난 이유는 경기 침체로 인한 세수 감소와 금융기관의 공적자금 투입이었다. 따라서 복지지출의 과다로 인한 국가 재정위기가 초래되었다는 관점은 재고해 볼 필요가 있다. 물론 복지국가의 경영상 비효율성은 재고할 필요가 있다. 그러나 복지비용의 지출이 재정적자의 주된 요인은 아니고, 세금 감소에서 비롯된 국가 재정의 악화 때문이라는 판단이 더욱 설득력 있다고 하겠다. 따라서 사회적 빈곤층을 비롯한 일반 국민들의 삶의 질이 악화되지 않는 수준의 복지비용 지출은 전체 국민의 사회복지를 위해 반드시 유지되어야만 할 것이다.

제 5 절 한국 사회복지 발전과제 및 방향

경제적 성장에도 불구하고 인구구조, 산업 활동구조, 가족구조, 소득분배구조 등의 사회적 특성은 현재 뿐만 아니라 미래의 사회복지 지속가능성을 위한 다양한 과제를 제시하고 있다. 이에 우리나라의 사회복지의 발전과제 및 발전방향을 살펴보면 다음과 같다.

1. 사회복지정책의 발전 과제

사회적 변화는 기존의 전통적인 사회복지정책과 다른 새로운 사회복지정책의 도입을 필요로 하고 있다.

인구구조 변화는 미래의 잠재성장률을 크게 하락시킬 것으로 예상되고, 생산인구의 감소는 노인 인력의 적극적 활용과 함께 기존 생산인구의 생산성 향상의 필요성을 증대시키고 있다. 더구나 노인인구의 증가는 의료비 지출의 효율성 문제를 제기할 수밖에 없어 당연한 권리로서의 의료보장 못지않게 비효율적이고 낭비를 줄이는 의료보장정책의 필요성이 그 어느 때보다도 높아질 것이다.

산업 활동구조 부문에서 노동능력이 있는 빈곤층의 증가는 빈곤이 발생한 이후에 사후적으로 개입하는 전통적인 소득보장제도(기초생활보장제도)의 한계를 드러내고 있어 사전 예방적, 취업촉진적인 새로운 사회정책의 필요성을 높이고 있다.

가족구조의 변화와 여성경제활동인구의 증가는 아동과 노인에 대한 케어를 가족이 책임지던 과거의 방식과는 다른 또 다른 방식의 문제해결을 요구하는 새로운 사회정책적 과제를 제시하고 있다.

2. 사회복지정책의 발전방향

1) 사회복지정책의 발전방향

사회복지정책의 발전방향의 최우선은 빈곤층의 생계지원 확대가 될 것이다. 소득이 없는 빈곤층에게 최소한의 생계비 등을 제공하고 이러한 가구의 빈곤세습을 탈피하기 위하여 빈곤가정 아동을 위한 보육 및 직업훈련사업을 확대해야 한다. 아울러 장기적인 안목으로 빈곤층의 자립을 위해 이들의 인적 자원을 개발하는 사업이 확대되어야 한다. 현재 빈곤층의 자활사업은 대부분 저숙련·저임금직종에 집중되어 있어 단기적인 경제적 자립 가능성만을 제공할 뿐이다. 따라서 빈곤층이 안정적인 일자리를 가질 수 있도록 교육 및 직업훈련 제도를 개선해야 하며, 창업기회와 재정지원체계를 확대해야 한다.

또한 고령화 사회 대비를 위해 노인의 건강은 물론 사회경력 등을 고려한 노동시장정책, 교육정책, 보건복지정책 등이 필요하다. 새로운 사회정책의 토대는 노인 개인의 건강 증진과 인적자본 형성에 기여할 수 있도록 노인들에 대한 사회교육을 확대하고 직업교육 프로그램을 제공하는 작업이 선행되어야 한다. 더불어 매년 증가추세인 노인 빈곤층에 대한 지원 대책을 개선해야 함은 물론이고, 노인일자리사업을 확대하고 노인복지시설을 더욱 증가해야만 한다. 특히 국민연금의 혜택을 받지 못하는 저소득층 노인들을 위한 추가적인 소득보장프로그램을 마련하는 대책이 필요하다.

아울러 여성복지정책이 개선되어야 한다. 여성들이 취업생활을 지속할 수 있는 사회적 여건이 부족함을 감안하여, 다양한 취업기회를 제공하고 직장생활이 가능하도록 다양한 육아지원프로그램을 제공하는 한편 여성의 취업 향상과 탈빈곤화를 위해 보육과 같은 개인적 지원체계도 더욱 강화되어야 할 것이다.

2) 사회복지서비스 행정역량 강화

사회복지서비스 공급은 정부와 지방자치단체의 유기적인 협력에 의한 책임과 역할이 강조되어야 한다. 현재의 지방자치단체는 사회복지서비스의 생산과 공급을 책임 있게 제공할 수 있는 제반 행정역량이 부족하다. 특히 지방자치단체의 공공사회복지서비스 전달체계는 일반행정체계와 통합 운영되고 있어 복지행정의 전문성과 책임성을 확보하기가 어려운 실정이다. 따라서 사회복지전문인력의 확보와 전문적인 사회복지행정 전달체계가 조속히 마련되어야 한다.

3) 지방자치단체의 사회복지서비스 재정 확충

사회복지분야에서의 국고보조사업의 지방이양과 분권교부세 도입으로 인해 사회복지분야에 대한 예산투자에 대한 여러 가지 문제점이 나타나고 있다. 2010년 예산기준 지방자치단체 사회복지비는 총 예산의 18.9%를 차지하는 것으로 나타났다. 그러나 일부 자치단체가 호화청사 건립, 전시성 행사 개최 등 방만한 살림살이로 인해 인건비·서민복지 예산 등 필수경비를 제대로 확보하지 못하는 등 지방재정 위기에 대한 우려가 확산됨에 따라 정부 차원의 종합대책인 지방재정 건전성 강화 방안이 마련되었다. 이 방안 중 가장 중요한 부분은 사회복지분야 국고보조사업 증가문제에 대해 행정안전부의 지방비부담 협의를 강화하였다. 또한 지방 이양된 사회복지사업(분권교부세 사업) 중 국가차원에서 모든 국민에게 최소한의 기본적 서비스 차원에서 시행할 사업은 국고보조사업으로 우선 환원하기로 하였다.

그럼에도 불구하고 지방자치단체의 복지재정 투입이 다른 재정보다 우선순위에서 뒤쳐질 가능성이 크고, 재정자립도가 낮은 자치단체는 복지예산 확대가 근본적으로 제약될 수밖에 없는 상황이다. 더불어 재정분권에 따른 지방부담 증가의 문제와 자치단체의 재정격차로 인한 복지수준의 격차가 확대 발생할 가능성이 현실화되고 있어 이에 대한 대책마련이 시급하다고 하겠다.

참고문헌

高부담 高복지 체제 유지하려면 스웨덴처럼 경제성장 지속돼야, 조선일보, 2011.11.20

신문 및 인터넷 기사(삭제)

취업포기생까지 다 합치니… 청년실업률 16.7%, 조선일보, 2011.11.23

통계청, 2006, 장래인구추계 결과

한국, 고령사회 준비수준 주요국에 뒤쳐져, 연합뉴스, 2011.10.31

한국은 재정 건전하지만… 저출산·고령화가 복지의 최대 난제, 조선비즈, 2011.11.20

행정안정부, 지방재정 건전성 강화방안, 2010.7.20, 행정안정부 지방재정세제국

OECD국 중 한국이 가난한 노인 가장 많아, 조선비즈, 2011.12.9

찾아보기

[저자 소개]

- 최우진
  동원대학교 사회복지과 교수
- 김재열
  동원대학교 아동보육복지과 교수
- 김명옥
  동원대학교 사회복지과 외래교수
- 이종호
  동원대학교 사회복지과 외래교수
- 이연숙
  동원대학교 사회복지과 겸임교수
- 김성기
  동원대학교 사회복지과 외래교수

사회복지개론

2012년 2월 20일 초판인쇄
2012년 2월 25일 초판발행

저 자 최우진 · 김재열 · 김명옥 · 이종호 · 이연숙
김성기

발행인 유 성 열

발행처 형지사
서울특별시 영등포구 신길로 40길 20
전화 (02) 833-6090 · 6091
FAX (02) 849-0817
등록 제318-2005-000030호

파본은 바꾸어 드립니다. 값 20,000원

http : //www.chongmok.co.kr

ISBN 978-89-92938-72-3

※ 인지는 생략합니다.